# 平和学から世界を見る

## 多賀秀敏 ［編著］

成 文 堂

# はじめに

## ——平和学から世界を見る——

「平和学から世界を見る」と言われると，多くの人が戦争と平和の問題を想起するのではないだろうか。たしかに学問としての平和学は，第一次世界大戦と第二次世界大戦への猛省から出発している。

　2度の世界大戦を経験した20世紀は，これまで人類が経験したことのないくらいの戦争関連死を出した世紀だった。ルース・シバード（Ruth Sivard）という人が，20世紀を振り返って，1996年に以下のようなことを書いている。「いまだに4年間残されているというのに，この近代的な世紀は，既に，250もの戦争と109,746,000人の戦争に関連した死に責任を負ってしまった。この数値は，現在のフランス，ベルギー，オランダとスカンディナビア4ヶ国，すなわち，デンマーク，フィンランド，ノルウェイ，スウェーデンの総人口の合計よりも多い。この世紀の後半だけでも，戦争はより頻度を増し，より死者を増している。一つ一つの平均死者数は，19世紀のそれの6倍に等しい」[1]。戦争を予防し，戦争の拡大をくいとめ，戦争終結を目指すことが，平和学の主要な目的の一つであった。

　そんな平和学にパラダイム・チェンジが起きたのは1968年に開催された第2回国際平和研究学会大会だった。インドのスガタ・ダスグプタ（Sugata Dasgupta）という研究者が，ピースレスネス（peacelessness）という新しい概念を提示したのである。ダスグプタは次のように言う。「これまでの平和研究は，戦争を防ぐための戦争研究に集中していた。とりわけ，冷戦中は，核戦争の回避は，人類にとって，もっとも重要な課題とされた。欧米など先進国では，日常生活に必要な生産の増大や，医学，教育などの進歩があって，確かに戦争がなければ，『平和』といえた。したがって，平和研究の主題も資金も資材も人材も，戦争回避研究に注がれた。他の多くのアジア諸国と同

---

（1）　Ruth Sivard, *World Military and Social Expenditures*, 1996, *World Priorities*, Washington, 1996, p. 7.

様に，インドは，独立するまでは，実際，戦争を知らずにきた。それにもか
かわらず，東洋の諸国の人民は，平和に暮らしてきたのではないという事実
は厳然としている。それどころか，経済的心理的両面における貧困と，経済
的・制度的枠組みにおいて伝統的なステレオ・タイプが支配してきた。この
ことは，世界のなかで，この地域における生活を，常に非平和的（peaceless,
始末におえないほど不潔で，野蛮で，不十分）にしてきた。東洋では，戦争はまれ
であったにもかかわらず，同時にその広範な大衆には，全く平和も存在しな
かった。彼らが苛まれてきた生活の実態に最も近い定義は新しい術語によっ
てのみ記述が可能である。すなわち，私は，平和ならざる状態，ピースレス
ネスという概念を選択する」[2]。それまでの平和学は，「平和　対　戦争」
だったが，戦争にバー（￣）をかけたもの，すなわち「非戦争」は平和とイ
コールではない。戦争がないからといって，その状態を平和とみなすことは
できないと主張したのである[3]。

　ダスグプタのピースレスネスという概念提示により，平和学は戦争研究の
みを対象とする学問から脱して，広く貧困，格差，開発，人権，環境などの
分野を研究対象に取り込むことになった。こうした状況のなか，さらに概念
整理を一歩進めたのが，ヨハン・ガルトゥング（Johan Galtung）というノル
ウェイの社会学者だった。

　ガルトゥングは，平和の反対に暴力という概念を対置した。さらに暴力
を，直接的暴力，構造的暴力に分類した。直接的暴力とは主に武力紛争や襲
撃，レイプや殺人などのことを指し，構造的暴力とは貧困や飢餓，人種差別
などが行われている状態を指す。そして直接的暴力が除去された状態が消極
的平和であり，構造的暴力が取り除かれた状態が積極的平和と定義したので
ある[4]。

---

（2）　Sugata Dasgupta, "Peacelessness and Maldevelopment: A new theme for peace research in
　　developing nations," in International Peace Research Association, Proceedings of International
　　Peace Research Association Second International Conference, ASSE, Van Gorcum, 1968, Vol. II,
　　pp. 20-21.
（3）　こうしたバーをかけるという考え方は，発想のためには非常に重要である。こうした点につ
　　いては，拙稿「社会現象へのアプローチのためのヒントと基本的ドリル：比較と分類」『早稲田
　　社会科学総合研究』第5巻第1号（2004年）を参照のこと。
（4）　Johan Galtung, 'Violence, Peace, and Peace Research', Journal of Peace Research, Vol. 6, No.

### 図1　消極的平和と積極的平和

| 直接的暴力<br>主体的暴力<br>脅迫，暴行，襲撃，レイプ，残虐行為，テロ，殺人，民族浄化<br>制度的暴力<br>戦争，国家によるテロ，産業による生態系の破壊 | 消極的平和<br>主体的・制度的暴力の不在 |
|---|---|
| 間接的暴力<br>構造的暴力<br>差別，性差別，人種差別，貧困，飢餓，教育・保健の不足 | 積極的平和<br>福利・健康（厚生），社会的正義，ジェンダーバランス，人権の実現 |

　ガルトゥングの概念をまとめると図1のようになる。図1の左上の枠が直接的暴力である。直接的暴力は，その形態により主体的な暴力と制度的な暴力に分類可能である。主体的な暴力としては脅迫，暴行，襲撃，レイプなどがあげられる。そして制度的暴力としては，戦争，国家によるテロ，産業による生態系の破壊などである。暴力を行使する主体，客体，方法が分かっていると言ってもいいかもしれない。そしてそれらの主体的暴力・制度的暴力が除去された状態（図1の右上）が消極的平和である。一方，左下の枠が構造的暴力である。この枠に入るのは，たとえば，社会的地位や役割などで，男性が優遇され，女性が冷遇されて差別を受けるといった性差別，人種によっていわれのない差別を受けること，生まれや階級によって差別されることなどがある。そして貧困は，実は社会的な構造の中にビルトインされているので，誰がいったいどんな暴力を振るっているのかわからないが，ある一定の人びとは貧困に陥る，あるいは，飢餓にも同じことがいえる。世界中では食料の量は，総人口分だけ足りているか，場合によっては余っている。しか

---

3, 1969.

し，現実にはどういうわけか，数億人という人びとが飢餓線上をさまよっている。さらに，教育・保健サービスの不足がある。実は，教育・保健サービスは，世界的にはきわめて発展している分野だといってもよいだろう。ところが，理由はわからない，あるいは暴力を行使する勢力が存在するのかわからないが，世界的には満足に高等教育まで受けられない，あるいは最先端の医療を受けられない人びとが多数を占めている。これらが構造的暴力の例ということになる。そして，こういった格差・差別を，人類が努力して乗り越えていったとしよう。そうすると，そこに訪れるのは積極的平和である。図1の右下の部分にほかならない。原図は英語表記なのでここに訳してみよう。Well-being はとても訳しにくい単語で，「福利」や「健康」と訳している場合が多い。「厚生」という，かつての厚生省の「厚生」，厚生施設の「厚生」と訳すこともできる。人びとが健康で快適な暮らしを何の不安もなく日々送れることを意味する。つぎの Social justice は社会的正義と訳される。社会的な正義が通用しない，社会的な不公正があるとあっては，積極的平和とはいえない。Gender equity は，ジェンダー間の公平と訳すが，ここではあえてわかりやすいように，ジェンダー・バランスと訳した。ジェンダーの中でバランスがきちんととれている。これらをひっくるめて，積極的平和という表現をしても過言ではないが，一般的な人権（Human rights）が満たされていなければならない。こうした4つのことがほぼ満たされている状態が積極的平和であり，暴力の反対側に位置していて，これが平和である。この構造的暴力，積極的平和という概念がでてから，平和学は貧困，環境，人権，国家以外の主体（国際機構，多国籍企業，地方自治体，NGO/NPO，リージョンなど），教育，保健・衛生，伝染性高度疾患，自然災害，人口問題，民主化・ガバナンスなどの問題領域も平和学の範疇になる素地を作ったのである。

　1960年代末に登場したピースレスネスや積極的平和などの概念により，平和学は大きく変容した(5)。

（5）　1960年代末にピースレスネス，積極的平和と言った概念が出されたからと言って，平和学は必ずしも直線的に発展してきた訳ではない。1970年代には当時の冷戦状況を反映して，平和学の対象は再び核戦争や国際安全保障に向けられることになった。本格的な平和学の領域拡大は，冷戦終了後まで待たなければいけない。そうした平和学の歴史的発展については，拙稿「平和学の最前線」山本武彦編著『国際関係論のニュー・フロンティア』（成文堂，2010年）を参照された

　ここで冒頭の「平和学から世界を見る」ということに戻ってみたい。平和学に限らず，学問では，それまでと同じ資料を使い，同じ目的を持ちながらも，少し見方を変えたところで，人びとの頭の中を変える働きがある。特に平和学では，平和とは戦争の反対だと思っていたのが，暴力の反対であると，人びとの頭の中が変わった。このような現象をパラダイムシフト，あるいはパラダイムチェンジという言葉で言い表すこともできよう。その結果として，今の平和学は，地球的問題の解決を志向する学問に変化している。地球的問題には，武力紛争，戦争だけではなく，貧困の問題，格差や環境問題，人権，この他にももちろんさまざまな問題がある。とにかく世界中で起きていて人類の生存を脅かすような，あるいは1国だけでは解決できないような大きな問題，地球的問題群の網の中に引っかかってくるものは，だいたい平和学で取り上げる。その解決へ，なんとか策を練っていくという学問にパラダイムチェンジしたわけである。新しい概念を用いることで，問題の所在を認識し，その問題を生み出す直接的・間接的な原因を追究し，その問題を解決するための方法を見つけ出し，その問題を解決する主体を育成することができるのである。

　問題は，対象とする領域が拡大した平和学をどのようにして制度化するのかということである。平和学の制度化には，平和研究，平和教育，平和運動の3つが必要であるが，本書の関係で言えば，平和教育をどう制度化するのかが問題になる。

　冷戦中に平和学は，核戦争回避に始まって，戦争研究，あるいはそのもとになる軍備拡張競争，軍拡をどのように分析して，どうしたら軍拡を止めることができるのかに注力した。1970年代初頭から，米国では平和学の学部向けクラスがはじまり，その後ヨーロッパでも平和学をメジャーとする大学が

い。さらに9.11以後は，平和学に新たな展開が生じたと言っても過言ではない状態がつづいている。「（9.11以後の）約10年間の平和学の軌跡は，筆者には，創世記後の『ビック・バン』再来のように思われる。ひとつの独立したdisciplineとして，その血を色濃く受け継いだ国際関係論・国際政治学との安全保障をめぐっての対話の復活に始まり，人権，開発，格差・貧困，環境，主体などを，平和の条件，暴力の起源，社会的公正に関連させ，問題の本質の統合を図り，現実に進行する主体の多様化，領域の拡大，新たな方法の導入（平和構築，和解・融和方式，ICCへの訴追）に学問領域全体が刺激され動員されて対応しているように映ります」。拙稿「巻頭言」中村香代子・平田准也・峯田史郎・小松寛『早稲田平和学研究』第2号（2009年）。

いくつも現われ始めた。例えば，イギリスで最初の平和学ポストを置いたブラドフォード大学は，数年で世界でも屈指の平和，安全保障，紛争解決，社会変革の研究教育センターに発展した[6]。

　さらに国連，とりわけユネスコのイニシアティブで平和文化という概念が提示されたことも大きい。1986年，平和文化について検討すべく，自然科学者・社会科学者がセビリヤで会合を開き，戦争は人類の闘争本能によって引き起こされるとする俗説を否定した「暴力に関するセビリヤ宣言」を発出した。人間は平和や共存・共生を積極的に構築していくことが可能であることを宣言したのである。その後，国連総会は1999年9月，「平和文化に関する宣言」を採択し，平和文化行動計画を決定した。この行動計画では8つの行動分野が定義されているが，その筆頭に来ているのが「教育を通じての平和文化」であった[7]。1996年に国連は，国連教育サイト「サイバースクールバス」を立ち上げている[8]。

　実は本書は，早稲田大学が全学向けに16年間提供してきた特別講義，「広島・長崎講座 21世紀世界における戦争と平和」がもとになっている。この講義は通常の学部の講義ではなく，特別講義として設置された。いくつか特徴がある。受講生は早稲田大学全学部から集まる。したがって，たとえば社会科学概論とか，国際政治学・国際関係論とかを聴いたことのない学生に戦争や平和を理解させる講義だった。つまり，何らかの形で系統立った専門科目群の一科目ではなく，だれもが聴けるいわば教養科目の一科目のような形で提供された。さらに講師も，学内教員だけではなく，学外の専門家もお呼びしてさまざまなテーマについて講義をしてもらっている。こうした性格を

（6）　それ以外の教育機関については、拙稿、前掲「平和学の最前線」59頁を参照されたい。
（7）　国連総会で採択された行動計画では、①教育を通じての平和文化、②持続可能な経済と社会開発、③すべての人権の尊重、④男女の平等、⑤民主的参加、⑥寛容と連帯の精神の理解、⑦参加的コミュニケーションの知識の自由な流通、⑧国際平和と安全保障などが定義された。UNGA res. 53/243 A. Declaration on a Culture of Peace, 13 September 1999, 107 plenary meeting. UNGA res. 53/243B. Program of Action on a Culture of Peace, 13 September 1999, Adopted without a vote. 107 plenary meeting.
（8）　国連教育サイト、サイバースクールバスは、本稿執筆段階でアクセスができなくなっている。サイバースクールバスの平和教育を邦語訳したものに、「平和教育　国連教育サイト「サイバースクールバス」より」川口徹・小松寛編『早稲田平和学研究』第4号（2011年）51-78頁がある。

もつ「広島・長崎講座　21世紀世界における戦争と平和」を，「特別講義」という枠ではなく，通常のカリキュラムのなかに入れ込むことこそ，平和学の制度化には有効であることを付言しておきたい[9]。

　平和学が扱う分野が広範囲にわたることはすでに述べたとおりである。1冊の書籍で，すべての分野をカバーすることは不可能である。本書は，構成としては5部から成り，それぞれの章では，執筆者の専門から平和についての論考を展開してもらっている。読者も，体系的に国際政治学・国際関係論を学んだことのある人というよりは，これから平和学を学びたい人，特定のケースについて学びたい人を想定している。

　見方を変えることにより，世界の見え方が変わっていく。本書がそんなきっかけになれば，幸いである。

　【付記】本稿は，拙稿「平和と健康」『日本健康教育学会誌』第19巻4号，334-341頁を大幅に修正したものである。


　2020年2月

編著者<br>多 賀 秀 敏

---

（9）　早稲田大学社会科学部に「平和学」が開設されたのは，1996年4月のことである。開設当初から本書執筆時まで，筆者がこの「平和学」を担当してきた。多様な争点を扱うのが平和学の特徴である。平和の制度化にあたり，平和を冠する科目が多すぎて困るということはない。

# 目　　次

# 第3部　平和構築と国際協力

# 第1部

# 平和学の理論

## 第1章

# 21世紀における平和と安全保障への視座
## ——平和学のニュー・フロンティアを求めて——

奥迫　元

## はじめに

　本章では，グローバル化時代の21世紀にあって，平和学の研究・教育・実践のフロンティアを開拓するための一視座として，平和研究と安全保障研究の接合さらには総合の必要性，およびその今日的意義と将来的可能性について検討・考察する。そのためにIにおいて，平和のための学問として創始された国際関係論成立の経緯について述べ，IIでは，そこから派生し，専門化した平和研究の歴史と発展についてまとめる。さらにIIIで国際政治学の中心的研究分野の一つをなす安全保障研究の歴史と発展について論じ，最後にIVにて，平和研究と安全保障研究とを総合することの今日的意義・可能性，およびその際に求められる基本的視座について検討する。

## I　国際関係論の誕生と第一次世界大戦

　多くの教科書では，国際関係論が学問分野として独立を果たしたのは，1919年にイギリスのウェールズ大学 Aberystwith 校（現 Aberystwith 大学）で世界初の国際政治学部（the Department of International Politics）が設置された時であるとされている。1919年といえば，多くの者が第一次世界大戦後のベルサイユ体制の発足を思い起こすであろう。確かに国際関係論や国際政治学は，未曽有の惨禍を人類にもたらした初の世界戦争の経験とその反省を直接的契機として誕生した学問だといえる。そしてこの戦争は，かつてなかった

少なくとも次の三つの特徴をもつものであった。

　まず，戦争の規模と主体がまさに世界的（worldwide）なものになった。例えば，この戦争にはヨーロッパの他，南北アメリカ，アフリカ，中東，オセアニアおよびアジアも関与しており，日本も開戦早々連合国（英・仏・露）側に立って参戦した[1]。

　次に，戦争の全面化が挙げられる。まさに第一次世界大戦は全面戦争（total war / all-out war）時代の幕開けを告げる戦争であった。つまり，兵士に加え非戦闘員も，軍需・医療・生活物資の生産等，戦争の遂行・継続のために総動員されるようになったことで，誰もが戦争の主体となる時代がやってきたのである。またそのことは，全国民が戦争の客体（攻撃の対象）となるに至ったことを含意した[2]。

　最後に，機関銃，戦車，潜水艦，航空機，さらには大量破壊兵器の一角をなす化学兵器（塩素系の毒ガス）[3]等，最新の兵器が大々的に投入されたことである。こうした新たな兵器は，戦争の全面化とともに戦争の性質を一変させることになり，その後の第二次世界大戦では，ついには核兵器（原子力爆弾）が広島と長崎に投下されることになる。

　ちなみに，ベルサイユ体制が発足した1919年から第二次世界大戦が勃発した1939年までの20年間を，イギリスの外交官で歴史家でもあったE. H. カーは「危機の20年（Twenty Years' Crisis）」と呼んだが，この時期が国際関係論の創設期に当たる。そして，こうした経緯から当初の国際関係論の最大の課題は，国家（とくに大国）間の戦争防止としての国際平和の維持と強化にこそあるとされた[4]。

---

（1）　この戦争で日本は，それまでドイツの勢力下にあった，山東省（青島・膠州湾）に進出し，さらにミクロネシア地域（北マリアナ諸島・カロリン諸島・マーシャル諸島）も奪取した。終戦後，南洋諸島・群島とも呼ばれたミクロネシア地域は，国際連盟の承認を受けた委任統治領という形をとりつつも，パラオに南洋庁も設置され，太平洋戦争終結まで，事実上日本の植民地として支配された。
（2）　その後の第二次世界大戦では，都市への無差別な空襲や市街戦が大規模に展開されることになった。さらに，両世界大戦において植民地の住民が多数動員されたことも忘れてはならない重要な事実である。
（3）　この毒ガスは，ベルギーの都市イーペルで用いられ，大きな被害を出したため，イペリット・ガスと呼ばれたり，辛子のような臭いからマスタード・ガスなどと呼ばれるようになった。
（4）　国際関係論を，第一次世界大戦を契機とし，戦争予防を通じた平和のための学問として創始

# Ⅱ 平和研究の歴史と発展

## 1 初期（創設期）（1950年代〜60年代半ば）

　国際関係論から派生した平和研究も，当初，戦争，すなわち国家間，なか
でも大国間の武力紛争，とりわけ核戦争を予防するための研究として，アメ
リカと北欧を中心に開始されるようになった[5]。例えば，A. ラパポートや
K. ボールディングらがいたアメリカのミシガン大学では紛争解決研究が開
始，発展され，紛争解決センター（the Center for Conflict Resolution）が設置さ
れた。また，北欧のノルウェーにはオスロ国際平和研究所（PRIO：Peace
Research Institute Oslo）が創設され，*Journal of Peace Research*（JPR）が創刊
された他，スウェーデンではストックホルム国際平和研究所（SIPRI：
Stockholm International Peace Research Institute）が開設され，同研究所から発行
される年鑑は現在に至るまで世界的に高い信頼を得ている。

　さらに，このような先駆的研究の成果として，1964年にはオランダのフロ
ーニンゲン大学で国際平和研究学会（IPRA：International Peace Research
Association）が結成された。ちなみに日本平和学会が創設されたのは1973年
のことである。

## 2 転換期（発展期）（1960年代後半〜70年代）

　この時期には批判的平和研究が飛躍的に発展した。とくに重要なのは平和
の概念それ自体が問い直され，再検討を受け，大きく拡張を遂げたことであ
る。

　例えばインドのスガタ・ダスグプタが，1968年に国際平和研究学会
（IPRA）の第2回総会で "peacelessness"（平和ならざる状態）という概念を発

---

されたものとする見解に対しては批判も存在する。例えば，第一次世界大戦より前の植民地統治
論や帝国主義研究等に国際関係論誕生の起源を求め，国際関係論の歴史がもつ負の側面も重視す
る必要性が指摘されている（Patricia Owens, John Baylis and Steve Smith, "Introduction: From
International Politics to World Politics," in John Baylis, Steve Smith and Patricia Owens, eds.,
*The Globalization of World Politics: An Introduction to International Relations*, 7th edn.,
Oxford: Oxford University Press, 2017, p. 3）。

（5）　本節全般の議論については，多賀秀敏「平和学の最前線」山本武彦編著『国際関係論のニュ
ー・フロンティア』（成文堂，2010年）52-81頁，を参照されたい。

表し，1969年にはノルウェーのJ. ガルトゥングが，JPR（*Journal of Peace Research*）にて「構造的暴力（structural violence）」の概念を提示した<sup>(6)</sup>。さらに，大学において平和教育が導入され，大きく発展したのもこの時期の重要な特徴であり，アメリカでは平和研究を主専攻（major）として設置する大学も登場した<sup>(7)</sup>。

　このように平和研究の射程が飛躍的に拡がったことから，多賀は，この時期を「平和学のビッグバン」の時代とも称している<sup>(8)</sup>。

### 3　構造的暴力と積極的平和の概念

　この「ビッグバン」は平和研究においてどのような具体的意義をもつものだったのだろうか。ここではガルトゥングの「構造的暴力」と「積極的平和」の概念に注目してこの点について検討してみたい。

　彼は暴力を「人間が何らかの影響力を行使される（被る）ことによって，その肉体的精神的（自己）実現の程度が潜在的実現可能性よりも低くなる場合にみられるもの」と定義した。つまり暴力とは人の潜在的実現可能性と実際の現実との間にギャップを生みだす原因である。そして，この原因が特定の人間／人間集団による場合を個人的もしくは直接的暴力と呼ぶ。一方，暴力の主体を特定できないが，死や肉体的・精神的苦痛等，直接的暴力と同様の効果が，社会に構造化されている不平等から生じている場合，これを構造的暴力と呼んだ。なお，ここで不平等とは，資源の配分をめぐる自己決定権の不平等，すなわち社会的不公正を意味している。

　さらにガルトゥングは，戦争のような直接的暴力のない状態を消極的平和（negative peace）と呼ぶことで限定的平和として捉え，貧困，餓死，抑圧や差別などの構造的暴力のない状態を積極的平和（positive peace）と呼び，平和の問題として概念化することで，後者（積極的平和）の追求・実現の重要性を指摘した。これにより，平和の概念は飛躍的な拡張と発展を遂げていくこととなる。

---

（6）　前掲書56頁，参照。
（7）　前掲書57頁，参照。
（8）　前掲書52頁，参照。

## 4 平和概念の再検討と拡張の背景

1960年代末から1970年代に展開された，このような平和概念の再検討と拡張・発展は，なぜ，またいかなる背景から生じたのか。これについては少なくとも次の2つの要因を挙げることができる。

### (1) 南北問題の顕在化

一つ目の要因は，先進国と旧植民地諸国との間の格差の問題，いわゆる「南北問題」の顕在化である。植民地独立が相次いだ1950年代から60年代にかけて，開発の在り方をめぐる有力な説は欧米の自由主義に基礎をおく近代化（工業化）論だった。しかし，この説に倣った「南」の多くの国で，開発が上手くいかないどころか，むしろ状況が悪化するケースも起こり，「南」の側の不満は鬱積していった。

自由主義的近代化論では，「南」の国々の貧困問題は「遅れ」の問題として認識されていた。"developing countries（発展途上国）" という呼び名もこのような認識から生まれたものである。そして，そのような認識は以下の2点を前提としていた。

第一は，「北」の国でも「南」の国でも近代化以前は未開発な伝統社会であり，出発点は同じという前提である。つまり，「伝統社会」から「近代社会」への進歩は誰もが通らねばならない道であり，先進国を手本に同じ道を辿れば途上国も同様の発展を，しかもより短期間で実現できるはずだという発想である。

第二の前提は，「南」の貧困の問題は，彼らの国・社会の内部の問題であって，彼ら自身がそれぞれ個々に解決すべき，また解決できる問題だ，とする考えである。そうだとすると，解決できないのは彼らの努力不足のためであるとされることになる。

1960年代後半頃になると，こうした前提や考え方に従属論などの批判的開発論が厳しく反論するようになった。以下に彼らの批判的主張を簡潔に整理してみたい。

批判的開発論者によれば，「南」の貧困問題は「遅れ」の問題などでは決してなく，「構造」の問題である。ここで「構造」とは，「一方の存在が他方の存在に支えられる，つまり，一方が存在しなければ他方も存在しえない関

係の下で，支配と従属，抑圧と抵抗のような両者の間の権力関係が生み出さ
れ，維持・強化される仕組み」を意味している。こうして彼らは，光と影の
ように一見相反するかにみえる二者が，実はコインの表と裏の関係，あるい
は「二つで一つの物語」をなしていると見立てるのである。

　そこで彼らは「南」の国々を，developing countries ではなく
"underdeveloped countries（低開発国）" と呼び変える。「低開発」とは，全て
の国の共通の出発点をなす条件（default）などではなく，資本主義の進展過
程の中で，「北」の「発展」という「光」と引き換えにもたらされた「影」
のようなものというわけである。

　そうであるならば，「南」の人々が貧困から脱却するには世界経済の構造
それ自体の改善・変容が不可欠であることになる。つまり，貧困問題は，
「北」の人々にとって「彼らの問題」などでなく，「我々の問題」に他ならな
いのである。

## (2)　グローバリズムの覚醒

　もう一つの要因はグローバリズムへの目覚めが生じたことである。これに
ついて，まずは20世紀後半に起きた輸送・通信技術の革新という視点から考
えてみたい。

　19世紀後半に導入・整備された電信がもたらした成果は，通信技術の輸送
技術からの分離であった。つまり，それまでモノも情報も，人が運ぶか，船
や馬車，鉄道等の乗り物に乗せて運ぶかのいずれかしかなく，モノと情報の
移動速度は同じだったが，テレコミュニケーションの発明・発達により通信
が輸送技術に依存しなくとも済むようになり，コミュニケーションが時間・
空間的制約から解放されたのである。これにより，社会・社会関係は激変
し，とくに社会空間は劇的拡張を遂げ，その結果，各国単位で社会現象を捉
えることの限界が顕在化し，国際社会全体を対象とした研究が必要とされる
ようになり，これが独立した学問としての国際関係論を生む背景となった。

　これと比して20世紀後半には，輸送技術と通信技術が新たな形で再結合す
ることになった。つまり，通信機器を搭載した衛星を宇宙空間へ運び，地球
を周回させることで，気象衛星，衛星放送，GPS 等，新たな技術の活用へ
の道が開かれたのである。

　さらに，その後更なる技術とメディアの進歩が重ねられ，コンピューター技術と通信技術の融合も実現した。その成果は PC, Internet, E-mail, SNS (Social Networking Service)，それら全てを一つに集約した Smartphone 等，枚挙にいとまがない。まさに普通の人々が，情報の受け手としてだけでなく，グローバルな情報の発信者ともなり得る時代が到来したのである。

　このような20世紀後半の技術革新は人々の意識（世界観・アイデンティティ）をも大きく変えた。宇宙に漂う地球の姿がカラー写真，さらに TV の普及を通じて動画を媒介に視覚化されたことは，人々にとってある種の幽体離脱の疑似体験ともいえる画期的な出来事となり，これにより多くの人が地球の有限性・狭小性を自覚することになった。

　また，人間とそれ以外の生物・非生物との間の動的・複合的関係（生態系）への関心も高まり，学際化・理文融合への動きも促されることになった。さらに国境を超えた人類という理念への共感，すなわち地球市民というアイデンティティも喚起されることになった。

　こうして，1960・70年代に，環境，資源，人口問題などが地球的諸問題 (global issues) として広く認識されるようになった。宇宙船地球号 (Spaceship Earth) という言葉もこの時期に言われるようになったキャッチフレーズである[9]。また，このような問題意識を背景に，これらの諸問題をめぐる国際社会や各国での取り組みも開始された[10]。

---

(9)　多賀秀敏は，この言葉について次のように説明している。「科学技術の発達に伴い，人口や生産は飛躍的に増大した。同時に地球は，人口爆発，資源の枯渇，環境破壊に見舞われた。それまでの無限の成長と発展という神話に対して，地球も資源も定員も有限の宇宙船のような 1 つの閉じた体系とする比喩である」（川田侃・大畠英樹編『国際政治経済辞典 [ 改訂版 ]』（東京書籍，2003年）63頁）。

(10)　1972年に開催された世界初の環境サミット，国連人間環境会議（ストックホルム会議）もその 1 つで，"Only One Earth" をスローガンとして開かれた。また，これに合わせて各国でも環境省・環境庁にあたる組織の設置が進んだ。例えば，日本の環境庁（2001年に環境省に格上げ）は1971年に発足している。

# Ⅲ 安全保障研究の歴史と発展

## 1 伝統的安全保障研究

冷戦期を通じて安全保障研究は，国際関係論において中心的研究領域をなしてきた。安全保障政策が "high politics（高等政治）" と名指され "low politics（下等政治）" に分類される他の政策領域と差別化されてきたこともその証である。

そこでの安全保障とは「国家安全保障（national security）」のことで，その目的は外的脅威からの国家の領域と独立の保全，すなわち国防（national defense）であるとされた。そのため，軍事力をこの目的実現のための主たる手段とすることが前提視されていた。

## 2 安全保障概念の拡大と深化

しかし，冷戦終結以降，このような国家・軍事力中心主義的な安全保障研究の妥当性に異議を唱え，安全保障研究の在り方を再検討しようとする関心が高まり，その過程で以下のような安全保障概念の拡大と深化が急速に生じた。

まずは拡大への動きについてみてみよう。1970年代から，エネルギー安全保障，食糧安全保障，また経済安全保障等，安全保障概念の多様化は起きていたが，冷戦が終結し1990年代に入るとこの動きがさらに加速し，環境安全保障，保健・衛生の安全保障，さらに2000年代に入り9.11事件以降，対テロ安全保障，災害安全保障という言葉も頻繁にみられるようになり，これらを総称して非伝統的安全保障という用語も使われるようになっている。

次に深化の側面に注目してみると，同じく1970年代以降，個々の国家を超え出た，よりマクロなレベルで安全保障を捉える動きが生じた。その一例が，1982年に「パルメ報告」（スウェーデンのパルメ首相を中心とする委員会）において提起された「共通の安全保障」という概念で，核軍縮を国際社会全体が共有すべき安全保障上の課題であるとする考えが示された。冷戦終結後の1990年代には，これに人間の安全保障，社会・共同体の安全保障（societal security）等も加わることになる。このうち人間の安全保障の概念は，1994年

に国連開発計画（UNDP）の年次報告の中で明記されたのが端緒とされている。また，2003年に発表された，緒方貞子とアマルティア・センを共同議長とする人間の安全保障委員会の報告書は，これを「人間の生にとりかけがえのない中枢部分を守り，人間の自由と可能性を実現すること」と定義している。加えて今日では，グローバル安全保障という語も頻繁に使われるようになっている。

　つまり，国家だけでなく，ミクロ・レベルではローカル・コミュニティさらには個人，マクロ・レベルでは複数の国家をまたぐ地域，国際社会，さらには地球全体と，およそ全てのレベルにおいて安全保障が語られ，考えられるようになってきたのである。


## 3　安全保障概念の拡大・深化の背景

　それでは，このような安全保障概念の拡大と深化は，どのような背景的要因から生じたのだろうか。以下，2点に注目して説明する。

### ⑴　グローバル化に伴う三重の「越境化」

　第一は，グローバル化に伴う次のような三重の「越境化」である[11]。

① 空間の「越境化」（社会生活・関係の「脱領域化（deterritorialization）」）：これにより人々の社会的活動の地理的範囲とそこに生じる諸問題の空間的越境化が急速に進み，グローバル化の負の側面をなす多様で深刻な地球的諸問題が顕在化した。

② 問題領域（issue areas）の「越境化」：近年，経済，環境，資源，人口，武力紛争，保健・衛生，人の移動等，国際関係に関わる多種多様なイシューがますます相互に連動・複合化するようになり，安全保障概念の多元化・多様化も進んできた[12]。

---

(11)　この三重の「越境化」の詳細については，拙稿「国際関係論とグローバル・ガバナンス論」山本武彦編著『国際関係論のニュー・フロンティア』（成文堂，2010年）112-3頁，を参照されたい。

(12)　例えば，伝統的な軍事を中心とする国家安全保障だけでなく，資源や食糧，経済，開発や人権等も含めた人間の安全保障の概念にまで広がり，複合的・総合的な問題領域として捉え直されるようになってきた。その意味で，以下の三つの出来事が全て2007年に起きたことは象徴的である。

　1）　国連安全保障理事会において気候温暖化問題が国際の平和と安全に直結する問題として初

③ 行為体（actors）をめぐる「越境化」（マルチセクター化）：これにより公共問題に関わる意思決定に，国境を越えて，政府・国際機関等公的アクターだけでなく，企業や NGO など多様な非国家アクターが直接的あるいは，間接的に参加できる可能性が生じた[13]。

## (2)　安全保障概念の政治的訴求力

　第二の要因は，安全保障概念がもつ政治的訴求力の高さである。一般的に政治的議論において，ある事柄が一度安全保障に関わる問題として括り込まれてしまうと，そこに何らかの抗し難い政治的圧力が生じることがよくある。例えば，ある事案をめぐって，「これは安全保障に関わる問題だ」と声高に主張するだけで，それに疑義を挟むこととがあたかも「国益」に反する行為であるかのごとくみなされてしまうような同調圧力が働くことが頻繁にみられるのである。

　それゆえ，何かを安全保障の問題であると宣言することがその政治的重要性を主張する手段の一つとなり，多くの政策提言者・決定者が，自らの提言や決定しようとする政策への支持を獲得するために，自らの目的を「安全保障」問題として描き出そうと躍起になる現象が頻発することになる。こうした現象は近年「安全保障化（securitization）」として捉えられ，注目されるようになっている。つまり，かつては安全保障に直結するとは考えられてこなかったような問題や争点が，政治的議論の中で「安全保障問題」として表現されるようになり，そのような認識が社会に広がり，浸透する結果，深く大きな政治的影響力をもつようになる過程である。近頃の移民・難民，さらには外国人居住者をめぐる問題の安全保障化はその典型的一例といえよう。

## (3)　安全保障概念の再検討

　それでは，このような条件・状況を考慮した上で，安全保障の概念をどの

---

めて討議に付されたこと。
　2）　気候変動に関する国際パネル（IPCC）とこの問題に尽力してきたゴア（Al Gore）がノーベル平和賞を受賞したこと。
　3）　Doomsday Clock（世界終末時計）の時刻決定要素にエコシステムが追加されたこと。
(13)　例えば，公的アクター，市場アクターおよび市民社会アクターが，セクターの垣根を越えて，ローカルからグローバルに至る，全ての地理的レベルにまたがった提携・協力を通して共通の越境的な公共問題に対処する，複層的でハイブリッドなガバナンス，あるいはグローバル公共政策ネットワークともいうべきものが発展しつつある。

ように理解すればよいのだろうか。ボールドウィン（David Baldwin）は，昨今の動向を踏まえて安全保障の概念を，「既得価値の損失が起こる蓋然性が低いこと」（a low probability of damage to acquired values）と定義した[(14)]。蓋然性（probability）とは，可能性（possibility）とは異なり，ある事柄が起こるだろうと判断できる見込み・公算のことを指す。そして，ここで注目すべきことは，蓋然性の高低を判断する基準は人によって，また同じ人でも時と場合によって変わりうるということである[(15)]。

　さらに重要なことは，大国や先進国の場合，単なる領土や独立の保全を大きく超えた価値を既に手に入れており，既得価値が大きくなればなるほど，その保持にかかるコストも増大することである。しかも，守るべきとされる価値が増えるほどそれを守るための費用も増えるのに，費用の増大によって得られる安心感は目減りしていく。つまり，少し増やしたぐらいで満足のいく安心は得られなくなるのである。これが生命保険や損害保険の場合であれば，保障内容に大差ないならできる限り払う保険料を低くしようと努力するものであるが，安全保障の場合はそうはならず，むしろ逆のことがしばしば起きる。一体なぜだろうか。ここが安全保障問題の厄介なところである。

　加えて，価値をめぐる取捨選択を行う際の判断基準を左右する価値観には，先入観や偏見といった「色眼鏡」が入り込むため，この「色眼鏡」を外して物事を見，考えることが我々には求められる。せめぎ合う諸価値のうち何を選び，何を捨てるのか，本当に守るべき，求めるべき価値は何なのかについて，時に精査・自己点検することが不可欠なのである。

　その際，場合によっては一度安全保障化したことを「脱（非）安全保障化（de-securitization）」する，つまり，既に獲得した価値の一部について，さしあたり優先的な保障の対象リストから外すことも必要になるかもしれない。

　例えば，自国の政策の正当性を主張するための根拠としてよく耳にする

---

(14)　David Baldwin, "The Concept of Security," *Review of International Studies*, Vol. 23, 1997. p. 13. なお，ボールドウィンの安全保障の概念をめぐる分析の詳細については，拙稿「安全保障概念の再検討―グローバル化時代の学際的安全保障研究を求めて―」大曽根寛編『福祉社会へのアプローチ―久塚純一先生古稀祝賀［上巻］』（成文堂，2019年）233-55頁を参照されたい。

(15)　この点については，降水確率が何％であれば傘をもって外出するようにしているか，という問いをめぐるアンケートを想起してみればわかりやすいだろう。

「核心的価値」という言葉は，明治時代に山縣有朋が主張した「主権線」と
「利益線」の概念を思い起こさせる。当初「主権線」は日本の本土を指し，
「利益線」は「主権線」を守るのに不可欠とされる周囲に広がる地域のこと
で，当時は朝鮮半島であるとされたが，朝鮮半島支配を確立したとたん「主
権線」と「利益線」の区別がつかなくなった。というよりも，朝鮮も帝国の
領土とされ，かつての「利益線」が「主権線」と認識されるようになったの
である。そして，今度はさらにその外側の広い地域が新たな「利益線」とさ
れることになる。山東半島，満蒙地域，さらにはミクロネシアと，「主権線」
と「利益線」の外縁は見境なく広がっていき，とうとう，ほぼアジア全域が
日本にとって核心的・死活的利益をなす圏域であるとされるに至り，果ては
安全保障の名の下で悲惨な戦争が繰り広げられることになってしまったので
ある。

　昨今の日本でも，中国の大国化や北朝鮮による核・ミサイル開発等を受け
て，「我が国の安全保障環境の悪化に鑑みて」などというフレーズを頻繁に
目・耳にする機会が増えているが，こうした言葉には常に注意を凝らし，知
的にも実践的にも責任をもって自ら自身で吟味し，判断することが大切であ
る。

# Ⅳ　21世紀における平和と安全保障への視座

　それではこれからの平和と安全保障をめぐって我々が立つべき視座とはい
かなるものであるのだろうか。最後に，以下の2点に注目して明らかにして
いきたい。

## 1　平和研究と安全保障研究の総合

　ここで注目すべきことは，近年，従来互いに住み分けてきた平和研究と安
全保障研究が接近するようになっており，さらに両者を結び付けることの意
義が高まっているということである。

　これまでの議論を振り返って整理しつつ検討してみよう。まず，ガルトゥ
ングが提示した「積極的平和」の概念とは，「飢えや貧困，差別や抑圧など

の構造的暴力をなくすことによって，誰もが自らの潜在的実現可能性を追求
できる状態」のことである。そして，安全保障概念の拡大の過程で提起され
た「人間の安全保障」の理念とは，「誰もが人間としての自由と可能性を手
にできるよう，人々が生き，生活する上で欠くことのできない軸となる価
値・条件を守ること」であった。

　そうであるとすれば，一方における平和も，他方における安全保障も，と
もに目指す目標は同じであり，目標とすべき結果が「平和」，そのために担
保されなければならない条件が「安全保障」という相互構成的関係において
捉えられるべきものということになる。そして，このことを象徴する最近の
成果の一つが，SDGs（持続可能な開発目標）に他ならない。

　2015年9月（25-27日）にニューヨークの国連本部で開催された「国連持続
可能な開発サミット」には，150を超える加盟国首脳が参加して，『我々の世
界を変革する：持続可能な開発のための2030アジェンダ』という成果文書が
全会一致で採択された。SDGsとは，そこに掲げられた，2030年までの15年
間で達成すべき17の目標と169のターゲットから成る目標である。17の目標
の中には，第1目標から第5目標まで，「貧困をなくそう」，「飢餓をゼロ
に」，「全ての人に健康と福祉を」，「質の高い教育をみんなに」，「ジェンダー
平等を実現しよう」と続き，第10目標に「人や国の不平等をなくそう」，第
11目標が「住み続けられるまちづくりを」，第13目標に「気候変動に具体的
な対策を」，第16目標として「平和と公正を全ての人に」などが並んでいる。
そして，このSDGsの全ての目標に共通する理念として掲げられているのが
「誰一人取り残さない（No one will be left behind）」というスローガンである。

　かつて国際関係論の発展に深く貢献した，古典的現実主義者（classical
realists）と呼ばれる研究者たちの多くも，実はこうした理念に通じる言葉を
残してきたという事実はあまり知られていない。例えば，E. H. カーは，国
際関係論の目指すべき目標を，「最も不利な立場に置かれた者にとっても耐
えられる」世界に向けた「平和的変革」の実現であると述べている[16]。ま
た，A. ウォルファーズ（Arnold Wolfers）も，安全保障政策の目指すべき理想

---

[16]　E. E. Carr, *The Twenty Years' Crisis: An Introduction to the Study of International Relations*, London: Macmillan, 1945, p. 169.

を，全ての人が満足できるような価値・資源の配分を通じて，「安全保障問題そのものを極小化できるような政策」であると主張している[17]。

　繰り返して言えば，平和研究と安全保障研究は同じ今日的課題を共有している。それは，「誰もが自己の潜在的可能性を追求できる」よう，誰一人取り残すことなく，「誰もにとって安心・安全な世界を創り出すこと」なのである。


## 2　平和と安全保障への視座─三つの「越境化」の必要性

　それでは，このような平和・安全保障研究を今後発展させていくために求められる視座とはどのようなものだろうか。先ほど示した「三重の越境化」との関わりにおいて論じていく。

### (1)　空間の「越境化」

　まず空間の「越境化」の文脈に照らして考えてみたい。平和とか人間の安全保障などという言葉を聞くと，日本に暮らす多くの人は，どこか遠くの国の誰か他の人の問題だと思ってしまうかもしれない。しかし，そのようなことは決してなく，平和や安全をめぐる問題は，実際には身近な所に沢山存在しているため，まずは私たちの身のまわりから生活・社会をよく観察し，考え，行動に移していくミクロな視点が大切である。

　例えば，原子力発電所や軍事基地，あるいは産業廃棄物処理場など，公益のためになくてはならないものかもしれないことは認めつつも，ほとんどの者が自らの居住地の近くに置かれることを嫌がる，いわゆる NIMBY（Not In My Back-Yard）と呼ばれる問題群は我々にとってなじみ深く，かつ平和と安全・安心に直結する問題である。また，グローバル化が進む中，先進国である日本でも貧困や格差といった構造的暴力に関わる問題が顕在化している。ジェンダーをめぐる問題も我々の生活の中で日常的に向き合っていかなければならない重要な問題で，男女間の格差・不平等の問題だけでなく，LGBT（lesbian, gay, bisexual, transgender）など性的マイノリティをめぐる課題や SOGI（sexual orientation and gender identity）などの視点もあり，とても複雑な問題で

---

(17)　Arnold Wolfers, "National Security as an Ambiguous Symbol," *Political Science Quarterly*, Vol. 67, No. 4, 1952, p. 498.

ある。外国人居住者をめぐる問題・課題もますます大事になってきている。すでに日本に暮らす外国人の数は260万人を超え，住民の約2％に達している[18]。労働者のみならず，家族を伴う移動も増える傾向にあるため，就学年齢の子どもたちへのケア・支援も大きな課題となるだろう。

　もちろん，ミクロな視点だけでなく，グローバルな観点から現代社会の諸問題を捉え，理解し，これら諸問題への実践を模索していくマクロな視野も同様に重要である。さらに何より，ミクロな視点とマクロな視野を結び付け，世界を構想するグローカルな視座に立つことが求められるようになっている。

　例えば，我々が所有・使用している Smartphone や PC，タブレット端末の中には，日本では手に入らない物質，例えばレアメタルと呼ばれる特殊な金属が部品の一部に使われている。そのレアメタルの中にコルタンというコンデンサーの製造に欠かせない物質や，バッテリーの製造に不可欠なコバルトという物質があるが，これらの資源の産出の多くをコンゴ民主共和国が担っている。この国では20年余り前に，近年で最も悲惨と言われる，近隣諸国も関与する国際内戦が起き，多くの国民が現在もその影響から抜け出せずにいる。そのようなコンゴ民主共和国におけるコバルトの採掘労働に，本来では就学しているはずの子どもが多数動員されているとの報告もある。さらに，廃棄された PC などの電子機器の一部は，インド等の国へと運ばれて解体され，現金化可能な鉱物・金属などが収集されている。毒性の高いガスや物質にさらされるにもかかわらず，無防備な状況で作業がなされることも少なくないため，とても危険な仕事である。そして，この仕事にも大勢の子どもたちが従事していることが指摘されている。

　また，我々が着る衣服には綿が多く使われているが，インドは古くから綿の産地として有名である。この綿農業も児童労働によって支えられている側面がある。それでは，こうした綿などの繊維を原料とする衣服の縫製はどこで誰が担っているのだろうか。2013年4月24日，バングラデシュの首都ダッカ近郊にあった「ラナ・プラザ」という縫製工場の入った商業ビルが崩落

---

(18)　2018年末に出入国管理法・難民認定法の改正が決まり，外国人労働者の受け入れ条件が大幅に緩和されることになったため，増大傾向にさらに拍車がかかる可能性が高い。

し，死者1,100人以上負傷者2,500人以上を出す大惨事となる事故があった。バングラデシュの縫製工場はGAPやH&Mなどの衣料の生産も受注しているが，このような工場での労働の大部分を担っているのが現地の女性，しかも若年層が中心で，中には就学年齢の子どもも沢山いるという。

　このように，我々の日々の生活や境遇は，意識するとしないに関わらず，原料の調達から部品の加工，組み立て，流通，販売，消費，さらには廃棄，場合によっては再利用に至るまで，日常の経済活動を通じて深く結び付いているのである。

　仮想水（virtual water）という言葉を聞いたことはあるだろうか。食料や食肉の輸入国がもし自国でそれを生産したらどれほどの水が必要となるのか試算したものである。一説にはハンバーガー1個・綿のTシャツ1枚を作るのにかかる水の量はいずれも約3,000リットルとの話もある。

　フード・マイレージ（food mileage）という言葉もよく知られるようになっている。食材の産地から消費地までの輸送に要する燃料・二酸化炭素の排出量を距離と重量を基に数値化したものである。とくに日本は世界中から食料を輸入しているにもかかわらず，年間3,000万トン近くの食料を廃棄しており，そのうちまだ食べられるのに捨てている，いわゆる食品ロスは650万トン近くにも達すると言われている。これは世界全体の食糧援助量の実に2倍に相当するとのことである。

　こうしてみると，私たちの衣食住全てがグローバルなレベルで他の国・地域の人々の生活・暮らしとつながっていることを痛感させられる。

## ⑵　問題領域の「越境化」

　二つ目文脈が問題領域の「越境化」である。既に示したように，経済，環境，資源，人口，武力紛争，保健・衛生，人の越境移動，文化・アイデンティティ等，国際関係に関わる重要な多種多様なイシューは，相互に連関し，連動し合っている。そのため，近年，問題領域を専門分野ごとに切り分けて機能的分業を通じて対処することの適正・限界が問われるようになっている。実際に，個々の領域での問題のつぶし込みの総計が全体としての問題解決にはつながらず，むしろ逆に事態の悪化を招く事例も増えているのである。そこで，研究・教育においても，また実践においても，ますます総合的

な学際化が求められるようになっている。

　例えば，ジェンダー研究の分野で最近，交差性（intersectionality）という考え方の重要性がよく指摘されるようになっている。交差性とは，社会の構造的不平等を生みだす社会的・文化的な差別の異なる多様な形態，例えばジェンダー，人種，エスニシティ，国籍，階級，宗教をめぐる差別構造が，いかに重層的に結び付いたり，関わり合ったりしているのかを捉え、分析するための概念である。これによると，社会に存在する様々な差別や抑圧は，それぞれ独立したものというよりも，相互に連関・連動して作用するものとして，その関係性全体に注目する必要があることになる。それゆえ，こうした差別をめぐる問題もまた，総合的・学際的視点から捉えられ，研究・教育・実践を進めていくことが求められているのである。

### (3)　行為体をめぐる「越境化」

　最後が行為体をめぐる「越境化」の文脈である。かつては安全保障の担い手はあくまでも国家であるとする根強い前提があったが，近年では，国家だけでなく，NGO のような市民社会アクターや，県や市のような地方自治体，さらに企業をはじめとする市場アクターが，安全保障の客体，つまり守られる対象としてだけでなく，平和や安全保障の積極的な主体・担い手にもなりうることが広く認識されるようになってきている。そこで，そのような主体的役割を我々皆がどのように果たしていけるのか，とくに公共・市場・市民社会といったセクター間の垣根を超えてどのような提携・協働的関係を構築できるのか／すべきなのか，といった課題をめぐる研究の意義と可能性が高まっている。

## おわりに

　本章では，国際関係論が成立した経緯の紹介に続き，そこから派生した平和研究と安全保障研究の歴史と発展についてそれぞれ概観した。さらにその上で，今日における平和研究と安全保障研究の総合の意義と可能性を明らかにし，両者の総合を通じて21世紀の平和学の新たなフロンティアを開拓しようとする際に求められる一視座について検討を試みた。

　最後に一言加えて本章を閉じることにしたい。もし今日，多様な主体が平和／安全保障に関わる公共政策の一端を担いうる存在になりつつあるのだとしたら，現代世界において我々は皆，そのような公共政策の結果や影響から逃れられないという意味で政治の客体であると同時に，そのような公共政策の形成・実施に何らかの形で参加し，影響を及ぼせるかもしれないという意味でグローバル・ポリティクスの主体としての側面をも獲得しつつあることになる。したがって，我々は誰であろうと，現在・今後の世界における政治に対し，無関心ではいられても無関係では決していられないはずである。平和学は，一部の学者や専門家，あるいは実務家のためだけにあるものでは決してなく，その探究は，いかなる立場や場所で暮らすにしてもそこに生きる我々一人一人の担いうる社会・経済・政治的責任や可能性を問い，学ぶことにつながる。そして，そうであるからこそ，我々が平和に関して学ぶことは，今やグローバルな視点で捉えられなければならなくなった世界との関わりにおける，我々自身のアイデンティティを変えずにはいられないだろうし，それは我々の思考と実践を通じて，我々と世界の関わり方，ひいては世界それ自体を変えうる潜在的可能性すら秘めているともいえるのである。

―― **さらに勉強を進めるために** ――――――――――――――――――

　山本武彦編著『国際関係論のニュー・フロンティア』（成文堂，2010年）。
　ヨハン・ガルトゥング著，高柳先男・塩屋保・酒井由美子訳『構造的暴力と平
　　　和』（中央大学出版部，1991年）。
　John Baylis, Steve Smith and Patricia Owens, eds., *The Globalization of World
　　　Politics: An Introduction to International Relations*, 7th edn.（Oxford:
　　　Oxford University Press, 2017）.

# 第2章
## 知と実践の平和学

峯 田 史 郎

## はじめに

　平和学の特徴は，実学志向と学際性である。この命題について，本章は，知の探究と実践の側面から接近することを目的としている。平和の定義の拡がりとともに，その平和学は，対象とする問題領域，行為主体，方法といった射程を拡大させてきた。平和学の学際性は，戦争や人権，環境，開発などの争点に対して，政治学，法学，社会学などの社会科学分野だけではなく，自然科学や人文科学を含む旧来の学問区分の垣根を越えて解を見出そうという学問的姿勢を意味する。ただし，多岐にわたる問題群を全て追求していくことは不可能に近い。本来であれば学会や大学が知識の集積センターとなり，平和実現に向けた実践の舵取りを担うべきである。だが，人員や制度，予算上の壁がそれを困難としてきた。平和学の射程拡大が，そのまま批判となって跳ね返ってきたように，この実学志向と学際性という特徴は，平和に関係する研究（research），教育（education），行動（action）といった諸活動（activity）に携わる人々や組織が，社会的課題群に対処することを困難にしている。そこで，ある課題を解決するために，自然，社会，人文の各科学のどの分野が必要かを判断し，平和学の諸活動を調整する能力が必要とされる。その意味で，平和学に関心を持つ人々は，各分野の研究動向に対して常に敏感であることを要する。

　このような問題意識をもとに，本章では，知と実践の応答について，平和学を構成する研究，教育，行動といったそれぞれの活動の関係に注目する。

図1　平和学の諸活動の関係

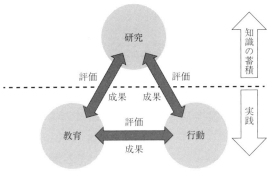

出所：筆者作成

平和について，かつ平和を求めて，平和の冠を付けた活動が，さまざまな場
で行われてきた。この平和学を構成する諸活動の関係性やその意味について
のコンセンサスは存在しないが，本章では以下のように考えている。(1) 平
和研究は，平和に関する知識を蓄積し，平和実現の諸条件を探求するため
に，主に大学や研究所で行われる活動である[1]。(2) 平和教育は，平和研究
の成果を学習者へ伝達する活動であり，活動の場は，学校教育の場合もあれ
ば，社会教育の場合もある。あるいは学習者自らが学ぶ場合もある。同時に
平和教育は学習者の知見や反応を研究活動へフィードバックする機能によっ
て，その成果を他の活動へ発信する。(3) 平和行動は，平和研究の成果を能
動的に受け取った人々，あるいは平和教育での学習者が平和実現のために政
治権力等に訴えかけるなど，行動を起こす活動である。この活動も研究・教
育活動に対し，活動結果の情報を評価として与える機能を持つ。同時に活動
結果の成果が研究と教育の材料ともなりうる。
　ここで具体的にミャンマーにおける少数民族の武力紛争を一例として，研
究，教育，行動を考えてみよう。平和研究は，国家と少数民族武装組織との

---

(1)　「平和学とはどのような学問なのか」「平和学，平和研究，平和科学の違いは何か」といった
　　疑問への接近として，以下を参照されたい。高柳先男「I章　平和学とは」『戦争を知るための
　　平和学入門』（筑摩書房，1999年）5-28頁，斎藤哲夫・関寛治・山下健次編「第1章　平和学の
　　生成と展開」『平和学のすすめ』（法律文化社，1995年）1-17頁。

間の駆け引き，米国や中国といった大国から影響，国連やASEANなどの
国際機構の関与といった政治的側面だけではなく，インフラ開発や観光によ
る国家や少数民族組織の損益といった経済的側面，少数民族が被る貧困，人
権侵害，自然環境破壊などの社会的側面から総合的に考え，知識を蓄積す
る。平和教育は，ミャンマーの武力紛争の歴史や現状を学習者に伝える活動
である。それだけではなく，学習者がミャンマーについての知識を得たこと
で，自分は少数民族が置かれている状況をどのように考えるのかを熟慮する
過程でもある。この過程では，人間の発達段階や生活の場面に沿って，教育
学的見地からの教材が選択される。そして，平和行動は，平和研究の成果と
した得たミャンマーについての知識や，平和教育での熟慮による自らの判断
に従い実践に移すことである。例えば，ボランティアとして慈善活動への従
事や，在日ミャンマー大使館前での武力行使反対デモへの参加などが挙げら
れる。また，政治家や国際機関の職員を目指すことも平和行動である。

　これら平和学の諸活動の関係を概念図に当てはめてみれば，図1のように
なる。研究が知識を蓄積し，教育・行動といった活動が実践を担う。平和学
では，それぞれの活動の成果とその成果への評価が繰り返し行われている。

　このように平和学の諸活動は互いに連携することで社会的に評価を受ける
ことができ，平和学は確実性と信頼性を獲得することを意図しているのであ
る。そのために，まず，Ⅰでは平和学の射程拡大を概観した上で，実践の重
要性を検討する。Ⅱにてエカート（Eckhardt, William）による平和の消極的定
義の積極的行使，Ⅲにてラパポート（Rapoport, Anatol）による知識と実践の
fusion（融合）概念について考察する。本章で取り上げるエカートとラパポ
ートをはじめ，取り上げた文献は平和学において古典といえるものもある。
しかし，その主張は現在の平和学の実学志向と学際性を考える際にも有用と
考える[2]。なお，本章では平和学の総論を議論するのではなく，平和学の

---

（2）　平和学の実学志向と学際性については，「平和構築」論について参照する必要がある。平和
　　構築は1992年，当時の国連事務総長ガリ（Boutros-Ghali, Boutros）による「平和への課題」で
　　提言された。平和構築論では，紛争後の平和をいかに構築していくかについて，実践的な観点か
　　ら，政治的側面だけではなく，経済，社会文化的側面からも研究が進められている。国連，国
　　家，企業，市民社会等，多様な行為主体も視野に入れており，現在の平和学において，比重が大
　　きくなっている分野である。平和構築については，多くの書籍が出版されてきたが，ここでは入

実学志向と学際性を理解するために，諸活動の関係性を検討することを意図
している。

# I　平和の射程拡大と平和「研究」「教育」「行動」

　時代や場所が異なり，そのため文化が異なることで「平和」の意味が異な
ることは，すでによく知られている。第二次世界大戦後，戦争に関する研究
に終始していた平和学は，1970年前後に，ダスグプタ（Dasgupta, Sugata）の
peacelessness（平和ならざる状態，非平和状態）で発想の転換を促され[3]，ガル
トゥング（Galtung, Johan）の暴力概念の整備によって争点が飛躍的に多様化
した[4]。つまり平和学は，「戦争に関する研究」から，研究対象をガルトゥ
ングによる「構造的暴力（structural violence）」を最大公約数的に扱う研究へ
と変化した。戦争の不在は「消極的平和（negative peace）」にすぎず，平和学
は構造的な暴力の解消，すなわち「積極的平和（positive peace）」を目指すべ
きと議論されたのである[5]。
　しかし，この争点の多様化は，そのまま平和学への批判となった。特にガ

---

門書として以下を挙げておきたい。山田満『「平和構築」とは何か：紛争地域の再生のために』
（平凡社，2003年）。
（3）　Dasgupta, Sugata. "Peacelessness and Maldevelopment: a new theme for peace research in
developing nations," *Proceedings of the International Peace Research Association Conference*, vol.
2, 1968, pp. 19-42.　1968年当時，欧米中心の平和研究の研究対象が，東西冷戦の影響から，戦争
の回避，国家間の緊張関係の緩和に注目していたことに対し，ダスグプタは異議を唱え，南北問
題からの新しい論点を唱えた。また，たとえ戦争の回避に限定したとしても，戦争を欧米の社会
枠組みからしか考察していないと反省を求めた。たとえば，ベトナム戦争に関する1968年当時の
平和研究は国際法や戦争倫理の議論はするが，戦後のベトナム社会が復興することは関心の外だ
との指摘である。多賀秀敏「J・ガルトゥングの世界分析：構造的暴力と帝国主義論」『現代民主
主義理論』（新評論，1984年）159-161頁。
（4）　Galtung, Johan, "Violence, Peace and Peace Research," *Journal of Peace Research*, vol. 6, no.
3, 1969, pp. 167-191.
（5）　現在でも数多くの武力紛争は発生しており，冷戦終結後の1990年代に国家以外の行為主体に
よる紛争の数は増加したという統計もある。ストックホルム平和研究所（SIPRI：Stockholm
International Peace Research Institute）とウプサラ大学が共同で実施している SIPRI/Uppsala
Conflict Data Project（UCDP）で，紛争数の増減について示されている。同様のデータを扱っ
た SIPRI 年鑑も毎年発行されている。UCDP からも分かるように，「戦争に関する研究」は現在
においても，平和学においての重要な要素である。平和学（A）は「戦争に関する研究」（B）を
放棄したわけではなく，（A）＝（B）と見なされていたものが，（A）⊃（B）と変化した。

ルトゥングは，その後の平和学の方向性に対して，大きな影響を及ぼしたため，「ガルトゥングの好まない事象は全て暴力である」と揶揄されることもある。これは，ガルトゥングが観察してきた社会現象が，「かれ自身の反支配・反不平等を中心とする強烈な価値意識のフィルターを通過して描かれる」ためだと指摘されている[6]。

石田雄は，1968年の著書『平和の政治学』の中で，綿密な文献調査を行うことにより，諸文化の平和概念を類型化し，特質を示すことを試みた[7]。時間，空間が異なることで，平和の意味が異なる。それぞれの国家，社会，文化，個人が，平和の意味を規定しているということは，もはや異論のないことであろう[8]。

イリイチ（Illich, Ivan）の言葉を借りるなら，平和とは，「話し言葉と同じくらいヴァナキュラー（土着的）なもの」である。したがって，平和について何かを語るとき，ラテン語での「pax」，英語での「peace」が，即時的に，さらに同じ意味で，日本語の「平和」と対応するか，その都度，考えなければならない。「平和を翻訳することは，詩を翻訳することと同じように骨の折れる仕事」だということを心に留めておく必要がある[9]。

石田淳は，平和を定義することの論争性を指摘し，多様な平和観が共存することで，個々の平和観が鍛えられると主張している[10]。言い換えれば，平和の定義の独占は，たとえ日本平和学会であっても広範な同意は得難いため，慎むべきとの主張である。

---

（6） 多賀秀敏，前掲書，155頁。

（7） 石田雄『平和の政治学』（岩波書店，1968年）35頁。平和と文化との関係を論じた部分は，Ishida, Takeshi, "Beyond the traditional concept of peace in different cultures," *Journal of Peace Research*, vol. 6, no. 2, 1969, pp. 133-145 としても発表されている。また，石田自身の狙いは，「日本の平和概念」がどのような特徴を持っているのか導き出すための参考として，世界の代表的な文化の平和概念の特徴を抽出し，比較したことにある。したがって，多様性のある諸文化の一側面だけを切りとって，単純に観察しているわけではないことに注意が必要である。石田雄『権力状況の中の人間：平和・記憶・民主主義』（影書房，2001年）64頁。

（8） Smoker, Paul and Groff, Linda "Splituality, Religion, Culture and Peace: Exploring the Foundation s of Inner-Outer Peace in the Twenty-First Century," *International Journal of Peace Studies*, vol. 1, no. 1, 1996, p. 313.

（9） イヴァン・イリイチ「平和とは，生活のあり方」『環』（19号，藤原書店，2004年）36，37頁。

（10） 石田淳「巻頭言 《平和を定義する力》を平和研究に取り戻す」『日本平和学会ニューズレター』（19巻1号，2010年）1頁。

　このように平和の定義の多様性が容認できる一方で，ラパポートが指摘するように，「平和」は，「バズワード（buzz words)」として語られてきたと言える[11]。ここでのバズワードとは，専門的な響きを持つ社会的・政治的迷信である。平和を学問として扱うならば，研究によって蓄えられてきた知識を社会的・政治的迷信から守る必要がある。そのために，誰が，どのように知識を役立てていくのを考えなければならない。

　第二次世界大戦後の論争のなかで，平和学は制度化（institutionalization）されることを求められてきた。制度化されることによって，平和研究は知識を蓄積することができる。そして，平和研究が蓄える知識は，平和教育，平和行動と結びつくことによって，問題解決に向けた実践に移すことができる[12]。平和学が実学であるならば，知識の蓄積と同時に，実践との関係に目を向ける必要がある。なぜなら科学と名のつく学問は，知識と実践とが相互作用するときのみ，社会に応用できる。すべての知識の中で，社会問題を解決する重要な鍵を提供する知識は，少なからず存在する。しかし，知識に基づいた解決方法を実行する制度が社会構造を点検しなければ，社会がその知識を知りうることはないのである[13]。

　ここで必要になってくるのが，平和を定義する力である。黒田俊郎は，平和を定義する力を，①非平和状況を分析する力，②平和状況を構想する力，③非平和状況から平和状況への移行戦略を考案する力の 3 つに区分して議論している[14]。この①〜③を支えるのが，平和学における研究，教育，行動である。つまり，平和学において，これらの連携こそが平和を定義する力となる。

　この平和研究，平和教育，平和行動の三者は，ガルトゥングが主張するよ

(11)　Rapoport, Anatol "The Three Branches of The Peace Movement," *Peace Magazine*, Oct/Nov 1990, p. 16.（http://www.peacemagazine.org/archive/v06n 5 p16.htm)。2019 年 8 月 1 日取得。

(12)　Dungen, Peter Van Den and Wittner, Lawrence S. "Peace History: Introduction," *Journal of Peace Research*, vol. 40, no. 4, 2003, p. 372.

(13)　Rapoport, Anatol "Can Peace Research Be Applied?" *International Journal of Peace Studies*, vol. 14, issue 2, 1970, p. 282.

(14)　黒田俊郎「平和の再定義，あるいは平和を定義する力を取り戻すために：第 1 期全国キャラバンの議論から」『平和研究』（45 号，2015 年）131 頁。

うに「総合的な有機体」として捉えられなければならない[15]。さまざまな
マイナス要因が，この三者の連携を阻害してきた。平和の定義の広義性，あ
るいは現実社会からの圧力等が，阻害要因に当たる。総合的な有機体である
ためには，平和研究の知識に対して，実践を通じて社会からの「評価」が行
われる必要がある。平和学の諸活動の成果として，平和研究が生み出した概
念である信頼醸成措置（CBM）の制度化が挙げられる[16]。冷戦を終結へと導
いた一つの背景となった CBM は1975年に全欧安全保障会議（CSCE）でのヘ
ルシンキ宣言で具体化し[17]，米国とソ連との間の相互不信を取り除くこと
で，緊張緩和を促進した[18]。

　平和に関する上記の活動は互いに連携することで，社会に対して効果的に
なる。すでに1977年の研究で，「研究と教育と行動の間に協働体制が確立さ
れ，それによって日常の仕事が進められるようになれば，私たちの展望は，
いまよりもずっと開けてくるにちがいない」と指摘されている[19]。

　平和研究，平和教育，平和行動の連携の中で，一見すると，各々の活動
は，知識蓄積ための研究活動を頂点に，平和実現に向けて矢印が伸びて，あ
たかも平和教育と平和行動のための道標なっているように見える。射程の拡
がりに起因し，学問としての体系を欠いている平和学は，社会へと応用可能

---

(15)　ヨハン・ガルトゥング，西村文子訳「平和のための平和を体した教育－それは可能か」『平
　　　和研究』（2号，1977年）86頁。
(16)　高柳先男，前掲書，19-20頁。
(17)　信頼醸成措置という言葉が初めて使用されたのは，キューバ危機直後の1963年に米ソ間でホ
　　　ットラインが開設されたときである。
(18)　ガルトゥングは，平和研究者の成果がソ連の研究者へ届いていたと以下のように述懐してい
　　　る。彼が1969年に創設したオスロ国際平和研究所（PRIO）は，全ての研究成果を，モスクワの
　　　世界経済国際関係研究所（IMEMO）へ送り続けていた。1956年に設立された IMEMO は第二次
　　　世界大戦以前からのソ連における社会科学分野研究を継承し，ソ連最高のシンクタンクとして高
　　　く評価を受けている研究所である。ガルトゥングによれば，PRIO の成果物を送り続けていて
　　　も，IMEMO からは反響がなく，まるでブラックホールに物を投げ入れているようだった。しか
　　　し，1982年にガルトゥングが特別講義のために IMEMO を訪れたとき，その図書館に，これまで
　　　送付した全ての成果物が並んでいるのを目にした。重要なことは，配架されてあるだけではな
　　　く，それぞれの本には，読み皺，すなわち読まれた形跡を発見したことであった。Galtung,
　　　Johan, "Europe 1989: The Role of Peace Research and the Peace Movement," Summy, Ralph and
　　　Salla, Michael E. ed., *Why the cold war ended: a range of interpretations* (Westport: Greenwood
　　　Press, 1995), p. 100.
(19)　浮田久子「日本と海外の平和教育の接点を探る」『平和研究』（2号，1977年）76頁。

な科学であるために，総合的な有機体として，一定の目的の下に統一され，全体と部分と必然的関係を有することが必要である。そのため，実践としての教育と行動は研究に比べ副次的な活動と見なされてきた。しかし，研究で得られた成果は，実践での評価を通じてのみ，確実性と信頼性を獲得することができる。さらに，山本満が，「平和研究自体が既成諸科学の研究者の自己再教育を含む多面的な教育・学習運動であるべき」と述べているように，平和学には他の学問へと波及する効果も期待された[20]。

　このような平和実現へ向けた諸活動を効果的に連携させるための考え方をエカートとラパポートは提示している。エカート（1918-1992）は，心理学から平和実現の条件を模索した。彼は米国に生まれ，米国レンツ平和研究所研究部長やカナダ平和研究所発行の平和研究雑誌の編集者を務めた[21]。ラパポート（1911-2007）は，ロシアに生まれ，米国に帰化した。彼は米国ミシガン大学やカナダ・トロント大学で研究に従事し，主に政治思想史，ゲーム理論，生物学から平和に接近した。音楽から数学まで幅広い知識を有した平和研究者であった[22]。この二人の研究者による平和学の諸活動の関係についての考察を以下の節で検討する。

## Ⅱ　平和の消極的定義の積極的行使（エカート）

　第二次世界大戦後の平和学の歴史を見ると，平和学の諸活動は，戦争を廃絶することに関心を寄せてきた。「平和とは戦争の不在である」という定義は，たしかに平和の消極的な定義である。しかし，エカートは，平和の定義を再度「戦争の不在」という狭義に戻すことで，平和学の諸活動の連携が可能になると主張した。つまり，平和の消極的定義の積極的行使である。ここ

(20)　山本満「「平和教育」への問題提起」『平和研究』（2号，1977年）66頁。
(21)　Naidu, M. V., "IN MEMORIUM: On the Death of William Edward Eckhardt," *Peace Research*, vol. 24, no. 2, 1992, pp. 31-37.
(22)　アナトール・ラパポート（関寛治編訳）「訳者まえがき」『現代の戦争と平和の理論』（岩波書店，1969年）i-xii，および多賀秀敏「書評：アナトール・ラパポート著「人間の創った環境の中での紛争」（Anatol Rapoport: *Conflict in Man-Made Environment*, 1974）」『国際政治』（54号，1976年）139頁。

には諸活動の連携が確立される以前に，平和の定義を拡大解釈したことが，連携の阻害要因になったという問題意識がある。もちろんエカート自身，戦争の不在という平和の定義の消極性を認識しており，平和の意味について，心の安寧という個人内のレベルから，個人間の争い，国家間レベルの武力紛争の直接的，構造的暴力の両側面を意識している。「平和とは，全く衝突のない，あるいはそれに近い，理想的な状態」であり，「人間の発展に寄与する最適条件とも言えるだろう」と主張する[23]。平和を破壊することは，社会の発展を最適条件から引き離し，損害を招く。平和を破壊する，さまざまな暴力は，ある人間が心理的，社会的，肉体的に傷つけられたときだけでなく，生命を奪われたときに最高潮に達する。傷つけられれば傷つけられるだけ暴力は増し，傷つけられる人が増えれば増えた分，暴力の度合いは増すことを，彼は十分に理解しているのである。

　先駆者が行ってきた初期の平和学は武力紛争防止を志向し，戦争の原因と理想の平和の状態について研究することを目的としてきた。核時代の平和研究は，核兵器によって引き起こされる人類生存の恐怖を中心に据えていた。核が出現してからの平和学は，平和を「平和な世界とは戦争のない世界」と定義している。レンツ（Lentz, Theo. F.）も，この定義の消極性，つまり戦争の不在としての平和概念の消極性をよく理解していた。それにもかかわらず，レンツは，「戦争が発生しているとき，発生している場所に平和はないという主張からは，誰も逃れることはできない」と言う[24]。同様に，平和教育は長い期間，戦争の廃絶に関する教育を目的としてきた。平和行動は反戦・軍縮を求める集団が担ってきた。なぜなら武力を保持することこそが戦争の原因と考えているからである。結局のところ，第二次世界大戦後，積極的定義が提唱されるまでの平和学の諸活動は，総体として戦争を廃絶することに関心を払ってきた。それぞれの活動は，「戦争は，人間が行う暴力の最たる例」であることを示し続けてきたのである。

---

(23)　Eckhardt, William "Bridging the Gap between Peace Action, Education and Research," *Journal of Peace Research*, vol. 25, no. 2, 1988, p. 184.

(24)　Lentz, Theo. F, *Towards a Science of Peace: Turning Point in Human Destiny* (New York: Bookman, 1955), p. 5.

　その後，平和の消極的定義は平和研究者たちの間から激しく非難されるようになる。1970年前後から始まる「正義」や「価値認識」をふまえた平和の積極的定義の提唱である。しかし，エカートは，積極的定義の「提唱者たちは，正義や価値の定義に失敗した」と指摘している。積極的定義の提唱者たちによる不正義や暴力除去の主張は，「戦争廃絶と同様に消極的だということを指摘できていない」とエカートは指摘する<sup>(25)</sup>。なぜなら，平和の定義が積極的なものであろうと，消極的なものであろうと，実践に移されなければ，定義は消極的なものにすぎないからである。

　平和学の諸活動に対して，1970年代からの批判は，平和の消極的定義が現実的ではないことを批判の中心に置いてきた。それに対し，現実的でないという批判を退けるために，エカートは以下のような考え方を提示する<sup>(26)</sup>。

①我々の（特に金銭的）限界を考えなければならない。平和へ向けた諸活動には，活動資金や人件費がほとんどない。したがって，我々は平和の定義を，どんなに狭義であろうと制限しなければならない。
②人類の生存や幸福にとって，戦争を廃絶することは重要な貢献である。それゆえ，視野が狭いという理由で，戦争の廃絶を却下すべきではない。
③帝国主義，軍国主義，ナショナリズム，抑圧，人口過多，環境問題，貧困，人種主義，宗教，抑圧，性差別，低開発のように，戦争に関連するどんな体系的な学問も，平和研究，教育，行動の主題としてふさわしい。しかし，たとえ主題として適合したとしても，資金や人材不足による制限のために，実行する責任を他に委ねなければならない。

　したがって，エカートの結論は，平和の定義を「消極的な戦争の不在ではなく，戦争を積極的に廃絶すること」というように，再度，定義を狭義に戻すことで，研究，教育，行動という，三者の平和活動の連携の実現を主張するのである。

---

(25)　Eckhardt, William, op.cit., p. 180.
(26)　ibid.

　たしかに，戦争のような直接的暴力と不正義をはじめとする構造的暴力の因果関係を示す重要な証拠は，これまでの数々の研究で明らかにされてきた。この「戦争の積極的廃絶」というエカートの考え方は，「平和」という語を抽象的なものではなく，実践に移すためのひとつの提案である。この考え方に沿って，さらなる研究，教育，行動を続けていくことは，平和学が実学であることを証明するための試みである。

　しかし，エカートの提案は，消極的と認識されている定義の積極的な行使に焦点を当てているのみであるため，捨象された部分に目を瞑るには十分な材料がない。消極的平和定義を「戦争の積極的廃絶」と言い換えただけでは説得力に欠ける。

## Ⅲ　知と実践の fusion（ラパポート）

　平和研究のパイオニアの一人であるラパポートの fusion（融合）概念は，平和学の諸活動の連携のためには，平和の制度化が必要であると主張する。彼によれば，平和の制度とは，研究によって蓄積された知識の社会実践を意味する。

　ラパポートは，武力紛争防止と平和実現を志向し，戦争の原因と理想の平和の状態について研究する上で，「戦争は，ひとつの犯罪と例えられるべきである」と述べている。戦争を犯罪と見なすことで，戦争を絶対的に否定しているのである。国家が犯罪に関する研究や教育に豊富な資金と人材を投入することができるように，戦争を犯罪と形容することで，平和学の諸活動に多くの資金を注入することができる，とラパポートは主張する。つまり，戦争の違法化による戦争廃絶の制度化である[27]。

　戦争廃絶の制度化のために，ラパポートは，平和学の諸活動が個別に橋渡しする方法を提示した。この概念によれば，平和行動家は，活動の過程で，平和教育者や平和研究者であることができる。平和教育者は，平和教育に邁進する過程で，行動家や研究者であることを可能にする。同様に，平和研究

---

(27)　Rapoport, Anatol, op.cit., p. 277.

者も，研究を行っているとき，行動家や教育者でもある[28]。ラパポートは，このような平和学の諸活動の橋渡しを fusion という語で表現している。

　平和研究の目的について，ラパポートは，「世界平和の確立を促進する条件，あるいは抑制する条件を発見すること」，あるいは「戦争の促進条件，抑制条件を見つけること」と述べる。つまり，平和研究とは「平和」または「戦争」の「理解」を目的とする研究である。このラパポートの考え方は，平和の定義を狭く捉えている点で，エカートと共通している。

　もし，平和や戦争を理解することで，平和や戦争の制御が可能になるなら，「理解」と「制御」は同じレベルにあるということができる。しかし，平和研究が「回答」を導き出したとしても，平和や戦争を制御することはできない。たとえ平和研究が「回答」を知ったとしても，その解決策を実行できる制度が創出されなければ，解決されないにも等しいのである。

　「平和研究を制度と結びつけようとするとき，どのような制度が，平和研究における発見（findings）を，問題解決に向けた行動（action）に移すことができるのか」ということを，ラパポートは疑問の中心に置く[29]。つまり，平和を回復，維持し，そして創り出すために「人間ができること」についての知識は十分にあるにもかかわらず，知識はどのような制度が利用可能だろうか，という指摘である。

　「なされるべきことは何か」だけでなく「誰がそれをなすべきなのか」という疑問が，平和研究には必要となる。「科学の成果」には，「知ること」によるものと，「行うこと」によるものと両面があり，「知ること」によって得られる成果の基礎には，客観事象の観測がある。「行うこと」によって得られる成果は，何かしらの道具が媒介となる[30]。

　まず，「誰がそれをなすべきなのか」という実践の担い手に関する課題は，最初にして最大の障壁である。戦争の原因を既存の制度に求める発見の場合，発見された解決法の実践に関係する「なされるべきことは何か」だけでなく「誰がそれをなすべきなのか」は回答されないままだろう。平和教育に

(28)　Eckhardt, William, op.cit., p. 184.
(29)　Rapoport, Anatol, op.cit., p. 280.
(30)　都留重人『科学と社会』（岩波書店，2004年）7頁。

ついて言えば，ガルトゥングは，平和教育の発展が見られなかった理由は，「教育体制の砦」と述べる。学校教育において，実際に教えられていることは，「過去，現在，未来のつながりを確保するために現在に引き継がれた過去の営みの投影」であって，多くの場合，その国の政府の政策を投影したものである[31]。

　実践の担い手を国家から地方自治体や NGO へと発想の転換を促したのも，平和学の成果である[32]。例えば，核兵器廃絶への道を切り開くために，世界の都市が国境を越えて連帯することを呼び掛けて設立された平和首長会議は，広島市の担った役割が大きい。被爆地としての広島市が，平和活動の担い手として，国際社会に向けて行動するだけではなく，市立大学内に研究所を設立したり，広島・長崎講座という教育の場を設けたりしてきた[33]。

　また，平和学は，到達目標として，社会的課題に対するコーディネーターを育成することも求められる。東日本大震災では，通信技術の発達を背景に，「東日本大震災全国支援ネットワーク」のようなコーディネート型のNGO が活躍した。この種の NGO は，被災者支援において，阪神大震災で大きな課題とされた NGO 団体やボランティア個人の動員力の時間的，地理的な偏りを解消に貢献した。社会的な課題に挑戦する平和学は，課題の偏りのなき解決のために，実践の担い手の調整能力も要請されている。

　次に，ラパポートは，平和学と科学の関係について論じている。一般的に，科学といえば，自然科学を連想する。自然科学は「初期条件が一定である」ことがほぼ可能であるため，普遍性を持ちうるからである。これは，いつでも，どこでも同じ条件であれば，実験結果は同じ，ということを意味する。この自然科学と比べて，社会科学には導かれた知識に確実性がない。社会科学の初期条件が一定であることは困難である。ただし，制度が存在し，

---

(31)　ヨハン・ガルトゥング，1977年，86頁。
(32)　平和学の実践の担い手についての直接の言及ではないが，主権国家のみで構成される国際社会という認識に変化を促す論稿として，下記が挙げられる。国際社会は多層であり，種類や機能の異なる国家以外の行為体が層を飛び越えて活動する実態について考察している。多賀秀敏「国際社会における社会単位の深層」『国際社会の変容と行為体』（成文堂，395-427頁）
(33)　広島市の活動については，秋葉忠利『新版　報復ではなく和解を：ヒロシマから世界へ』（岩波書店，2015年）を参照されたい。

平和研究で培われた知識を実践に移す準備ができれば，知識に確実性や信頼性を付与することができることも事実といえる[34]。そのために，平和学は，空間的（地理的），時間的（歴史的）条件をもとに，「もしこうであれば，こうなる（if so, then so）」ということを予測し，その積み重ねを継続する必要がある[35]。関寛治が指摘するように，地球的諸問題を考える際に，問題それぞれの因果関係がどうつながっているのかについて，地球規模で捉えなおすシミュレーションが有効である[36]。

　ラパポートは，平和研究の理論と実践とが制度に連携することを以下のように述べている。

　　科学は理論と実践とが相互作用の過程にあるときにのみ，応用科学足りえる。もし実践できる制度がなければ，相互に作用しないし，理論は知の空間につるされたまま，しばらくは議論されるが，その後忘れ去られるだろう。そして新しい理論が取って代わり，同じ運命をたどることになるだろう。すべての理論の中で，おそらくいくつかの理論は，社会問題を解決する重要な鍵を提供できるのではないだろうか。しかし理論に基づいた解決法の実行が，われわれの制度構造の根本的な点検をしなければ，その理論が知られることはないであろう[37]。

　平和学には，学際性がある。学際的学問は，体系化が行われにくいという

(34)　平和に価値を置いて，その実現を目指す学問としての平和研究は，リチャードソン（Richardson, Lewis F.）以前，個々の研究者の価値，文化や時代によって意味が異なっているため，その目的や方法に共通項を持つことが困難であった。リチャードソンモデルは数学的手法を取り入れ，平和の実現の大きな障壁となっている軍事競争を科学的に説明しようという試みであった。リチャードソン以降，平和学では「科学的」であることを目的のひとつに取り入れている。Richardson, Lewis F. et al, *Arms and Insecurity: A Mathematical Study of the Causes and Origins of War* (Pittsburgh: Boxwood, 1960).

(35)　社会科学の基本的な考え方について，国際関係論の立場から接近している文献として，下記が挙げられる。多賀秀敏「社会現象へのアプローチのためのヒントと基本的ドリル：比較と分類」『早稲田社会科学総合研究』（5巻1号，2004年）19-48頁。社会科学一般の議論であり，平和学に限定している論稿ではないが，平和学の知と実践の応答についての知見を得ることができる。

(36)　斎藤哲夫・関寛治・山下健次編「シミュレーション・ゲーミング学と平和学」前掲書，83-91頁。書籍としては，関寛治『グローバル・シミュレーション＆ゲーミング：複雑系地球政治学へ』（科学技術融合振興財団，1997年）が複雑な地球的問題を理解し，予測する方法をとして提示している。

(37)　Rapoport, Anatol, op.cit., p. 282.

点で否定的な表現をされる場合がある。しかし，学際的研究は，常に「問題指向的（problem-oriented）」な取り組みであったとも言える。学際的学問の知識の重要性は，いろいろな方向から問題を明らかにすることで，発見された成果の運用可能性を大きくすることである[38]。

　以上の過程から，ラパポートは「知の探究と社会的実践の fusion」を提唱した。この概念は，平和研究者と平和に関心を持つ人々を繋ぐ概念であり，研究者の社会的役割を主張するものである。平和研究によって得られた知識が，平和に関心を持つ人々の組織化や道標として役立つときのみ，平和実現へと向かう。人々は戦争を推し進める政治に抵抗したり，平和を促進するような政治を主張したりするように刺激を受けるだろう。人々は効果的な活動ができるような知識を必要としているのである。

　こうした知識を満たすことによって，平和「研究」を中心に，平和「教育」と平和「行動」が連携できるようになる。この fusion を通じて，行動は自らが行ってきた行動の研究をすることができ，研究者は行動に従事することができる。そして教育者は，行動と研究を同時に行うことができるのである。平和研究に価値があれば，教育，行動につながっていき，同様に価値のある平和行動は，当然，研究効果，教育効果を伴うものである。

## おわりに

　本章では，平和に関する諸活動の関係性について検討した。平和学は価値としての「平和」を中心に，研究で得られた知識をいかに社会へ還元できるかという命題を常に問い続けてきた。平和学には教育と行動を学問の中に取り込み，それらの活動結果を研究活動によって再び検証するという学問的循

(38)　Rapoport, Anatol, op.cit., p. 284.
(39)　例えば，早稲田大学平和学研究所は，平和学の学問的循環機能を最大限に活用し，平和学の拠点になるべく，早稲田大学独自の仕組みであるプロジェクト研究所として2003年に発足した。これまでに全学部共通科目として「21世紀世界における戦争と平和」講座の運営，主に上記講座の講義録を掲載している紀要『早稲田平和学研究』の発行，学部横断的な制度にて副専攻「平和学」の開始（2018年度末に廃止され，2019年度から副専攻「社会イノベーション」へ統合）に貢献した。

環機能が備わっている[39]。平和学において，研究によって蓄えられた知識を実践へと移す考え方を導くことができたと考える。平和実現のために研究，教育，行動するという，平和を冠に付けた活動のなかで，平和行動と平和教育は実践を担う活動である。平和に関する諸活動は互いに連携することで，社会に対して効果的になりうる。

　イリイチの言葉を繰り返すなら，平和とは「土着のもの」であり，これを学習者が自らの母語を通じて理解するには「詩歌を翻訳することのように骨の折れる作業」である。つまり，「平和とは何か」への回答が，時間，空間的な条件によって解釈が一様ではないことを意味している。この平和の定義に関する多様性は学習者の思考が時間軸・空間軸・争点軸を柔軟に往来できる思考の獲得を要請するものである。歴史的に隔たりのある過去の武力紛争について，あるいは地理的に隔たりのある地域の人権・貧困・環境問題について，学習者が立体的に想像できる形で知識を習得し，自律した市民となりうる場を提供することこそが，実学としての平和学の使命である。

── **さらに勉強を進めるために** ──

　　石田雄『平和の政治学』（岩波書店，1968年）。
　　アナトール・ラパポート（関寛治編訳）『現代の戦争と平和の理論』（岩波書店，1969年）。
　　ヨハン・ガルトゥング（高柳先男・塩屋保・酒井由美子訳）『構造的暴力と平和』（中央大学出版部，1991年）。
　　高柳先男『戦争を知るための平和学入門』（筑摩書房，2000年）。
　　関寛治『グローバル・シミュレーション＆ゲーミング：複雑系地球政治学へ』（科学技術融合振興財団，1997年）。

# 第2部

# 戦争と平和を考える

## 第3章

# 「新しい戦争」について考える
## ――ロシアのウクライナ介入をめぐって――

小 泉 　悠

> 「もはや戦争は存在しない。(中略) 大多数の一般市民が経験的に知っている戦
> 争，戦場で当事国双方の兵士と兵器のあいだで行われる戦いとしての戦争，国
> 際的な状況のなかでの紛争における決め手となる大がかりな勝負としての戦
> 争，こうした戦争はもはや存在しない」[1]
> ――ルパート・スミス (元欧州連合軍副最高司令官，英国陸軍退役大将) ――

## はじめに

　英国の国際戦略研究所 (IISS) は毎年，『ミリタリー・バランス』と題した
年鑑を毎年発行している。一定の基準に基づいて各国の兵力や装備品，軍事
予算などをカタログ化したもので，各国の軍事力について論じる場合の典拠
として用いられることが多い。その名の通り，軍事力の多寡やその質 (装備
や訓練) が軍事力のバランスを示すものとして扱われているのである。

　しかし，ここには一つの前提がある。すなわち，国家と国家が軍事力を用
いてぶつかりあい，勝敗を決することが「戦争」であるという理解である。
我が国が経験した最後の戦争である第二次世界大戦はまさにこのような戦争
であり，平和学という学問も，当初はその惨禍を繰り返してはならないとい
う問題意識から出発した。

---

(1)　ルパート・スミス (山口昇監訳・佐藤友紀訳)『軍事力の効用　新時代「戦争論」』(原書房,
　　 2014年) 20頁 (General Sir Rupert Smith, *The Utility of Force: The Art of War in the Modern*
　　 *World*, Vintage, 2005.)。

　では，このような戦争観は21世紀においても通用するものだろうか。本章の冒頭には元英国陸軍大将として北大西洋条約機構（NATO）欧州連合軍副最高司令官を務めたルパート・スミスの著書から一節を引用したが，ここでは戦争のあり方が変化したという問題意識が前面に押し出されている。つまり，「戦争」という言葉から多くの人々が想起するような古典的戦争はもはや現実に発生していないということだ。

　筆者は，古典的な戦争の蓋然性を否定するものではない。例えば近年では中国の軍事的台頭が国際安全保障上の問題としてクローズアップされているが，中国の軍事力整備は明らかに古典的な戦争，スミスのいう「大多数の一般市民が経験的に知っている戦争，戦場で当事国双方の兵士と兵器のあいだで行われる戦いとしての戦争，国際的な状況のなかでの紛争における決め手となる大がかりな勝負としての戦争」において米国に対抗することを意図したものである。インドとパキスタン，アルメニアとアゼルバイジャンがそれぞれ展開している軍拡競争も同様であるし，本章で扱うロシアの軍事力も究極的には大規模国家間戦争に備えている。国民国家体制が継続する限り，古典的な戦争を想定した軍事的安全保障が無用の長物となることは想定し難い。

　同時に，こうした戦争観はかなりの程度，相対化されるようになったことも指摘しておく必要があろう。古典的な戦争が長らく発生していないという現実に加えて，既存の戦争概念では把握しきれない事態が生じているためである。後述するように，ユーゴスラヴィア紛争の中で見出されたこのような戦争は，「新しい戦争」と呼ばれるようになった。

　本章の目的は，この「新しい戦争」の中にロシアの軍事力を位置付けて論じることにある。というのも，2014年にロシアが強行したウクライナへの軍事介入は古典的な戦争観においては説明が付かず，むしろ「新しい戦争」の枠組みにおいてこそよりよく理解できると考えられるためである。これはロシアの軍事力や軍事戦略を把握する上での新たな尺度となろうし，そのような尺度は21世紀の平和学が現代の紛争一般を論じる上での分析視角としても応用可能であろう。

　以上を期して，本章では次のような構成を採用する。まず，「新しい戦争」

の前提となる「古い戦争」を類型化した上で，両者がどのような点において異なるのかを論じる。ここでは，「新しい戦争」がその手段を「古い戦争」と共有しつつ，勝利ではなく暴力の継続そのものを目的とするという，テロリズムの手法に類似することを指摘する。続いて，ウクライナ危機におけるロシアの振る舞いを「新しい戦争」という枠組みにおいて再検討し，ウクライナを勢力圏内に留め置くために暴力の継続が必要とされたという見方を提示する。最後に，「新しい戦争」を人為的に生起させるためにロシアが動員しうる手段を概観し，より広範な紛争に適用される可能性を論じる。

# I 「新しい戦争」と「古い戦争」

## 1 「古い戦争」の理念型

「新しい戦争」について論じる前に，まずは古典的な戦争，すなわち「古い戦争」について整理しておく必要があろう。「新しい戦争」の特質は，「古い戦争」を参照基準として理解される筈であるためだ。戦争の様態は歴史上，幾度も変遷しているが，ここで「古い戦争」のモデルとして措定するのはフランス革命以降に登場した国民国家間の戦争である。

プロイセンの軍事思想家であるカール・フォン・クラウゼヴィッツは，その著書『戦争論』においてこうした古典的な戦争のあり方を次のように表現した[2]。

> われわれは，ここで，公法学者風の堅苦しい戦争の定義を取り扱うつもりはなく，むしろ戦争の基本的要素としての決闘に着目してみようと思う。戦争は，決闘を拡大したものにほかならないからである。戦争を個々の決闘の集合体と考えて，その一つの決闘を取り出し，お互いに闘っている二人を想像してみよう。両者とも物理的な力を行使してわが方の意思を相手に強要しようとする。彼の第一の目的は，対決相手を打倒し，それによってその後のあらゆる抵抗をまったく不可能にすることにある。
> つまり，戦争とは，相手にわが意思を強要するために行う力の行使である

(2) カール・フォン・クラウゼヴィッツ（日本クラウゼヴィッツ学会訳）『戦争論 レクラム版』（芙蓉書房出版，2014年）22頁（原題：Carl Von Clausewitz, *Vom Kriege*, Philipp Reclam jun. GmbH & Co., 1980）。

　すなわち，敵に対して我が方の意思を強要するため，敵の軍事力を粉砕して無力化することを目的として遂行されるのが戦争なのだという見方であり，ここでは戦闘の勝敗が戦争全体の勝敗と同一視されている。

　また，形式的に見ると，こうした「古い戦争」の特徴は，国家が暴力を独占する点にあった。本章の冒頭で引用した元英国軍人のスミスは，1810年代までに欧州各国に出現した近代的軍事力の特徴を次のように要約している[3]。

　　・徴集された市民で構成され，科学技術により強化された巨大な軍隊の出現
　　・戦略目標としての敵主力部隊の撃滅
　　・平時における大規模な予備の維持と，戦時における部隊の新編
　　・統制と迅速な機動を可能にする軍内の指揮階梯の区分
　　・専門的能力と実力主義に基づく軍団や師団の指揮官の任命
　　・戦争の基本原則の枠内での専門的訓練

　もちろん，以上は一種の理念型に過ぎないし，さらに言えば18世紀の欧州における戦争を基準とした理念型であることも付け加えておかねばなるまい。また，クラウゼヴィッツの戦争観では，国家があくまでも合理的な存在であるという前提の下に，利益の最大化を目指して行うものとされているが，石津はこれを「啓蒙主義的誤謬」であると批判している。国家は名誉や恐怖といった必ずしも合理的利益追求以外の理由でも戦争に踏み切ることがあるし，その主体は国家であるとも限らないためである[4]。しかし，20世紀までの近代において，クラウゼヴィッツ的な戦争観がある程度の妥当性を有していたこともまた無視されるべきではないだろう。ことに戦争の遂行形式（例えばスミスの示す近代的な軍事力の形態）という点において，クラウゼヴィッツの戦争観は一つの参照基準となりうると思われる。したがって，本章に

---

（3）　スミス，前掲書，100-101頁。
（4）　石津朋之「戦争の本質，起源，そして軍事力」石津朋之編『戦争の本質と軍事力の諸相』（彩流社，2004年）16-57頁。

おいては「相手にわが意思を強要するために行う力の行使」を「古い戦争」
と定義することにしたい。

## 2 「新しい戦争」をめぐる議論

一方，冷戦後の欧州では，ユーゴスラヴィア紛争を契機として，新たな戦
争観が提起されていた。この紛争に NGO 当局者として関与した紛争研究者
のメアリー・カルドアは，著書『新しい戦争と古い戦争』[5] の中で次のよう
な議論を展開している。

第一に，冷戦後の紛争では，国家による暴力の独占という「古い戦争」の
理念型はもはや妥当ではない。社会主義陣営の解体とこれに続く国家崩壊に
よって，ユーゴスラヴィアでは暴力が社会の中に広く拡散していたためであ
る（カルドアはさらに，ユーゴスラヴィアが軍事国家であり，多くの武器や軍事的知見が
もともと社会の中に存在していたという事情を指摘する）。同様の現象は，冷戦期の
アフリカ等でも見られたものであった。

第二に，軍事力の用いられる目的が古典的な戦争観とは乖離している。前
述のように，近代における古典的な戦争観では，戦争は「決闘」に例えられ
たが，カルドアによれば，冷戦後の戦争は以下のような特徴を持つ（以下は
筆者による要約）。

　　・手法としては冷戦期のゲリラ戦略（大規模な軍事力の集中回避，直接交戦の回
　　　避，住民のコントロール）との連続性を有する
　　・ただし，その方法は「感情と理性」の掌握ではなく「恐怖と憎悪」によ
　　　る（それゆえに軍事力の標的は敵の軍事力よりも住民となる傾向がある）
　　・以上のようなポスト近代型の戦争様態が，近代的あるいは前近代的な戦
　　　争様態と混在しながら展開する

すなわち，ユーゴスラヴィアで見られた「新しい戦争」における戦闘は，
軍事的な効果や領土の獲得を目的とするのではなく，紛争地域の住民に「恐

---

（5） メアリー・カルドア（山本武彦・渡部正樹訳）『新戦争論』（岩波書店，2003年）（原題：
Mary Kaldor, *New and Old Wars: Organized Violence in a Global Era*, Polity Press, 1999.）。

怖と憎悪」を植え付けて支配するための手段として用いられている，というのがカルドアの観察の核心であろう。戦争が続く限り，紛争地域の軍閥や犯罪集団（両者には明確な区別が存在しない場合も多い）は一定の地域内で支配者として振る舞い，従来は国家指導部だけが行使できた権力を握ることができるためである。

　そして，戦争が終結して秩序が回復すれば，このような事態は消滅するわけであるから，戦争当事者たちにとっては戦争に勝敗がつかずに継続することこそが望ましいということになる。ここにおいて戦争は自己目的化し，「戦争のための戦争」という一種倒錯的な状況が出現する。もっとも，これが倒錯的であるというのは，「古い戦争」，すなわちクラウゼヴィッツ的な近代国民国家間の戦争との対比においてであるとは言い添えておく必要があろう。戦争を政治的対決のためではなく戦争それ自体のために利用することは古くから行われてきたためである。

## 3　テロリズムとしての「新しい戦争」

　一方，前述のスミスは，核兵器の登場という観点から「新しい戦争」について論じている。核兵器という究極的な大量破壊兵器が登場した以上，大規模な国家間戦争は常に全面核戦争にエスカレートする可能性を孕むようになり，結果的に「古い戦争」で想定されていたような「決闘」としての戦争は不可能になった，というのがスミスの主張である。これは一見すると冷戦期における相互確証破壊（MAD）の論理の延長性にある議論とも取れよう。実際，核兵器の出現によって米ソは直接衝突を避けて冷戦状態に陥る一方，世界の各地では米ソの支援を受けたゲリラ勢力等による低強度紛争（LIC）が頻発するようになった（こうしたゲリラ戦争が，形式的には「新しい戦争」と類似することについてはカルドアの議論に関連してすでに触れた）。また，このような状況は，「安定と不安定の逆説」と呼ばれる議論を産んだ。つまり，戦略的安定性（米ソが全面核戦争に踏み出さない程度の相互抑止が保たれている状態）が成立した故に，米ソは全面核戦争の心配をすることなく小規模紛争を引き起こすようになったのではないか，という構図である。

　ただし，冷戦期のこうした議論は，あくまでも「古い戦争」観を前提とし

たものであったことには注意を要する。大規模な国家間戦争であれ，LICで
あれ，そこで想定される戦争はクラウゼヴィッツのいう「拡大された決闘」
であって，最終的な目的は「わが方の意思を強要すること」にある。LICを
用いるゲリラ戦略は，全面核戦争が不可能となったことや，ゲリラ勢力自身
が大規模国家間戦争を遂行するだけの資源（兵力，装備，財政等）を欠くこと
によって採用された戦略であって，本質的には規模と手段を変えた「古い戦
争」とみなすことができる。

　しかし，スミスによれば，冷戦後の地域紛争は必ずしも勝利を追求したも
のではない。むしろ，戦争が継続していることによって利益を得る当事者た
ちが戦争を終わらせないために「継続的かつ限定的な軍事行動の連続という
形態の戦争」を展開しているというのがスミスの見方であって（例えばスミス
は，2003年のイラク戦争後，イラクのイスラム過激派グループが多国籍軍を挑発して過剰
な力の行使を行わせ，イラク民衆の間に米国への反発を引き起こそうとした事例を挙げて
いる），これはゲリラ戦略というよりもテロリストの戦略論に近い。タウン
ゼンドが述べるように，戦争が強要的・物理的であるのに対して，テロリズ
ムは印象によって人々の精神に訴えようとする戦略だからである[6]。スミ
スは，このような手法を用いた戦争を「人間（じんかん）戦争（war among
people)」と名付けているが，これはカルドアのいう「新しい戦争」と通底す
るものと言えよう。

# Ⅱ　「新しい戦争」とロシア

## 1　「新しい戦争」としてのウクライナ危機

　第1節で述べた点を踏まえて，ロシアによる2014年のウクライナ介入につ
いて検討してみたい。外形的に見れば，これはロシアによるウクライナへの
軍事侵攻であるが，そこでの軍事力の用いられ方は古典的な戦争様態という
よりも「新しい戦争」のそれに近いと考えられるためである。

　2014年2月にウクライナの首都キエフで政変が発生した直後，ロシア軍が

---

（6）　チャールズ・タウンゼンド『テロリズム』（岩波書店，2003年）19頁（原題：Charles
　　Townshend, *TERRORISM: A Very Short Introduction*, Oxford University Press, 2002.)。

国籍を隠してウクライナのクリミア半島やドンバス地方に侵入し，現地住民を扇動して法的親国からの分離・独立状態を作り出すという事態が発生した。この結果，クリミア半島はロシアに併合され，ドンバス地方では2019年現在に至っても武力紛争が継続している。このような事態は，多くのロシア専門家にも予想外であり，国際社会に強い衝撃を与えた。冷戦後，欧州が比較的安定した地域と見られていたことを考えれば，その度合いは尚更大きかったと言える。

　問題は，ロシアが何故このような振る舞いに及んだかである。「古い戦争」観を援用するならば，ロシアの介入はウクライナの混乱を衝いて領土拡大を図ったものと解釈できよう。実際，ロシアはクリミア半島を自国領に編入したし，介入に先立っては政商マロフェーエフがドンバス地方の併合を提案する書簡をプーチン大統領に送っていたともされる[7]。

　しかし，クリミアにせよドンバスにせよ，併合によるメリットはそう大きなものではなく，逆にロシア政府は両地域の維持のために莫大なコストを負担せざるを得なくなっている[8]。また，この介入によって西側諸国との政治的・経済的関係も悪化しており，わずかな領土と引き換えにロシアが背負いこんだデメリットの規模は計り知れない。

　他方，「新しい戦争」観に基づく説明は次のようになる。政変によってウクライナで親西側の暫定政権が成立したことにより，ウクライナがNATOや欧州連合（EU）に加盟してしまうことをロシアは恐れた。これ以前からロシアはウクライナを勢力圏の一部と見なし，NATOやEUへの加盟阻止のために様々な政治介入を実施してきたが，一夜にして形成が逆転する可能性が生じたのである。2014年3月のクリミア併合に際し，プーチン大統領が「（クリミア半島の）セヴァストーポリにNATOの艦隊が出現する」可能性に触れたこと[9]はその一例と言えよう。

---

（7）　ロシアのリベラル紙『ノーヴァヤ・ガゼータ』は，リークされた問題の文書を全文掲載している。"Представляется правильным инициировать присоединение восточных областей Украины к России," *Новая газета*, 2015. 2. 24.

（8）　たとえば2015年秋時点のウクライナ側報道では，クリミアの維持費は年間約24億ドル，ドンバスは約20億ドルとされていた。"Во сколько России обходятся донбасские сепаратисты," *dsnews. ua*, 2015. 9. 16.

　そして，このような事態を阻止する手段として，ウクライナを継続的に紛争状態に置き続けるという戦略が採用された。ロシアとの紛争を抱えている限り，少なくとも集団防衛機構であるNATOにウクライナが加盟できる可能性は限りなく低下するためである。こうして選ばれたのがクリミア半島の併合であり，ドンバス地方では（ロシア側にその能力があるにも関わらず）決定的な勝利を収めることなくLICを継続させることであった。

　ロシア側の介入意図は現在に至るも明らかではないが，「新しい戦争」観に基づく見方はウクライナ危機後の事態を比較的よく説明しているように思われる。「政治的目的（この場合はウクライナのNATO加盟阻止）を達成しうる条件を作り出すために行われる継続的かつ限定的な軍事行動の連続」という，スミスの「人間戦争」を人為的に引き起こすものがロシアの介入であったと言い換えてもよいだろう。この場合，軍隊の動員や戦闘といった手段は勝利を目的としたものではなく，ウクライナが紛争国家であり続けるという「状況」を出現させるために用いられていることになる。

## 2　ロシア側における「新しい戦争」論

　では，現実にロシア側には「新しい戦争」を人為的に引き起こすという思想は存在しているのだろうか。これについては，ウクライナ危機の前年に当たる2013年にロシアの制服組トップであるゲラシモフ参謀総長が行なった演説「予測における科学の価値」[10] がひとつの裏付けとなろう。演説の冒頭，ゲラシモフは次のように述べている。

　　21世紀においては，平和と戦争の間の多様な摩擦の傾向が続いている。戦争は
　　もはや，宣言されるものではなく，我々に馴染んだ形式の枠外で始まり，進行
　　するものである。北アフリカ及び中東における，いわゆるカラー革命[11] に関

---

（9）　*Обращение Президента Российской Федерации*, 2014. 3. 18.〈http://kremlin.ru/events/president/news/20603〉

（10）　Валерий Герасимов, "Ценность науки в предвидении." *Военно-промышленный курьер*, No. 8 (476), 2013.2.27.

（11）　元々は旧ソ連における民主化運動を指す言葉であったが，ロシア側はこれを米国による内政干渉とみなしている。さらに近年では，同様の理解の下にその指し示す範囲が中東・北アフリカで発生した「アラブの春」にまで拡大されるようになった。

　連するものを含めた紛争の経験は，全く何の波乱もない国家が数ヶ月から場合
　によっては数日で激しい軍事紛争のアリーナに投げ込まれ，外国の深刻な介入
　を受け，混沌，人道的危機そして内戦を背負わされることになるのである

　これに続いてゲラシモフは，「これは戦争ではないのだから，我々軍人が
研究しなくてもよいというのは簡単である」としつつ，「しかし，もしかす
ることは逆であって，これらの出来事こそが21世紀の典型的な戦争なので
はないだろうか？」と問いかける。つまり，21世紀における戦争は国民国家
体制の下で築かれてきた古典的な戦争の形式及び手順にあてはまらないもの
となりつつあるというのがゲラシモフ参謀総長のテーゼであるといえよう。

　では，既存の戦争様態にあてはまらない戦争とは具体的にどのようなもの
であろうか。ゲラシモフ参謀総長によれば，その主な特徴は「非軍事的手
段」の活用にある。「非軍事的手段」とは，政治，経済，情報，人道，その
他の幅広いものであり，これらが「住民の抗議ポテンシャル」に応じて適用
される，という。すなわち，ある社会の中にある騒乱の火種を様々な方法で
刺激してやることで社会不安を惹起し，ついには内乱を引き起こすのであ
る。

　一方，非公然の情報敵対活動及び特殊作戦部隊の活動を含む国家の正規軍
は，こうした「非軍事的手段」を補完する目的で使用される。例えば内乱の
最中に国境地帯に有力な外国軍が集結したり，軍事攻撃によって政府機能や
重要インフラが麻痺状態に陥れば，国家を崩壊状態に導くことが可能となろ
う。精密誘導兵器や情報通信システムを用いるハイテク軍事力であれば，ご
く限定的な攻撃でもこうした効果をもたらすことが可能である。あるいは，
平和維持活動や危機管理という名目で軍隊を派遣することもできる。そし
て，これら正規・非正規の手段を組み合わせることによって，敵国内部には
「継続的に機能する戦線」が出現する，という。

　これはカルドアやスミスのいう「新しい戦争」とは完全に一致するもので
はないが，任意の地域において混乱を引き起こし，戦闘における勝利ではな
く「状況」を以って政治的目的を達成しようとするという点では通底する。
クラウゼヴィッツ的な戦争観が狭義に過ぎるという石津の指摘を想起するな
らば，ロシアがウクライナにおいて惹起した戦争は「新しい」というよりも

「非クラウゼヴィッツ的」なものであったと言い換えてもよい。

　ちなみに，以上のような見方はゲラシモフの独創ではなく，これ以前から
ロシアの戦略家やプーチン大統領の発言にも見られたものである[12]。ゲラ
シモフ論文はこうした思想的潮流を集大成したものと考えたほうがよいだろ
う。

　また，ゲラシモフらはこうした手法をロシア軍自らが用いると主張してい
る訳ではないことにも注意する必要がある。旧ソ連諸国における「カラー革
命」や中東・北アフリカの「アラブの春」は，こうしたモデルに従って西側
が引き起こした「戦争に見えない戦争」であり，ウクライナ危機はその最新
事例であるというのがロシア側の立場である。ただ，それが「21世紀の典型
的な戦争」であるというのならロシア自身もそのような戦争遂行の方法を準
備していたはずであり，次節に見るようにそのための手段及び能力はウクラ
イナ危機以前から整備されつつあったと考えるべきであろう。

　これに関連して，元ウクライナ安全保障会議書記であったホルブーリン
は，ロシアの介入戦略について次のように述べている[13]。すなわち，西側
におけるロシアの介入戦略についての理解は主に軍事的手段と非軍事的手段
の混合（ハイブリッド）に重点を置いているが，これはやや的を逸した理解で
ある。ウクライナに対するロシアの介入は，冷戦後に勢力圏を侵犯され続け
てきたという被害者意識を持つロシアの「地政学的リベンジ」＝勢力圏の防
衛であった。しかし，ロシアの政治的・経済的・軍事的能力は，ソ連崩壊に
よって相対的にも絶対的にも大きく低下した。これが勢力圏を喪失した大き
な要因であるわけだが，同時に，勢力圏に侵犯を受けた（と考える）ロシア
が正面から対抗できないことの理由ともなっている。仮に正規の軍事介入に
訴えてロシアがウクライナを占拠するような事態となれば，NATOの逆介

────────────────

(12)　詳しくは以下の拙著を参照されたい。小泉悠『軍事大国ロシア』（作品社，2016年）152-163
　　　頁。

(13)　また，近年では英キングス・カレッジのフリッドマンによる優れた思想史的考察が登場して
　　　いる。Ofer Fridman, *Russian Hybrid Warfare: Resurgence and Politicisation*, Hurst, 2018.
　　　Владимир Горбулин, "Гибридная война" как ключевой инструмент российской
　　　геостратегии реванша," *ZN. ua*, 2015. 1. 23.〈http://gazeta.zn.ua/internal/gibridnaya-voyna-
　　　kak-klyuchevoy-instrument-rossiyskoy-geostrategii-revansha-_.html〉

入を受けて介入を阻止されかねないためである。そして，西側の軍事力に正面から対抗することが不可能である以上，ロシアの「地政学的リベンジ」は，より低コストかつローテクな方法を用いた，より曖昧な介入の形態を取らざるを得ない。筆者の理解によれば，それこそがここまで述べてきたLICの手法を用いた「人間戦争」の現出であった。

　まとめるならば，ロシアの介入戦略の要点は，ロシアが「古い戦争」観では把握しきれない方法で軍事力を用いて戦略目標を達成するために求められる「状況」を作為したことにあると言えよう。そこで次節では，ロシアが「新しい戦争」型の軍事力行使を行う上で活用しうる手段についてより具体的に見てみたい。

## Ⅲ　ロシアによる「新しい戦争」の手段

### 1　紛争ポテンシャルの形成

　英RUSI（王立統合軍研究所）のジャイルズは，ロシアの介入を正当化しうる紛争ポテンシャルの形成手段として，過去の歴史的経緯と在外ロシア人同胞の存在を指摘する[14]。

　過去の歴史的経緯とは，国境変更などの歴史的な経緯に完全に決着をつけず，あるいは相手国が解決済みであると了解している問題を蒸し返すことで，紛争を人為的に惹起し，軍事力行使を正当化したり，その可能性を想起させて圧力をかける方法である。

　たとえばロシア軍のマカロフ参謀総長（当時）は，「ロシア連邦の軍事的安全保障に対する脅威」と題した議会向け報告を2011年に行っている[15]。この際，同参謀総長が提示したスライドの中では，現在も未解決の領土問題に加え，第二次世界大戦以前にロシアに編入されたカリーニングラード（旧プロイセン領）やカレリア地方（旧フィンランド領），さらには同盟国であるベラ

(14)　Keir Giles, "Russia's Toolkit," Keir Giles, Philip Hanson, Roderic Lyne, James Nixey, James Sherr and Andrew Wood. *The Russian Challenge*. Chatham House Report, June 2015. pp. 40-49.

(15)　"Генштаб вспомнил старые и нашёл новые территориальные претензии к России и Белоруссии," *ИА REGNUM*, 2012. 1. 5.

ルーシとの国境地帯が「将来的に局地ないし地域紛争が発生する可能性がある地域」として示されていた。これはロシアが過去の歴史的経緯を理由として外国から紛争を焚きつけられる可能性に言及したものであるが，2014年にロシア自身が強行したクリミア半島の占拠及び併合はまさにこうした構図をロシア自身が利用したものである。ロシア側の言い分では，1954年にクリミア半島がソ連邦内のロシア社会主義共和国からウクライナ社会主義共和国へと帰属替えとなったことは当時のソ連法に基づかない違法な行為であり，したがってロシアによるクリミア併合は合法であるということになる。翌2015年には，ロシア最高検察庁も，クリミア半島のウクライナ移管には法定根拠がなかったとする結論を下している。

　一方，在外ロシア系住民を「差別並びに権利，自由及び法的利益の抑圧」から保護することも介入の名目となり得る。たとえばグルジア戦争後の2008年9月，メドヴェージェフ大統領が主要テレビ局3社に対して公表した「外交5原則」には，ロシアの近隣に「特別な利益」を持つ地域が存在することと並んで，「国民の保護」が含まれていた。さらに，翌2009年11月に改正された「国防法」でもロシア軍の国外展開の根拠として「外国に居住するロシア国民の武力攻撃からの保護」が盛り込まれた。

　問題は，ここでいう「ロシア国民」の範囲である。グルジア戦争前から，ロシアはグルジアの分離独立地域であるアブハジア及び南オセチアの住人にロシアのパスポートを発給しており，これを以って「ロシア国民の保護」という大義名分が掲げられた。さらにクリミアへの介入では，「ロシア国民」の意味がロシア語を話すロシア系住民というところまで拡大解釈されており，こうなると大抵のロシアの近隣国には保護すべき「ロシア国民（＝ロシア系住民）」が存在するということになる。実際，こうした口実はバルト三国に対する政治的圧力としても用いられてきた[16]。

---

(16)　特に国内に多数のロシア系住民を抱えるエストニアではこの種の懸念が強い。エストニア国内保安庁（KAPO）の年報でもロシア政府による在外ロシア系住民への影響力行使は毎年大きく取り上げられており，最新版である2015年版では「プーチン体制は（外国での）影響力を増大させるため，現実及び虚構の問題やセンシティブなトピックをソフト・パワーと織り交ぜて利用する。（中略）ロシアは，ロシア語を話す住民の権利侵害を名目として隣国の内政に対する軍事介入を正当化し，その主権と領土的一体性を侵害している」などとしている。*Annual Review*

## 2　介入手段

　惹起された紛争への介入は，正規軍に属する精鋭介入部隊と民兵などの非
正規手段によって遂行される。前者について言えば，クリミア半島への介入
において尖兵を務めたのは，空挺部隊（VDV）と特殊作戦軍（SSO）であっ
た[17]。いずれも陸軍からは独立し，最高司令部が参謀本部を通じて運用す
る戦略直轄部隊である。これらの部隊は，続くドンバスへの介入にも一般の
陸軍部隊と共に投入されている。

　一方，ロシアは，正規軍に属さない非正規の手段をも介入に用いた。クリ
ミア半島について言えば，これは（おそらくロシアの情報機関が扇動した）現地
の一般住民やクリミア・コサックと呼ばれる民族主義勢力，報復を恐れてキ
エフから逃れてきた内務省治安部隊「ベルクート」の元隊員たち，ロシアの
カバルディノ・バルカル共和国からクリミア入りしたコサックなどであっ
た。

　これに対してドンバスでは，ロシア連邦保安庁（FSB）での勤務経験を持
つイーゴリ・ストレリコフなどの大ロシア主義者が民兵集団を率いて現地の
ウクライナ治安機関を襲撃し，ウクライナ政府の統治が及ばない地域を作り
出した。もっとも，ウクライナ政府による掃討作戦が厳しさを増し，民兵集
団の中でも相互の対立が激しくなると，ロシア政府はモルドヴァの分離独立
地域である「沿ドニエストル共和国」の有力者を送り込み，彼らによる統治
を試みた[18]。しかし，これらの勢力はいずれも現地武装勢力の支持を得る
ことはできず，最終的にはドンバス出身者による自称「政府」（「ドネック人民
共和国」及び「ルガンスク人民共和国」と自称）が現在まで実権を握っている。

　もちろん，こうした武装勢力は独力でウクライナ政府の軍事力に対抗でき
たわけではなく，その背景にはロシア政府による様々な支援が存在した。当
初，ロシアからドンバスへの支援は小火器，歩兵携行型の対戦車ロケット及
び地対空ミサイルなどに限られていたようだが，ウクライナ軍に対する劣勢

*2015*, Estonian Internal Security Agency, 2015.

（17）　クリミア介入の経緯については以下に詳しい。Anton Lavrov, "Russia Again: The Military
　　for Crimea," *Brothers Armed: Military Aspects of the Crisis in Ukraine*. East View Press, 2014.

（18）　Boris Danik, "Ambiguities of Transnistria east", *Kyiv Post*, 2014. 8. 6.

が深刻になった2014年夏頃から戦車や防空システムを含む重装備が供与されるようになり，8月にはロシア軍による直接介入も開始された。

　ロシア側はドンバスにロシア軍の正規部隊が存在することを否定しており，ロシア兵が捕虜になったり戦死したりした場合には「道に迷った」，「休暇中に義勇兵として自発的にドンバス入りした」といった釈明を行っている。しかし，SNSへの投稿（そこにはロシア兵自身によるものも含まれる）や各種のインテリジェンス情報からロシア軍がドンバスで組織的な軍事活動を行っていることはほぼ明らかであり，ウクライナ軍参謀本部による発表[19]やRUSIのスチャーギンによる研究[20]に見られるように，具体的な指揮官の名や戦闘序列までほぼ解明されているのが実際である。

## 3　外部からの圧力

　ゲラシモフ参謀総長が述べるように，敵国内での紛争惹起と並行して重要なのは，正規軍を用いた外部からの軍事的圧力である。この際，ロシアが圧力手段として用いたのは，抜き打ち検閲であった。ロシア軍は戦闘即応体制をチェックするために予告無しの演習（規模には大小がある）を臨時に実施しているが，クリミア及びドンバスで緊張が高まると，こうした訓練名目でウクライナ国境付近に最大3-4万人の兵力を集結させ，軍事的圧力をかけたのである。これらの兵力がひとたび侵攻作戦を発動すればウクライナ軍が壊滅することは必至であり，それゆえにウクライナ政府は親露派武装勢力との戦闘に一定の制限をかけざるをえなくなった。さらにロシア軍はモスクワ付近に配備されていた第20諸兵科連合軍の司令部をウクライナ国境に近いヴォロネジまで前進させるとともに，その隷下に新たな師団を編成するなどしており，ウクライナ付近に常時大規模な兵力を駐屯させる兆候も見せている[21]。

(19)　*Russia's military aggression against Ukraine.*〈http://gur.mil.gov.ua/en/content/osoblyvosti-diialnosti-uhrupovannia-rosiiskykh-viisk-v-tymchasovo-okupovanomu-krymu.html〉（2019年10月29日取得）

(20)　Igor Sutyagin, *Russian Forces in Ukraine*, RUSI, March 2015.〈https://rusi.org/sites/default/files/201503_bp_russian_forces_in_ukraine.pdf〉（2019年11月11日取得）

(21)　ウクライナ国防省によると，ウクライナ国境に最も多数のロシア軍が集結したのは2015年2月頃（当時，ベラルーシのミンスクにおける和平協議と並行してウクライナ軍と親露派武装勢力が激しい戦闘を繰り広げていた）であり，ウクライナの国境外に約5万8000人が展開したとして

## 4　西側からの介入阻止手段

　以上で挙げた介入及び圧力の手段を実施する上で問題となるのが，こうした行動が「侵略」や「人権侵害」と受け取られ，西側の逆介入を招く可能性である。実際，1999年に始まった第二次チェチェン戦争や2008年のグルジア戦争では，こうした事態が真剣に懸念されていた[22]。これに対して近年のロシアが追及している方法は，メディア宣伝によって事態の性質そのものをあいまい化したり，正当化を図ることと，西側の介入を阻止もしくは困難にするような軍事力の整備である。後者はさらに2つに分けることができる。

　その第1は，潜水艦，水上艦，地対艦ミサイル，防空システム，航空機，電子妨害システム等を組み合わせた接近阻止・領域拒否（A2/AD）能力である。現在，ロシアが最も熱心にA2/AD能力の構築を進めているのは黒海であるが，これは北カフカス，ウクライナ，グルジア，モルドヴァなど，ロシアが介入を行った（行う可能性のある）国や地域が黒海沿岸に集中しているためであろう。こうした国／地域に対してロシア軍が展開した場合，トマホーク巡航ミサイルを搭載した米海軍の戦闘艦艇が黒海に侵入するのを阻止したり，その活動を著しく制限したりすることがロシア軍による黒海A2/AD戦略の主目的であると考えられる。

　A2/ADと並ぶもう一つの介入阻止手段が，核兵器である。ソ連崩壊後，通常戦力が大幅に弱体化したロシアは，1993年に策定された最初の「軍事ドクトリン」で大量報復型の核戦略を採用した。2000年の改訂版では，戦略核兵器によって米露間での核抑止は維持しつつ，欧州正面においては戦術核兵器を使用して通常戦力の劣勢を補うという，「地域的核抑止」が盛り込まれた。これはソ連の通常戦力に対抗すべく冷戦期の西側が採用した柔軟反応戦略をほぼ逆転させたものであり，前述したセルヴィア空爆などにおいて，精密通常兵器を駆使するNATOの圧倒的なエアパワーを目の当たりにしたことが大きな影響を与えていたと見られる。一方，2010年版「軍事ドクトリン」では，従来想定されていたよりも小規模な局地紛争でも核兵器を使用し

いる。*White Book 2015*, Ministry of Defense of Ukraine, 2016. p. 11.

(22)　Alexei Arbatov, *The Transformation of Russian Military Doctrine: Lessons Learned from Kosovo and Chechnya*, George C. Marshall European Center for Security Studies, 2000, p. 18.

たり，戦争が始まる前に予防的な核攻撃を行うとの戦略が盛り込まれたとの観測がある。これはロシアが介入を行う際，無人地帯などに対して警告的な核攻撃を行うことによって NATO に逆介入を思いとどまらせることを目的としたものと考えられる[23]。この結果，ロシアが核抑止下で低烈度紛争を仕掛けてきた場合，現行の NATO のドクトリンや能力では対処の仕様がないのではないかとの懸念が西側の専門家の中でも見られる様になった[24]。

ロシアが実際にこのような戦略を採用しているかどうかについては批判的見解も存在するが[25]，少なくともロシアにこうした核戦略の概念が存在し，それをオプションとして実行可能にするだけの近代的な核戦力が存在することは無視しえない事実であろう。2018年に公表された米国の「核態勢見直し（NPR）」も，以上で述べたようなロシアの核戦略の変化を前提として小威力核弾頭を搭載した潜水艦発射弾道ミサイル（LYSLBM）や潜水艦発射巡航ミサイル（SLCM）の配備を謳っている[26]。

## 5 民心の掌握

元米陸軍のジョン・マックイーンは2008年，「ハイブリッド戦争」と題された論考[27]を発表している。この中でマックイーンが強調しているのは，現在の米軍が関与している介入型の戦争においては，「物理的な側面（古典的な戦闘における勝利）」と並行して，「概念的な側面」が決定的な重要性を有し

---

(23) 戦果を最大化するのではなく，「調整された打撃」によって NATO の逆介入を阻止するという核ドクトリンについては，以下の拙稿を参照されたい。小泉悠「ロシア―ロシア版「エスカレーション抑止」戦略をめぐって」秋山信将・高橋杉雄編『核の忘却の終わり：核兵器復権の時代』（勁草書房，2019年）45-72頁。

(24) Matthew Kroenig, "Facing Reality: Getting NATO Ready for a New Cold War," *Survival*. Vol. 57, No. 1, February-March 2015. pp. 49-70.

(25) Olga Oliker. *Russia's Nuclear Doctrine: What We Know, What We Don't, and What That Means*. CSIS, 2016. 〈http://csis.org/files/publication/160504_Oliker_RussiasNuclearDoctrine_Web.pdf〉（2019年11月11日取得）; Jacek Durkalec. Nuclear-Backed *"Little Green Men:" Nuclear Messaging in the Ukraine Crisis*. The Polish Institute of International Affairs, June 2015, pp. 15-19.

(26) U.S. Department of Defense, Nuclear Posture Review, 2018, pp. 54-55.

(27) Colonel John J. McCuen, "Hybrid Wars," *Military Review*. March-April 2008. 〈http://www.au.af.mil/au/awc/awcgate/milreview/mccuen08marapr.pdf〉（2019年11月11日取得）pp. 107-113. ちなみにマックイーンがこの論考を表した時点では，まだ FM3-0C.1 は公表されていなかった。

**表1 ロシアの対内・対外情報戦手段**

| 対内的行動 | 対外的行動 |
|---|---|
| 主要マスメディアに対する国家統制，その他の独立系メディアに対する恒常的な圧力及び脅迫 | 情報かく乱工作に従事するロシア・トゥデイやスプートニクなどのロシアの国際マスメディアを設置すること |
| 政党を従属状態に置くこと | 買収によって外国における政治的影響力を確保すること |
| 不正占拠を GONGO（官製 NGO）によって公正と認めさせること | ロシアの対外政策に沿う形で旧ソ連諸国における選挙の正統性を是認または否定してくれる親露派選挙監視機関を設置または支援すること |
| 金で雇ったブロガー及びネット工作員を Web サイトやソーシャルメディアのコメント欄における心理戦に活用すること | ネット工作員を Web サイトやソーシャルメディアのコメント欄における心理戦に活用すること |
| NGO を「外国のエージェント」として抑圧すること及び GONGO を設置すること | ロシアの離散民 NGO 及び親露派シンクタンクを西側諸国で設置すること |
| ロシア国内の野党指導者，マスメディア及びソーシャルメディアに対してサイバー攻撃を行うこと | 外国の政治及び経済機構及びマスメディアに対するサイバー攻撃を行うこと |

　ているという点である。「概念的な側面」とは，戦闘地域の現地住民のコントロール及び支持，介入を行う国の国民の支持，そして国際社会の支持であり，このような非在来型の側面の重要性がかつてなく高まっているとマックイーンは指摘する。そして，「概念的な側面」における勝利を決定づけるのが，戦争によって崩壊した治安，社会インフラ，経済などを再建して現地住民の生活を安定化させること（安定化作戦）であるという。
　ウクライナ介入に関して言えば，ロシアは以上の三要素において全スペクトラムに渉る情報戦を展開した。米戦争研究所（ISW）のスニェゴヴァヤは，ウクライナ紛争におけるロシアの広範な情報戦を「反射的コントロール（reflexive control）」と呼び，その主な構成要素を次のようにまとめている[28]。

(28)　Maria Snegovaya, *Putin's Information Warfare in Ukraine: Soviet Origins of Russia's Hybrid Warfare*. Institute for the Study of War, 2015.〈http://understandingwar.org/sites/default/files/Russian%20Report%201%20Putin's%20Information%20Warfare%20in%20Ukraine-%20Soviet%20Origins%20of%20Russias%20Hybrid%20Warfare.pdf〉（2019年11月11日取得）

・ウクライナにおけるロシア軍の存在を否定及び欺瞞すること
・クレムリンの意図は限定的かつ受け入れ可能なものだと外部に思わせ，その本当の目的及び目標を隠蔽すること
・紛争におけるロシアの関与を否定し，ロシアが紛争の当事者でなく利害関係者に過ぎないのだと国際社会に認めさせ，1990年代のコソヴォ独立や2003年のイラク侵攻における西側の関与と同様のものであると指摘することによって表面的な合法性を主張すること
・NATO加盟国及び非加盟国周辺での航空機の飛行，核使用の脅し，ロシアの軍事力及びその成功を誇張することによって西側を脅迫すること
・公式のメディア及びソーシャルメディアを通じてウクライナ紛争に関する言説を形成する大規模かつグローバルな複合的努力を展開すること

　また，シェホフツォフは，ロシア内外における情報戦の手法を以下に掲げる表にまとめている（表1）[29]。

# おわりに
## ──「戦争のための戦争」

　ここまで見てきたように，ロシアの介入は，古典的な戦争観が想定する軍事力行使のあり方，すなわち「決闘」としての戦争では捉えきれないものである。ロシアがウクライナで展開しているのは，旧ソ連諸国がロシアの「勢力圏」から離脱しないよう，恒常的に不安定状況を作り出すための軍事・非軍事的施策の総体であり，戦争は手段ではなく目的であると位置付けられる。ここでの戦争は，戦争を終わらせないことを目的として遂行されている。

　このような観点からすれば，ロシアの軍事力や軍事戦略を古典的な軍事バランスのみによって理解することがもはや適当でないことは明らかであろ

(29)　Anton Shekhovtsev, "The Challenge of Russia's Anti-Western Information Warfare," *Diplomaatia*. April 2015. 〈http://www.diplomaatia.ee/en/article/the-challenge-of-russias-anti-western-information-warfare/〉（2019年11月11日取得）

う。このことはまた，ある主体の軍事力が実際にどのような効用（utility）を
期待して整備され，使用されるのかを，その主体の論理に分け入って明らか
にしなければならないことを示してもいるように思われる。

───── さらに勉強を進めるために ───────────────────────────

小泉悠『「帝国」ロシアの地政学「勢力圏」で読むユーラシア戦略』（東京堂出
　　版，2019年）。

Bettina Rentz, *Russia's Military Revival*, Polity, 2019.

Ofer Fridman, *Russian 'Hybrid Warfare': Resurgence and Politicisation*,
　　Oxford University Press, 2019.

# 第4章
# コスタリカにおける積極的平和の展開

竹 村 　卓

> 自由は奇跡をおこし，自由な人間にとってすべては，可能である。
> 平和とは，決して終わることのない一つの過程であり，
> 多くの国々の，多くの人々によってなされる，さまざまな決定の作業である。
> 平和とは，一つの生き方であり，問題を解き明かし，紛争を解決する
> 一つの方法である。
> 平和を求める努力に，決して終わりなどない。
> 　　　オスカル・アリアス・サンチェス（Oscar Arías Sanchéz）
> 　　　ノーベル平和賞受賞講演1987年12月10日 [1]

## はじめに

　アメリカ合衆国（米国）で制作されたドキュメンタリー映画「コスタリカ
の奇跡：積極的平和国家のつくりかた」（製作2016年）が，2017年から日本に
おいて順次公開されるにしたがって，コスタリカと「積極的平和」について
の関心が，2002年に続いて高まりつつある。平和学における重要な概念であ
る「直接的暴力（Direct Violence）」と「構造的暴力（Structural Violence）」，さ
らに前者の不在にすぎない「消極的平和（Negative Peace）」と，後者をも解
消した「積極的平和（Positive Peace）」は，言うまでもなく北欧ノルウェー出
身の平和学者ヨハン・ガルトゥング（Johan Galtung）によって提唱されたも
のである [2]。本章は，映画の題名が示すように，積極的平和の実現を追求

---

（1）　Arias, Oscar, Sanchéz, "Peace has no finishing line", mimeo. San José; Government of Republic of Costa Rica, 1987, pp. 6-7.

し展開してきた，との評価も受けるコスタリカに，平和学の立場から，焦点を当てるものである<sup>(3)</sup>。

へその緒のように南北アメリカ大陸をつなぐ中米地峡，パナマとニカラグアの間に位置するコスタリカは，1948年12月1日当時の政府評議会が軍備放棄を宣言し，翌1949年11月7日成立した現行憲法第12条によって，非武装を法制化した。1983年11月17日に「永世・積極的・非武装」中立を宣言し，1987年中米和平への貢献を評価された当時のアリアス大統領にノーベル平和賞が授与された。紛争の絶えない周囲の国々と比べ「中米の『奇跡』」とも評されている<sup>(4)</sup>。ガルトゥング自身直接筆者に，1987年度ノーベル平和賞受賞者アリアスのことを「私の教え子なんだよ」と，頬をほころばせて語ったものである<sup>(5)</sup>。ガルトゥングが教鞭をとっていた時期，アリアスは英国のエセックス大学に留学しており，最終的に政治学博士号（Ph. D）を授与されている<sup>(6)</sup>。

---

（2）　Galtung, Johan, "Violence, Peace and Peace Research", *Journal of Peace Reseach（JPR）* vol. 6 issue3, Sept. 1969, pp. 167-191. ガルトゥング，ヨハン（藤田朋史編訳）『ガルトゥング平和学の基礎』（法律文化社，2019年）6 -48頁。；多賀秀敏「第59表国際関係論の歴史（Ⅱ）説明」渋谷武・片岡寛光編『図解政治学』（立花書房，1981年）125頁。

（3）　伊藤千尋「非武装中立を生かした国コスタリカ：理想は追って実現すべきもの」『軍縮問題資料』1994年12月号，同『凛とした小国』（新日本出版社，2017年）22-25頁。

（4）　壽里順平『中米の奇跡：コスタリカ』（東洋書店，1984年）。以下の記述は，Ameringer, Charles D., *Democracy in Costa Rica*, NewYork.: Praeger Inc., 1982, Bird, Leonarad A., *Costa Rica: The Unarmed Democracy*, London: Sheppard Press, 1984, Booth, John A., *Costa Rica: Quest for Democracy*, Boulder: Lynne Reinner Publishers Inc., 1998

　　　足立力也『平和って何だろう：「軍隊を捨てた国」コスタリカから考える』（岩波ジュニア新書，2009年），同『丸腰国家：軍隊を放棄したコスタリカ・60年の平和戦略』（扶桑社新書，2009年），伊藤千尋『凛とした小国』（新日本出版社，2017年）16-70頁，小澤卓也『コーヒーのグローバル・ヒストリー：赤いダイヤか，黒い悪魔か』（ミネルヴァ書房，2010年）121-159頁，児玉勇二『戦争裁判と平和憲法：戦争をしない／させないために』（明石書店，2019年）261-285頁，澤野義一『永世中立と非武装平和憲法：非武装永世中立論研究序説』（大阪経済法科大学出版部，2002年），竹村卓『非武装平和憲法と国際政治：コスタリカの場合』（三省堂，2001年），同「コスタリカ共和国憲法概説」参議院『コスタリカ・カナダにおける憲法事情及び国連に関する実情調査：概要』（参議院，2005年）121-142頁，による。児玉弁護士は「軍隊を捨てた国コスタリカに学び平和をつくる会（コスタリカに学ぶ会）」代表，筆者が関係する団体には他に「コスタリカの人びとと手を携えて平和を目指す会（コスタリカ平和の会・伊藤千尋共同代表）」がある。

（5）　トランセンド研究会（Transcend Japan）「ガルトゥング先生によるワークショップ」開催後ヒアリング（2004年3月9日）。

（6）　竹井博友『平和をわが手に』（竹井出版，1988年）31頁；小出五郎『戦争する国，平和する

# I　コスタリカによる「積極的平和」の展開

## 1　軍隊を「捨てた」国

1948年6週間におよぶ内戦の結果成立したホセ・フィゲーレス（José Figuerres Ferrer）議長のコスタリカ政府評議会は，12月1日軍備放棄を宣言し，12月3日に米州相互援助（リオ）条約を批准した。条約批准加入の際コスタリカ政府は，条約第20条にもとづいて海外派兵の拒否を宣言している[7]。コスタリカの批准によって，リオ条約は発効した。

12月10日内戦の「負け組」カルデロン（Rafael Angel Calderón）元大統領支持派が，隣国ニカラグアの独裁者ソモサの支援を得てコスタリカに武力侵攻した。コスタリカ政府は，発効したばかりのリオ条約を活用して米州機構（OAS）に，紛争発生を通告提訴した。以降OASを通じての解決が図られ，翌1949年2月21日コスタリカ・ニカラグア間で友好規約が調印された（7月15日発効）。表面上は解決に見えたが，ニカラグア領内にカルデロン派が残留するなど，火種は残ったままであった[8]。

1948年のカルデロン派の武力侵攻は，コスタリカ政府の側から見れば実にタイミングに恵まれた，と言えるだろう。軍隊を廃止すると同時に，地域的集団安全保障と集団的自衛権を定めたリオ条約が発効し，条約適用第1号のケースとなった。1949年11月7日コスタリカの現行憲法が施行された。その

---

国：ノーベル平和賞受賞者オスカル・アリアス・サンチェス氏と語る』（佼成出版社，2007年）40頁。

（7）　**第3条1**　締約国は，アメリカ（米州）の一国に対するいかなる国の武力攻撃も，米州のすべての国に対する攻撃とみなすことに合意した。したがって，各締約国は，国際連合憲章第51条によって認められている個別的または集団的自衛権を行使して，上の攻撃に対抗するために援助することを約定する。

　　　**第8条**　この条約の適用上において，協議機関が合意できる措置は，以下のものの1以上を含む。すなわち外交使節団の長の召還，外交関係の断絶，領事関係の断絶，経済関係または鉄道，海運，航空，郵便，電信，電話および無線電話もしくは無線電信による交通または通信の一部または全部の中断，並びに武装兵力（軍隊）の使用，のうちの1または2以上のものを含む。

　　　**第20条**　第8条に明示されている措置の適用を要求する決議は，この条約を批准したすべての署名国を拘束する。ただし唯一の例外として，いかなる国も自国の同意なしには武装兵力の使用を要求されることはない。

　　　条文・カッコ内筆者，以下同。条約の国際（公）法上の性格は，本章II-4参照。

（8）　竹村，前掲書，67-70頁。1948年内戦とその国際的性格は，同書22-26，37-44頁

第12条には軍備放棄が明文化され，正式にコスタリカは「軍隊をすてた国」として歩み始める。

### 憲法第12条

常設の機関としての軍隊は禁止される。

公共の秩序を監視し維持するために必要な警察隊を設置する。

大陸協定によるか，国家の防衛のためにのみ軍隊は（再）編成することが出来る。（再編された場合）各軍は，警察隊の場合と同じく，常に文民権力（政府）に服従するものとする。各軍は個別的であると集団的であるとその形態を問わず，（政治的）合議をなしたり声明を発したり示威行為を行ってはならない。

　一見して明らかなように，第12条は個別的自衛権も，集団的自衛権も禁じてはいない。憲法の他の条文に，軍隊再編の際の手続き規定が明記されてもいる。しかしながら，今日まで一度も軍隊再編規定が発動されたことはない[9]。また大陸協定つまりリオ条約と米州機構（OAS）憲章に基づく集団的自衛権の行使は，先述した1948年12月の海外派兵拒否宣言によって事実上不可能となっている。コスタリカは「日本以上に完全非武装の状態で今日までクーデタのない状態を保っている」[10]。

　一方，施行以来約70年間に100回近く憲法の部分改正が行われて来た。中には，2002年の国民5％以上の発案と一院制国会（立法議会）議が認めた場合，部分改正を国民投票に付すとの改正，2015年第1条「コスタリカ」の定義」に「多民族・多文化」を追加する改正など，重要なものも含まれる。しかし政治亡命を規定した第31条と並んで，第12条の改正が政治日程に上ったことは一度もないし，選挙の争点にされたこともなかった。第12条は，コスタリカ社会にしっかりと根をおろし「軍隊をすてた国」を支えていっている[11]。

　1955年1月コスタリカ領内に，ニカラグア独裁者ソモサの支援を受けた武装カルデロン派が侵入した。この紛争も米国の協力を得て，OASの枠内で

（9）　同前書，1-2頁，竹村卓「非武装中立の再検討：コスタリカの事例を中心として」『平和研究』第15号（1990年11月）85頁，憲法第12条成立過程は前掲書，70-74頁。

（10）　福島新吾『日本の「防衛」政策』（東京大学出版会，1978年）188頁。刊行年に注目。

（11）　足立力也「第22章コスタリカ憲法の平和主義：特異性と普遍性」国本伊代編著『コスタリカを知るための60章【第2版】』（明石書店，2016年）110-113頁。

決着を見た。このころから，コスタリカはかなり意図的に，国内非武装を前提に，対外安全保障を OAS など国際機構にゆだねると同時に，米国の官民はじめコスタリカを支持支援してくれるサポーターを，日ごろから獲得する努力を重ねるようになってくる。民主的なコスタリカというイメージが，もともと米国にも，ラテンアメリカにも広く行き渡っており，非武装で平和というイメージが加わって1955年の紛争解決にも役立っている[12]。米国国務省は，1940年代後半からコスタリカの民主的で自由な風土を高く評価していたが，1951年の内部文書において「たとえ小国であっても，米国の世界政策へのコスタリカの支持は特に道義的な価値を有する」から「政策一般についても，国連においても，コスタリカの支持を得られるよう試みるのが，われわれ国務省の政策である」と明記するに至った[13]。

コスタリカは人権の国際的保障と世界平和への貢献に熱心に取り組むと同時に，その努力を広く発信して行った。1965年国連総会で国連人権高等弁務官創設を提言（1985年創設），1967年国際人権規約 B 規約・1978年米州人権条約をそれぞれ最初に批准，米州人権裁判所は首都サンホセに設置されている[14]。

1997年国際反核法律家協会はじめ4つの国際 NGO が起草した「モデル核兵器禁止条約」を，コスタリカは国連事務総長に通告することで，国連公式文書として今日の核兵器禁止条約につなげた。1980年国連総会において国連平和大学創設を提案し，北欧諸国などとの誘致合戦の末，1981年誘致に成功した。コスタリカ政府は1990年代から，その国連平和大学と提携して平和文

(12)　Longley, Kyle, *The Sparrow and the Hawk: Costa Rica and the United States during the rise of Jose Figueres*, Tuscalosa: The University of Alabama Press, 1997.；足立「軍隊をすてた生き方：どこまで天然？非武装平和外交の真相」国本編著，前掲書（2016年），114-117頁，竹村卓「コスタリカ・ニカラグア紛争（1955年）をめぐる国際環境と米国アイゼンハワー政権の対応：グアテマラ危機（1954年）との比較において」『国際政治』第123号（2000年1月）173-194頁。
(13)　竹村，前掲書，121，142-143，1947年1月9日コスタリカ駐在大使からの国務省宛て公電は，コスタリカを「デモクラシーにとって，中米における最も良い実験場にして広告塔」と表現している。同書，117頁。
(14)　以下の記述は，竹村卓「第26章民主・人権・環境そして平和：コスタリカ外交のキーワード」国本伊代編著『コスタリカを知るための55章』（明石書店，2004年）124-125頁，足立「第26章民主主義・人権・環境そして平和：コスタリカ外交のキーワード」国本編著，前掲書（2016年），126-127頁。

化教育を推進している[15]。

## 2 内発的積極的平和の展開；中立宣言と中米和平アリアスプラン

　1977年から79年のニカラグア・サンディニスタ革命，1981年 1 月米国レーガン政権の発足，レーガン政権の介入によるニカラグアとエルサルバドルの内戦の激化，とコスタリカ周囲の中米紛争は，深刻の度を増していった[16]。そのような状勢の中1983年11月17日，コスタリカのルイス・アルベルト・モンヘ・アルバレス（Luis Alberto Monge Álvarez）大統領が，「永世・積極的・非武装」中立宣言を行た。中立宣言の骨子は以下の通りである。

　　私は国民を代表して，他の諸国に影響を及ぼす可能性のある，すべての（戦争
　　をもたらすような）武力紛争に対し，「コスタリカの中立」を宣言する。
　　中立は以下の特徴を持つ，

　　1 ．「コスタリカの中立」は「永世中立」であって，暫定的なものではない。
　　　　この中立は他の諸国に影響を及ぼす，すべての武力紛争に適用される。

　　2 ．「コスタリカの中立」は「積極的中立」である。
　　　　積極的中立とは，イデオロギー的あるいは政治的分野において，不偏不党
　　　であることを意味しない。したがって，西欧デモクラシーとこれまで共有し
　　　てきたし，今後も共有して行くであろう政治的および社会的な物の考え方に
　　　対する，コスタリカの信条を，再確認するものである。この積極的中立は，
　　　国際連合加盟国として，米州機構加盟国として，また米州相互援助条約当事
　　　国としてのコスタリカが，以下の事柄に対して持つ権利と完全に一致する。
　　　それらの事柄とはすなわち，国際の平和と安全の維持に関し一致し，また紛
　　　争の平和的解決をもたらし，より公正な経済社会秩序を獲得し，かつ人権と
　　　基本的自由を促進し尊重するための活動に関しても一致する。

---

(15)　足立「第32章平和文化教育：自ら平和を育む方法」国本編著，前掲書（2016年），154-157頁。
(16)　牛田千鶴「中米地域」二村久則・野田隆・牛田千鶴・志柿光浩著『ラテンアメリカ現代史Ⅲ：メキシコ・中米・カリブ地域』（世界現代史第27巻）（山川出版社，2006年）244-276頁，小澤，前掲書，152-159頁，加茂雄三・細野昭雄・原田金一郎編著『転換期の中米地域』（大村書店，1990年）。

　3.「コスタリカの中立」は「非武装中立」である。
　　コスタリカの対外安全保障は，今後とも引き続きコスタリカ国民の自由な
　意志に，国際法の規範に，そしてコスタリカが参加する集団安全保障体制
　（複数）に基礎を置く。コスタリカが参加する集団安全保障体制とは，いず
　れも常設の機関としての軍隊を維持すること，他国の武力紛争を解決するた
　めに武力を行使することを，コスタリカに関する限り，要求しないものであ
　る[17]。

　米国レーガン政権は，コスタリカが「中立の影に逃げ込まないよう」
（Martha Honey）圧力をかけ続けると同時に，中央情報局 CIA によるコント
ラ支援工作でコスタリカの中立立場を脅かし続けた。コスタリカによる代表
的な「平和輸出」（伊藤千尋），積極的平和の展開と評価される中米和平「ア
リアスプラン」も，米国レーガン政権の露骨な妨害を受けながら推進され
た。モンへもアリアスも，フィーゲレスが結党した国民解放党 PLN に所属
してり，PLN はヨーロッパの社会民主主義政党の多くと同様，社会主義イ
ンターに加盟している。社会主義インターの友党は，モンへの出した中立宣
言を支持し，アリアスの和平プラン実現に協力を惜しまなかった。アリアス
は，辛抱強く対レーガン包囲網を，国際的にも米国内にも構築して，和平実
現にこぎつけたのだった[18]。

<hr />

(17)　Alfaro, Jorgé Mora, *Luis Alberto Monge Álvarez: supensamient politico*, Heredia: Editorial
　　Universidad Interamericana, 2001, p. 125. から筆者訳。足立「第24章非武装中立政策と国際社
　　会：軍隊をすてた生き方の定式化と受容」国本編著，前掲書（2016年），116-119頁，小澤卓也
　　「コスタリカの中立宣言をめぐる国際関係と国民意識：モンへ大統領の政策を中心に」『ラテンア
　　メリカ研究年報』第17号（1997年7月）29-55頁，澤野，前掲書，118-121, 153-164頁，竹村，前
　　掲論文（1990年11月），86-89頁，山岡加奈子「コスタリカをめぐる国際関係：米国との関係を中
　　心に」山岡加奈子編『岐路に立つコスタリカ：新自由主義か，社会民主主義か』（独立行政法人
　　日本貿易振興機構アジア経済研究所，2014年）82-84頁，山岡の専門は本来キューバ研究。
(18)　足立「第25章アリアス大統領のノーベル平和賞受賞：超大国に抗して」国本編著，前掲書
　　（2016年），122—125頁，伊藤千尋「コスタリカの"平和輸出"」『朝日新聞』東京本社版2000年3
　　月26日付朝刊，竹村，前掲論文（1990年11月），87-89頁，国際連合の関与など中米和平プロセス
　　の国際公法的側面は，桐山孝信『「民主主義」の国際法』（有斐閣，2001年）128-208頁，山岡，
　　前掲書，84-87頁。アリアスとレーガン政権高官との会談に同席したカルロス，バルガス
　　（Carlos Vargus）博士（国際反核法律家協会元副会長，故人）によると，同高官は露骨に恫喝し
　　てきた。2002年2月ヒアリング。

## 3　積極的平和の展開：人間の安全保障と環境

　中米和平プロセス達成後も，コスタリカによる積極的平和の展開は続く。
1994年軍縮に関するエコノミストの会合に招かれて来日したアリアスは，軍
備と暴力を前提とする国家安全保障（National Security）に替えて，「人間安全
保障」（Human Security）を提唱する。国連開発計画（UNDP）も同年「人間の
安全保障」を打ち出している。アリアスの人間安全保障は，内容的に人間の
安全保障とほとんど変わるところがない[19]。

　武力紛争における国際人道法違反事件を裁く国際刑事裁判所（ICC）の設
立条約（ローマ規程）を，あと一か国が批准すれば発効する，というタイミン
グで批准して ICC 発足にこぎつけた功労者は，自らは海外派兵しないと宣
言しているコスタリカだった。対人地雷禁止条約発効もコスタリカの批准が
決め手になった。後に，コスタリカは「地雷ゼロの国」を宣言している。

　2019年 9 月，地球温暖化防止の国連における会合の場で，日本の小泉進一
郎環境大臣からいわゆる「セクシー」発言が飛び出した。小泉環境相の隣で
複雑な表情を浮かべていたのが，コスタリカ代表のカレン・フィーゲレス＝
オルセン（Karen Figuerres＝Olsen）だった。彼女は，2015年12月の第21回国連
気候変動枠組条約（UNFCC）締約国会議（COP21）の事務局長として，パリ
協定の成立に尽力している。彼女は，父にホセ・フィーゲレス（大統領在任
1953-58・1968-72年），母に中米和平プロセスの根回しでも活躍したカレン・
オルセン・デ・フィーゲレス（Karen Olsen de Figeurres）をもつコスタリカの
セレブでもある。彼女は兄ホセ・マリア・フィーゲレス（José María Figuerres
大統領在任 1994-98年）と一緒に，1997年京都議定書が採択された UNFCC 京都
会議（COP3）に参加し，2010年から UNFCC 事務局長を務めていた。アリア
スが大統領 2 期目の2007年に，国の目標として打ち上げた，2021年までに
「再生エネルギー100％」による発電は，2015年実績で98％にまでおよんでい
る。コスタリカは，積極的平和を展開する一環として，環境先進国をめざす
と同時に，環境先進国をめざすイメージを世界に発信してきている[20]。

---

(19)　國弘正雄「人間のためにこそ安全保障を：コスタリカのアリアス元大統領に聞く」『軍縮問
　　題資料』1994年12月号，アリアス，オスカル「人間安全保障：人類共通の責任」服部彰編『軍縮
　　と安全保障の経済学：第 2 回 ECAAR シンポジウム議事録』（多賀出版，1995年）。

# Ⅱ　「コスタリカ嫌い」と「実事求是」

　世界の人々すべてが，コスタリカが展開してきた積極的平和に理解があっ
て好意的なわけではない。コスタリカを手放しで持ち上げ崇拝する人がいる
かと思えば，コスタリカ嫌いの人たちもいる。コスタリカ嫌いには，大別し
て3つのタイプがある。第1は平和学者であり，第2は科学的社会主義者を
自認するおおむねキューバびいきの第3世界研究者，最後はインターネット
でやみくもにコスタリカを批判する人たちだ。やみくもにコスタリカを崇拝
する人たちとコスタリカ嫌いの人たちとは，当然政治的・思想的な立場が異
なっている。しかしコスタリカ嫌いと崇拝者とには，共通して事実関係を軽
視する，という傾向が見て取れる。

## 1　平和学者特に北欧の平和学者

　最初は，平和学者，中でも北欧出身の平和学者である。彼らのコスタリカ
非難のポイントは，コスタリカが喧伝されるているほどには，非武装・非軍
事化を徹底していない，というところにある[21]。しかし北欧諸国にはいずれ
も軍隊があり，軍事同盟に加入している国も存在する。例えばストックホル
ム国際平和研究所（SIPRI）が世界的に有名なスウェーデンは，自他ともに
「北欧最強」と任じる軍隊を持つ上に，ジェット戦闘機などの兵器輸出でも
知られている[22]。ガルトゥング創設のオスロ平和研究所（PRIO）があるノ
ルウェーは，実質的な軍事同盟である北大西洋条約機構（NATO）に加盟し
ている。タンペレ平和研究所が国際的に知られるフィンランドに至っては，
熱核戦争すら想定して安全保障政策を推進している[23]。これら北欧三国に
比べたら，コスタリカの公安警察と沿岸警備隊つまり「軍事力」は微々たる

---

(20)　足立，前掲書，フィーゲレス兄妹の京都会議参加は，カレン・オルセン・デ・フィーゲレス
　　　氏ヒアリング（2002年11月5日）。
(21)　たとえば Høivick, Tord, and Aas, Solveig, "Demilitarization in Costa Rica: A Farewell to
　　　Arms?", *JPR* vol. 18. issue 4, Dec. 1981, pp. 333-350.
(22)　吉村健蔵『権力政治と国際平和』（前野書店，1988年）168-178頁。
(23)　斎木伸生「400万人を収容するフィンランドのシェルター：真剣に核戦争に備えるヨーロッ
　　　パに学ぼう 北の核攻撃から身を守る『核シェルター』」『軍事研究』2018年1月号，70-81頁。

ものだ。毎年刊行されるロンドンの国際戦略研究所（IISS）『ミリタリーバランス』や『SIPRI 年鑑』を見れば明らかである。われとわが身（国）を顧みたら，北欧の平和学者が，コスタリカを批判するのは難癖とも言えるだろう。信頼できる情報源によれば，北欧の平和学者がコスタリカに厳しい理由は，北欧諸国が国連平和大学の誘致に失敗し，コスタリカに名をなさしめたからである。

## 2　キューバびいきの自称「科学的社会主義者」研究者

　2002年日本映画「『軍隊をすてた国』コスタリカ」が公開されてから，にわかに科学的社会主義者や史的唯物論者を自称する，ラテンアメリカを中心とする第三世界研究者から，コスタリカへの風当たりが強くなった。政治・思想傾向が自分たちに近いと思われる人たちの間で，米国の歴代政権に抗して来た「社会主義国」キューバよりもコスタリカが関心を引いて一寸したブームになったのが影響したらしい。この種の研究者によるコスタリカ非難には，コスタリカを貶めて，キューバの声望を維持し高めようとする意図が顕著に読み取れた。ある国の評価を維持し高めるために，別の国を貶める，「ひいきの引き倒し」という言葉があるように，そんな言説に触れた人の心は，むしろ冷え込むばかりではないだろうか（2019年，そんな感覚を覚えた人も少なくないだろう）。この立場の研究者は，米国の言語学者ノーム・チョムスキー（Noam Chomsky）の言説を好んで援用する。彼が米国と同時にコスタリカも批判するからだろう。但しチョムスキーが資料批判もなく英文資料だけを根拠に，白黒断定しがちなのは確かだ。彼の著作や見解を，検証作業なしに無批判に引用するのは慎重であるべきだ，という姿勢が，ラテンアメリカ研究者の間では当たり前のように思える[24]。コスタリカに批判的な「科学

---

(24)　チョムスキー，ノーム（益岡賢訳）『アメリカが本当に望んでいること』（現代企画室，1994年）。彼に限らずコスタリカに批判的な英米の論者は，Edleman, Mark, and Joann, Kenen eds., *The Costa Rica Reader*, New York: Grove Weidenfeld, 1989 に依拠する事が多い。コスタリカはじめラテンアメリカにおいては，メディアも学者も政治的思想的立場が明瞭であり，報道や言説の活字情報の取り扱いには注意を十二分に要する。スペイン語から英訳された活字情報については，なおさらである。なお『ラテンアメリカ研究年報』（日本ラテンアメリカ学会）・『ラテンアメリカ論集』（ラテン・アメリカ政経学会）・『ラテンアメリカ・レポート』（独立行政法人日本貿易振興機構アジア経済研究所）・『イベロアメリカ研究』（上智大学イベロアメリカ研究所）など

的社会主義者」は旧 *Monthly Review* 誌など，一方の立場のソースだけに依拠しがちでもある[25]。

　コスタリカ非難の中に筆者は「1980年代前半イスラエルがコスタリカに，機関銃やロケット砲を援助した」との記述を見つけた。引用文献を参照すると，確かにコスタリカはイスラエルから武器援助を受けていた。但し小火器（Small arms）とあり，エルサルバドルへの援助品名にはウージー短機関銃（Uzi Submachinegun）が，小火器とは別にリストされていた。小火器にロケット砲（rocket launcher）が含まれるとは，筆者は寡聞にして聞いたことがない。ロケット砲は，エルサルバドルへの援助リストにあった。ひょっとしたら上の記述を行った論者は，武器援助の表を見間違えていたのかも知れない（表の最上部にコスタリカ，以下ドミニカ共和国・エルサルバドルと国名が続く）[26]。

　批判には「宣言をしておきながら中立違反を行っている」というものも少なくなかった。しかしながらコスタリカは，スイスのような国際法（条約）によって中立義務を課せられる永世中立国でもなければ，国内法である「中立憲法法律」の制定を関係各国に通知し，明示的黙示的承認を得たオーストラリア型の永世中立国でもない。むしろ法的義務を伴わない中立政策を採用してきたスウェーデンの立場に近い，と考えられる[27]。何よりも1983年中立宣言第2項を読めば，コスタリカの中立が意味するところは一目瞭然である。批判の多くは，中立の国際法的な意味も知らず，中立宣言自体詳らかにしたかどうかも疑わしいものであった。

## 3　むやみにコスタリカを批判する人たちと崇拝する人たち

　かつてる学会の分科会において，筆者は，インターネットサイバー空間におけるコスタリカに批判的な言説の調査報告を行った[28]。中でもサイバー

　　の学術誌掲載論文に，チョムスキーを引用・参照したものは，管見の限りなかった。

(25)　このような研究者とは一線を画す，日本を代表するキューバ研究者は，学生をコスタリカに引率したり，所属大学の学会講演を筆者に依頼されたりしている。その方も筆者が指摘するまで，キューバの指導者フィデル・カストロ（Fidel Castro）が，革命前コスタリカに一時亡命してホセ・フィーゲレスに支援された事実は，ご存じなかった。

(26)　Klieman, Aaron S., *Israel's Global Reach: Arms Sales and Diplomacy*, New York: Pergamon -Brassey's, 1985, Table 7-1, p. 135.

(27)　澤野，前掲書，31-111頁，吉村，前掲書，165-193頁。

空間において，好んで右翼的言辞や見解を表明する，今で言うネトウヨな人々の，コスタリカに対する非難の典型に「軍隊を捨てたと言いながら，コスタリカは軍事費を対国内生産（GDP）比1.6％も使っている」というものがあった。彼らが根拠としたのは，CIA ウェブサイトの The CIA World Factbook-Costa Rica 2002年版統計数字だった。調べたところ，確かに軍事費対 GDP 比は1.6％とあったがしかし，GDP 総額が米ドルで319億，軍事費が6,900万とある。電卓を叩いて計算すると，軍事費の対 GDP 比は0.216％と出た。Factbook の統計数字からは，どう計算しても1.6％になりようがない。要は CIA が単純な計算ミス，簡単な割り算のミスを犯していたのだ。むやみにコスタリカを批判する人たちは，検証もしないで自分たちに都合の良い数字だけを喧伝していたことになる[29]。

　「コスタリカの常識は，日本の非常識」とは，コスタリカ研究者・平和学者の足立力也北九州市立大学講師の口ぐせである。実際70年もの間「軍隊をすてた」状態のコスタリカと，世界有数の防衛費という名目の軍事費を支出する日本とでは，同じ言葉でも意味が違ってきて当たり前だ。コスタリカで「軍事化」という言葉も，きな臭さをともなう日本とは異なり，社会や集団内部の権威主義化という意味合いをもったりする。今度はむやみにコスタリカを崇拝する人が，そんな言葉をうのみにしてしまう。むやみにコスタリカを批判的する人たちと崇拝する人たちには，皮肉にも活字情報ではなく不確かなインターネット情報に頼る，という共通点がある。

## 4　「実事求是」ということ

　実事求是という言葉がある。意味は，予断を排して事実を事実として把握し理解することである。左右の立場を問わず，コスタリカをやみくもに非難

---

(28)　竹村卓「グローバル化するサイバー市民社会をどう見るか：インターネットなどに見る『反コスタリカ言説』を手がかりにして」日本国際政治学会2002年度研究大会平和研究分科会報告。2002年11月15日於淡路国際会議場。

(29)　筆者がハンドルネームを使って，「軍事費対 GDP 比1.6％」と掲載された掲示板にこの事実を書き込むと，案の定パニックが生じその掲示板は荒れた。因みに『ミリタリーバランス』2002年版にはコスタリカの軍事費対 GDP 比が，2000・2001年両年とも0.5％と記載されている。なお The CIA Factbook は，2004年10月1日更新され，当時の最新数値を記載，軍事費対 GDP 比表記も0.4％台になっていた。

する者と無批判な崇拝者は，実事求是とは正反対の位置にある。実事求是と
検証可能性は人文社会科学の根本である。多賀は，平和学の特質に「歴史
性・批判性・構想性・学際性・国際性」を挙げている。その特質を支えるの
は実事求是と検証可能性であるのは言うまでもない[30]。その点リオ条約を
「米国を中心とした反共軍事同盟」と断定するのは疑問が残る[31]。国連憲章
第51条の集団的自衛権は，本来憲章の下では存在が許されない北大西洋条約
機構（NATO）などの軍事同盟を，憲章に合致するかのように見せかけるカ
モフラージュ効果を生んできた[32]。しかしリオ条約は「『集団的自衛権』に
基礎を置く集団的防衛（同盟）条約の側面（第3条）と『国際連合』（憲章第8
章）の『地域的取極』の側面（条約第2条）」とを併せもち，「国連憲章第51条
を援用して数多く締結された相互援助条約の中で，リオ条約は米州機構の枠
内での紛争の平和解決を強調し，また米州の地域的集団安全保障としての機
能を維持するなど，軍事同盟の性格が強い他の条約にみられない特徴を備え
ている」と専門家は評価している。なにごとにも実事求是は欠かせない[33]。

## Ⅲ　岐路に立ち続ける？コスタリカと積極的平和

### 1　アリアスが体現する矛盾と『岐路に立つコスタリカ』

　2014年日本のラテンアメリカ研究者によって標題の研究書が刊行された。
副題の「新自由主義か，社会民主主義か」という問いかけを，一身に受けた
観があるのが，アリアスである[34]。先述のように，アリアスが所属する

---

(30)　多賀，前掲書（1981年），125頁。

(31)　小澤卓也「第18章1948年の内戦と『平和憲法』の成立：現代コスタリカの出発点」国本編
　　著，前掲書（2016年），93頁。コスタリカのリオ条約加入時期も1947年と誤記。なお竹村卓「最
　　近のコスタリカに関する議論について：批判への一回答」日本ラテンアメリカ学会第26回定期大
　　会第1分科会報告2005年6月4日於早稲田大学1号館参照。

(32)　大沼保昭「『平和憲法』と集団安全保障：国際公共価値をめざして（1）」『国際法外交雑誌』
　　第92巻第1号（1993年4月）6-7頁，高野雄一『集団安保と自衛権』（東信堂，1999年）40-56
　　頁，竹村卓「集団的自衛権の歴史的位相」『平和研究』第25号（2000年11月）60-61頁。

(33)　筒井若水編集代表『国際法辞典』（有斐閣，1998年）119頁，カッコ内筆者，高野，前掲書，
　　78-79頁，竹村卓「戦時と戦後の狭間に：チャプルテペック議定書の成立をめぐる史的考察」多
　　賀秀敏編『国際社会の変容と行為体』（成文堂，1999年）144頁，中村道「米州相互援助条約」国
　　際法学会編『国際関係法辞典［第2版］』（三省堂，2005年）777頁。

PLNは社会民主主義政党であり，彼自身も社会民主主義者（Social Democrat）
との自覚をもっていた。しかし大統領1期目（1986-1990年）には，世界銀行
（国際復興開発銀行IBRD）など国際金融機関の指示に従い構造調整（Structural
Adjustment）プログラムの実行を，余儀なくされた。対外累積債務と財政赤
字削減のための，教育や社会保障の公共サービス縮小・公務員のリストラ・
規制緩和などお定まりの経済「改革」路線である。2期目（2006-2010年）に
は，2004年調印済の米国・ドミニカ共和国・他の中米諸国との間の「中米─
ドミニカ自由貿易協定」（CAFTA-D）を2007年10月国民投票に問い，3.24％の
僅差で批准を得るなどいわゆる新自由主義経済政策を推進した。結果所得格
差指標であるジニ係数が，1990年の0.374から2011年には0.515まで拡大悪化
している[35]。すでに社会保障分野などにおける市場原理導入も進んでい
る[36]。しかし標記研究書の編者山岡加奈子（独立行政法人日本貿易振興機構アジ
ア経済研究所地域研究センター主任研究員）によれば，コスタリカが新自由主義・
社会民主主義どちらを選択するかは，未分明であり，民主主義価値観への国
民の分厚い信頼もあって，ポピュリスト政治台頭の余地はなく「コスタリカ
社会の安定は，今後も基本的に守れるだろうと思われる」[37]。

## 2　追い求め続ける平和

　2003年3月米軍のイラク侵攻によって始まったいわゆるイラク戦争に対
し，当時のコスタリカ大統領アベル・パチェコ（Abel Pacheco）が「モラル・
サポート」と称して支持を表明し，米国ホワイトハウスのウェブサイト上に
「有志連合国」の一つとして，コスタリカの国名が記載公開された。コスタ
リカ国内から，住民擁護官，コスタリカ弁護士協会，コスタリカ大学法学部

---

（34）　山岡編，前掲書。
（35）　山岡加奈子「コスタリカ」同上書，12-13頁。
（36）　青木元「コスタリカ財政改革元年」『ラテンアメリカ時報』2019年秋号（2019年10月）33-36
　　　頁，宇佐見耕一「中米の福祉国家における新自由主義改革：コスタリカの社会保障制度改革」同
　　　上書，99-127頁，丸岡康「第34章普遍的かつ成長指向の老後保障システム：四本柱の年金制度」
　　　国本編著，前掲書（2016年），162-165頁，松田郁夫「ようやく動き出した民営化と財政改革：経
　　　済成長と国際競争力強化のために」同書，194-197頁。
（37）　久松佳彰「コスタリカにおける民主主義の価値判断：近隣諸国との比較」山岡，前掲書，73
　　　-74頁，山岡「進路を決めかねるコスタリカ：新自由主義をめぐる分極化」同書，213頁。

学生などから，最高裁判所憲法法廷に違憲訴訟が起こされた。法廷は訴訟すべてを一括審理して，2004年9月8日裁判官7名全員一致で，行政府（大統領）の措置に違憲判決を下した。

　　　以上の検討の結果，2003年3月19日に，イラクにおける戦争並びにそれに付随するすべての行為に関して行った行政府の決定は，憲法並びに国際連合の国際体制およびコスタリカが受諾してきた国際法に違反するため，無効とすることを宣告する。コスタリカ政府は，米国政府に対し，ホワイトハウスのウエブ・ページ上の「有志連合」名簿に掲載されているわが国名を削除するために必要な措置をとることとする。本判決は『司法週報』（*el Boletín Judicial*）および『官報（日刊）』（*el Diario Oficial La Gaceta*）に掲載され，周知される[38]。

　判決は即日実行に移された。足立が指摘するように，政府が平和に反して行動しても，長年蓄積された民主と平和の厚みをもつ市民社会が，押し返してみせた。コスタリカが追求し展開してきた積極的平和が，国内に定着している証拠とも言えるだろう[39]。


## 3　ヒトの移動とコスタリカによる人間の安全保障の確保

　2018年10月から中米のホンジュラスなどから徒歩で米国を目指す「キャラバン」と呼ばれる人びとが，世界の耳目を引いている。犯罪がはびこり貧困が深刻化するという，日常的に人間の安全保障が脅かされる故郷を出て，少しでも安全な地を求めて，やむにやまれず移動する人たちである。コスタリカの周囲には，今もなお積極的平和どころか消極的平和も達成されない情況が存在している[40]。

---

(38)　コスタリカ最高裁判所憲法法廷判決文サイト https://salaconstitucional.poder-judicial.go.cr/index.php/sentencias-relevantes（2004年11月12日確認ダウンロード）筆者訳。

(39)　足立「第28章世界平和とコスタリカ：実利と理想の両立を生み出す社会の厚み」国本編著，前掲書（2016年），137頁。

(40)　工藤律子『ギャングを抜けて』（合同出版，2018年），同「子ども・若者たちはなぜ『北』を目指すのか？：メキシコ・中米に広がる格差と暴力」『ラテンアメリカ時報』2018年秋号（2018年10月）24-27頁，竹村卓「〈周縁〉からのヒトの移動と平和学：中米の場合」佐藤幸男・森川裕二・中山賢司編『〈周縁〉からの平和学：アジアを見る新たな視座』（昭和堂，2019年）124-128頁，田中高「中米キャラバンの行き着く先：紛争後40年の帰結」『ラテンアメリカ時報』2019年

　コスタリカは元来，隣国パナマ・ニカラグアはじめラテンアメリカ諸国の人びとにとって，「避難所」もしくは他国他地域へ移動する際の「緩衝地帯」として機能もしてきた[41]。

　2018年10月以降，ニカラグアのオルテガ（Daniel Ortega）FSLN政権による弾圧から逃れた人びとが，大挙してコスタリカに押しかけている。コスタリカは国連難民高等弁務官事務所UNHCRなどと協力しながら，人間の安全保障を確保しようと努力し続けている[42]。

## おわりに

　積極的平和の展開による蓄積が，次の積極的平和の展開につながる。アリアスがノーベル平和賞受賞講演で語ったように，平和を追求し積極的平和を実現しようとする努力に，決して終わりはないのである。

【付記】本章は平成29-31（2017-2019）年度科学研究費補助金基盤研究（B）課題番号16H057000「東アジアにおける重層的サブリージョンと新たな安全保障アーキテクチャー」（研究代表：多賀秀敏）の研究成果の一部である。

── さらに勉強を進めるために ──
　　足立力也『丸腰国家──軍隊を放棄したコスタリカ60年の平和戦略』（扶桑社新書，2009年）。
　　国本伊代編著『コスタリカを知るための60章【第2版】』（明石書店，2016年）。
　　モリーナ，イバン・パーマー，スティーヴン（国本伊代・小澤卓也訳）『コスタリカの歴史：コスタリカ高校歴史教科書』（明石書店，2007年）。

───────
春号（2019年4月）34-36頁，村山祐介「ギャングに追われて北を目指す移民たち：中米の小国，殺人発生は『世界最悪』」『The Asahisinbun Globe＋』2019年5月4日 https://globe.asahi.com/article/12344534（2019年7月12日筆者確認ダウンロード）
(41)　青木元「コスタリカと難民：米州の国際人口移動の緩衝地帯として」『ラテンアメリカ時報』2018年秋号，12-15頁，足立「第29章人口の1割は外国出身：『移民大国』の光と影」国本編著，前掲書（2016年），138-140頁，竹村，前掲論文（2019年）129-131頁。
(42)　同上，131頁。足立力也「なぜコスタリカは，難民が発生すると国境を開放して迎え入れるのか」『ハーバー・ビジネス・オンライン』2018年11月3日，https://hbol.jp/17731/（2019年5月7日筆者最終確認）。

第5章

# ベトナム戦争と枯葉剤被害
### ——第三世代にまで影響するダイオキシン汚染——

福田忠弘

## はじめに

　ベトナム戦争が終結してから，2020年で45年の月日が経とうとしている。この間，ベトナムは目覚ましい経済発展を遂げた。2018年の経済成長率は過去最高の7％を超え，大都市にはオートバイや自動車があふれ，通りはいつも大渋滞である。一見するとベトナム戦争の傷跡は残っていないかのようにみえるが，実はベトナム戦争中に散布された枯葉剤による被害で苦しんでいる人々が多数存在する。

　日本人にとっての枯葉剤被害者と言えば，「ベトちゃんドクちゃん」の双子の兄弟のことがすぐに頭に浮かぶであろう。1981年2月に結合双生児として生まれた二人は，枯葉剤被害者の日本での象徴となり，大規模な支援活動が行われた。1988年に二人の分離手術が行われた際には，日本赤十字社も日本人医師団をベトナムに派遣して手術に関わった。さらに1986年に兄のドクが急性脳症を発症した際には，日本に緊急搬送され手術が行われるなど，日本との関係も深い[1]。しかし忘れてならないのは，「ベトちゃんドクちゃん」はあくまでも枯葉剤被害者全体のうちの一部に過ぎないということである。

---

（1）「ベトちゃんドクちゃん」に関しては，ベトちゃん・ドクちゃんの発達を願う会『ベト・ドクが教えてくれたもの：分離手術成功20周年と平和へのメッセージ』（クリエイツかもがわ，2009年），グエン・ドク『心はつながっている』（幻冬舎，2001年），グエン・ドク『声を聞かせて』（PHP研究所，2001年）などを参照のこと。

　ではどれくらいの被害者がいるのか。2006年4月にベトナム通信社が出版した『枯葉剤被害者のために（Vì Nỗi Đau Da Cam）』という書籍には，1961年〜1971年までの間に，3,851の村に枯葉剤が直接散布され，210万から480万人の人々が直接の被害を受けたとされている[2]。ここでは，直接の被害者数が210万から480万人とされているところがポイントで，枯葉剤被害者による死産や障害児の出産などの二次的な被害者数の数は含められていない。後述するように，枯葉剤には猛毒のダイオキシンが含まれていたが，ダイオキシンは発癌性や催奇形性が非常に強い。そのため，「ベトちゃんドクちゃん」のような結合双生児が誕生したり，死産だったりするケースが多く，その被害の全体像を把握することは非常に困難である[3]。こうした事実に着目する限り，ベトナム戦争はいまだ終わっていないのである。

# I　枯葉剤使用の歴史

　農業を営むものにとって雑草を除く作業は極めて重労働であった。世界で広く除草剤が使用されるきっかけになったのは，1937年から1938年にかけてアメリカの化学薬品会社がフェノキシ系の除草剤を開発したことである。この除草剤のグループの中でもっとも広く用いられたのが，2,4-D（2,4-ジクロロフェノキシ酢酸）と 2,4,5-T（2,4,5-トリクロロフェノキシ酢酸）の2種類であった[4]。

　一方，軍事目的での除草剤使用が検討されたのは，第二次世界大戦中のアメリカとイギリスにおいてであった。シカゴ大学植物学教室のトップであったE. J. クラウスは，国防省と契約して樹木の葉を枯れさせる12,000種類以上の物質をテストし，戦争で使用できる7,000種類以上の物質を発見した[5]。

---

（2）　Thông Tấn Xã Việt Nam, *Vì Nỗi Đau Da Cam*（Nhà Xuất Bản Thông Tấn, 2006）, p. 10.

（3）　また直接散布を受けた人々を第一世代とするならば，その被害は第三世代までも続いている可能性があり，被害がどこまで拡大するのかが未知数である。ベトナム戦争中，北ベトナム軍の兵士として南ベトナム滞在中に枯葉剤の散布を受けた人物から話を聞いたことがある。その兵士の子どもは何ら障がい等がなかったが，孫の世代に枯葉剤の影響と見られる障がいをもった子どもが生まれていた。因果関係など今後の調査を注視する必要がある。

（4）　レ・カオ・ダイ（尾崎望監訳）『ベトナム戦争におけるエージェントオレンジ：歴史と影響』（文理閣，2004年）14頁。

最初に枯葉剤の使用が検討されたのは，日本に対してであった。アメリカ空
軍は，日本の 6 大都市（東京，横浜，大阪，名古屋，京都，神戸）周辺の水田を破
壊するための準備をすませた。1945年 8 月 3 日には，陸軍航空隊副司令官エ
イカー中将が対日枯葉作戦の詳細な計画書の作成を命じ，早くも 8 月10日に
は計画書が作成された。しかし日本が降伏したため，枯葉剤は使用されなか
った[6]。

　実際に枯葉剤が使用されたのは，1950年のイギリス領マラヤにおいてであ
る。植民地マラヤでのゲリラの活動に悩まされていたイギリスは，掃討作戦
のためにジャングルの破壊をねらって枯葉剤を使用した。その結果，ゲリラ
の待ち伏せが大幅に減るという「成果」をあげたのである[7]。

　そのころベトナムでは，旧宗主国フランスとホー・チ・ミン率いるベトナ
ム民主共和国（主要な政治勢力の名前をとって「ベトミン政権」と呼ばれる）が独立
戦争を戦っていた。植民地からの独立運動としてはじまった戦争も，当時の
東西冷戦の影響を受けて自由主義陣営対共産主義陣営の戦いという様相を呈
していた。1954年 7 月に行なわれたジュネーヴ会議によって，ベトナムは南
北に分断されフランス軍が撤退することになったが，南ベトナムへは共産主
義の拡大を阻止するという名目でアメリカが介入の度合いを深めて行った。
アメリカの後ろ盾をうけて成立したゴー・ディン・ジェムを首班とする南ベ
トナム政権は，共産主義者の疑いのある人々を弾圧していった。ジェム政権
から弾圧される恐れのある人々は各地で抵抗運動を続けていき，1960年12月
には南ベトナム解放民族戦線（Mặt trận Dân tộc Giải phóng miền Nam Việt Nam）が設
立された。南ベトナムでの反政府活動激化の原因を，北ベトナムからの共産
主義者の浸透と見なした当時のアメリカのケネディ大統領は，1961年 5 月に
軍事顧問団（MAAG: Military Assistance and Advisory Group）を増派した。この
増派は，アメリカの特殊戦争の嚆矢となった。南ベトナムにおけるゲリラ活
動に対処するために，同年11月，ケネディ大統領は枯葉剤の使用を許可し

（5）　同上，15頁。
（6）　中村悟郎『戦場の枯葉剤：ベトナム・アメリカ・韓国』（岩波書店，1995年）62頁。
（7）　北村元『アメリカの化学戦争犯罪：ベトナム戦争枯れ葉剤被害者の証言』（梨の木社，2005
　　　年）11頁。

た。こうして1962年1月から「ランチハンド（牧場の草刈り人）作戦」が「正式」に開始された<sup>(8)</sup>。

　この「ランチハンド作戦」に関連して，1961年から62年にかけて沖縄のアメリカ軍北部訓練場において枯葉剤散布の訓練が行なわれていたことが，その後のアメリカ退役軍人省の公式文書で明らかになった<sup>(9)</sup>。

　ベトナムでは1962年から75年まで枯葉剤が使用されていたが，朝鮮半島においても1968年から69年頃にかけて，アメリカ軍は韓国軍を動員して軍事境界線で枯葉剤などの薬品を22万リットル散布したとされている<sup>(10)</sup>。

　南米のコロンビアでは，隣国エクアドルとの国境地帯で活動を行うコロンビア革命軍を鎮圧するために，2000年よりアメリカからの「プラン・コロンビア」と称する大量の軍事援助を受けている。この支援によってコロンビア政府は，ゲリラの潜伏場所となる森林を枯らすためとゲリラへの食料を破壊するために，除草剤ラウンドアップなどを空中散布している。ラウンドアップを開発したアメリカのモンサント社は，発がん性を否定し安全性を強調しているが，報道によると除草剤の散布によって死亡者がでたり，頭痛や吐き気を催す，肌の色が変わるといった症状を訴える患者が増加している。こうした事態を受けて，ベトナムと同じ悲劇が起きると危惧する医者もいる<sup>(11)</sup>。使用している薬品はベトナムで使用したものとは恐らく異なっているのだろうが，除草剤散布の発想は「ランチハンド作戦」と同根のものである。

（8）　枯葉剤使用の決定を巡るケネディ政権内部の政策決定については，松岡完『1961ケネディの戦争：冷戦・ベトナム・東南アジア』（朝日新聞社，1999年）597-604頁を参照のこと。もともと「ランチハンド作戦」は「ヘイディーズ（黄泉）作戦」と呼ばれていた。
（9）　『琉球新報』2007年7月10日。現在では北部基地周辺のダイオキシンの値などは環境基準値を下回っているとはいえ，当時の散布の実態や枯葉剤の保存状況等について今後検討していく必要がある。日本の企業が枯葉剤の製造に関わっていたことについては，1969年7月23日の衆議院外務委員会で楢崎矢之助代議士（当時社会党）が質問をしている。また，当時の林野庁が日本の国有林に枯葉剤をまいていたのではないかという報道もある。日本と枯葉剤との関係については，『自然と人間』2004年5月号，7月号，9月号を参照のこと。この資料については，長崎大学環境学部の戸田清教授にご教示いただいた。記して謝したい。
（10）　北村，前掲書，11頁。
（11）　『朝日新聞』2007年2月4日。

# Ⅱ ベトナム戦争における枯葉剤散布

　これまで枯葉剤についての説明を避けて来たが，枯葉剤とは以下の15種類のものの総称である。それぞれの化学薬品を色で呼ぶのは，アメリカ軍が薬品の入ったドラム缶をさまざまな色で識別していたことに由来する。①オレンジ剤，②パープル剤，③ピンク剤，④グリーン剤，⑤ホワイト剤，⑥ブルー剤，⑦オレンジⅡ剤，⑧ジノソール，⑨トリノソール，⑩イオクット，⑪ブロマシル，⑫タンデックス，⑬モニュロン，⑭ジウロン，⑮ダラポン。枯葉剤はそれぞれの特徴をもっていたが，多くの枯葉剤は 2,4,5-T を主成分の一つとしていた。2,4,5-T を製造する過程で，ダイオキシン（2,3,7,8-テトラクロロ・ジベンゾ・パラ—ダイオキシン（TCDD））が生じる。このダイオキシンは強い毒性を持っていて，後述するようなさまざまな影響を人体に及ぼすのである。

　ベトナム戦争中，約7,000万リットルの枯葉剤が散布され，そのなかに少なく見積もっても366キログラムのダイオキシンが混入していたと考えられている[12]。1999年7月に日本において施行された「ダイオキシン類対策特別措置法」第6条によると，健康に影響を及ぼすおそれがない1日あたりの摂取量は，1キロあたり4ピコグラム（1兆分の1グラム）以下であると規定している。60キロの体重の人にとっての安全な摂取量は1日240ピコグラムであることを考えると，366キログラムというのは恐るべき数字である。ベトナム戦争中に散布された約7,000万リットルの枯葉剤の内訳は表1の通りである。枯葉剤はC-123やC-130 輸送機，ヘリコプターに装備された装置

---

(12) 枯葉剤の散布量に関しては，資料によって異なる。ストックホルム国際平和研究所編（岸由二，伊藤嘉昭訳）『ベトナム戦争と生態系破壊』（岩波現代選書，1979年）40頁では約7,235万リットルの枯葉剤が散布されたと分析し，レ・カオ・ダイの前掲書，33頁では約6,665万リットルの枯葉剤が散布されたと分析している。ダイオキシンの量については，Jeanne Mager Stellman et al, "The extent and patterns of usage of Agent Orange and other herbicides in Vietnam", *Nature*, 422（April 2003）p. 684 のものを参照した。Nature の論文では，これまでダイオキシンの推定量は106〜163キログラムとされていたが，新しいデータをもとにダイオキシン量を再計算したものである。この366キログラムは，飛行機によって散布したもののみを計算している。南ベトナム軍，アメリカ陸軍，アメリカ海兵隊によって，トラックやヘリコプター，船，素手で散布されたダイオキシン量については含まれていないので，実際にはもっと多くのダイオキシンがばらまかれたと推定される。

表1　　1962年〜1971年に散布された枯葉剤の種類と推計される量（リットル）

| 年 | パープル剤[注1] | ピンク剤 | オレンジ剤[注2] | ホワイト剤[注3] | ブルー剤[注4] |
|---|---|---|---|---|---|
| 1962 | ○ | × | × | × | ○ |
| 1963 | ○ | × | × | × | ○ |
| 1964 | ○ | × | × | × | ○ |
| 1965 | ○ | ○ | ○ | × | ○ |
| 1966 | × | × | ○ | ○ | ○ |
| 1967 | × | × | ○ | ○ | ○ |
| 1968 | × | × | ○ | ○ | ○ |
| 1969 | × | × | ○ | ○ | ○ |
| 1970 | × | × | ○ | ○ | ○ |
| 1971 | × | × | × | ○ | ○ |
| 合計 | 1,892,772 | 50,312 | 45,677,936 | 20,556,525 | 4,741,381 |

出所：Jeanne Mager Stellman et al, "The extent and patterns of usage of Agent Orange and other herbicides in Vietnam", *Nature*, 422（April 2003）p. 682 の表をもとに筆者作成。
注1：パープル剤は最もダイオキシン濃度が強い。
注2：オレンジII剤も含む可能性がある。
注3：ホワイト剤では 2,4,5-T が含まれていない。つまりはダイオキシンは含まれていない。
注4：1962〜64年までは粉末状のブルー剤を，64年からは水で溶いた液体のものを散布した。ブルー剤は稲その他の穀物類を枯死させるために使用された。

や，車，トラック，ボート，手で持ち運べるハドソン散布機などによって散布された。

　枯葉剤使用の目的は，主にゲリラの隠れ場所をなくすことと，食料の補給路を断つことであった。枯葉剤の使用に関しては，アメリカの政府首脳およびアメリカ軍のトップが，枯葉剤に混入されている化学物質の危険性をどの程度認識していたのかが争点の一つである。アメリカ政府は，陸軍生物学研究所が作成した「ランチハンド作戦」広報のための映像のなかで，枯葉剤について「（前略）適切に使用する限り人体への被害はなく，土壌の生産力も1農業年で復活する。ベトナムでの枯葉作戦は毎日続けられている。目標は交通手段となる道路や運河，電線，線路周辺の植生だ。散布地域でのゲリラ活動は消滅した。軍事的価値はこのように証明された」[13]と説明している。枯葉剤の主成分である 2,4,5-T に関しては，1957年に西ドイツの研究者たちが

鼻，目，耳のまわりに濃い色のにきびとなって表れる毒物汚染を引き起こすことを発見したが，2，3ヶ月もすると治療しなくても自然に消えたためあまり重視されなかった[14]。枯葉剤に対する反対運動が起きるのは1966年以降である。1970年代以降，化学物質を10億分の1グラムから1兆分の1グラムまで計測することが可能になった。アメリカにおいて 2,4,5-T が催奇形性を引き起こすことが明らかになり，1970年4月にはアメリカ国内での使用が禁止された。さらにベトナムにおける生態環境に対する枯葉剤の長期毒性影響の論文が執筆されると，当時のニクソン大統領は枯葉剤の使用停止の宣言をだし，アメリカ軍は1971年に枯葉剤散布を中止した[15]。

　アメリカ政府首脳や軍のトップは，枯葉剤の毒性について知らなかったとされている。そのために，アメリカ軍はほとんど何の対策もすることなく人力による枯葉剤散布や，味方の軍隊が活動している地域でも枯葉剤を散布したという説明には一応うなずける。さらに毒性を知らなかったために枯葉剤の貯蔵タンクがずさんな管理体制化におかれ，アメリカ軍が使用していたビエンホアやダナン，ロンビン，フーキャット，ニャチャンの飛行場周辺で残留ダイオキシン濃度が高いのも理解できる。

　しかしここで，アメリカのベトナム戦争遂行と枯葉剤散布に関して奇妙な相関関係があることを指摘しておきたい。ベトナム戦争は，アメリカの政策によって3つの時期に分類されることはよく知られている。第一は，特殊戦争と呼ばれる時期（1961～64年）である。1961年5月にアメリカは，南ベトナムにアメリカ軍事顧問団の増派を決定した。しかしあくまでも戦闘の主体は南ベトナム軍であって，軍事顧問は軍事訓練やアドバイスをするにとどまっていた時期である。第二は，局地戦争（1965～68年）と呼ばれる時期である。第一の特殊戦争の期間に，軍事顧問団の数は次第に増えていったが，ゲリラ

(13)　『花はどこへいった：ベトナム戦争のことを知っていますか』（株式会社シグロ，2008年：映画のパンフレット）20頁。映画のなかで使用された資料映像の字幕の部分の引用である。

(14)　レ・カオ・ダイ，前掲書，50-51頁。

(15)　アメリカ軍の枯葉剤使用は1971年2月に終了したが，これはアメリカ軍による枯葉剤の使用が終了したことにすぎない点に注目しなければならない。サイゴン政権は，アメリカ軍が残していった装備と薬剤を，アメリカ政府が枯葉剤散布の中止を宣言したのちも，サイゴン政権が完全に崩壊する1975年4月まで使いつづけた。この点に関しては，レ・カオ・ダイ，前掲書，23頁を参照のこと。

### 表2　サイゴン政府軍・米軍・第三国軍の総兵力

| 年 | サイゴン軍 | 米軍 | 第三国軍[注1] | 合計 |
|---|---|---|---|---|
| 1960 | 243 | 0 | 0 | 243 |
| 1964 | 514 | 23 | 5 | 538 |
| 1965 | 571 | 184 | 23 | 778 |
| 1966 | 623 | 385 | 53 | 1,961 |
| 1967 | 643 | 486 | 59 | 1,188 |
| 1968 | 819 | 536 | 66 | 1,421 |
| 1969 | 969 | 475 | 70 | 1,514 |
| 1970 | 1,047 | 335 | 68 | 1,450 |
| 1971 | 1,046 | 158 | 54 | 1,258 |
| 1972 | 1,098 | 24 | 36 | 1,150 |
| 1974 | 996 | 0 | 0 | 996 |

出所：『ベトナム戦争の記録』編集委員会『ベトナム戦争の記録』（大月書店，1988年）256頁より。
注1：第三国軍とは，オーストラリア，ニュージーランド，韓国，タイ，フィリピンなどの国々か
　　らの兵士数である。

鎮圧の成果はあがっていなかった。そのため，アメリカ軍の直接介入が検討
されていた。アメリカはトンキン湾事件を引き起こして，アメリカの正規軍
を1965年から送り込むことになった。アメリカ軍の本格介入である。この
後，戦闘はアメリカ軍が中心となって担当し，核兵器以外のすべての兵器が
使用されたと言われている。第三は，ベトナム戦争のベトナム化の時期
（1969〜72年）である。局地戦争の時期においても，アメリカはベトナムでの
膠着状態を脱することができず，1969年からアメリカ軍を順次撤退すること
を決定すると同時に，撤退後も戦闘を継続出来るように，南ベトナム軍にア
メリカ軍の代わりをさせようとした。そして最終的には，1972年にアメリカ
軍は撤退した。アメリカ軍とアメリカの同盟国の軍隊数を表したのが表2で
あり，上記の時期区分によってアメリカ軍と第三国軍の数が増減しているの
が分かる。
　表1と表2を比べてみると，アメリカ軍の本格介入がはじまった1965年ま
でパープル剤が使用されていたのが分かる。パープル剤は，枯葉剤のなかで

もっとも混入ダイオキシン濃度が濃い（オレンジ剤の約3倍）と言われている。アメリカ軍の本格介入がはじまって以降，パープル剤が使用されなかったのはダイオキシンの毒性をアメリカ軍トップが理解していたからとも考えられる。さらに1966年から2,4,5-T が含まれていない（つまりダイオキシンが混入していない）ホワイト剤の使用を開始した。ホワイト剤の使用に関しては，オレンジ剤の生産が追いつかなかったためと説明されるようであるが，それだけの理由なのかは不明である[16]。しかし今のところ他に直接的な資料がないため，本論では枯葉剤の種類とアメリカ軍の兵力数の間に，奇妙な相関関係があることのみ指摘するにとどめたい。

## Ⅲ　枯葉剤被害と補償

　ベトナム戦争中に散布された枯葉剤は，ベトナムの人々と環境に多大な影響を及ぼし，その被害は「エコサイド（生態系総破壊）」と呼ばれた[17]。枯葉剤に含まれていたダイオキシンは人体にさまざまな悪影響を及ぼした[18]。ダイオキシンを浴びると生殖障害（先天奇形，死産，流産，胞状奇胎，新生児死亡），リンパ性白血病，骨髄腫，クロルアクネ（皮膚にできるニキビのような皮膚炎），軟組織肉腫（筋肉，脂肪，血液の悪性腫瘍）などを発症する。ベトナムの枯葉剤被害で特に注目されたのは，生殖障害のなかの先天奇形である。おもな奇形としては無脳症，手足の奇形，二重胎児，口蓋裂があげられる。本章でも言及した「ベトちゃんドクちゃん」は背骨がくっついている二重胎児である。胎児に対する影響というと母親の胎盤や母乳を通した被害がよく指摘されるが，ダイオキシンに関する被害については，父親のみが枯葉剤を浴びただけでも先天奇形を引き起こすことが注目された[19]。

---

(16)　Jeanne Mager Stellman et al, *op. cit.*, p. 682.

(17)　ベトナム戦争における環境破壊については，ストックホルム国際平和研究所編，前掲書を参照のこと。

(18)　健康被害に関しては，綿貫礼子「枯葉剤被曝に関するベトナム報告とその周辺」『科学』51，1986年，および 10-80 Committee, Ministry of Health, Ministry of Science, Technology & Environment ed., *Second International Symposium Report, Herbicides in War - the Long Term Effects on Man and Nature*, Hanoi Medical School Publish, 2003 を参照のこと。

(19)　綿貫，前掲論文。

　こうした生殖障害は枯葉剤を浴びた人々の第三世代（孫の世代）にまで影響を及ぼしている。第一世代，第二世代にはなんの障害を及ぼしてない場合でも，第三世代に先天奇形をもたらす場合があり，ベトナム戦争中に枯葉剤が散布されていた地域で生活したり，戦闘に従事していた人々の第三世代にも何らかの被害がでている。ダイオキシンが第四世代にまで影響を及ぼす恐れを否定できない。筆者がベトナムを訪問した際にも，ホーチミン市のトゥーズー病院，ハノイの友好村でも第三世代に現れた被害を確認している[20]。

　ベトナム国内の枯葉剤被害者への支援はどうなっているのであろうか。戦後，ベトナムでは「ベトナム障害児基金」によって被害者支援の施設を全国に26施設設立したが十分ではなかった[21]。その後，ベトナム政府が枯葉剤被害者の扶助政策が公式に動き出したのは1998年の「ベトナム戦争においてアメリカが使用した枯葉剤により被害を受けた被災者の調査，確定に関する首相決定74」が最初で，扶助制度策定に向けての調査が行われた。この調査結果をもとに，2000年になってから「ベトナム戦争においてアメリカによって使用された枯葉剤に汚染された反侵略戦争参加者とその子どもに対する制度についての首相決定26」により具体的な扶助政策が打ち出された[22]。その後，2004年7月に「ベトナム戦争でアメリカによって使用された枯葉剤への被災により被害を受けた抵抗戦争参加者とその子どもに対する制度についての首相決定120」が，2005年には「革命功労者優遇法令」が出されて，支援の項目も，支援額も増加していくことになった[23]。

　様々な団体による支援も行われている。2004年には，「ベトナム枯葉剤被害者協会」が設立され，被害者支援のための様々な活動が行われている[24]。

---

(20)　第三世代の被害に関しては，坪井善明『ヴェトナム新時代：「豊かさ」への模索』（岩波新書，2008年）14-18頁，および北村，前掲書，235-254頁を参照のこと。トゥーズー病院の一室には，今でも先天奇形の胎児をホルマリン漬けにした標本が置かれている。またホーチミン市第3区にあるアメリカ軍による戦争犯罪証跡博物館でも，ホルマリン漬けの胎児の標本を見学することができる。
(21)　ミー・ドアン・タカサキ（内田正夫訳）「ベトナムの枯れ葉剤／ダイオキシン問題：解決の日はいつ」『東西南北』（和光大学総合文化研究所年報，2006年），220頁。
(22)　寺本実「ベトナムの枯葉剤被災者扶助制度と被災者の生活：中部クアンチ省における事例調査に基づく一考察」『アジア経済』第53巻第1号，7頁。
(23)　同上，7-15。ベトナムの扶助制度については，寺本論文に全面的に依拠している。

ベトナム赤十字協会やフエの仏教尼僧会，ホーチミン市のカトリック修道尼
僧会などが運営する施設もある。国際的な支援を受けて運営されている施設
として，日本人の夫妻によって設立された「オレンジ剤障害児の村」，ハノ
イ近郊にある「友好村」，外国の NGO の支援を受けて作られた各地の「平
和村」(全国に11施設) などがある<sup>(25)</sup>。施設によって設備や支援体制などはさ
まざまであり，子どもに対して十分な支援を行なえていない施設もある。

　また枯葉剤の被害者は，ベトナム人だけに限らない。ベトナム戦争中，ア
メリカ軍は十分な対策を取らないまま枯葉剤を散布していた。素手で散布し
ていたケースもある。2007年に，坂田雅子氏が監督を務めた枯葉剤被害に関
するドキュメンタリー映画『花はどこへいった：ベトナム戦争のことを知っ
ていますか』(坂田雅子監督) が公開され，日本各地で上映された。坂田監督
のアメリカ人の夫が肝臓癌にかかり，その原因としてベトナム戦争時の枯葉
剤の可能性を指摘されたことにより，アメリカとベトナムでの枯葉剤の実態
を追うドキュメンタリー映像が作成された<sup>(26)</sup>。フランスのパリで行なわれ
た第26回国際環境映画祭の審査員特別賞や，第63回毎日映画コンクール・ド
キュメンタリー映画賞を受賞したりするなど高い評価を得た。こうした映画
を見ても，枯葉剤被害はベトナムだけでなく，ベトナム戦争に従軍した兵士
達にとっても深刻な問題であったことが分かる。同様に，ベトナム戦争に参
加した韓国，オーストラリア，ニュージーランド，カナダなどの第三国の兵
士も枯葉剤の影響を受けている<sup>(27)</sup>。

---

(24)　この会は2005年に，Hội Nạn Nhân Chất Độc Da Cam/Dioxin Việt Nam, *Dioxin-Nỗi đau Nhân
　　Loại: Lương Tri và Hành Động* (*Nhà Xuất Bản Quận Đội Nhân Dân*, 2005) を出版している。この書籍
　　には，医師で，政府機関の「ベトナムにおける化学戦争の被害調査国内委員会 (略称10‐80委員
　　会)」の元代表の故レ・カオ・ダイ博士による枯葉剤被害の論述をまとめた第1部，枯葉剤被害
　　者の声を掲載している第2部，国内外で出された枯葉剤に関する声明などがまとめられた第3
　　部，そして第4部では枯葉剤製造に関わったアメリカの製薬会社に対する訴訟の資料が掲載され
　　ている。
(25)　ミー・ドアン・タカサキ，前掲論文，219-222頁，および坪井，前掲書，14-19頁。
(26)　ドキュメンタリー映画の作成に関する書籍として，坂田雅子『花はどこへいった：枯葉剤を
　　浴びたグレッグの生と死』(トランスビュー，2008年) がある。
(27)　中村悟郎『新版 母は枯葉剤を浴びた：ダイオキシンの傷跡』(岩波新書，2005年) の視点
　　が鋭い。アメリカの帰還兵については，Institute of Medicine Committee to Review the Health
　　Effects in Vietnam Veterans of Exposure to Herbicides, *Veterans and Agent Orange: Health
　　Effects of Herbicides Used in Vietnam* (National Academy of Sciences Press, 1994) がある。こ

　こうした兵士達に対して，アメリカ政府はどのような補償を行っているのだろうか。1978年7月，ベトナム帰還兵枯葉剤被害者の会が，ダウ，モンサント，ダイアモンド・シャムロックなど化学会社に対して訴訟を起こした。世論の圧力によって，1984年に健康被害を訴える退役軍人による損害賠償請求の和解金として，1億8千万ドルを拠出することが決まった。これに加えて，カナダ，オーストラリア，ニュージーランドの帰還兵も補償の対象に含められた。しかし韓国軍および南ベトナム政府軍に対する補償は認められなかった。

　上述したベトナムの枯葉剤被害者によって作られた「ベトナム枯葉剤被害者協会」は，2004年にアメリカの37の化学会社に対して，枯葉剤被害に関する謝罪と補償を求める民事訴訟を起こした。しかし，原告の病気が化学品に結びついていることが立証できないとして，2005年3月アメリカ合衆国連邦地方裁判所はこの訴えを却下した。その後も「ベトナム枯葉剤被害者協会」はアメリカ控訴裁判所に控訴したが，2008年2月に控訴審は地裁の却下を支持し，訴えを退けた。アメリカ人帰還兵とベトナム人の被害者の間には，明らかに「ダブルスタンダード」が存在するのである。ベトナム人の枯葉剤被害者に対する事態の究明，補償と謝罪の要求は今も実現されていない。

## おわりに

　ベトナム戦争中から枯葉剤の問題に取り組んでいる日本人写真家の中村悟郎氏の古典的名著『新版　母は枯葉剤を浴びた：ダイオキシンの傷あと』のなかには，ベトナム戦争当時，ベトナム派遣米海軍総司令官に任命されたエルモ・ズムウォルト海軍中将（当時）へのインタビューが掲載されている。ズムウォルト司令官は，枯葉剤の散布を命じた司令官である。当時，司令官の息子も海軍大尉として快速艇の艦長として任務についていた。枯葉剤の散布によりジャングルも草むらもなくなった地域で任務を行っていた。息子は，枯葉剤で汚れた川で体を洗い，村落内で果物や野菜を食べたという。息

---

　の報告書は2014年まで2年ごとに出され，現在2018年度版まで刊行されている（2016年は刊行されていない）。

子は負傷することなく1970年に帰国したが，1982年になると非ホジキンリンパ腫とホジキン病という二種類の癌にむしばまれ，その後命を落とした。孫も先天的な感覚統合機能障害を負っていた。そして米復員軍人病院は，息子の死が枯葉剤に基因するものであることを認めた。そんなズムウォルト元司令官に，著者の中村悟郎氏が次のように問う場面がある。「もしも，また戦争があって，あなたが司令官に任じられたとすれば，こんどは枯葉剤作戦を命じますか？」と。元司令官は，「アメリカ兵の命を救うためなら，もう一度枯葉剤の散布を命ずることもいとわない」とこたえている[28]。息子を枯葉剤でなくし，多くの人々が枯葉剤の後遺症によって苦しんでいることを知っているにも関わらず，こうしたこたえが返ってくることに衝撃を覚える。いかに大量に，いかに効率良く相手を殺傷するかが問われる戦争というのは恐ろしい。勝つことがすべてのことに優先されるからである。

　ベトナム戦争における戦略的な理由によって使用された枯葉剤の影響は，戦争が終結して40年が経過しようという現在も続いていて，今後も拡大していくことが予想される。人命や人権，環境といった価値を犠牲にして，戦略・戦術的な目標や戦果が優先されると，枯葉剤のような兵器が使用されることになる。そしてこのような兵器を使用した結果，どのような悲劇が生み出されるのかということを私達は忘れてはいけない。イラク戦争におけるアメリカ軍による劣化ウラン弾の使用，ガザ地区におけるイスラエル軍による白リン弾の使用，地雷やクラスター爆弾の使用など，現在においても戦略・戦術的な目的を優先する事態が起きている。戦略・戦術的な目的や戦果が優先されると，いかに大量に，いかに速く，いかに効率的に人を殺傷させるか，人が活動できないような環境を作り出すかということが問われる結果となり，最終的には相手を根絶やしにするという「殲滅の思想」に結びついていってしまう。「殲滅の思想」を具現化した最終兵器が核兵器であることは言うまでもない。それを乗り越えるためには，人間の尊厳と環境を中心に据える必要性があることを枯葉剤の被害者達が訴えている。

　【付記】本章は，拙稿「ベトナム戦争と枯葉剤被害：第三世代にまで影響する

---

(28)　中村，前掲書，239-240頁。

ダイオキシン汚染」『長崎平和研究』第27号（2009年 4 月）80～91頁に加筆修正を加えたものである。

── **さらに勉強を進めるために** ──────────────────────

中村悟郎『新版　母は枯葉剤を浴びた―ダイオキシンの傷あと』（岩波書店，
　　2005年）。

レ・カオ・ダイ（尾崎望監訳）『ベトナム戦争におけるエージェントオレン
　　ジ：歴史と影響』（文理閣，2004年）。

北村元『アメリカの化学戦争犯罪：ベトナム戦争枯れ葉剤被害者の証言』（梨
　　の木社，2005年）。

## 第6章

# 戦争の表象と平和の創造
## ——戦争記念を巡って——

中村香代子

## はじめに

　「平和」を考える足がかりとして，戦争記念碑や戦争博物館に訪れること
は有用である[1]。しかし，戦争記念が果たして「平和」を創造するものな
のか一度懐疑的になってみる必要があるだろう。

　イスラエルの軍事歴史学者 M.V. クレフェルトは『戦争文化論』の中で，
以下のようにクラウゼヴィッツを挑発的に批判する。

　　　理論的に考えれば，戦争は目的を達成する一つの手段である。野蛮ではある
　　が，ある集団の利益を図ることを意図して，その集団と対立する人々を殺し，
　　傷つけ，あるいは他の手段で無力化する合理的な活動である。だが，この考え
　　は見当違いもはなはだしい。戦争が有益かどうかはしばしば疑われている。し
　　かし，戦争に男をひきつける魅力，女をひきつける魅力（男の場合とは別の）
　　があるのはたしかだ[2]。

---

（1）　戦争や平和博物館の導入として，以下のガイド等が参考になる。荒川信一『戦争博物館』
　　（岩波ブックレット，1994年），荒井信一・早乙女勝元監修『世界の「戦争と平和」博物館』1-
　　5（日本図書センター，1997年），歴史教育者協議会編『平和博物館・戦争資料館ガイドブック』
　　（青木書店，2004年），佐藤広基・本地桃子『ビジュアル版　平和博物館・戦跡ガイド〈1〉広島
　　平和記念資料館と戦跡めぐり』『ビジュアル版　平和博物館・戦跡ガイド〈2〉長崎原爆資料館
　　と戦跡めぐり』『ビジュアル版　平和博物館・戦跡ガイド〈3〉沖縄県平和祈念資料館と戦跡め
　　ぐり』（汐文社，2004年），［記憶と表現］研究会『訪ねてみよう　戦争を学ぶミュージアム／メ
　　モリアル』（岩波ジュニア新書，2005年），三野正洋『世界の戦争博物館』（学研，2006年），古市
　　憲寿『誰も戦争を教えられない』（講談社，2015年）。
（2）　M. クレフェルト（石津朋之監訳）『戦争文化論　上』（原書房，2010年）20頁。

　戦闘機を羨望の眼差しで見つめる子どもや映画やゲームの戦闘シーンに没入する大人を探すのは，それほど難しいことではない。確かに，戦争が合理的かどうか分析するよりも前に，多くの文化のなかに戦争への魅力が隠れているのかもしれない。それが今の社会の姿ならば，戦争を回避することは，人類にとって相当なチャレンジでもある。だからこそ，「平和」という言葉を掲げた戦争記念であっても，よくよく注意して見なければいけないのである。

　本稿では，近代以降，戦争記念がナショナリズムに寄与してきた役割を踏まえたうえで，まず，日本における戦争記念とナショナリズムとの関係性を検討する。その後，ヒロシマ・ナガサキの戦争記念を通して，戦争否定の戦争記念について分析する。最終的に，戦争記念が「平和」創造の方法論として機能するためには何が必要なのかを考えてみたい。

# I　戦争を記念すること

　戦争を記念する文化的行為は，古くから広く行われてきた。だが，それは何も考古学的遺物や伝統的建造物に限られたものでもない。戦争記念は，温存され今に伝わるものから最近作られたものまで，実に多くの景観に溶け込んでいる。ロンドンのトラファルガースクエアにはネルソン記念柱が，パリの凱旋門の下には無名戦士の墓が，そして，ベルリンのブランデンブルク門の近くには虐殺されたヨーロッパのユダヤ人のための記念碑があるように。

　日本の戦争記念を具体的に見ていく前に，ここで戦争記念の類型を整理してみよう。戦争記念の建造目的は，大きく三つの種類に分けることができる。一つには，戦争における勝利を記念するものだ。勝利を祈念するもの，勝利を称えるもの，勝利に導いた英雄を後世に伝えるものなど，このような戦勝記念は長く最も多く作られ，近代日本では日露戦争後に多く見られた。二つ目にあげられるのは，戦死者を記念するものである。ただし，戦死者の弔いや慰霊，追悼に重きを置いて記念するのか，あるいは，戦死者の偉業を顕彰するのかでは，大きく意味が異なる。第三のタイプは，戦争そのものを避けようとするために作られるものだ。こうした戦争記念は古い時代にはあ

まり見られず，第一次大戦後に多く生まれる。戦後日本に作られた戦争記念や博物館はこの種に分けられるものが多数ある。

　戦争記念の形態は，4つに分けることができるだろう。一つ目は，記念碑やモニュメントの類だ。碑は戦場に建てられる場合もあるが，戦場とは関係ない街の中心地に建立されることもある。二つ目は，墓である。英雄的な人物の遺体が埋葬されて戦争記念になるものもあれば，戦死者の共同墓地が戦争のシンボリックな場所になることもある。三つ目はミュージアムである。軍事博物館，戦争博物館，平和博物館などがあげられる。戦争にまつわる展示を行う点では多くの共通点があるが，目的には大きな隔たりがある。四つ目として公園を加えることもできるだろう。ここにあげた四つの形態は，明確に分けられるものでなく，重なるところも多いことを付け加えておく。

　さらに，三つの種類，四つの形態は常に静的であるとは限らない。第一にパフォーマンスの影響を考慮しなくてはならない。戦争記念の場は，戦死者の追悼や平和祈念の儀式に使われることも多いが，そこでどのような人物がどのような振る舞いをするかも併せて考えなくてはならない。第二に，アートの介入も注意すべきだ。記念碑やメモリアルをどのようなものに作り上げるか，あるいは，ミュージアムをどのような建造物にするのか。アーティストや建築家のコンセプトや様式も無視できない。第三に，受け手の感受性も留意すべきだろう。時代や地域によって受け取り方は異なり，時としてそれはうねりとなり波を引き起こすからだ。このような基本類型を踏まえたうえで，次に日本における代表的な戦争記念を分析していきたいと思う。

# Ⅱ　近代ナショナリズムと戦死者記念

## 1　近代ナショナリズムと戦死者記念

　近代国民国家のナショナリズムと戦争記念は，深い関係にある。近代国民国家は，戦死者を記念することに注力したが，それは戦争を否定するものではなかった。戦死者を記念することと，戦争動員とは矛盾するどころか，補完し合う関係にあったからである。近代戦争に特徴的な徴兵制の施行や総力戦体制をなしえるには，それを支えるナショナル・アイデンティティをもっ

た国民の創出が必要であったし，国家のために戦死した多くの人々を英雄と
して記念することはそのナショナル・アイデンティティを補填するための重
要なミッションだった。戦死したある特定の英雄を記念する碑や像は古くか
ら作られてきたが，無数の戦死者を国家的事業として記念するのは，近代ナ
ショナリズムの一つの表れといってもよい。どんなに政治体制が異なろうと
も，近代国家がこぞって無名戦士の墓を創設した[3]のは，戦争を避けられ
ない国家運営にとって，戦死者の記念と意味づけが欠かせないと誰もが認識
していたからではなかろうか。ベネディクト・アンダーソンは，『想像の共
同体』[4]の中で，「無名戦士の墓と碑，これほど近代文化としてのナショナ
リズムを見事に表象するものはない」と言っている。無名戦士の墓への敬意
は，21世紀の現在になっても衰えてはいない。それを証するように，今でも
首相が外国を訪問する際，無名戦士の墓に献花することはよくある外交儀礼
として知られている。

## 2　近代日本の戦争記念：靖国神社

　日本の無名戦士の墓と碑はいったいどこにあるのだろうか。アメリカのア
ーリントン墓地やイギリスのウェストミンスターにある第一次大戦の無名戦
士の墓に相当するものをただちに日本で見つけることはできない。しかし，
最も近い存在として，靖国神社と千鳥ヶ淵戦没者墓苑をあげることができる
であろう[5]。これら二つが諸外国の所謂「無名戦士の墓」として同列に扱
えないのは，靖国神社が戦争記念として特異な特徴を有しているからであ

---

（3）　第一次世界大戦と無名戦士の墓については，George L. Mosse *Fallen Soldiers: Reshaping
　　the memory of the World Wars*, Oxford: Oxford University Press. 1990（ジョージ・L. モッセ
　　『英霊：創られた世界大戦の記憶』〔柏書房，2002年〕）。
（4）　ベネディクト・アンダーソン（白石さや・白石隆訳）『定本　想像の共同体　ナショナリズ
　　ムの起源と流行』（NTT 出版 ,1997年）（Benedict Anderson, *Imagined Communities Refection
　　on the Origin and Spread of Nationalism*, Verso, London 1983）。
（5）　2013年安倍首相は，インタビューの中で，アメリカのアーリントン国立墓地を引用したうえ
　　で，靖国神社も同様にして追悼の中心的施設であるとの見方を示した。一方で，同年来日したケ
　　リー国務長官は，千鳥ヶ淵戦没者墓苑がアーリントン墓地に「最も近い存在」だという認識を示
　　した。以下参照ジョナサン・テッパーマン「復活した日本　安倍晋三首相との対話」『フォーリ
　　ン・アフェアーズ・リポート』2013年，No. 6，Kerry, 'Hagel visit Chidorigafuchi to diminish
　　Yasukuni' *Japan Times* 2013 Oct 3.

る。

　靖国神社は，国営の戦争記念でなく，一宗教法人による宗教施設である。また，神道で穢れとして避けられている遺骨は境内に埋葬されるはずもなく，戦死者の墓ではない。一方，千鳥ヶ淵戦没者墓苑は，1959年に日中戦争及び太平洋戦争に際し，海外で亡くなった引き取り手のない35万柱以上の遺骨を納める国立の墓地として建設された。戦死者を記念するという点では両者一致しつつも，形態や運営においては大きく異なる。しばしばどちらが追悼の中心的施設なのかという議論になるが，公的という意味では，千鳥ヶ淵戦没者墓苑こそが戦後の戦死者記念の代表的空間であると言えそうだが，靖国神社に比べると国内ですら知名度に劣る。なぜなら，明治から戦前に至るまでに果たしてきた靖国神社の公的な戦死者記念という存在感は，戦後の体制変化をしても完全には薄れず，一部の支持と報道を通じて影響力が弱まらなかったからだ。

　1869年，明治維新や戊辰戦争において政府側についた戦死者を慰霊するために東京招魂社が創られた。これを土台に，1879年に別格官幣社と改められたのが靖国神社である。神社は，日本固有の神道信仰に基づく祭祀施設なので伝統的なイメージを抱きやすいが，靖国神社は，「近代創建神社」という枠に入る極めて新しい神社である。祭祀対象を戦死者に定めるという発想は伝統的な御霊信仰と重なるところもあるが，国家のために死んだ人をわけて神に祀って顕彰するという性格は新しい要素を含んでいた[6]。靖国神社は，欧米には存在しない特異な形態を身にまとい，固有の信仰の元で成り立っているが，その中身は近代ナショナリズムと共鳴する「創られた伝統」（ホブズボウム）の要素が散見できる。こうした意味において，靖国神社は，欧米の無名戦士の墓に似通っているのである。

　靖国神社が戦死者記念の空間でありながら，墓ではない形態であったことは，靖国信仰を国内で浸透させる上でも好都合だった。祖先崇拝と家制度の強い日本の社会では，戦死者の遺骨は，遺族が管理したいとするのが一般的

---

（6）　戦死者の弔い方の歴史と靖国神社との相関関係については以下で詳しく論じている。拙著「戦死者の弔い方：日本の弔いの言説と国際評価」國學院大學栃木短期大學紀要，第50号，115-125頁。

である。靖国神社の戦死者記念は，戦死者の魂を靖国神社の神として祀るのであり，遺骨の埋葬と葬送儀礼は個々の遺族に委ねる。しかし，このことは，戦前日本が政教分離原則を重んじ，個人の信教の自由を尊重していたことを意味するのではもちろんない。むしろ，祭政一致という免罪符を以て，ナショナリズムと密接に結びついた靖国信仰が，信教の自由の上に据えられていたのである[7]。

## 3　戦後日本のナショナリズムと戦争記念

　戦後日本の非軍事化と民主化を最大の目標としたGHQは，靖国神社を軍国主義的カルトの要素があるとして問題視していた。しかし，1945年12月15日の神道指令では，廃社とはせずに，単一宗教法人としての再出発を許可した[8]。戦前は，政教分離原則を超えた祭政一致という考え方のもとに国家から特別扱いされていた靖国神社であったが，戦後，政教分離原則で守られる多くの宗教施設の一つとして存続が許された。

　しかしながら，靖国神社と国家とのかかわりは，戦後完全に断ち切られているようにはうつらなかった。1960年代には，日本遺族会が中心となり，靖国神社を国家の管理下に戻そうとする国家護持運動がおこった。政権与党の自民党は，1969年から5回に渡って「靖国神社法」を国会に提出するが，1974年，憲法第20条第3項の政教分離規定が防波堤となって廃案となった。こうして，靖国神社という空間そのものの公式化が難しくなると，首相参拝というパフォーマンスの公式化に流れがシフトする。1975年，三木首相は，私的参拝スタイルを強調しながらではあるが，戦後30周年の終戦日に参拝を実行した。戦後40周年1985年8月15日には，中曽根首相が公式と銘打って参拝を断行するにいたった[9]。一方，1970年代末に，A級戦犯が「昭和殉難

---

（7）　アメリカのアーリントン墓地があらゆる宗教の埋葬形式を許可し，埋葬の決定権を本人や遺族に置いているのに対し，靖国の招魂の決定は本人や遺族になく，戦後に至っても，靖国側にあるという違いがある。

（8）　GHQと神道指令に関しては，以下を参照。William P. Woodard, *The Allied Occupation of Japan 1945-1952 and Japanese Religions*, Leiden, E. J. Brill 1972. GHQ資料に関しては，竹前栄治監修『GHQ　日本占領史　第21巻　宗教』（日本図書センター，2000年）。

（9）　靖国神社参拝を巡る日中韓の問題については，以下で詳しく論じている。拙著「記憶を巡る政治：グローバル時代における日中韓ナショナリズム再構成」國學院大學短期大学紀要，第49

者」として靖国の神に合祀されていたことが報道され，これがやがて中国や
韓国からの批難の火種となり，首相の公式参拝は国際問題になった。1986年
の参拝は中止となったが，それでも，1990年代，2000年代，そして，2010年
代にも自民党政権による首相の靖国参拝はコンスタントに続けられた[10]。
論争や抗議を含めたメディアでの扱いは，国内外を通して靖国の存在感を際
立たせる結果となった。近代日本のナショナリズムの表象であった靖国神社
は，戦後公的な戦死者記念という地位を失ったが，実質的な影響力としては
衰えず，公的に造った千鳥ヶ淵戦没者墓苑は，諸外国の有する無名戦士の墓
ほどの存在感を持ち得なかった。しかし，いずれにせよ，これら二つは，戦
争記念を通して「平和」を希求しつつも，国家が国民である戦死者をつなご
うとする戦死者記念であり，ナショナリズムの呪縛から解き放たれた記念で
はない。

## Ⅲ　戦争を否定する戦争記念へ
### ── ヒロシマ・ナガサキの歩みと課題

### 1　積み重なる記念

　戦争による甚大な被害は，戦後日本に戦争そのものを避けようとする戦争
記念のきっかけを作った。それは，敗戦し，平和憲法を手にした日本が国家
的プロジェクトとして新たな戦争記念を創出するという類のものでなく，
人々の声があちこちで形になるというものだった。特に，原爆投下を被った
ヒロシマとナガサキには数多くの慰霊の碑や塔が建てられた[11]。崩壊した
街は，亡くなった人々への追悼と記念の集積地と化していったのである。こ
れらは，学校や職場，あるいは自治会や生存者のグループなどが各々作り上
げたもので，ナショナルな物語の文脈で作られた戦争記念とは異なってい

号，139-154頁。
(10)　1996年7月29日橋本龍太郎首相参拝，2001年8月13日，2002年4月21日，2003年1月14日，
　　2004年1月1日，2005年10月17日，2006年8月15日に小泉純一郎首相参拝，2013年12月26日安倍
　　晋三首相参拝。
(11)　広島と長崎の碑や遺跡については，以下が詳しい。水田九八二郎『ヒロシマ・ナガサキへの
　　旅』（中央文庫，1993年）。

た。

　ただでさえ，大きなきのこ雲の下の惨状を伝える手立てが少ない中，1945年9月19日，GHQ はプレス・コードを発令し，原爆被害に関する検閲をはじめた[12]。そのため，新聞やラジオ放送のみならず，研究資料や文学作品，アート，記念碑にまで統制が及んだ。被害に対する自由な言論は制限され，その後，ヒロシマとナガサキの原爆を巡る言説は，日米関係に大きく影響を受けて展開していく。しかし，記念という行為は，ある時点で完成されることなく，大きな波に抗うようにゆっくり時間をかけてなされていった。

　広島平和記念公園の発案は，政府でなく広島市復興局によってすすめられた。まだ占領下の1949年に成立した広島平和記念都市建設法に基づき，恒久平和の象徴の地として整備されることが決まった。コンペで採用された丹下健三デザインにより，被災遺構原爆ドームを起点としてその延長線上に，原爆死没者慰霊碑（1952年）[13] と広島平和記念資料館[14] が造られた。原爆ドームと資料館に挟まれた慰霊碑はアーチ型で向こうが見通せる構造になっており，また，この広島平和記念資料館には大きなピロティが設けられ，建物が慰霊碑と原爆ドームを景観から遮ることのないような仕組みになっている。広島平和記念公園を貫く，原爆ドーム，慰霊碑，資料館の大きな軸は，公園に一体感を生み，そのモダニズム建築スタイルは，普遍的な解釈を生む素養を造った。こうして1954年公園は一応完成した。

　しかし，公園内部では現在に至るまで部分的な変革が繰り返されてきた。1955年広島平和記念資料館は開館する。しかし，1970年代，1990年代に大規模改修が行われ，2019年にも三度目のリニューアルを終えた。身元が明らかにならない遺骨が納められている原爆供養塔（1955年）[15]，毎年多くの折り

---

(12)　GHQ の原爆に対する検閲に関しては，以下が詳しい。江藤淳『占領軍の検閲と戦後日本　閉ざされた言語空間』（文春文庫，1994年），モニカ・ブラウ（繁沢敦子訳）『新版　検閲　原爆報道はどう禁じられたのか』（時事通信社，2011年）

(13)　原爆死没者慰霊碑は，建築家丹下健三デザインによるもので，1952年8月6日に除幕式が行われた。当初はコンクリートであったが，1985年御影石製に改築された。

(14)　広島平和資料館の建物は，1951年建築家丹下健三設計で着工，1955年に完成。一方，その中に展示される資料は，広島文理科大学地質学研究室の長岡省吾が投下翌日から集め，1949年広島市の中区基町中央公民館に設置した「原爆参考資料陳列室」に展示していたものが前身となっている。

鶴が捧げられる原爆の子の像（1958年）[16]，公園外から公園内に移設された韓国人原爆犠牲者慰霊碑（1999年公園内移設）[17]，そして，デジタルアーカイブの管理をする国立広島原爆死没者追悼平和祈念館[18]（2002年）など，公園は何度も記念を再構成してきた。

　ナガサキの平和公園一帯[19]は，フラットな空間の中で様々な記念が折り合うヒロシマと異なり，坂の多い地形で，川や道路もあり，ゾーニングされている。しかし，ヒロシマ同様に現在に至るまで多様な記念が積み上げられてきた。1949年現在の長崎原爆資料館の前身，原爆資料館は開館した。同年施工された長崎国際文化都市建設法に基づき，平和公園は世界平和と文化交流のための記念施設として整備されていく。いわゆる「願いのゾーン」には大きな男性裸体像で有名な平和祈念像[20]が，被爆10周年の記念事業として1955年に完成する。以来，この像の前で原爆犠牲者慰霊平和祈念式典が行われている。1982年には，隣に折鶴の塔が建てられ，その近くには，平和の泉

(15)　もともと，被爆直後は臨時火葬場となり，その後も身元がわからない遺体を収集供養する場所となっていた。1955年新たに原爆供養塔として建立され，内部には納骨堂があり約7万柱が収められている。

(16)　原爆の子の像は，2歳で被爆し，その10年後白血病で亡くなった佐々木禎子さんの死をきっかけに，原爆で死んだ子の霊を慰める碑をつくる募金運動が元になってできたもの。また，今日平和のシンボルとなっている折り鶴は，闘病中回復を願って折っていた鶴が発端となっている。

(17)　原爆投下時，広島市内には，強制労働等により約6万人の韓国・朝鮮人がいたと言われている。韓国人原爆犠牲者慰霊碑は，被爆した韓国人同胞のために1970年建立された。朝鮮最後の王世子李垠殿下の甥が被災後に発見された場所にちなんで公園外に建てられた経緯があったが，いつまでも公園外にあるのは民族差別にあたるのではないかとの批判と公園内への移設要望があり，1999年に公園内に移設された。この問題は，原爆被害者のナショナリティや差別の問題を浮き彫りにしただけでなく，強制労働の問題や在外被爆者の問題を再考させるきっかけともなった。

(18)　公園内の国立の施設としてはじめて建てられた。犠牲者の銘記と追悼を目的としてつくられ，平和祈念・死没者追悼空間のほか，遺影コーナーでは，原爆死没者の検索ができる。10万編超の被爆体験記や証言ビデオを所有し，国立広島・長崎原爆死没者追悼記念館平和情報ネットワークのホームページでは，体験記や証言映像が公開されている。

(19)　ナガサキの平和公園は，長崎駅北約2.5キロメートルに位置し，約18.5ヘクタールの面積を有する。長崎市は，1995年被爆50周年に再整備を行い，現在では，平和祈念像のある地区を「願いのゾーン」，原子爆弾落下中心地碑や浦上天主堂遺構がある地区を「祈りのゾーン」，長崎原爆資料館のある地区を「学びのゾーン」とし，他に「スポーツのゾーン」と「広場のゾーン」を設け，総合公園となっている。

(20)　青銅製で男子の裸体像。彫刻家北村西望制作。高さ9.7メートル，重さ30トン。

（1969年）や各国から寄贈された記念碑が立ち並んでいる。道路を挟んで，長崎原子爆弾無縁死没者追悼祈念堂[21]があり，身元不明や引き取り手のない原爆死没者の遺骨が安置されている。坂を下り，「祈りのゾーン」には上空500メートルで原爆が炸裂した場所に，原爆落下中心地碑[22]があり，その前には1997年に平和祈念像前から移設された原爆殉難者名奉安[23]が据え置かれ，現在ではマイクロフィルム化された名簿が永久保存されている[24]。そこから下の川を渡ると追悼長崎原爆朝鮮人犠牲者の碑（1979年）[25]が見え，そのすぐ近くの高くなったところに長崎原爆資料館[26]と隣り合わせとなった国立長崎原爆死没者追悼記念館（2003年）[27]がある。このように，被爆地ヒロシマとナガサキは，長い時間をかけて，記念碑，墓，ミュージアム，公園と様々な形態による記念の集合体となっていった。

## 2 戦争記念と普遍性

　ヒロシマの記念空間は，来訪する人によって大きな意味が付け加えられる。地方自治体が中心となって作り始めた戦争記念であったが，佐藤栄作は，首相として始めて1971年8月6日，広島平和記念式典に出席する。1977

---

(21) 1947年建設された原爆殉難者納骨堂が前身。1959年に長崎市が新たに建設するが，1994年平和公園地下駐車場建設に伴い，現在の建物に建て替えられた。

(22) 被爆後間もなく立てられた標柱にはじまり，1956年には，高さ6メートルの三角柱へと建て替えられ，1968年には，現在の黒御影石へと張り替えられた。

(23) 1968年原爆死没者名簿は，平和祈念像前に設置された原爆殉難者名奉安所にはじめて納められたが，1997年の平和公園再整備工事に伴って原爆落下中心地に移設された。

(24) 戦没者名簿は，現在，2003年に開館した国立長崎原爆死没者追悼平和祈念館に保存されている。

(25) 原爆投下当時長崎には強制労働に従事していた約2万人の朝鮮人がおり，その半数が爆死したと言われている。1979年，碑文には「強制連行および徴用で重労働に従事中爆死した朝鮮人とその家族のために」と刻まれている。8月9日には，市民団体「長崎在日朝鮮人の人権を守る会」が集会を開き，在日・在韓・在朝を超えた被爆の問題を提起している。

(26) 1949年の爆心地近くに旧長崎市原爆資料館が開館。1955年には，その資料を引き継ぎ長崎国際文化会館の原爆資料センターができる。ここも被爆50周年事業で取り壊され，1996年現在の長崎原爆資料館が建設された。

(27) 国が原子爆弾被爆者に対する援護に関する法律第41条の規定に基づいて，「原子爆弾による死没者を銘記し，恒久平和を祈念する施設」として，被爆地ヒロシマとナガサキに設置した。「平和祈念・死没者追悼」の機能とともに，長崎では「国際協力及び交流」を目的としており，一方国立広島原爆死没者追悼平和祈念館では，「被爆関連資料・情報の収集及び利用」を特徴としている。

年には初の国連代表としてアメラシンゲ総会議長が式典に参列。他方，1982
年 2 月ローマ教皇ヨハネ・パウロ 2 世は，広島の平和公園を訪問し，核廃絶
を訴えた[28]。2003年 3 月キューバ危機の生き証人であったフィデル・カス
トロは広島を訪れ献花している[29]。2010年には，駐日アメリカ大使ジョ
ン・ルースが，2012年には，原爆投下を命じたトルーマン元大統領の孫クリ
フトン・トルーマン・ダニエルが式典出席を果たした。2014にも，駐日アメ
リカ大使キャロライン・ケネディが参列[30]。そして，2016年 5 月27日，第
44代アメリカ合衆国大統領バラク・オバマが広島平和記念資料館を視察後，
慰霊碑に献花した。オバマ大統領の核廃絶のスピーチと被爆者坪井直さんと
の抱擁は，ただちにメディアを通して，世界に配信された。

　かつて，原爆を落とし，いまだその正当性を疑わないアメリカの現職大統
領が被爆地に訪れることを可能にさせたのは，ヒロシマの戦争記念がナショ
ナルな記念に閉じこもることなく，トランス・ナショナルな記念[31]へと開
かれていることにあるのかもしれない。原爆を落とした敵国を批判するので
なく，戦争や核兵器を否定する記念として認識されていたことが大きく影響
している。広島原爆慰霊碑のいわゆる碑文論争[32]は，ヒロシマの戦争記念
が普遍的な場として自己規定している最も顕著な事例である。「安らかに眠
ってください　過ちは　繰り返しませぬから」の「過ち」は，誰のものかと
いう有名な議論である[33]。広島市は，1983年，碑文の主語は「すべての

---

(28)　ヨハネパウロ 2 世は，広島訪問後長崎の浦上天主堂と大浦天主堂を訪れている。また，2019
　　年11月24日，ローマ教皇フランシスコは，長崎，広島を訪れ，核兵器廃絶を訴えた。
(29)　1959年にはチェ・ゲバラも訪れている。
(30)　キャロライン・ケネディは，2015年 4 月にも再訪し，慰霊碑に献花している。また，これに
　　先立ち，1978年にも叔父のエドワード・ケネディとともに平和記念公園を訪れていた。
(31)　キャロル・グラック『戦争の記憶　コロンビア大学特別講義　学生との対話』（講談社現代
　　新書，2019年）参照。
(32)　碑文論争については，以下を参照。石田宣子「過ちは　繰り返しませぬから─碑文論争の歩
　　み」岩垂弘・中嶋竜美編・解説　『日本原爆論体系第 7 巻　歴史認識としての原爆』（日本図書セ
　　ンター，1999年）。
(33)　碑文論争は，1952年 8 月の碑の序幕直後おきた。碑文作成にかかわった雑賀忠義広島大学教
　　授（当時）による英訳では，"Let all the souls here rest in peace; For we shall not repeat the
　　evil" とあり，主語は，We となっている。また，広島市長浜井信三は，「過ち」とは戦争という
　　人類の破滅と文明の破壊を意味していると市議会の中で答弁していた。その後，1952年11月元極
　　東軍事裁判判事で日本人被告全員に対して無罪を主張したインド人パルが慰霊碑を訪問した際

人々」であることを公式発表した。原爆の悲劇を全人類の負うべき問題として意味づけ，核兵器を普遍的な問題と定めた。こうしたトランス・ナショナルな反核メッセージを持つヒロシマは，多くの外国人観光客をも惹き付けている。1996年世界遺産に登録された原爆ドームや広島平和記念資料館は，欧米豪からの観光客にも人気が高く日本で最もダークツーリズムの潜在力を秘める場所となった(34)。

　他方，ナガサキの平和公園内にある平和祈念像の存在意義については，度々疑いのまなざしが向けられてきた。1981年ローマ教皇が来日した際，ナガサキの平和公園を避け市営陸上競技場で野外ミサを行った。教皇が本当にそういった意図で避けたのかどうかは定かでないが，当時の長崎市長本島等は，世界には偶像崇拝を禁じている宗教も多いため，公共の祈りの場に巨大な像はふさわしくないのではないかと疑問を呈した。しかしながら，その後も平和祈念像はそのまま鎮座し，さらに被爆50周年記念事業として，原子爆弾落下中心地碑の撤去とそれに代わる母子像(35)建立計画が発表された。この計画に対して，母子像はキリスト教色が強いと市民4人が裁判を起こした。他方，キリスト教徒からも爆心地に母子像はふさわしくないと批判された。その結果，中心地碑撤去は撤回されたが，母子像は頑なにも平和公園の一角に建立された(36)。しかしながら，このような経緯に，疑義をはさみ，議論することが被爆地ナガサキの記念を終わらせないことにつながる。ヒロシマでも，ナガサキでも，反核というメッセージがより多くの人々に違和感

---

に，主語は日本人を指しており，それがどんな過ちであるのか疑問に思う，と意見したことで再熱した。その後も1957年建築家岸田日出刀が『文芸春秋』に碑文批判をして話題となった。1969年に慰霊碑の改修計画がなされたことをきっかけに，碑文が犠牲者の霊を冒涜していると主張する「原爆慰霊碑を正す会」などの運動が起こった。

(34)　ヒロシマの戦争記念とツーリズムとの関係については，以下で論じている。拙著「戦争記念とツーリズムの遭遇―戦争記念の風化をふせぐための課題と可能性―」日本文化研究，国学院大學栃木短期大学，第4号，101-120頁。

(35)　平和祈念像を造った北村西望の弟子，富永直樹の製作。

(36)　ナガサキの平和公園に対しては，男神像を中心にさまざまな母子像や子どもの彫刻が配置されているのは，「産めよ増やせよ」というグロテスクなメッセージであるとの批判もある。10＋1 website　2018-08　小田原のどか　対談「彫刻と建築の問題―記念性をめぐって」『特集　記念空間を考える―長崎，広島，ベルリンから』(http://10plus1.jp/monthly/2018/08/issue-01.php [2019-08-30])

なく受け入れられるための模索，すなわち，普遍的な記念の場になるための変革は今後も続いていくことだろう。

## 3 新たに掘り起こされる問い

　何をどのように記念すべきかという問いに，ヒロシマとナガサキは向き合っている。そして，その問いは，ヒロシマとナガサキをこれからも変えていく可能性を持っている。原爆の惨禍を圧倒的な存在力で伝える原爆ドームも，かつては保存の可否について意見が分かれていた。爆風によって骨組みを露にした遺構が被爆者の心を痛める廃墟であるのか，それとも後世に原爆の悲惨さを伝える遺産なのか，1966年広島市が保存を決定するまで争われた。一方，ナガサキの浦上天主堂[37]は，1958年，遺構の一部を原爆落下中心地碑の近くに移築し，1959年新たに再建されることとなる。記念とは，戦争のあとに生きる人々の手によって選び取り残されるものなのだ。

　1992年ナガサキでは，地下駐車場工事に際して，動員学徒・女子挺身隊・徴用工・一般市民原爆殉難者の碑と長崎の鐘（1977年）の近くに長崎刑務所浦上刑務支所の遺構がみつかった。遺構の一部を残して埋め戻されてしまったが，そこには，当時，刑務所内に受刑者及び刑事被告人として，中国人32名，朝鮮人13名が含まれていたことが明記された。こうして掘り起こされた新たな発見は，それまでの記念に風穴を通す力を持っている。被爆地に本来あった複数性が，記念を通して排除されかねないことを教えてくれる。

　他方，ヒロシマ・ナガサキが加害国日本の責任をどう背負っていくのか，度々問題になっている。1990年代半ば，スミソニアン博物館で原爆投下機エノラ・ゲイとともにヒロシマ・ナガサキの被爆資料展示が企画された。しかし，アメリカの退役軍人協会を中心として反対が起こり，原爆被害などの展示が縮小された。同じ頃，日本政府は，原爆ドームをユネスコの世界遺産に推薦し，採択される。しかし，原爆投下を正当化するアメリカと日本による

---

（37）　1895年から30年かけて建設された赤レンガ造りの教会。原爆で崩壊後，1959年再建される。被爆した像や再現された被爆当時の入り口が長崎原爆資料館に展示されている。浦上天主堂が再建されるに至った経緯については，以下に詳しい。高瀬毅『ナガサキ　消えたもう一つの「原爆ドーム」』（文春文庫，2013年）及びNHKドキュメンタリー『BS1スペシャル　幻の原爆ドーム　ナガサキ戦後13年目の選択』（NHK，2017年）

戦争被害を受けた中国はこれに棄権したことがわかっている。これらによって明らかなのは，依然として原爆投下の歴史認識は，国家によって分断され，普遍的な記憶としてとらえられていないということだ。反対に，1996年開館した長崎原爆資料館では，旧日本軍の加害行為の展示が試みられた。しかし，これに国内の保守系団体が反発した。資料の不備なども原因となり，展示内容が変更されることになった。

　ヒロシマ・ナガサキの記念空間は，その時代時代の要請に応える形で集積してきた。そうした多様な被爆の記念は，統一性にかけるかもしれないが，その凸凹したヒロシマ・ナガサキの記念の寄せ集めこそが，広く原爆を訴える原動力となってきた。従って，留まることなく今後も新たに掘りおこされるであろう視点や問題などに対応していくことは，ヒロシマ・ナガサキをより普遍的で世界に受け入れられやすい反戦の記念の場にしていくだろう。

## Ⅳ　学としての「平和」とこれからの戦争記念

### 1　恐怖を伝えることと平和を創ること

　戦後日本で作られてきた戦争記念は，名称に「平和」の文字が加わることも多い。そこには，戦争を振り返ることによって，未来の平和を創造するという思考回路がある。もっとも，日々過去の戦争との距離は広がり，体験者の減少を阻むことができない以上，戦争体験の証言や文章，絵画などは，目の前にない戦争を想像する貴重な手立てであることに間違いはない。昨今では，デジタル技術も手伝って，CGやVRで戦時の再現も行われるようになった。我々は，このような追体験を通して，過去の戦争を知る。しかしながら，もし，戦争記念が「平和」を創造する場として機能することを望むのであれば，もう一歩前に踏み出す必要があるのかもしれない。

　平和学において，いかに平和を創造すべきかという問いは，メインテーマの一つである。だが，周知のように平和の価値は，多様で定義しにくい。その結果として，「平和」よりも，「平和」と対義語にあたる「戦争」についての分析や研究のプライオリティが高くなってしまう。しかしながら，1970年代初頭，「平和」の対義語を変換させていくことで平和学の射程は，急激に

拡大・深化した。ダスグプタの「平和ならざる状態」やガルトゥングの「構造的暴力」といった概念は，戦争だけでない，平和を阻む要因についての多層的で，学際的な研究を促進させた。最後にこうした平和学のパラダイムシフト，つまり「平和」の概念の広がりを踏まえたうえでの戦争記念の課題を考えていこうと思う。

## 2　もう一つの惨禍を想像すること[38]

　1960年代冷戦下での熱戦ベトナム戦争は，普及しはじめたテレビによって世界に伝えられた。それは，アメリカだけでなく世界の若者たちの関心を集め，世界的な反戦運動へとつながった。1965年，日本でも小田実と鶴見俊輔によりべ平連が結成される。他方，ベトナム反戦運動は，音楽や映画などカウンターカルチャーと呼ばれるムーブメントに影響を与えた。フランス人クリス・マルケルやゴダールは『ベトナムから遠く離れて』（1967年）を製作し，1969年の野外ロックフェスティバル，ウッドストックには，ベトナム反戦運動だけでなく，黒人差別反対運動や女性解放運動などに共鳴する若者が集った。1970年，大江健三郎は，『核時代の想像力』を上梓し，1971年，ジョン・レノンは，imagine を書く。直接戦争に赴かない若者たちが地球上で起こっているもう一つの惨禍を想像する時代が訪れた。

　リオタールは『ポストモダンの条件』（1979年）の中で，一つの真理や普遍性を目指し，正統化する「大きな物語」は，それに懐疑的な個性や地域性などの「小さな物語」にとってかわられると説いた。こうしたポストモダン的発想は，学問やアートの枠を超えて影響を及ぼした。戦争記念もそれに呼応するように，「小さな物語」の表象が我々の想像力を喚起させる起爆剤となった。1982年アメリカのナショナル・モールに建設されたベトナム戦争戦没者慰霊碑[39]には，58000人以上の兵士の名が刻まれている。その大きな壁を

---

(38)　平和学に想像力が必要であるという視点については，以下参照。多賀秀敏「研究ノート・平和論を開講するために」『法政理論』新潟大学法学会15（3）112-136頁。

(39)　ベトナム戦争戦没者慰霊碑は，建設後，戦没者を称える碑文もなく抽象的であったがために批判を受け，典型的な戦争記念碑「3人の兵士」の像が作られた。ベトナム戦争戦没者慰霊碑については，マリタ・スターケン『アメリカという記憶—ベトナム戦争，エイズ，記念碑的表象』（未来社，2004年）。

伝って歩くことで,「小さな物語」を背負った個々の命が散っていったこと
を実感することができる。1995年沖縄の糸満市に造られた「平和の礎」は,
これに影響を受け,個人の名前が石碑に刻まれた。ただし,ベトナム戦争戦
没者慰霊碑では,ベトナムで戦ったアメリカ人しか名前が刻まれていなかっ
たのに対し,戦地沖縄で亡くなったすべての人をその母語で刻むことに挑戦
した。2019年,広島平和資料館が行ったリニューアルで大切にされたのは,
「固有名詞のある展示」である。遺品は,所有者を特定したのち,その所有
者がどのような生と死をおくったかをあわせて展示されるようになった。こ
のような「小さな物語」への注目は,より親近感のある死を想像させ,戦後
の私たちに戦争と平和とは何かを教えてくれるかもしれない。

　ポストコロニアルやジェンダーの視点も大括りにしてしまう戦争の神話を
解体し,新たに戦争を多層的に読み直す契機となるだろう。朝日新聞による
アンケート(2015年)によると,歴史資料館,平和博物館など102施設のう
ち,加害展示をしているのは3割にすぎないという[40]。例を少し挙げれば,
「平和の礎」とともに平和祈念公園に2000年併設された沖縄平和祈念資料館
や公益財団法人の東京大空襲・戦災資料センター,民営のピースあいちなど
が加害の展示に積極的に取り組んでいる[41]。また,広島平和記念資料館の
2019年のリニューアルでは外国人被爆者のコーナー展示が加えられた。
NPO法人が設立した女たちの戦争と平和資料館は,慰安婦問題を含む戦時
下の女性への暴力への展示に特化している。長野県にある満蒙開拓平和記念
館は,満蒙開拓移民を通して,舞鶴引揚記念館や浦頭引揚記念資料館は,引
揚移民を通して戦争を知ることができる。「大きな物語」の牙城は,こうし
て多様な視点からの戦争記念によっても崩すことができるかもしれない。

---

(40)　朝日新聞デジタル「(戦後70年)加害資料,常設は3割　戦争伝える85施設,朝日新聞調査」
　　2015-09-07(https://www.asahi.com/articles/ASH965H26H96PTIL00G.html[2019-08-30])。
(41)　一方,2013年,リニューアルに際してピースおおさかは批判を受けて加害の展示を縮小して
　　いる。

## おわりに

　戦後日本の戦争記念の多くは，戦争を回避し平和を創造することに力点が置かれた。それでも，戦争は魅力的だとクレフェルトは言うだろう。歴史的にも，世界的にも，多くの戦争の記念が，戦争を否定し，平和を希求するために作られてこなかったことは最初に述べたとおりだ。そして，いまだ戦争は，世界の大多数によって肯定されてもいる。

　しかし，平和はこじ開けていくものである。反戦運動にあったような空間を横断する力と時間を越えて「小さな物語」を発見する力をもって，戦争を再度想像し，多層的な平和の構想につなげることはできるかもしれない。ポストコロニアルな見方やジェンダー的な視点は，今後も戦争記念の広がりをもたらすことだろう。海外の戦争記念を訪れるのもいいが，国内の戦争記念に直接行って，それぞれを比較してみるといいだろう。あなたの想像力が次世代の戦争記念と平和創造につながるかもしれない。

―― **さらに勉強を進めるために** ――

　ヨハン・ガルトゥング（高柳先男・塩屋保・酒井由美子訳）『構造的暴力と平
　　　和』（中央大学出版部，1991年）。
　ベネディクト・アンダーソン（白石さや・白石隆訳）『定本　想像の共同体
　　　ナショナリズムの起源と流行』（NTT出版，1997年）。
　ジョージ・L.モッセ『英霊：創られた世界大戦の記憶』（柏書房，2002年）。
　M.クレフェルト（石津朋之監訳）『戦争文化論　上』『戦争文化論　下』（原書
　　　房，2010年）。
　キャロル・グラック『戦争の記憶　コロンビア大学特別講義　学生との対話』
　　　（講談社現代新書，2019年）。

# 第3部

# 平和構築と国際協力

## 第7章

# 平和構築から国家建設へ
## ──東ティモールが抱える課題と展望──

山田　満

## はじめに

　1999年8月30日の「住民投票」は，東ティモールが24年間のインドネシアからの併合に終止符を打った日である。もう少し詳しく言えば，インドネシアのスハルト（Haji Muhammad Suharto）独裁政権が97年のアジア通貨・経済危機を引き金に退陣を余儀なくされ，それを引き継いだハビビ（Bacharuddin Jusuf Habibie）政権は，国際社会からの経済支援を引き出すうえで，長年の「背中の棘」であった東ティモール問題を解決する必要があった。そこで，インドネシアは東ティモールに対して，特別自治を条件に27番目の州として残留するのか，あるいは独立を前提に拒否するのかを問う「住民投票」を実施したのである。結局，約80％近い住民が特別自治案を拒否し，独立を選択し，今日の東ティモール民主共和国が誕生する。

　さて，本章の内容に入っていく前に少し平和構築との関係を述べたい。平和構築とは「平和を構築する」という意味で，平和研究や平和学との関係が深い。高柳先男は著書『戦争を知るための平和学入門』で，科学的に蓄積された平和研究の知識を応用すれば，どんな国家であろうとも「平和を脅かしているさまざまな問題を解決できる」，「解決するのに役立つ」と述べ，そのために戦争原因の分析が研究されてきたのだと指摘する[1]。

　平和学の源流は平和研究であり，二つの系譜があった。まず，ケネス・ボ

---

（1）　高柳先男『戦争を知るための平和学』（筑摩書房，2000年）7頁。

ールディング（Kenneth E. Boulding）やアナトール・ラパポート（Anatol Rapaport）ら米国のミシガン大学を拠点に *The Journal of Conflict Resolution* を発行した米国発の平和研究である。米ソ冷戦時代の核兵器を使った第三次世界大戦の回避を目的に，ゲーム理論など数学や統計学を駆使して客観的に，科学的に紛争解決研究の成果を発信した。

　もう一つの流れが欧州発の平和研究であった。フランスのガストン・ブートゥール（Gaston Bouthoul）は1945年に「戦争学研究所」を設立し，東京裁判にも関わったオランダのヴェルト・レーリング（Bernard Bert Roling）が平和研究所を設立した。しかし，最も大きな影響を与えたのが社会学・数学者であったヨハン・ガルトゥング（Johan Galtung）であった。彼はノルウェーのオスロ大学に1959年国際平和研究所を設立した[2]。

　ガルトゥングの平和研究は構造的暴力（structural violence）の概念で示された。構造的暴力論はインドのスガタ・ダスグプタ（Sugata Dasgupta）が提唱した「平和ならざる状態」（peacelessness）に求められるという[3]。ダスグプタによれば，西欧社会では物理的な暴力である戦争がなければ社会的経済的利益を担保する科学や産業の発展が可能であると考え，戦争と平和は両立不可の存在として，平和は戦争のない状態と捉えた。

　しかしながら，東洋ではインドを事例に経済的心理的両面における貧困，経済的制度的な枠組みにおける伝統的な仕組みが，インドにおける人々の生活をたえず非平和的状況（peaceless）に追いやってきたのだと述べる。その意味で，戦争の回避や国際緊張の緩和を目指してきた東西問題を背景にした欧米の平和研究とは異なり，社会構造に根づく南北問題の視点から平和研究を論じるきっかけを提起したのである[4]。

　ガルトゥングの構造的暴力とは，「潜在的可能性と現実との差異をうみだしている要素すべてにむけられる呼称」[5]であり，社会構造で生起する文化的暴力を含む構造的暴力が除去された状態が積極的平和（positive peace）とな

---

（2）　同上，17-18頁。
（3）　多賀秀敏「J・ガルトゥングの世界分析—構造的暴力と帝国主義」白鳥令・曽根泰教編『現代世界の民主主義理論』（新評論，1984年）158頁。
（4）　同上，159-160頁。
（5）　同上，160頁。

る。70年代には「平和学の地平が拡大」し、貧困、環境、人権、国家以外の主体などの研究も主要な課題となる。さらには教育、保健・衛生、新たな伝染病疾患、自然災害、人口問題、民主化・ガバナンスなどの喫緊の課題も含まれるようになった[6]。反対に物理的な暴力、すなわち戦争や集団間の組織的な暴力が不在な状況を消極的平和（negative peace）と呼び、両者の相違を明確にした[7]。

このように、平和学の射程はいまや平和、人権、開発、環境と広範囲にわたる。なお、本章では紛争後東ティモールの平和構築を扱うが、「平和構築」という言葉は、ガルトゥングが1976年に著した "Three Approaches to Peace: Peacekeeping, Peacemaking, and Peacebuilding" という論文で扱っている[8]。ただ、当時の Peacebuilding（平和構築）は、東西冷戦後続発する国内紛争に国際連合（以下国連）が対応する積極的な意味での「平和構築」ではなく、むしろ静的な学問的位置づけを考察する内容であった。

本章で扱う「平和構築」は、1992年1月当時の国連事務総長ブトロス・ブトロス゠ガーリ（Boutros Boutros-Ghali）が安全保障理事会首脳会議声明に基づき事務総長に提出した『平和への課題』（An Agenda for Peace）報告書に含まれた内容である。同報告書では、予防外交、平和創造、平和維持を国連の中心的な平和活動と捉え、内戦終結後の合意を前提に「紛争後の平和構築」が扱われている。増大する紛争を踏まえて、1995年1月には新たな報告書『平和への課題＝続編』が出された。続編では「紛争後の平和構築」の概念の有効性が広く認識されるようになる[9]。

（6）　多賀秀敏「平和学の最前線」山本武彦編『国際関係論のニュー・フロンティア』（成文堂、2010年）52頁。

（7）　多賀は、ガルトゥングの構造的暴力論における3つの弱点を指摘する。第1に、現実に対する分析によって生み出される結果が静的な解釈になる。第2に、場合によると現象に対する因果関係の考察を欠き、将来の具体的な戦略の検討を却って困難にする。第3に、構造的モデルを示すことに執着するために、極度な単純化と部分化がなされるにも関わらずそれを全体に適用される恐れがあると指摘する（多賀1984年前掲論文172頁）。

（8）　Johan Galtung, "Three Approaches to Peace: Peacekeeping, Peacemaking and Peacebuilding," in *Peace, War and Defense*, Ejlers, 1976. 特に Peacebuilding に関しては pp. 297-304を参照。

（9）　『平和への課題』（A/47/277-S/24111）、『平和への課題＝続編』（A/50/60-S/1995/1）を参照。なお、ガーリは同時期に『開発への課題』（A/48/689）、さらに『民主化への課題』（A/51/761）の報告書も出している。

# I　東ティモール独立前史

　東ティモールは，約 1 万4000平方キロメートルの面積で，ちょうど首都圏の東京，千葉，埼玉，神奈川の 4 都県を合わせた広さである。2015年の東ティモール財務省国勢調査では，総人口は約118.3万人で，主にメラネシア系で構成され，中華系，ポルトガル系との混血もいる。圧倒的多数の99.1％がキリスト教のカトリックであり， 1 ％未満のイスラム教徒もいる。言語は現地語のテトゥン語と植民地宗主国だったポルトガル語の両方が公用語になっている[10]。

## 1　インドネシア侵攻と東西冷戦

　本章冒頭で述べたように，東ティモール人は住民投票でインドネシアの特別自治案を圧倒的多数で否決した。インドネシアは1975年12月 7 日に「スロジャ（蓮）作戦」といわれる陸・海・空軍からなる軍隊を投入し東ティモールに軍事侵攻した。爾来24年間にわたって27番目の州として併合したのである。東ティモールはインドネシア侵攻直前の11月28日にフレテリン（東ティモール独立革命戦線）主導でポルトガルからの独立を宣言した。したがって，国連東ティモール暫定行政機構（UNTAET）から全権を引き継いだ2002年 5 月20日の独立は東ティモール人にとっては「独立回復の日」と呼ぶ[11]。

　なぜ東ティモールは1975年に独立宣言を行ったのか。1974年 4 月に，植民地宗主国のポルトガルで無血の「カーネーション革命」が起こり，植民地経営に行き詰まった独裁政権が倒れ，新政権は非植民地化政策を採用したのがきっかけであった。ポルトガルはアフリカにアンゴラ，モザンビークなどの大きな植民地を抱えていた一方で，アジアでは東ティモール，マカオなどの小規模な植民地しかなかった。当時のオーストラリア首相は東ティモールの経済的自立には否定的であり，地域の不安定化を引き起こすと考え，独立ではなくインドネシアへの一部になることを提案した[12]。

---

（10）　外務省ウェブサイト「東ティモール民主共和国」基礎データ（2019/8/10閲覧）。
（11）　山田満「東ティモール──21世紀最初の独立国家［改訂版］」清水一史・田村慶子・横山豪志編『東南アジア現代政治入門』（ミネルヴァ書房，2018年改訂版）参照。

　他方で，アジアの国際関係は東西冷戦下にあった。東南アジアでは長年続いていたベトナム戦争が1975年4月のサイゴン陥落を経て，翌年7月にはベトナム社会主義共和国として南北統一がなされた。米国の撤退と共産主義国家の誕生は共産主義へのドミノ現象を引き起こすのではないかと危惧された。1965年の「9・30事件」[13]を経てインドネシアでは親共産主義政権であったスカルノ（Sukarno）からスハルトへと政権が変わり，スハルトは積極的に西側諸国からの外資導入を図るなど，前政権と違って米国との友好関係を重視した。

　スハルトはスカルノから政権を奪取した後，島嶼国家であるインドネシアの中央集権化を図り，開発独裁を強化していく。また一方で，米国などの西側諸国もスハルト政権を支援し，対共産主義への砦として重視する。そのような東西冷戦下で東ティモールの独立問題が生起した。ポルトガルの非植民地化政策を受け，独立へ向けた動きが活発化する[14]。

　現在においても影響力を誇示するフレテリン（設立当初はティモール社会民主協会）はマルクス・レーニン主義を掲げ，ポルトガルからの即時独立を目指して設立された政党であった。植民地官僚や富裕農園主などが支持基盤のティモール民主同盟（UDT）がポルトガルとの連邦を主張していたこともあり，両政党は路線闘争を展開し，内戦状態に陥ったのである。内戦を制したのがフレテリンであったことで，既述したように1975年11月28日にフレテリンは独立宣言を行い，組閣まで行った。

　フレテリンが目指した政権は一党独裁的な社会主義体制に近かったことで，西側諸国は警戒感を抱いた。他方で，島嶼国家の中央集権化を強化していたスハルト政権にとっても独立当初から各地で展開された分離独立運動を避ける必要があった。路線闘争に敗北したUDTや親インドネシア政党らは

(12)　松野明久『東ティモール独立史』（早稲田大学出版部，2002年）54-55頁。
(13)　スカルノからスハルトへの政権交代の契機は，1965年の「9月30日事件」であった。スハルト将軍は極度の財政悪化と共産主義勢力を政権基盤にしていたスカルノの失脚を目論んだと言われている。詳しくは，倉沢愛子『9・30世界を震撼させた日―インドネシア政変の真相と波紋』（岩波書店，2014年）を参照。
(14)　インドネシアの植民地宗主国はオランダであり，他方で東ティモールはポルトガルであった。インドネシアの独立闘争には東ティモールは関与していないこと，つまり「インドネシア」の領域でなかったことも東ティモール独立の根拠となった。

「バリボ宣言」，つまり東ティモールがインドネシアの一部であることを認め，インドネシア側に東ティモール住民救済の軍事介入を要請したのである。また，この侵攻に関しては，米国をはじめ西側諸国も黙認していた[15]。

　こうして，東ティモールは東南アジアにおける共産主義勢力の拡大阻止という東西冷戦の影響と，スハルト政権の島嶼国家における国民統合という中央集権化政策との一致を背景に，インドネシア27番目の州として24年間併合されることになった。

## 2　サンタクルス事件とアジア通貨危機

　インドネシアによる東ティモール侵攻は，民族自決権を侵害することから，国連では東ティモールの併合が不当であり，インドネシア軍の撤退を求める決議がなされた。しかしながら，「インドネシア批判決議」は1982年の国連総会までは続いたものの，米国，日本などの西側諸国，さらにはすでに結成されている東南アジア諸国連合（ASEAN）内でも内政不干渉原則をもとにインドネシアへの批判よりも支持が高まっていき，同決議が国連でなされることはなくなった。

　次に東ティモール問題が国際社会で注目される契機になったのは1992年11月に起きた「サンタクルス虐殺事件」であった。インドネシアの併合を認めていなかったポルトガルは，国連事務総長の仲介で同国議員団の東ティモール訪問を計画したが，同伴するジャーナリストの件でインドネシア側と折り合いがつかず訪問を中止した。しかし，独立を求める東ティモール青年は訪問団の受け入れを通じて，国際社会に独立を訴える契機と考えていた。他方，訪問団の中止を独立運動弾圧の絶好の機会と捉えたインドネシア軍は，サンタクルス墓地へ死者を弔う参列者が次第に独立要求を掲げる行進へと変化していくのを踏まえ，同墓地に集合する青年たちに向け無差別で発砲する虐殺行為を演じた[16]。

(15)　*The National Security Archive: East Timor Revised Ford, Kissinger and The Indonesian Invasion, 1975-76*, National Security Archive Electronic Briefing Book No. 62. December 6, 2001.
(16)　松野前掲書，第1章参照。

　無差別発砲事件はその場に居合わせた英国人ジャーナリストによって撮影され，国際世論からの人権批判が高まる契機になった。旧植民地宗主国オランダをはじめ，新規援助の停止という経済制裁，最大の政府開発援助（ODA）を供与していた日本も事件の解明と責任者の処罰を求めた。サンタクルス虐殺事件は西側諸国からの人権侵害に対する批判のみならず，国際NGOからの批判と独立に向けた連帯を強めることになった。また，96年10月には東ティモール・カトリック協会の司教カルロス・ベロ（Carlos Filipe Ximenes Belo）と海外で東ティモールの独立運動を展開していたラモス・ホルタ（Jose Manuel Ramos-Horta）がノーベル平和賞を受賞し，東ティモールの独立問題が注目されることになった。

　同問題にとって大きな転機が訪れる。97年7月にタイの通貨危機から端を発したアジア経済危機である。インドネシアも例に漏れず，財政的な大打撃を受け，30年以上にわたって独裁政権を維持したスハルト体制が崩壊した。政権を引き継いだスハルトの腹心ハビビは，サンタクルス虐殺事件以来の国際社会からの厳しい批判を回避するうえでどうしても東ティモール問題を解決する必要があった。

　ハビビが提案したのが，本章冒頭で述べた「特別自治案」であった。外交，防衛や経済・財政などを除いた全ての自治を東ティモールに付与するという提案である。しかしながら，東ティモール住民の判断は，78.5％が拒否するという独立への選択であった。98.6％の高い投票率で東ティモール人は27番目の州ではない，独立国家の道を選んだ。特別自治案の住民投票は99年5月に，国連本部でインドネシア，ポルトガル，国連の3者で合意したものであった。国連は住民投票の事務手続き一般を担うために国連東ティモール派遣団（UNAMET）を派遣する一方で，治安維持はすでに27番目の州として実効支配しているインドネシア側が担当することになった。しかし，同年8月30日に実施された住民投票後の東ティモールは，殺戮，破壊と放火という大きな犠牲を住民に負わせる結果になった。

## Ⅱ　国連暫定統治の役割と課題

### 1　UNTAET と「行政の東ティモール人化」問題

　住民投票で選挙事務手続き一般を担当した UNAMET は，当然ながら治安維持を有する組織ではなく，必要最小限の文民警察（国連警察）を配置するだけであった。結局，治安維持を担当したインドネシア軍・警察はインドネシア統合派民兵組織を背後から支援する形で，民兵らの独立派に対する虐殺行為，インフラ破壊と放火という焦土化作戦を黙認することになる。

　ハビビ大統領への国際世論からの批判は日増しに高まる一方で，東ティモール独立を容認する住民投票を決断したハビビに対する軍からの強い批判も起きた。軍に強い基盤のないハビビは，当初インドネシア軍の撤退と国際治安部隊の受け入れを決断できなかったが，国際社会からの圧力を回避することもできなかった。国連安全保障理事会（安保理）は 9 月15日にオーストラリア軍主導の多国籍軍である東ティモール国際軍（INTERFET）の派遣を決定した。国際軍はわずか 1 週間程度で統合派民兵を鎮圧した。

　荒廃した東ティモールの平和構築に UNTAET が取り組むことになった。UNTAET は99年10月の安保理決議1272で設立された。2003年 8 月にイラクのバグダッド国連現地本部で起きた爆弾テロで亡くなったセルジオ・ビエイラ・デメロ（Sergio Vieira de Mello）が事務総長特別代表として任命された。マンデートは2002年 5 月20日までの期間（安保理決議1392）で，「東チモールの立法・行政・司法に係る全ての権限の行使（東チモール全域における安全の提供及び法と秩序の維持，効果的な行政の確立，民政及び社会サービスの開発支援，人道支援，復興・開発支援の調整及び提供の確保，自治のための能力育成支援等）」を任務の範囲に据えられた[17]。

　UNTAET は UNAMET と異なり，INTERFET の展開で治安回復がなされたのを受け，引き続き軍事部門を有する治安維持の役割を担った。しかし他方で，軍事部門以外にも選挙，文民警察，人道支援，緊急復興支援，統治行政など多様な民間部門を抱える複合型治安維持活動（PKO）を展開した。

(17)　外務省ウェブサイト「国連東チモール暫定行政機構」（2019/8/10閲覧）。

50カ国近い要員派遣国から軍事監視要員が118名，文民警察要員1,259名，部隊要員6,266名（2002年1月31日時点）の大規模な要員が参加した。日本からも選挙監視団や自衛隊施設部隊が派遣された[18]。

　国連史上初の立法・行政・司法の全権を委任されたUNTAETは，2001年8月30日に憲法制定議会選挙を実施する。91.3％という高投票率で88名の議員が選出され，憲法制定議会を通して東ティモール憲法が採択された。独立前の4月14日には大統領選挙が実施され，初代大統領としてシャナナ・グスマン（Kay Rala Xanana Gusmao）が当選した。

　三権を委託されたUNTAETの任務は順調に進む一方で，国家建設における東ティモール人自身の積極的な関与を求める声が強くなる。UNTAETは当初東ティモール独立派の統合組織であった東ティモール民族抵抗評議会（CNRT）を中心に据えた国民協議委員会（NCC）を東ティモール人の代表組織として設置し，国民の声を反映させようとした。

　しかし，東ティモール人指導者からの批判もあり暫定行政府を設置することになる。第一次暫定政府では4閣僚のみが東ティモール人に割り当てられ，残り4名はUNTAETスタッフが任命された[19]。フレテリン書記長で同党の実力者マリ・アルカティリ（Mari bin Amude Alkatiri）は，第一次暫定政府で経済担当閣僚，制憲議会選挙後の第二次暫定政府では首席閣僚兼経済担当閣僚の地位に就いた。

　第二次暫定政府は制憲議会選挙結果でのフレテリンの圧倒的勝利を背景に24閣僚はフレテリン中心の東ティモール人が任命された。東ティモール人行政官の採用も順次進められ，2002年5月の段階で1,100の公務員が採用されるなど「行政の東ティモール人化」の枠組みが形成されていった。ただその一方で，UNTAET下では，復興開発支援に対しては東ティモール信託基金（TFET）が利用され，他方でUNTAET信託基金（後に東ティモール統合資金：CFET）は暫定政府の経常予算のために設置された。しかしいずれにせよ，予算を含めUNTAETの管理下にあった点で，2002年5月のUNTAETから

---

(18)　同上。
(19)　後にラモス・ホルタが外務担当閣僚に任命されたので，9名中5名の閣僚が東ティモール人になった。

の全権移譲までの期間は東ティモール人指導者にとっては不満であった[20]。

## 2　2006年騒擾事件と UNMIT

　2002年5月17日，安保理は UNTAET の後継ミッションとして東ティモール支援団（UNMISET）の設立を決定する。当初1年間の期限設定であったが，東ティモール政府の意向で，最大1年の任期延長が決議された。さらなる東ティモール政府の要請で，安保理は2005年4月28日，UNMISET の任期終了後は PKO から政治ミッションに役割を転化させた国連東ティモール事務所（UNOTIL）を設立する決議を採択した[21]。

　UNMISET は結局安保理決議1573で上記したように2005年5月20日までの活動期間となった。その任務は，(1) 東ティモールの行政機構，司法制度及び重大犯罪分野における公正のための支援，(2) 東ティモールにおける治安維持能力の強化の支援，(3) 東ティモールの安全及び安定のための支援，の3つ役割を担うことであった。2005年2月28日時点で，軍事監視要員が42名，文民警察要員が138名，部隊要員が428名で，要員派遣国も10カ国以下となり，UNTAET に比べ大幅な縮小となった[22]。

　東ティモールの治安状況が安定してきたという判断がある一方で，司法分野を中心に国家としてのガバナンス機能が不十分であること，また国境警備隊の能力も不十分であるとの東ティモール政府からの要請に基づき，安保理は先述した治安維持を有する PKO から政治ミッションの役割を果たす UNOTIL を設立する決議 (1599) を行った。しかしながら，国連の治安維持能力の撤収の判断は結果的に時期尚早であった[23]。

---

(20)　国際協力事業団アジア第一部『JICA の対東ティモール復興・開発支援―総括報告書』（JICA，平成14［2002］年6月）第3章参照。

(21)　外務省ウェブサイト「国連東ティモール支援団（UNMISET）の任期の終了について」（平成17年5月20日）（2019年8月10日閲覧）。

(22)　日本の自衛隊は2004年6月末で撤退したが，2002年2月の派遣以来延べ数で2,304名を派遣している。外務省ウェブサイト「国連ティモール支援団」（平成17年3月時点）（2019年8月10日閲覧）。

(23)　UNMISET／UNOTIL 国連事務総長特別代表の長谷川祐弘は，2006年5月の騒擾事件の国連の責任として，国連軍隊や国連警察隊の削減，さらには撤退が事件を阻止するのを妨げたと述べている（長谷川祐弘「国連フォーラム：私の提言」）（http://www.unforum.org/teigen/1.html）（2007/3/20閲覧）。

　ポール・コリア（Paul Collier）らの世界銀行報告書『戦乱下の開発政策』
には，紛争経験国が紛争を再発させる割合が5年間で44％であると述べられ
ている[24]。東ティモールも例に漏れず，2002年5月の独立から4年を経て，
2006年5月に約15万人の国内避難民を流出する騒擾事件が起きた。同事件の
調査報告書が国連事務総長によって設立された独立特別諮問委員会から出さ
れている[25]。

　2006年騒擾事件の引き金要因は，東ティモール国防軍内における東西地域
出身者間の差別問題であった。西部地域出身者が昇進問題等で差別を受けて
いるとグスマン大統領に陳情する一方で，アルカティリ内閣からは拒絶さ
れ，さらには陳情で兵舎を無断で離れた軍規違反を問われ，約600名近い兵
士が除隊させられた。この処分を不満とする除隊させられた兵士らが政府省
庁前で抗議デモを行うが，政権に不満を持つ人々を巻き込む暴動へと発展し
ていく。結果的に，ディリ市内では，元憲兵隊長の反政府行動も重なり，政
府軍と除隊兵士，除隊兵士と結託した警察官を含む仲間内ちの銃撃戦も起こ
り，国連警察隊員を含む11名の死傷者が出た。

　ただ，この事件は上記国防軍内の問題だけではなく，独立後初の2007年国
政選挙を睨んだ政党間の闘争，何よりも東ティモールの独立を主導してきた
統合組織CNRTの最高責任者グスマン大統領とフレテリン幹事長で同党の
最高実力者アルカティリ首相との積年の確執も背景にあった。また，アルカ
ティリ首相率いるフレテリンの一党支配的な政権運営に批判的なカトリック
教会，独立運動を支えてきたNGO・市民社会勢力，さらには独立抵抗運動
で多くの犠牲を強いられた元ファリンティル（東ティモール民族解放軍）兵士の
不満，雇用が確保できない若者の不満など複雑な要因が背景にあった。

　結果的に，国防軍内の東西問題が住民間の対立を扇ぐことにもなり，国内
の治安悪化が深刻化していった。アルカティリは内外からの批判と圧力に屈
して，首相を辞職せざるをなくなった。他方，グスマン大統領は国軍最高司

---

（24）　原書は，Paul Collier, et.al. *Breaking Conflict Trap: Domestic Conflict and Development Policy*,
　　　The World Bank, 2003.（邦訳は，田村勝省訳『戦乱下の開発政策』シュプリンガー・フェアラー
　　　ク東京，2004年）
（25）　United Nations, *Report of the United Nations Independent Special Commission of Inquiry
　　　for Timor-Leste*, October 2006.

令官の立場で強いリーダーシップを発揮して国防相と内相を更迭し，事態の収拾に努めた。すでに述べたが政治ミッションとしての UNOTIL には治安維持部門が備わっていなかったこともあり，騒擾事件の早期解決が遅れた。東ティモール政府の要請により，オーストラリア軍，ポルトガル軍，ニュージーランド軍，マレーシア軍からなる国際治安部隊が事件の鎮圧を図り，ラモス・ホルタが新首相に就いた。しかしながら，2006年騒擾事件は，依然として東ティモールが脆弱国家であることを国内外に露呈することになった[26]。

## Ⅲ　「紛争から開発へ」向かう東ティモールの国家建設

### 1　国家建設と戦略開発計画（SDP）

2006年騒擾事件を受け，安保理は2006年8月に国連東ティモール統合ミッション（UNMIT）の設立（決議1704）を決めた。UNMIT は UNOTIL の後続ミッションとして，最大1,608名の国連警察，34名の軍事連絡将校を含む民間部門から構成された。要するに，再び治安維持部門を配置した国連ミッションになった。国連決議1704では5項目の任務が与えられている[27]。

（1）安定を確固とし，民主的なガバナンスの文化を増大し，さらに政治的対話の促進の観点を持って政府や関係諸機関を支援する，（2）2007年大統領選挙及び議会選挙プロセスの全ての局面で東ティモールを支援する，（3）国家警察に対する援護及び安全保障部門の役割とニーズにおける包括的な再検討を行う支援を供与する，（4）人権の監視，促進及び保護に向けた国家的な能力をさらに強化する支援を行う，（5）紛争後の平和構築及び能力構築で最大限の支援をする観点から国連機関・基金・プログラムや全ての関連するパートナーと調整，協力する。

UNMIT において直面する最大の任務は，（2）の独立後初の2007年大統領選挙と国民議会選挙を無事に終えることであった[28]。同選挙は東ティモール

(26)　Sukehiro Hasegawa, *Primordial Leadership: Peacebuilding and National Ownership in Timor-Leste*, United Nations University, 2013.

(27)　UNMIT（https://unmit.unmissions.org/mandate）（2019/08/24閲覧）。

の今後の民主化と国際社会が取り組んできた紛争後国家の命運がかかっていた。UNMIT は上記任務を前提に，選挙プロセスの管理には直接関与しないが，選挙支援部門では選挙実施の技術的支援の助言を行い，治安部門では投票用紙と選挙関連物品の搬送及び選挙期間前後の治安維持活動に従事した。UNMIT は国連諸機関との連携を図る統合ミッションであったことから，国連開発計画（UNDP）が具体的な選挙実施上の技術支援を担当した。しかし実際の選挙を仕切ったのは国家選挙委員会（NEC）であった。あくまで東ティモール側がオーナーシップを発揮するうえでの支援であった。

　国際社会の関心も強く，大統領選挙監視団では政府派遣，国際 NGO 派遣，欧州連合派遣など29カ国・組織から総勢256名が参加し，56組織の国内選挙監視員1,847名が「自由で公正な選挙」実施に向けて監視業務に従事した。また，国民議会選挙ではさらに49カ国・組織から総勢500名以上の大規模な国際選挙監視員と28組織の総勢2,250名の国内選挙監視員が，民主主義国家の再建に向けて強い関心と支援を示した[29]。

　大統領選挙は第1回選挙で過半数を獲得した候補者がでなかったので，規定に基づき，決選投票を実施した。いずれにせよ，国際社会が注目した2007年の2つの国政選挙は UNMIT の支援を背景に無事に終えることができた。しかし，国民議会選挙結果では，アルカティリ＝フレテリンが第一党を維持したものの，過半数は獲得できなかった。結局，グスマン＝ CNRT（かつての独立運動闘争時代の「CNRT」と同じ頭文字の政党「東ティモール再建国民会議」を立ち上げた）が民主党らとの連立を組むことでフレテリンから政権を奪取した。

　グスマンはアルカティリとは異なり，国際的には欧米諸国との関係改善，国内的にはカトリック教会や市民社会の支持を得て，騒擾事件で流出した国内避難民への補償と帰還を促し，元ファリンティル兵士には恩給の支給を行うなど東ティモール政治社会が抱える不安定要因を解決していった。しかしその一方で，それらの資金がティモール海の油田から得られるロイヤルティ

(28) 山田満「独立後初の国政選挙を終えた東ティモールの政治社会状況と今後の展望」『海外事情』第55巻第10号（2007年10月号）。

(29) 筆者はインドネシア併合下1999年6月の選挙を含め，8月30日の住民投票から，2017年7月の国民議会選挙まで，東ティモールの民主化に関わる選挙監視活動に従事してきた。なお，2007年実施の国民議会選挙では，日本政府派遣の国際平和維持活動（PKO）で参加した。

ーであり，アルカティリが将来の財政基盤として創設した石油基金からの支
出であったことから，「現金バラマキ」政策という批判もあった。

　5年ごとの国政選挙は2012年，2017年と続くが，2012年国政選挙はCNRT
が過半数を獲得し，東ティモールの政治社会状況は安定していく。フレテリ
ンは2007年国民議会選挙後，同党が比較第一党であったことを国会でも主張
し続け，グスマン首相に対しても「シャナナ"事実上の首相"」と呼び続け
た。しかし，2012年国民議会選挙ではCNRTが名実ともに第一党となった
ことで政局は落ち着いた[30]。国内の深刻な政治社会的懸案事項がなくなっ
たことで，グスマンは世代交代論を打ち出した。

　グスマンはアルカティリ，ラモス＝ホルタなどインドネシア抵抗運動第一
世代から次の世代への政権交代を模索した。2015年2月にグスマンは首相を
辞任し，フレテリン所属のルイ・マリア・アラウジョ（Rui Maria Araujo）を
後継とした。フレテリンから4名の大臣を含みアラウジョを首班とする第6
次立憲政府が立ち上がった。また，積年の対立を有するアルカティリ元首相
には東ティモールの飛び地オエクシ経済特区の責任者として据え，2014年ポ
ルトガル語諸国共同体（CPLP）会議開催議長国となった際には，その責任者
にフレテリン党首のル・オロ（Francisco Guterres "Lu-Olo"）を据えた。

　平和構築にとって政治社会の安定と同時に必要なことは経済の安定であ
る。有限とされる石油・天然ガス収入後を視野に，産業の育成，特に若い世
代に向けた雇用の創設は重要な課題である。経済の停滞は先々ブーメランの
ように政治社会の安定を脅かすことになる。グスマンは「紛争から開発へ」
を国家戦略として掲げ，2010年に戦略開発計画（SDP）を打ち出した。首相
職を辞任してからも戦略投資大臣として開発戦略の陣頭指揮をとった。

　SDPは2010年4月に概要が発表された。グスマンは65のサブ・ディスト
リクト（郡相当地域）全てを訪問し意見聴取を行ってから，2011年7月に正式
に発表した。また，SDPは2002年の『国家開発計画（NDP）』と『東ティモ
ール：我々の国家，我々の未来（Timor-Leste 2020, Our Nation Our Future）』の
2つの報告書を踏まえている。短期・中期・長期の3段階から構成されてお

(30)　山田満「東ティモール：2012年国政選挙結果と国家建設の展望」『アジア太平洋討究』第20
　　号，2013年を参照。

り，政治的意志（Political Will），経済的潜在性（Economic Potential），国民統合（National Integration），人口の活力（Dynamic Population）の4つの領域を重視した内容になっている。

　SDPの具体的な目的は，核心的なインフラ，人的資源と社会の強化を発展させること，戦略的な産業部門における民間雇用の成長，すなわち広範囲な農業部門，観光産業の成長，石油・ガス部門における石油精製産業を促すことである。そして，SDPは社会資本，インフラ開発，経済発展の三つの領域に特化した戦略を立てている[31]。

　グスマンがオーストラリアとの石油・ガス油田開発にこだわったのは，東ティモール側にパイプラインを引くことである。SDPにおける南岸部3都市（スアイ，ベタノ，ベアス）における石油・ガスプラント建設，3都市をつなぐ大石油ガス地帯の形成と道路整備が，タシマネ（Tasi-mane：南部）プロジェクトである。同プロジェクトはSDPの第3段階に当たる長期計画での完成となる[32]。なお，タシマネ計画に関しては，パイプラインを東ティモール側に引くことが前提であるために，その可能性の是非，さらには膨大なインフラ投資への批判，雇用創設の観点からの疑問の指摘もある。

## 2　民主主義国家への射程

　2012年国政選挙後の東ティモールの政治社会情勢は世代交代内閣の登場と政治的対立の解消に向けた政治指導者間の和解などが進み，国際社会も大きな期待を持って同国の民主主義の進展を見守った。しかしながら，2017年国政選挙後でフレテリンが国民議会で再び過半数を獲得するや，CNRTは野党の立場に戻り，アルカティリが首相に返り咲くなど世代交代論が逆行する結果になった。CNRTの支持を獲得して，3度目の挑戦で大統領に当選したフレテリン党首のル・オロとCNRTとの関係悪化は予測外であった[33]。

　CNRTはルアク（Taur Matan Ruak）が創設した人民大衆党（PLP）などとの

(31)　*TIMOR-LESTE STRATEGIC DEVELOPMENT PLAN 2011-2030*, Timor-Leste Government, pp. 10-11.
(32)　山田満2013年前掲論文，355-357頁。
(33)　山田満「東ティモールの新たな政治課題—2017年国際選挙結果を踏まえて」『アジア太平洋討究』第31号，2018年を参照。

野党連合を形成することでフレテリンは少数与党の立場に陥る。その結果，予算審議などの与党提案が国会で通らないという政治的不安定が生じた。フレテリン選出のル・オロ大統領は結局，議会多数派を握る野党連合の要求に鑑みて，内閣の交代ではなく，憲法100条第 1 項に基づき，同86条「国の予算の承認が得られないまま60日以上経過」したことを踏まえて独立後初めての解散を2018年 1 月26日に発表した。

　憲法に基づく大統領の判断は尊重され，国民議会選挙は 5 月12日に粛々と実施され，大過なく終えた。選挙結果はグスマンらの「発展のための革新連合」（AMP）が勝利し，前大統領 PLP 党首のルアクが首相に就き， 6 月22日に第 8 次立憲政府が発足した。しかしながら，ルアク首相が指名した 9 名の大臣が汚職等の理由でル・オロ大統領に信任されないという事態が続いている。CNRT 党首でもあるグスマンもル・オロ大統領の決定に強い不満を抱いており，ルアク内閣は全陣容が揃わない異常な状況下で内閣を運営している[34]。

　とはいえ，東ティモールの民主化状況は東南アジア諸国連合（ASEAN）の10カ国に比べ，いちばん高い評価を受けている。UNDP の人間開発報告書（2016年）では，188カ国中133位の人間開発指数（HDI）[35] 0.605で ASEAN10カ国で比較するとラオス，カンボジア，ミャンマーの 3 か国が下位にある。西欧欧米諸国に拠点を置く国際 NGO のフリーダム・ハウスの政治的権利や市民的自由度（2015年度）をみると，ASEAN10カ国ではシンガポール，マレーシア，インドネシア，フィリピン，ミャンマーが「部分的自由」であるのに対して，東ティモールのみが「自由」と位置づけられている。トランスペアレンシー・インターナショナルによる公的機関の汚職度（2014年度）では167カ国中91位で，ASEAN10カ国ではシンガポール，ブルネイ，マレーシアに次ぐ 4 位である（表 1 参照）。

　まだ ASEAN への加盟は認められていなが，2005年には ASEAN リージョナル・フォーラム（ARF）に加盟し，2011年には正式に ASEAN 加盟申請

---

（34）　2019年 8 月25日現在も変わらない状況下にある。
（35）　HDI は出生時平均余命，成人識字率，購買力平価に基づく一人当たりの GNI（国民総所得）の 3 つの指数で計算されている。

表1 東ティモールを含む ASEAN10カ国の人間開発指数（2015年）と人権状況

| 順位 188 国中 | 国名 | HDI | 出生時平均余命 | 成人識字率 % | 1人当たりの GNI（米ドル建て購買力平価） | 自由度の状況（2015年） | 公的機関の汚職度：167国中の順位（2014年） |
|---|---|---|---|---|---|---|---|
| 5 | シンガポール | 0.925 | 83.2 | 96.8 | 78,162 | 部分的自由 | 6 |
| 30 | ブルネイ | 0.865 | 79.0 | 96.4 | 72,843 | なし | 32 |
| 59 | マレーシア | 0.785 | 74.8 | 94.6 | 24,620 | 部分的自由 | 62 |
| 87 | タイ | 0.740 | 74.6 | 96.7 | 14,519 | なし | 96 |
| 113 | インドネシア | 0.689 | 69.1 | 93.9 | 10,053 | 部分的自由 | 96 |
| 115 | ベトナム | 0.683 | 75.9 | 94.5 | 5,335 | なし | 107 |
| 116 | フィリピン | 0.682 | 68.3 | 96.3 | 8,395 | 部分的自由 | 111 |
| 133 | 東ティモール | 0.605 | 68.5 | 67.5 | 5,371 | 自由 | 91 |
| 138 | ラオス | 0.586 | 66.6 | 79.9 | 5,049 | なし | 135 |
| 143 | カンボジア | 0.563 | 68.8 | 77.2 | 3,095 | なし | 161 |
| 145 | ミャンマー | 0.556 | 66.1 | 93.1 | 4,943 | 部分的自由 | 130 |

出所：人間開発指数（HDI）／関連数値：UNDP: *Human Development Report 2016*
　　「自由度の状況」：Freedom House, *Freedom in the World 2018*
　　「公的機関の汚職度」：Transparency International, *Corruption Perceptions Index 2017*
＊より詳しい分析は、山田満（2019）「『人間の安全保障』からみた東南アジアの人権状況」（大曽根寛他編
『福祉社会へのアプローチ』下巻、成文堂）参照。

を行っている。現在オブザーバーの立場にあるにせよ、他のASEAN諸国
に比べ人権状況は決して悪くはない。既述したように、2014年7月には
CPLP議長国を2年間無事に務めあげ、首脳会議を成功裏に終わらせてい
る。また、2010年には紛争経験国として東ティモール同様に脆弱国家間の連
携で「g7＋」[36]を主導するなど、小国ながら東ティモール外交を展開して
いる。このような流れの中で、オーストラリアとの国境線画定問題を有利に
運ぶことができたと思われる。

---

(36) 「g7＋」は、主要7カ国先進国首脳会議「G7」を意識し、東ティモール主導で、ギニア・ビ
　　サウ、アフガニスタンなど紛争経験脆弱7カ国で創設した。2019年8月現在、アフリカ、アジ
　　ア太平洋、中南米、中東地域から20カ国が参加し、15億人で構成される多国間組織になってい
　　る。

# おわりに

　東ティモールは，1999年の独立を決定づけた住民投票から20年の歳月を経た。24年間のインドネシア侵攻・支配で20万人規模の犠牲者を生み，独立を決定づけた住民投票後には殺戮と破壊を経験した。しかしながら，2002年5月の独立（回復）後の東ティモールは国連をはじめ国際社会からの強い支援のもと，紆余曲折を経ながらも現在は東南アジア11カ国の中でももっとも政治的自由度が高い国として，今後の民主的な国家建設が期待されている。

　しかし，前節の表1が示すように，東ティモールの人間開発指数は依然としてまだ低い。出生時平均余命も成人識字率も決して高くはない。平和構築は紛争の再発を防ぐことであるが，その意味で紛争の芽を摘むことが重要になる。国民の不満を鬱積することなく，政府は最大の懸案である産業の育成と雇用の創出を進めていくことが喫緊の課題であろう。東ティモールでは仕事に就けない若者たちが武術集団（マーシャル・アーツ）を作り，暴力を通じた社会不安を引き起こしている。

　すでに述べたように，東ティモールの財政はティモール海の石油・天然ガス収入に強く依存している。正確に言えば，オーストラリアとの共同石油開発区域（JPDA）のロイヤルティーからの収入に依存している。しかし，有限な油田を踏まえ，オーストラリアとの領海画定交渉が長年にわたり議論されてきた。東ティモール側の訴えに応じる形で，2017年8月にオーストリアは常設仲裁裁判所の決定を受け入れた。国連海洋法条約（UNCLOS）に基づく境界線が引かれることになった。この決定によりグレーターサンライズ油田を東ティモールは手に入れ，当面の財政収入基盤を固めることができた[37]。

　東ティモール国民にとってもオーストラリアとの領海画定問題の決着は大いに歓迎された。とはいうものの，東ティモールにはまだまだ国家建設に向けた多くの課題が残されている。「弾丸ではなく投票（not Bullet but Ballot)」，つまり暴力の文化を排除し，投票という民主的な手続きを経て政治指導者が

---

(37)　山田前掲2018年改訂版論文，270-271頁。Maritime Boundary Office, *New Frontiers: Timor-Leste's Historic Conciliation on Maritime Boundaries in the Timor Sea*, 2018.　同書は東ティモール側がまとめた交渉過程である。

責任を持って，国民の自由と福祉を護るという平和の文化を創造することである。人口120万弱の東ティモールの60％が25歳以下である。もはやインドネシア侵攻・支配の知らない世代が増大している。

　まずは，政治指導者のやるべき責任は「平和の文化」を定着させることである。一部の政治権力者や政府高官だけが得する腐敗を前提とした社会ではなく，公平で公正な社会の構築が求められよう。21世紀最初の独立国家であるからこそ，新しい「国民国家」のモデルを提示して欲しい。

### ── さらに勉強を進めるために ──

Hasegawa, Sukehiro, *Primordial Leadership: Peacebuilding and National Ownership in Timor-Leste*, United Nations University, 2013.

松野明久『東ティモール独立史』（早稲田大学出版部，2002年）。

山田満「東ティモール──21世紀最初の独立国家」清水一史・田村慶子・横山豪志編『東南アジア現代政治入門［改訂版］』（ミネルヴァ書房，2018年）。

山田満『東南アジアの紛争予防と「人間の安全保障」──武力戦争，難民，災害，社会的排除への対応と解決に向けて』（明石書店，2016年）。

山田満編『東ティモールを知るための50章』（明石書店，2006年）。

第 **8** 章

# 作られる戦争と構造的暴力にいかに抗うか
## ——戦争と開発の現場から問う平和の課題——

谷 山 博 史

## はじめに

　平和という言葉は両義性をもった言葉である。平和は戦争の反意語ではない。少なくとも平和を国家レベル，国際レベルで実現するための政策概念としての安全保障という言葉は平和のための戦争が必要だという前提で使われることが多い。その最たるものがアメリカの国家安全保障戦略であり，これをモデルに近年とみに武力依存に傾斜している日本の安全保障戦略である。アメリカの安全保障戦略がイラク戦争前に先制攻撃容認に踏み込んだように日本もそこにまで行き着く可能性もある。

　脅威を排除するための武力行使という言説に今日本でも世界でも抗うことができなくなっている。そのことを可能にしているのは日本の秘密保護法にみられるような徹底した情報管理とメディア統制である。紛争や戦争は様々な要因がからみあって生じるものだが，脅威の言説に決定的に欠けているのは紛争・戦争の現場のリアリティである。それは開発や復興の現場で立ち現れる紛争・戦争のルーツ・コーズの構造のリアリティでもある。ここにNGOが平和論を語る意味がある。

　筆者は33年間日本国際ボランティアセンター（JVC）のスタッフとしてタイ・カンボジア国境，ラオス，カンボジア，アフガニスタンに駐在し，責任者としてパレスチナ，イラク，スーダン，北朝鮮や南アフリカ，モザンビークなどと日本を行き来して活動してきた。そのJVCも本来の活動である国際協力とは別に2014年から2018年にかけて安保法制の成立や運用に反対する

組織的なキャンペーンを展開してきた。そのきっかけになったのが2014年7月の集団的自衛権の行使を含む海外での武力行使を容認する安倍内閣の閣議決定である。

　安倍首相は閣議決定後の記者会見でPKOの駆けつけ警護を例にとって海外での武器使用も時と場合によっては必要だと強弁した。そのとき自衛隊の海外での武器使用を正当化する出しににつかったのがNGOであった。海外で汗水流して働いているNGOが武装勢力に囲まれているのに，PKOで派遣されている自衛隊が駆けつけて救出しなくていいのか，という乱暴な世論誘導である。JVCは即座に反論の声明を発表したのを皮切りに，スタッフそれぞれが閣議決定でレールを敷かれた安保法制制定に向けての動きを批判する講演会や街頭スピーチに出向いていった。私だけでも2018年までに安保法制関連で行った講演や講義，街頭スピーチは50回を越える。

　なぜ国際協力NGOのJVCが安保法制反対にこれほどこだわったのか。それはJVCが海外の現場で培ってきた紛争・戦争や紛争・戦争の原因に対する知見からくるものである。現場とは紛争や戦争の現場だけではない。人道支援が紛争や戦争を助長する現場，開発の名のもと行われる収奪と住民分断の現場，住民や市民社会組織に加えられる人権蹂躙の現場，ポスト・コンフリクト国の平和の定着を謳う復興支援が紛争の再燃につながっていく現場などを含んでいる。

　NGOが関わる海外の現場はすべて平和と戦争が緊張関係にあり，戦争の側に少し軸がぶれることでたちまち人々の生命と財産と人間の尊厳が危険にさらされる現場である。そしてその現場に私たちは人々に影響を与える当事者として立つ。援助の実施者として立つと同時に現場の人々に影響力をもつ「経済大国」あるいは開発援助国の日本の市民として立つ。またアメリカと軍事的同盟関係にある日本の市民として立ち，時には西洋的な価値観を体現する亜流西洋人として立つ。現場で起こることはすべて平和とはなにか，戦争とは何かを考えさせられるものなのである。そして現場で見て感じたことを通して戦争を考え，安全保障に関わる日本の政策を考える目を養ってきた。

　本論は，現場で培った知見に基づく戦争と平和の考察である。第1節では

JVC が発足したタイ・カンボジア国境での人道支援と戦争の関係から始めて，1990年代の戦争や21世紀の対テロ戦争を通して人道支援に働く政治のバイアスについて述べる。第2節では JVC が人道支援で関わった湾岸戦争，コソボ紛争，アフガニスタン戦争，イラク戦争を例に戦争のもつ「作られた戦争」の側面を述べる。第3節ではアフガニスタンを例にとりポスト・コンフリクトの国が再び紛争の泥沼に陥った原因は何だったのかを考察する。第4節ではモザンビークにおける日本の ODA の農業開発事業を例に資源開発と紛争の関係をミクロ，マクロ両面から考察し，合わせて土地をはじめとした資源獲得競争と市民社会スペースの狭隘化との関連性にも触れる。第5節では「まとめと課題」としてそれぞれの節から引き出された平和の取り組みの課題を提示する。

# I　人道支援の政治的バイアス

## 1　原点としてのタイ・カンボジア国境

　JVC が戦争の現実に向き合ったのは発足のときに遡る。1970年代の後半，ベトナムの統一とほぼ時期を同じくして，ラオスとカンボジアにも社会主義政権が生まれる。カンボジアではポルポト政権による圧政とベトナムのカンボジア侵攻が原因で100万人もの難民が発生した。ベトナムやラオスからも大量の難民が流出する。JVC はこれら3カ国の難民を救援するためにタイで発足した。3カ国，なかでも内戦が続いているカンボジアからの難民や避難民への支援を通して人道支援が戦争を長引かせる，あるいは戦争に加担する側面があることを知ったのである。

　私は1986年にタイ・カンボジア国境近くのカオイダン難民キャンプに赴任し，カンボジア難民に対する職業訓練を行なう傍ら，国境にあるカンボジア避難民村での食料配給活動にも関わった。当時日本政府はカンボジアを実行支配しているカンボジア人民党政権およびこれを後押しするベトナムと対立・戦闘状態にある民主カンプチア（1979年-1982年）および民主カンプチア連合政府（1982年-1991年）を支持していた。カンボジアから内戦を逃れてタイとの国境地帯に大量に流入した避難民は，アメリカや ASEAN および日

本が支持する民主カンプチア連合政府の管理化にある国境沿いの避難民村に収容されていた。民主カンプチア連合政府というのはカンボジア人民党政府やベトナムと対抗する盾としてアメリカやASEANが名目上の政府として作ったもので，その実態は3つの異なるゲリラ勢力に過ぎなかった。ゲリラ勢力が曲がりなりにも政府として名目を保つために管理下にある「国民」が必要であったために避難民を囲い込んで外に逃げないようにしていた。つまり，アメリカやASEANがゲリラ勢力を盾としたように，ゲリラ勢力は避難民を盾としたのである。

　JVCは栄養不足に陥りがちな避難民村での生活で最も支援を必要とする子どもや妊産婦に限って配給を行っていた。軍に配給食料が渡らないよう，事前の世帯調査，子どもと妊産婦の特定，配給券の支給，配布時の受益者の誘導など様々な手立てを講じたが，いくら努力を重ねても，配布食料が戦闘員の手に渡るのを防ぐことはできなかった。なぜなら，母親が家で戦闘員である夫に支給された食料を渡すことを防ぐことはできなかったからである。戦闘員は援助物資を国内の戦場に運び込んで消費することもあるであろう。結局私たちの援助が戦闘を長引かせている側面があることを認めないわけにはいかなかったのである。

　人道支援物資が戦闘の一方の当事者に渡る可能性があるというだけではない。援助の構図自体が戦略援助の性格を有していたのである。対立する勢力の一方に援助を集中することで，敵と味方を分断し，味方を囲い込むことになる。この構図の中で，人道支援はカンボジアから逃れてきた難民や避難民に偏り，カンボジア国内に残る人たちにはわずかな支援しか届いていなかった。四半世紀に亘る内戦とポルポト政権の粛清や強制労働，都市インフラの破壊によって極度に疲弊した状況下にありながら国内に残るカンボジア人には金額にして難民・避難民の100分の1の支援しか振り向けられなかった。加えてカンボジアは国連によって経済制裁も課されていた。さらに東西対立の中でタイ政府は社会主義陣営に対抗する前線国家として国際社会から多くの援助を受けていた。中には国境上の難民村に援助物資を運ぶためと称して戦車が使える舗装道路が援助でいくつも作られた。人道支援が戦略道路をつくるための戦略援助に利用されたのである。

　中立を旨とする人道支援においても戦争にまつわる政治的なバイアスが働いていたということができる。NGO ですらこのバイアスを乗り越えることは難しい。避難民や難民支援の NGO は100団体を越えていたと考えられるが，カンボジア国内で活動する NGO は10団体に満たなかった。10に満たない団体の中に JVC が加わった。1981年，JVC はカンボジア国内の支援を始めるために赤十字国際委員会のチャーター機でカンボジア入りした。そのことを知った日本の外務省の幹部は当時の事務局長の星野昌子に「国交のないカンボジアで支援するとは何事か」と怒鳴ったという。

　戦争は国を分断し，人々を分断する。国境の内と外，すなわち対立する国にとってはそれぞれ敵側に当たる両方の地域で支援を行うことが，分断と対立の構造を乗り越えようとする行為でもある。JVC は発足直後に援助の現場で戦争に関わる政治のリアリズムの洗礼を受けたことで，その後の戦争での人道支援の際にも援助における政治のバイアスを乗り越えようと意識し続けることになる。紙幅の関係で詳しくは書けないが以下のようなケースが当てはまる。

## 2　政治的なバイアスを乗り越える

　1990年の湾岸戦争では，イラクから避難してきた難民に国際支援が集中するなか，JVC は難民ではなくイラク国内に入って医療支援と給水支援を行った。アメリカを中心とする多国籍軍による空爆はイラク国内の住民を殺戮し，生活インフラを破壊した。しかしクウェートに侵攻した「悪玉」サダム・フセイン統治下にあるイラクの人々にはほとんど支援が向けられなかったのでる。また，1999年に起こったコソボ紛争では，NATO による空爆で被害を受けたセルビア共和国側で医療支援を，セルビア共和国やユーゴスラビア連邦政府の差別と抑圧を受けていたコソボ地域のアルバニア人に対しては学校修復の支援を行っている。セルビア人のユーゴスラビア連邦大統領のミロシェビッチはイラクのフセイン同様「悪玉」とみなされており，セルビア側への支援はほとんどなかった。2001年のアフガニスタン戦争では「悪玉」タリバーンが実行支配するアフガニスタン国内の避難民を支援している。2001年11月緊急支援のためにアフガニスタン・パキスタン国境で調査を

した私は，国境で難民が出てくるのを多くの NGO が待っていたのを目撃した。パキスタン政府が国境を封鎖しているため国境を越えられる難民は多くはなかった。しかし国内には無数の避難民が発生していたのである。

　1995年の北朝鮮での食料危機やその後に断続して発生した大規模洪水の際に北朝鮮に人道支援を行ったことも，またスーダン共和国の国内での国内避難民支援と南スーダン国内でスーダン共和国から逃れてきた難民に対する支援を2正面作戦で行ったことも，援助の政治的バイアスを乗り越えようとしたものである。援助において政治的なバイアスを乗り越えるということは，戦争によって分断され，援助によって分断を加速された人々の間に融和の橋をかけることでもある。少なくとも，政治化された援助の偏りを乗り越えることは，「悪玉」扱いされた国の人々に日本に対する敵意とは別の回路をつなぐことになることは間違いない。

# Ⅱ　戦争は作られる

## 1　時間の経過の中で戦争を見る

　前節で人道支援が戦争を正当化する道具になり，戦争を長引かせる側面があることを述べたが，人道支援が放置できない人道危機に対処するためにはなくてはならない行為であることは事実である。しかし，私たちが人道支援の現場で常に考えることは，なぜ戦争を回避できなかったのか，なぜ戦争の原因を取り除くことなく放置してきたのか，なぜ戦争が終わったのに平和が定着せず戦争が再発したのかということである。戦争によって失われるものはあまりにも大きい。それは数字に示される死傷者の数や財産の額ではなく，私たちにとっては現場で出会う人々の命と人生，彼らが織りなす社会の固有の実在が犠牲になった人々の数だけ破壊されるということだ。どのような正論によっても贖われるものではない。

　このような問いを重ねるうちに，戦争を見る際，戦争が起こる一瞬の危機だけを見るのではなく戦争を時間の経過の中で見る視点を身につけるようになる。大きく分けて3つの観点からみることで紛争・戦争を避ける方法や平和を実現する道筋を見ることが必要である。1つ目は，紛争・対立の原因と

いう観点，2つ目は，開戦回避の交渉という観点，3つ目は，休戦・和平後
交渉のあり方を見る観点である。本節では JVC が支援や提言活動で関わっ
た4つの戦争を例に，回避することができた戦争，別の見方をすれば作られ
た戦争について見ることにする。

## 2　湾岸戦争

　湾岸戦争は避けられた戦争ではなかったか。湾岸戦争は1990年イラク軍に
よるクウェート侵攻に対する制裁として国連決議に則って始められた。しか
しこれには重要な背景がある。当時イラクは8年間続いたイラン・イラク戦
争が終結したばかりで，多額の借金を抱えていた。国の復興と借金の返済の
ための資金を石油収入によって賄わなければならないときに，クウェート政
府は OPEC の協定違反をしてまで石油を増産した。これによって石油価格
が暴落。イラクは外貨獲得が難しくなるだけでなく，借金の返済がとどこお
ったため制裁措置としてアメリカからの食料と石油関連施設の部品の輸出を
止められた。イラクの抗議にも関わらずクウェートは石油の増産をやめなか
ったため一触即発の状態であった。
　イラクのクウェート侵攻の一週間前，アメリカの特命全権大使グラスピー
がフセイン大統領と会談している。グラスピーから本国に宛てた会談メモが
2009年にウィキリークスによってリークされている[1]。これによるとグラ
スピーはフセインとブッシュ大統領との友情を確認してイラクとアメリカの
友好関係を保障するとともに，イラクとクウェートとの国境問題には関与し
ない，と確約している。これがかねてからその存在が取りざたされていた
「グラスピーメモ」で，イラクにクウェート侵攻の GO 信号を与えたのでは
ないかとされていたものである。フセインが一週間後に電撃的にクウェート
に侵攻したこと，国連の決議によって撤退の警告がなされても無視し続けた
ことの背景には，「アメリカは黙認している」というフセインの誤算があっ
たと考えられる。アメリカが本気でイラクの暴走を止めようとすればできた

（1）　"Why one US diplomat didn't cause the Gulf War" Foreign Policy 2011 January 6 https://
　　foreignpolicy.com/2011/01/06/why-one-u-s-diplomat-didnt-cause-the-gulf-war/（2019年9月
　　21日取得）

はずだったのである。

## 3 コソボ紛争

　コソボ紛争，特にその最終局面である NATO によるユーゴスラビア空爆
も避けられた可能性がある。コソボ紛争の起こった1990年代末，多民族国家
である旧ユーゴスラビア共和国連邦はソ連の崩壊の後スロベニアとクロアチ
アが独立し，凄惨なボスニア紛争の後ボスニアも独立するなど解体過程にあ
った。セルビア共和国に属していたコソボ地域はコソボの独立を目指すアル
バニア人の武装勢力 KLA とセルビア人勢力及びユーゴ連邦政府との紛争状
態にあった。

　この紛争の解決のためにアメリカ，イギリス，ドイツ，ロシア4カ国から
なるコンタクト・グループとユーゴ政府との外交交渉が繰り返し行なわれて
いた。1999年2月と3月パリ郊外のランブイエ（ランブイエ会議）とパリ（パリ
会議）ではユーゴ軍のコソボからの撤退の条件が話し合われており，双方の
合意が成立する可能性があったが，パリ会議冒頭でオルブライト米国務長官
はこれまで交渉内容になかった新たな合意条件をユーゴ側につきつけた[2]。
これが付属文書Bと言われるもので，ユーゴ政府が NATO にユーゴスラビ
ア全土での移動・駐留を認める，というものである。すなわちユーゴ政府に
NATO の占領を認めろと言っていることになる。アメリカ以外の交渉団は
この新たな合意条件を事前に知らされていなかった。ユーゴ政府がこの条件
を拒否したことで交渉は物別れに終わり，国連の決議もないまま NATO に
よる空爆が開始される。

　日本の報道はアルバニア人の虐殺をやめないミロシェビッチが交渉を一方
的にひっくり返したといったものであったし，ドイツでも付属文書Bの存
在は秘密にされており，ドイツ軍の NATO 参戦に賛成する世論が大きかっ
た。しかし，後日この文書の存在を知った連立与党である緑の党は，事前に
知っていたなら空爆に反対したとして外務大臣に抗議の書簡を送ってい
る[3]。

---

（2）「コソボ和平交渉／破たんの真相 "ユーゴ全土で NATO 軍に治外法権を認めよ" 期限切れ18
　　時間前／米側が突然要求」しんぶん赤旗一面記事　1999年7月18日。

## 4　アフガニスタン戦争

　9.11の「同時多発テロ」事件の報復戦争として始められたアフガニスタン戦争は，テロの首謀者とされるアル・カイーダの首領であるオッサマ・ビン・ラディンを匿い，アル・カイーダに自国内での訓練施設を提供していたとしてタリバーンに対して仕掛けられた戦争である。この戦争も避けられた戦争だが，アメリカにとってはなくてはならない戦争だったかもしれない。なぜなら9.11事件の報復相手がなければ当時のブッシュ大統領は振り上げた拳を下ろすことができなかったからだ。しかしこの戦争によって無実のアフガニスタン人が多数殺され，今でも先の見えない泥沼の戦争が続いている。このことは次節で詳しく述べるとして，ここではなぜ戦争が避けられた可能性があると言えるかについてのみ説明する。

　アメリカがアフガニスタンのタリバーンに戦争を仕掛ける際に交渉で要求したのは，ビン・ラディンの引き渡しである。タリバーンとの交渉にはパキスタン政府が当たった。当初タリバーンは引き渡しを拒んでいたが，最後にはビン・ラディンの保護を解く，つまり追放することを決断し，それをアメリカ政府に伝えた。タリバーンはパシュトゥーン人を主体としており，「パシュトゥーン・ワリ」というパシュトゥーン人の行動規範に強く影響をうけている。それは「自分を頼ってきた客人に対しては死を賭して保護する」という規範である。したがってタリバーンにビン・ラディンの引き渡しを要求するのは，初めから無理な要求を突きつけていることに等しいといえる。一方タリバーンがビン・ラディンの保護を解いたのはアメリカの要求を飲んだことを意味する。それでもアメリカはアフガニスタン攻撃に踏み切った。つまり初めから交渉するつもりはなかったと考えられるのである。

## 5　イラク戦争

　イラク戦争が回避できた戦争であったことは明らかである。なぜならアメリカが開戦の理由に上げた２つの主要な理由が実際には存在しなかったことが明らかになったからだ。イラク政府の大量破壊兵器保有とアル・カイーダ

---

（3）　同上。

との繋がりの2つである。

　1つ目のイラク政府の大量破壊兵器保有については，アメリカのパウエル国務長官は2003年2月5日，国連安保理にイラク政府が大量破壊兵器を保持している証拠を示したが，この情報があるイラク人亡命者の捏造であった[4]。アメリカも上院の特別情報委員会で2004年と2006年に検証を行ない，その間違いを認めている[5]。当時イラクは国連の査察の最中だったので，査察結果を待つ必要があったにも関わらずアメリカは独自のしかも間違った情報を根拠に開戦したのである。

　2つ目のアル・カイーダとの繋がりも根も葉もないものであった。サダム・フセインのバース党政権は社会主義を標榜し世俗性の強い政権であった。ここがイスラム急進派で聖戦を標榜するアル・カイーダと繋がりがあるなどと信じる人は少しでもイラクのことを知る人であれば少なかったのではないだろうか。イラク戦争は一片の大義も国際法上の正当性もない戦争だったのである。

## Ⅲ　平和の定着か紛争の再燃か
### ── アフガニスタンの事例から

### 1　アフガニスタンの「今」はどこから来るのか

　「（8月18日）カブールで結婚式を狙った大規模自爆攻撃がありました（死者63人，負傷200人）。ISが犯行声明を出しました。またしてもこのような凄惨極まりない殺戮に衝撃を受けています」「（9月19日）昨日もまた，ジャララバード市内である武装勢力（タリバンとの見方が強いがまだ不明）が政府関連の施設を攻撃し，死傷者が出ました。（パートナー団体の）YVO事務所の所在する地区で，直線距離で約600m位の建物です。13:30ごろに攻撃が始まり，かけ

---

（4）「『イラクの大量破壊兵器情報はうそ』，情報提供者が認める　英紙報道」AFP 2011年2月16日　https://www.afpbb.com/articles/-/2785653（2019年9月21日取得）、海部一男「イラク戦争におけるブッシュ政権の情報操作とメディアの責任」NHK放送文化研究所年報2004年　https://www.nhk.or.jp/bunken/research/title/year/2004/pdf/002.pdf（2019年9月21日取得）。
（5）　坂口大作「イラク戦争と情報操作」防衛研究所ニュース　2006年12月号ブリーフィング・メモ http://www.nids.mod.go.jp/publication/briefing/pdf/2006/200612.pdf（2019年9月21日取得）。

つけた治安部隊との交戦が夜まで続き，ずっと銃声や爆発音がしていたそうです。」毎週のように JVC のアフガニスタン担当の加藤真希から現地の緊迫した状況が報告される。彼女は現地からの報告を受けたりニュースで事件を知るとパートナー団体（2019年4月に JVC から独立）のスタッフの安否確認をとったり，その後の推移を追うことに精力を費やさざるをえない。

　2001年のアフガニスタンに対する「対テロ戦争」が始まってから18年，アフガニスタンの治安は悪化の一途をたどっている。ようやく本格化したかに見えたタリバーンとアメリカとの和平交渉も，9月28日に控えている大統領選の延期を巡って膠着し，トランプ大統領は交渉の打ち切りを宣言した。アフガニスタン戦争の主要な戦闘が始まってから何度か訪れたた和平の機会がまた失われようとしている。

　なぜアフガニスタン戦争は終わらないのか。9.11の報復戦争として鳴り物入りで始められ，今や忘れられた戦争になりつつあるアフガニスタンの戦争を検証することは，現代の戦争と平和構築を考えるうえで避けては通れない。ここでは対テロ戦争がなぜ失敗したのかを考える。紙幅の関係で要約のみとなるが，戦争直後から4年半現地に駐在した者の問題提起としたい。

## 2　住民を敵に回した対テロ戦争

　住民の協力がないところでタリバーンが活動できるはずがない。これが4年半アフガン東部の地方都市に居て農村での活動に関わってきた私の偽らざる感覚である。もともとアフガニスタンの南部・東南部・東部の農村はタリバーン支持の基盤があったところだ。タリバーン時代もタリバーンの圧制があったわけではない。これらの地域での米軍によるタリバーン掃討作戦は，誤爆，誤射，家宅捜査と住民捕縛などによって住民の犠牲を強い，結果的に住民をタリバーンの側に追いやってしまったのである。私が駐在した最後の年である2006年から2008年にかけては大きなターニングポイントであった。

　ICOS（The International Council on Security and Development）の調査によると2007年の時点ではタリバーンの影響が非常につよい地域はアフガン全土で54％であったのが，2008年になると72％まで拡大し，2007年時点でほとんどプレゼンスがなかった西北部や北部にまで影響力が広がっている[6]。

　アフガニスタンの村の多くはいわばひとつの戦闘集団である。中には村を守るためにタリバーンと戦うことも，あるいは政府軍を敵に回すことも辞さないところも少なくない。2006年8月30日，タリバーンの活動が活発なラグマン県アリシャン郡のダウラットシャー村で，タリバーンに占拠されていた政府軍のチェックポストを米軍ヘリコプターに援護されたアフガニスタン国軍が奪還した。このときタリバーンは逃走し，逃げる際にコーランの言葉を書いた旗を残しておいた。このことを知った村人はアフガニスタン国軍がコーランの聖なる言葉に向かって銃を向けたとして憤慨し，その後タリバーンと協力して政府軍と対峙するようになった[7]。逆の例もある。ナンガルハル県西部のシェルザッド郡は2006年に入ってからタリバーンが活発に活動するようになった。そのナコルヘール村で9月4日，タリバーンが占拠していた警察の詰め所を村人が襲いタリバーンを一時拘束した後解放するという出来事があった。タリバーンを解放する際村人は村で問題を起こさないように警告したという[8]。

　一方外国軍，特に米軍は村人のコントロールの及ばない外部勢力である。長年外国軍によって翻弄され続けたアフガニスタンの人々には，外国軍は侵略者として映る。2006年時点でタリバーンなどの武装勢力による「テロ」の犠牲者と米軍などの外国軍による犠牲者は拮抗している。しかし米軍に向けられる反発と憎しみは年を追うごとに高まっていた。JVCのスタッフの母親が米軍の誤射で重症を負ったことがあった。現地代表の立場でこの事件の調査と謝罪と補償を求めて米軍やISAFと交渉したとき，ISAFの中佐は「日常茶飯に起こっていることだから仕方ない」と言った。それを後で聞いたスタッフの弟は「テロでもなんでもやってやる」と叫んだ。私はそのときアフガニスタン全土に何千という同じような若者がいて，その中からタリバーンやより過激なISに加わるものがいることを感じていた。

---

（6）　"STRUGGLE FOR KABUL: THE TALIBAN ADVANCE" The International Council on Security and Development（ICOS）December 2008, P8 〜 P9 http://www.operationspaix.net/DATA/DOCUMENT/5278〜v〜Struggle_For_Kabul_TheTaliban_Advance.pdf（2019年9月23日取得）。

（7）　パキスタン紙 "Fronter Post" 2006年。

（8）　パキスタン紙 "Frontier Post" 2006年。

## 3　アフガニスタンでの平和の作りかた

2001年12月11日のボン会議の合意に基づいてカルザイを首班とする暫定政権が成立した。アメリカを中心とした有志連合と北部同盟がタリバーン政権を駆逐した後新たな政権をつくることになったのである。ボン会議と新政権樹立の初期段階は民主化プロセスと治安の維持によって平和を定着させ，復興援助の調整によって復興の道筋をつける大事な時期である。アフガニスタン復興期の政権はこれまでJVCがかかわってきたどの国の例とも違っていた。

アフガニスタンの復興行政は，タリバーン以前に地方を実行支配し，内戦でお互いに戦っていた軍閥の連立政権という色合いをもっていた。中央の行政は実質的にはアメリカのタリバーン攻撃のお先棒を担いでいち早くカブールに入場した北部同盟のタジク人勢力（イスラム協会のパンジシール派）が牛耳っており，地方行政は軍閥がそれぞれのお膝元を支配するという構造をもっていた。国連は行政の主体にならず，影でカルザイ政権を支えることに徹していた。これは国連による暫定統治型のカンボジアとも暫定行政型の東チモールとも異なる。これらの国では復興援助が始まった段階ですでに国民の大半に受け入れられている政権（勢力）が存在しており，そこが「民主的」な手続きをへて正当化されるという順序があった。しかしアフガニスタンでは，政権の基盤のないところに一から政権を作ることになったのである。しかも国連は「アフガン人のイニシアティブ」の名で後景に退き，軍閥の寄せ集めの政権に責任を担わせる形をとった。

このような形をとらざるを得なかった原因は「平和」の作り方にある。アフガニスタンはスクラップ・アンド・ビルト，すなわち既存の政権（タリバン政権）を武力で潰して新たな政権を作るという形になっている。和平合意のプロセスからタリバーンは排除された。タリバーンは合意に参加もしていなければ降伏もしていない。戦争は継続しているのである。対テロ戦争の結果として生まれた政権で国連が実行責任を負えば，国連は内戦の一方の当事者になる恐れがある。

ボン合意では，正式政権が樹立するまでのプロセスや暫定政権以降の政府の治安維持活動を支援する多国籍軍（ISAF）派遣は定めたものの，タリバー

ンと戦争を行っているアメリカを中心とする連合軍の位置付けはない。つまり対テロ戦争「不朽の自由作戦」を行う外国軍はボン合意の枠外にありアフガニスタンの政権にとっては超法規的な存在であることを追認している。戦争と復興が同時進行で行われるアフガニスタンの矛盾を表していると言える。合意された政治プロセスを進めるうえで不可欠なDDR，つまり軍閥の擁する不正規軍兵士の武装解除（Disarmament）・動員解除（Demobilization）・社会復帰（Reintegration）の取り組みに反し，米軍は本来武装解除しなければならない軍閥の私兵に武器や資金を供給して対テロ戦争を行っていた。その中には当時暫定政権議長だったカルザイに反旗を翻していた軍閥もいた。こうした超法規的な行動がアフガニスタンの不安定化に大きく寄与することになる。

## 4　ポイント・オブ・ノーリターン

　2006年から2008年にかけての時期はその後の治安回復と復興が後戻りできないほど悪化ないしは停滞する契機となった時期である。紛争後の復興のプロセスにおいて平和の定着に向かうのか，紛争の再燃に向かうかは，外部の支援が国や地域のイニシアティブを高める方向で働くか，外部からのストレスを高める方向で働くかに大きく依存する。アフガニスタンでは復興と対テロ戦争が同時に進む状況の中で，国際機関による現状に根ざしていない国家開発計画が外部主導で進められ，目標や計画の検証もなされないまま新たな開発計画や協定（Afghanistan National Development Strategy やアフガニスタン・コンパクト）が導入され国や社会に対する外部からのストレスを高めた。

　例えば，2006年のアフガニスタン・コンパクトでは，すべての違法武装集団を2007年末までに武装解除する，貧困人口を毎年3％削減する，飢餓人口を毎年5％削減する，2006年末に国連反汚職協定を批准し07年末までに法制化する，2010年までにISAFは任務を終え2011年には治安面で自立する，といった煌びやかな目標が並ぶ[9]。歴史が語るまでもなく当時ですらあま

---

（9）　"Afghanistan Compact" は2006年1月に「アフガニスタンに関するロンドン国際会議」で採択されたアフガニスタン政府と国際社会との協約。5ヵ年計画が6ページ以降の "BENCHMARKS AND TIMELINES" で示されている https://www.nato.int/isaf/docu/epub/pdf/afghanistan_

りにも現実とかけ離れた目標だったと言わざるを得ない。その時点でそれ以前に掲げた開発目標がなぜ達成されないのかを検証していれば，対テロ戦争の目を覆うばかりの現実やアフガニスタンの人たちの国際社会に対する不信感にも目を向けることができたのではないか。

　治安が危機的な状況になり，復興が進んでいないことを認めることはアメリカが始めた対テロ戦争の失敗を指摘することになる。超法規的な対テロ戦争に対して国際社会は口を閉ざしたのである。またもう一つのポイント・オブ・ノーリターンは，2006年，2007年にアフガニスタンの地域社会や政府，さらに国連までもがタリバーンとの対話に舵を切ろうとしていた年でありながら，アメリカがこの動きを認めなかったことにある。すなわち2006年，2007年は復興・開発の課題も対テロ戦争の失敗も見直すことなく紛争の再燃を加速させたポイント・オブ・ノーリターンの時期だったと考えられるのである。

## Ⅳ　資源開発と紛争

### 1　土地を巡る農民と国との攻防

　この節では第2節で触れた3つの紛争・戦争を見る観点の1つ目，紛争・戦争の原因という観点について，資源開発，特に土地と紛争との関係に焦点をあてて述べる。開発論では「資源の呪い」という言葉で問題にされてきたが，昨今の状況は危機的と言っていい。

　JVCが緊急援助や政策提言活動で関わっているモザンビークの例を上げる。国際的な調査NGOであるグローバル・ウィットネスのランド・マトリックスによると，モザンビークは332万ヘクタールが外国企業・投資家による土地取引の対象となっている。国土の6％を占め，世界で7番目の広さである。モザンビークは長い内戦を経たポスト・コンフリクトの国である。モザンビーク解放戦線（フレリモ）の事実上の一党支配のもと経済成長を続けるが，最近では外国企業の投資が加速するのと平行して強権的な政治が目立つようになり，内戦を戦った野党であるモザンビーク民族抵抗運動（レナモ）

compact.pdf（2019年9月25日取得）。

との武力抗争が再燃している。

　この国で日本政府が進めている大規模農業開発事業が「プロサバンナ事業」である。2009年に契約が締結されたこの事業は，当初日本の食料生産基地の建設を目的として始められ，JICAはこの事業をPRするホームページで「途上国の農業開発なしに維持できない日本人の食生活」と謳っていた（現地と世界での事業に対する批判が高まって以降はホームページから削除された）。現地の農民はこの事業の情報が公開されず，当事者である農民との対話もなく進められていることに怒りを募らせていた。日本の耕地面積の３倍に当たる1400万ヘクタールの土地をゾーンに区分けし，ゾーンごとに大豆などの単一の輸出作物を導入するというものであったが，農民の大規模な反対運動が起こった。農民はこの事業によって土地を奪われること，長年受け継いできた農業の作付体系や共同体の土地に対する総有の権利が破壊されるという危機感を抱いたのである。この事業と平行して進められる日本の援助による道路や港湾整備，投資ファンドの環境整備を見越して海外の投資家が土地収奪を繰り返しているという実情が背景にある。

　モザンビーク政府は反対する農民組織や市民社会組織（CSO）に対して恫喝や介入，分断工作を繰り返し行い，事業を強引に進めようとしている。事業の一環としてJICA資金で作成された「コミュニケーション戦略」には反対派の農民やCSOと反対派を支援する外国のNGOを孤立させる戦略が描かれていた。反対派を支援する外国のNGOとは例えばJVCのことである。JVCは他の日本のNGOとともにモザンビークの農民の要請を受け７年もの間この事業の中止を求めて日本政府と交渉を続けている[10]。

## 2　構造問題としての土地収奪

　土地収奪と農民の土地を守るための闘争は世界中で起こっている。紛争や土地収奪は自然資源が枯渇に向かっている中で繰り広げられる資源争奪競争の結果である。国際NGOのオックスファムの調査によると，2011年の土地

---

(10)　プロサバンナ事業とこの事業に対する提言活動，反対運動の詳細はJVCのホームページで見られる。https://www.ngo-jvc.net/jp/projects/advocacy/prosavana-jbm.html（2019年9月25日取得）。

収奪に絡む事件は2000年とくらべて約10倍[11]。英紙ガーディアンの報道では，2015年は土地収奪に抵抗して殺害された活動家が最も多い年になった[12]。これらの事実はデビッド・A・ナイバートの警告を裏付ける。ナイバードは著書『動物・人間・残虐史 “飼い貶し”の大罪，世界紛争と資本主義』（新評論，2016年）で企業の推し進める「肉」「乳」「玉子」の消費拡大によって土地，水，森林資源が見境もなく浪費される実態を告発している[13]。そしてこれに対する抵抗運動，正義の要求を抑え付けるための軍事力や暴力の行使に警告を発している。ナイバートは同書の中で，資源の枯渇と食料危機，紛争の関係がアメリカの軍や情報機関によってつとに認識されていることを指摘する。例えばアメリカの国家情報会議の "Global Trends 2025: A Transferred world" 2008年では次のような指摘がされている。「今から2025年までのあいだに世界はエネルギー枯渇と食料不足の回避を迫られるであろうが，これからは競争と紛争を生みながら，対応困難な課題の連鎖反応を引き起こすと考えられる」[14]。

　土地をはじめとした自然資源を巡る国家間・政治勢力間の争いと住民からの不当な収奪を直視しない限り平和論も平和に向けた数々の取り組みも描いた龍の眼睛を欠いたものになるであろう。土地収奪の問題はポスト・コンフリクトの国で多くみられること，また政府の強権化と市民活動に対する弾圧との媒介要因となっていることも指摘しておきたい。JVC の活動地に関していうと，南スーダンやカンボジアはポスト・コンフリクトの国であり土地収奪が深刻な国である。またこれら２国とモザンビークは市民的な自由の領域である市民社会スペースが近年加速的に狭められてきている国でもある。

## 3　資源問題と市民社会スペースの危機の連環

　最後に資源の枯渇・環境破壊・温暖化と成長の限界および資源獲得競争の

(11)　OXFAM, Growing a Better Future（2011）
(12)　The Gordian "Killings of environmental protesters, often indigenous people to protect land, on the rise with 2015 likely have been deadliest year on record" 2016 March 4
(13)　デビッド・A・ナイバート『動物・人間・残虐史 “飼い貶し”の大罪，世界紛争と資本主義』（新評論，2016年）。
(14)　デビッド・A・ナイバート，283頁。

激化がどのように市民社会スペースの危機とつながっているかに触れたい。資源の過剰な収奪と枯渇そして地球温暖化と環境破壊によって人間の経済活動に要する地球の資源は限界に達している。これと反比例して希少化する資源の争奪競争は加速している。加えて中国をはじめとした新興国がこれまで先進国が特権のように享受してきた大量消費・大量廃棄を伴うライフスタイルを求めて開発競争，資源獲得競争に躍り出てきた。これまで先進国主導で行われていた開発援助は，援助と並行して民主主義と人権の価値，および政府のガバナンスをコンディショナリティとして被援助国に課してきたが，中国や新興国の多くはそのような条件をつけず途上国の政府と結託する形で資源市場に進出してきている。そこには現地住民やCSOが決定に参加する余地はない。市民の参加しないトップダウンのオーナーシップがまかり通る状況が生まれているのである。

　新興国を資源獲得競争の攻める側，先進国を守る側とすれば，攻める側も守る側も国民の経済成長の欲求に応えるために強い政府であろうとするであろう。そこに世界的な傾向として権威主義的な政府が幅をきかせる誘引がある。これに対抗して市民社会はソーシャルメディアを駆使して国際的な連携を築こうとしている。そしてその事態が権力を持つ者には脅威となり市民社会に対する規制や弾圧の強化につながっているのである。しかも市民社会の動きを抑え込もうとする側は市民社会に対する規制や弾圧の方法をお互いに学び合っており，このことが世界的な市民社会スペースの連鎖的な縮減を引き起こしているのである。

## おわりに

　第2節では人道支援は紛争状況において対立する国と国，勢力と勢力との間をつなぐ人道的な回路であると述べた。この回路を機能させるためには，双方の側で起こっている事態を現場ベースで中立かつ公平な目で見つめ情報として発信していくこと，また援助の偏りを排し支援を必要としている人たちに等しく支援を行うことでグローバルなガバナンスの最後の拠り所を確保することが求められる。そのためには政府も民間も人道支援においては「善

玉・悪玉論」に絡め取られることなく NGO の活動を資金においても市民社会スペースの面においても支える政策環境がつくらなければならない。メディアや NGO に対して紛争地や「敵対国」への渡航を厳しく規制している政府の方針をまず変える必要がある。

　第3節では冷戦終結後の4つの「アメリカの戦争」について，戦争を回避する可能性が意図的に無視され潰された面があったことを指摘した。冷戦後のこの4つの戦争はいずれも資本主義の周辺で起こっている。冷戦後の市場経済のグローバル化が市場のフロンティアを切り崩していった。4つの戦争，特に湾岸戦争とコソボ紛争は，このダイナミクスが政治的意思となって発現したともいえる。

　危機が目前に迫っているから武力で脅威を取り除くべきだとして戦争は始められる。本当に脅威は存在するのだろうか，脅威はどのように生まれたのだろうかと冷静に考える余地もなく人々は戦争に駆り立てられていく。この昔から変わらない戦争の仕掛けを人々は見抜くことができない。NGO やメディアが「敵」の側に入っていく必要性はここにある。また一つの戦争でもよい。戦争のからくりをじっくり学ぶ平和教育が何よりも必要である。安保法制の成立でタガが外れた米軍と自衛隊の一体化によって日本は地球上のあらゆる地域でアメリカの戦争に付き従うことになる今だからこそ，私たちは戦争がつくられるものだということを肝に銘じなければならない。

　第4節ではアフガニスタンを事例に戦争によるスクラップ・アンド・ビルドで国が作られるというのはどういうことかを述べた。アフガニスタンのケースでは対テロ戦争が出口のない戦争であること，また戦争と同時進行の復興や民主化がいかに絵に描いた餅に堕するかをみた。しかし先の見えない泥沼のような状況に向かうなかで，私は2つの希望に激しく心を揺すぶられるということがあった。少し補足を交えて説明しよう。

　一つは日本という存在の国際政治における独自の価値である。村々を回って人々と話すときも，地方の行政官と話をするときも，彼らが必ず口にするのは日本への信頼である。日本が一番信じられる。日本の援助は政治的な思惑からのものではなく真にアフガニスタンのための援助だ，というのである。私は怪訝に思って聞き返すことが度々あった。なぜそう思うのかと。答

えは明快だ。アフガニスタンを支援している数多くの国の中で日本だけが軍隊を送っていないからだという。米英主体の不朽の自由作戦の連合軍はともかく，ISAF にはほとんどの先進国の軍隊が参加しているが日本の「軍隊」は参加していない。そして ISAF は2006年をもって連合軍と併合され，ISAF のミッションである治安支援活動はテロ掃討作戦と混同する状態になった。アフガニスタンの人々から厳しい目でみられるようにもなった。そんな中で日本の自衛隊はアフガニスタン本土に足を踏み入れていない。このことが和平外交を考えるうえで決定的な意味をもつ。日本はタリバーンとアフガニスタン政府およびアメリカ政府，また周辺の友好国であるパキスタンやイランを仲介し和平交渉の舞台を作れる立場にあった。日本だけが和平の仲介ができると考えていたアフガニスタン人は少なくないはずであった。

　もう一つはアフガニスタンで行われている草の根からの平和へのイニシアティブである。

　2018年6月17日，ナンガルハル州の南東部，ホギャニ郡メムラ村で奇跡ともいえる集会が開かれた。メムラ村は JVC が2003年から2005年まで伝統産婆のトレーニングをしていた村でもある。ここで政府と反政府武装勢力タリバーンが合意した3日間の停戦協定を祝う集会が開かれた。村の青年グループが SNS で呼びかけると，会場となった政府所管の庭園にメムラ村の住民や近隣の住民数千人が集まった。その中には政府関係者やタリバーンの兵士も多数含まれていた。ところが問題が発生した。タリバーンに対して政府関係者は「銃と一緒では会場に入れない」と言い，タリバーンは「銃は手放せない」と言う。青年グループが村の長老や政府関係者と話し合った結果別の場所で集会を開催することになった。しかし集会の結果は画期的なものであった。タリバーン側と政府側は「共に停戦の延長を望む」ことで一致，この合意をナンガルハル県の知事に申し入れることになったのである。翌日，村人ら1500人が県知事に合意の申し入れをするために県都のジャララバードに向かった。そこにはタリバーンも含まれていた。県庁の大ホールでもう一つの平和集会が始まった。県知事は「停戦延長のためのどんな努力もいとわない。市民の平和活動を全面的に支援する」と申し入れ事項に賛成したのである。

　実はこの奇跡ともいえる2つの集会にはJVCの二人の関係者が関わっている。ひとりはJVCアフガニスタン事務所副代表（当時。現在JVCの現地パートナー団体YVOの代表）のサビルラ。彼自身がメムラ村出身者である。メムラ村は2001年の対テロ戦争以降米軍に度々爆撃され，彼の親族も犠牲になっている。「村に帰って銃を取る」と言っていた彼があるとき「対話でしか対立は解決できない」という確信を抱き，平和のための活動に邁進するようになった。2017年からは彼が主導してJVCのピース・アクションプロジェクトが始まった。このサビルラがメムラ村での平和集会を裏で支えたのである。もうひとりの人物は県知事のハヤトラ・ハヤット。彼はCSOの出身で2012年に東京で開催されたアフガニスタン復興閣僚会議に市民社会の代表として参加した一人だった。この会議ではJVCなど日本のNGOが市民社会実行委員会を作り，アフガニスタンのCSOの代表30人を閣僚会議に参加させることに成功した。そして会議の場で日本とアフガニスタンの市民社会が共同で意見表明を行った。この縁でハヤトラとサビルラは親交を深め，ともに平和を望む市民の声を形ある一つの成果に導いたのである。

　対立を和解に導く契機はいくつもある。メムラ村の集会のような草の根のイニシアティブもあれば，ヘルマンド州ムサカラ郡で2006年にイギリス軍とタリバーンとの停戦合意を実現した地域のピース・ジルガもある。こうした地域で試みられた紛争当事者による休戦や和平の取り組みを国際社会がいかに国レベル，国際レベルの包括的な和平協議に繋げるかが決定的に重要である。そしてそこに外国に「軍隊」を派遣しない平和国家としての日本の仲介者として役割があるはずなのである。

　第5節では自然資源の開発のあり方が構造的な暴力の内実をもって紛争の直接，間接の原因となっている側面を見てきた。また「集中する権力」とそれに対峙するグローバルな市民社会との緊張関係にも触れた。今世界は絶望と希望の分水嶺にある。2019年9月23日ニューヨークで開催された国連気候行動サミットに際して世界で400万人の若者がデモを行い，16才のグレタ・トゥンベリがサミットの会場で政府首脳や企業を厳しく批判するまでになっている。「人々は苦しみ，死にかけ，生態系全体が崩壊しかけている。私たちは絶滅に差し掛かっているのに，あなたたちが話すのはお金のこと，永遠

の経済成長というおとぎ話だけ。なんということだ。」この告発はすべての
大人たちに向けられている。エネルギー下降時代の現実を前に経済成長神話
に代わる定常化社会に舵をきり，奪う豊かさに代わる豊かさを私たち一人一
人が手にすることができるかどうかが地球と人類の未来を決めることになる
であろう。

── さらに勉強を進めるために ────────────────────

谷山博史編著『非戦・対話・NGO ～国境を超え，世代を受け継ぐ私たちの歩
　　み～』（新評論，2017年）。

谷山博史編著『「積極的平和主義」は，紛争地になにをもたらすか?! : NGO か
　　らの警鐘』（合同出版，2015年）。

金敬黙編著『NGO の源流をたずねて─難民救済から政策提言まで』（めこん，
　　2011年）。

谷山博史「紛争の現場から警鐘を鳴らす─「集団的自衛権」への NGO の反
　　論」『世界』2015年 1 月号。

谷山博史「南スーダン PKO の本質と自衛隊新任務─連環する自然資源と紛
　　争」『世界』2016年12月号。

谷山博史「狭まる市民的自由の領域─グローバル社会の危機と市民社会スペー
　　スの危機の連環」『世界』2019年10月号。

谷山博史「軍支援に道を開く新 ODA 大綱　人道支援の現場に危機感」『エコ
　　ノミスト』2015年 3 月12日。

谷山博史「NGO と『国益』の接近は危険」朝日新聞『論壇』2000年10月 3 日。

第**9**章

# 平和構築におけるジェンダー平等推進の課題
## ——慣習と国際規範の相克——

阿 部 和 美

# はじめに

　従来，女性は子どもと同様に脆弱な存在であり，保護されるべき存在と見られてきた。特に，紛争下や紛争後の社会では，女性は様々な被害を受けやすいため，いかに女性に対する暴力を撲滅するかが議論されてきた。しかし，近年，脆弱な存在や被害者という女性に対する見方は変化しつつある。女性が紛争解決や平和構築に重要な役割を果たしていることが明らかになり，女性をあらゆるレベルの意思決定に参加させる重要性が認知されつつある。

　他方で，西欧諸国の価値観に基づく人権や法の秩序，民主主義，宗教の自由などの概念は，しばしば非西欧諸国の価値観と相容れない場合がある。西欧的概念に基づく国際的な価値観を主軸とする政策が，現地社会の価値観と大きく異なり，西欧的概念の押しつけであると非難される事例も発生している[1]。したがって，国際協力では，現地社会の文化に十分配慮し，現地の人々のオーナーシップを尊重する姿勢が重視される。特に，紛争後の社会の行方を大きく左右する平和構築では，以上の視点は非常に重要である。

　実際に，女性の意思決定プロセスへの参加があらゆる分野・レベルで求め

---

（1）　例えば，「人間の安全保障」概念が議論された際，シンガポールのリー・クワン・ユー元首相やマレーシアのマハティール首相は西欧的価値観の押しつけという見解を示している（篠田英朗「安全保障概念の多義化と『人間の安全保障』」『IPSHU 研究報告シリーズ』第31号（2003年）73頁）。人権概念についても，国際的な解釈と異なる独自の解釈をしている国家が存在している。

られているジェンダー主流化が進む国際社会とは対照的に，現地の伝統的慣習や価値観に基づいた平和構築が進む地域では，女性の意思決定プロセスへの参加が大きく制限されている場合がある。本章では，女性の役割という視点から，国際的に推進される規範と，伝統的慣習や価値観の相克に着目し，目指すべき平和構築のあり方を検討したい。

# Ｉ　ジェンダー平等に対する国際社会の取り組み

## 1　女性の権利からジェンダー平等へ

　ジェンダーは，目的や分野によって異なる広い意味を有す概念である。一般的に，ジェンダーは生物学的性差や性別を表す「性（sex）」とは区別され，社会的・文化的な性差を表す。ジェンダーは，特定の社会で，男性と女性がどのように行動し，どうあるべきかという規範である。性のように，生まれながらに規定されているのではなく，その社会に属する人々が，社会の価値観や規範を身につける「社会化」の過程で学習していくのがジェンダーである。したがって，その地域でジェンダーが意味するものは不変ではなく，社会や時代によって変化しうる。

　国際協力で使用されるジェンダーの概念は，「女性の権利」を出発点としている。国際社会は，第二次世界大戦直後から，女性の権利保護の重要性を訴えてきた。国連憲章（1945年）では男女同権が謳われ，世界人権宣言（1948年）では，性による差別を受けない権利（第7条）が明記された。1946年には，「国連女性の地位委員会（UN Commission on the Status of Women: CSW）」が設立された。以来，CSWは，国連のジェンダー主流化を担い，女性の権利とジェンダー平等のために活動している。

　1975年は国際婦人年と定められ，女性の地位向上のための世界行動計画が採択された。1979年に開催された第34回国連総会では，「女子に対するあらゆる形態の差別の撤廃に関する条約（女性差別撤廃条約／Convention on the Elimination of All Forms of Discrimination against Women: CEDAW）」が採択され，女性の平等と差別撤廃のための国際的なガイドラインが成立した。

　国連創設50周年という節目を迎えた1995年には，北京宣言と行動綱領が採

択され，女性の地位向上とエンパワーメントを達成するために優先的に取り組むべき12の重大問題領域が明記された。北京宣言では，「女性のエンパワーメント及び……（中略）……，社会のあらゆる分野への平等を基礎にした完全な参加は，平等，開発及び平和の達成に対する基本である。」（第13条），女性は「……紛争解決及び永続的な平和の促進のための主要な勢力」（第18条）と明記され，女性の地位向上と平和促進が密接に結びついていることが明確に示された。

　北京宣言と行動綱領は，国際社会がジェンダー主流化を受け入れる大きな契機となった。北京行動綱領では，全ての政策，プログラム，プロジェクトの意思決定を含む全ての過程でジェンダーの観点を組み込む，「ジェンダーの主流化」が確認された。北京宣言以降，国際的な開発分野や先進国の政策の中にも，ジェンダーの観点が取り入れられるようになっている。

　以上のように，国際社会では早期から女性の権利に関する取り組みが進んできた。1990年代には，紛争下という特殊な環境で大きな影響を受けやすい女性の存在が着目された。1993年には，紛争下で女性に対する暴力が頻発していることを受けて，「女性に対する暴力の撤廃に関する宣言（Declaration on the Elimination of Violence against Women）」が国連総会で採択された。「すべての人間の平等，安全，自由，保全および尊厳に関する権利および原則の女性に対する普遍的適用の緊急の必要性」が認識され，女性に対する具体的な暴力に踏み込んだ宣言がなされた。

　ジェンダー不平等や紛争下の女性に対する暴力は，依然として多くの地域で深刻な問題であり，事態が一朝一夕に改善することは期待できない。それでも，ジェンダー平等と女性の地位向上は，国際社会の普遍的な目標として浸透している。2000年に採択された国連ミレニアム開発目標（Millennium Development Goals: MDGs）では，8目標のうち第3の目標として，「ジェンダー平等の推進と女性の地位向上」が掲げられた。続く持続可能な開発目標（Sustainable Development Goals: SDGs）では，17目標のうち第5の目標として，「ジェンダー平等を達成しすべての女性および女児のエンパワーメントを行う」ことが掲げられた。ジェンダー平等と女性の地位向上を実現するために，世界各地で取り組みが進められている。

2010年には，ジェンダー平等と女性のエンパワーメントを担う「国連ウィメン（UN Women）」の設立が決定した。国連ウィメンは，国連女性地位向上部（Division for the Advancement of Women: DAW），国際婦人調査訓練研究所（International Research and Training Institute for the Advancement of Women: INSTRAW），国連ジェンダー問題特別顧問事務所（Office of the Special Adviser on Women: OSAGI），国連女性開発基金（UN Development Fund for Women: UNIFEM），以上の国連に籍を置く4機関を統合して設立された。

国連ウィメンの役割は，以下の3点である。(1) CSW などの政府間組織に対する政策・規範策定支援，(2) 規準を施行する加盟国に対する技術的・金銭的支援と，市民社会のパートナーシップ構築支援，(3) 国連システムを用いた指導と調整，定期的なモニタリングを通したアカウンタビリティの促進，以上である[2]。国連ウィメンが設立された結果，ジェンダー平等と女性のエンパワーメントに関連した活動・支援機関が一本化され，国連での同分野の活動が外から見えやすくなるとともに，活動の範囲も拡大した。

## 2　女性の役割に対する認識の広まり

ジェンダー平等と女性の地位向上に対する取り組みが進むにつれて，女性の役割が見直されるようになった。開発分野では，1970年代という比較的早期から女性の能力開発が重視され，「開発における女性（Women in Development: WID）」アプローチが導入された。従来の開発アプローチでは，女性は保護されるべき存在として見なされ，女性を開発事業から排除するという事態が生じていた。人的資源として女性を開発過程に統合する必要性が認められた結果，WID アプローチが導入された。WID アプローチの導入は，1975年の国際婦人年や，世界行動計画とも相まって，女性の開発分野での役割に対する関心を高めた。

1980年代には，ジェンダー概念の浸透により，女性だけを対象とする WID アプローチよりも，ジェンダーを重視する姿勢が支持されるようになった。その結果導入されたのが「ジェンダーと開発（Gender and Development:

---

（2）　UN Women, "About UN Women"（https://www.unwomen.org/en/about-us/about-un-women [24 August 2019]）.

GAD）」アプローチである。GAD アプローチは，女性が様々な権利にアクセスすることを阻害しているのは，男性と女性の関係性であると考え，男女の関係性や社会的役割に着目した。GAD アプローチは，地域の社会構造や制度を改革する必要性という新たな視点を提供したのである。

　以上は，開発分野での進展である。平和構築分野で女性の重要な役割を明確に示したのは，2000年に採択された国連安全保障理事会決議第1325号（女性平和安全保障決議／Women Peace and Security: WPS 決議）である。WPS 決議は，女性が平和構築や安全保障に大きな役割を果たすことを認め，和平プロセスへの女性の参加を求めている。WPS 決議によって，紛争予防・解決，平和構築，平和維持に対する女性の貢献が評価され，女性の役割の重要性が国際的に認知される契機となった。

　女性が紛争解決や平和構築に果たす役割は，統計的にも明らかにされている。ジェノバ大学院研究所が実施した和平プロセスに関する研究によると，女性グループが和平プロセスに強い影響力を及ぼした場合は，女性グループが和平プロセスに影響力を及ぼさない場合と比較して，和平交渉の成功率が高い[3]。また，1989年から2011年に締結された182の和平合意を見ると，女性が和平プロセスに参加した場合，和平プロセスに女性が参加しない場合と比較して，平和な状態が15年以上継続する可能性が35％高まっている[4]。

　世界銀行が発表した報告書では，1980年から2003年までに紛争の影響を受けた58か国を分析対象とし，女性の政治進出と社会進出が促進されると，紛争終結後の紛争再発の可能性が低下することが明らかにされている[5]。紛争予防研究者であるオライリー（Marie O'Reilly）は，国家の平和を予測する際には，経済的な豊かさや民主主義の定着度よりも，ジェンダー平等を指標とすべきであると主張している[6]。カプリオリ（Mary Caprioli）は，女性議

（3）　Marie O'Reilly, Ó Súilleabháin, and Thania Paffenholz, *Reimagining Peacemaking: Women's Roles in Peace Process*, New York: International Peace Institute, 2015, pp. 11-13.

（4）　*Ibid.*, pp. 12-13.

（5）　Paul Collier and others, *Breaking the Conflict Trap: Civil War and Development Policy*, Washington: The World Bank, 2003.

（6）　Marie O'Reilly, "Muscular Interventionism," *International Feminist Journal of Politics*, Vol. 14, No. 4, 2012, pp. 529-548.

員の比率が5％上昇すると，国際的な危機を暴力的な方法で解決しようとする確率が20％低下するという興味深い研究を発表している[7]。以上の研究は一例であるが，女性の参加は，紛争予防・解決と平和構築に，確実に貢献している。

## Ⅱ　現地社会へのジェンダー平等の浸透

　女性の参加が紛争予防・解決と平和構築に正の影響を与えることが様々な研究によって明らかにされ，ジェンダー主流化は国際社会の普遍的な目標となった。にもかかわらず，いくつかの地域では，伝統的な慣習や価値観によって，女性の権利が著しく制限されている。

　例えば，イスラム教保守派が政権を担う国家の中には，女性が男性と二人でいることを禁じたり，女性が男性と同様に教育を受ける権利を侵害したりする国家もある。ただし，イスラム教が多数派を占める全ての国家が女性の権利を制限しているのではない。女性が様々な分野で活躍している国家もある。

　また，宗教的な理由ではなく，伝統的な慣習や価値観によって，女性の権利が侵害されている地域は，アジアに数多く存在している。伝統的に女性が従属的な立場に置かれて，様々な意思決定プロセスから排除されてきた地域では，ジェンダー平等や女性の地位向上を実現するために，国際機関やNGOが様々な啓蒙活動を実施している。

### 1　インドネシアの取り組み

　インドネシアは，イスラム教徒が多数派を占める国家である。2016年宗教省の統計によると，イスラム教徒は87.21％，キリスト教徒は9.87％（プロテスタント6.96％，カトリック2.91％），ヒンズー教徒1.69％である。ただし，同じくイスラム教徒が多数派である隣国マレーシアと異なり，インドネシアは国教をイスラム教と定めていない。インドネシアは，多宗教の国家である。

---

（7）　Mary Caprioli, "Gendered Conflict," *Journal of Peace Research*, Vol. 37, No. 1, 2000, pp. 51-68.

　インドネシアでは，女性の権利や地位向上を求める活動が，1980年代に盛んになった。1945年憲法では男女の権利平等が保障され，1958年には「女性の政治的権利条約」を，1984年には女性差別撤廃条約を批准しているが，当時の社会はジェンダー不平等の状態が続いていた。1970年代から，国際社会で女性の差別撤廃に向けた動きが見られるようになり，1980年代から，国際的にジェンダー主流化の考えが浸透すると，インドネシアでも女性の地位向上を目的とする NGO が誕生した。

　1998年5月，スハルト政権が崩壊すると，インドネシア各地で暴動が発生した。華人を標的とした暴力行為が多発し，華人女性に対する性暴力事件が発生した。集団暴行事件に対する政府の対応に不満を抱いた女性活動家たちが事件の真相解明を政府に求めた結果，「女性に対する暴力に関する委員会 (Komnas Perempuan)」が設立された。Komnas Perempuan は，インドネシアの女性の地位向上を目指す活動の中心となり，NGO と連携しながら活動を展開している。

　ジェンダー主流化の動きは，民主化移行期の法律整備で進んだ。2003年には，総選挙法が成立し，立候補者の30％を女性にするクォータ制度が導入された（法律2003年第12号）。2001年には，メガワティ（Megawati Sukarnoputri）が大統領に就任し，インドネシアで初の女性大統領が誕生した。インドネシアでは，2018年現在，議員の18％が女性議員である。

　インドネシアは，ジェンダー平等や女性の地位向上に関する国際的な目標に積極的に取り組み，教育分野ではジェンダー平等がほぼ実現されている。表1は，ASEAN10か国の教育分野における女性の割合を示している。ミレニアム開発目標の第3「ジェンダーの平等の推進と女性の地位向上」では，ターゲットとして教育レベルの男女格差の解消が掲げられたが，インドネシアは2000年時点で既に教育分野での男女格差が少ない。2000年時点で，初等教育・中等教育での男女格差はなく，高等教育で見られた男女比の偏りも，2010年には解消されている。

　以上のように，インドネシアでは教育分野での男女格差はほとんど存在せず，中央レベルでは女性の政治参画が進みつつある。しかしながら，近年，インドネシアでは女性に対する暴力事件が増加している。Komas

表1 ASEAN10か国の教育分野における女性の割合

| 国名 | 2000年 | | | 2010年 | | |
|---|---|---|---|---|---|---|
| | 初等教育 | 中等教育 | 高等教育 | 初等教育 | 中等教育 | 高等教育 |
| ブルネイ | 0.90 | 1.03 | 1.25 | 0.93 | 0.96 | 1.27 |
| カンボジア | 0.85 | 0.83 | 0.34 | 0.97 | 0.91 | 0.69 |
| インドネシア | 1.00 | 1.04 | 0.85 | 1.00 | 1.02 | 1.10 |
| ラオス | 0.82 | 0.70 | 0.52 | 0.92 | 0.58 | 0.30 |
| マレーシア | 1.00 | 1.09 | 1.04 | 1.01 | 1.08 | 1.24 |
| ミャンマー | 0.97 | 1.05 | 1.56 | 0.96 | 1.04 | 1.52 |
| フィリピン | 0.96 | 1.05 | 1.25 | 0.98 | 1.04 | 1.22 |
| シンガポール | 0.99 | 1.00 | 0.91 | 1.00 | 1.00 | 1.08 |
| タイ | 0.93 | 1.06 | 1.25 | 0.90 | 1.06 | 1.20 |
| ベトナム | 0.90 | 0.88 | 0.88 | 0.93 | 0.96 | 1.14 |

出所：ASEAN Secretariat, *ASEAN Statistical Report on Millennium Development Goals 2017*, 2017.

Perempuan によると，女性に対する暴力事件数は，2017年の34万8,466件から，2018年は40万6,178件に増加している[8]。暴力事件の71％は，家族からの性的・身体的・精神的虐待と経済的な虐待であり，外部の目が届きにくい家族という共同体内での暴力の難しさが露呈している。家族や共同体内での女性に対する暴力を撲滅するためには，政府の積極的な啓蒙活動が必要である。

## 2 東ティモールの平和構築

伝統的な慣習が根強く残る地域でありながら，ジェンダー平等に成功しつつある例として，東ティモールを挙げたい。東ティモールは，カトリック教徒が多数派を占めているが，伝統的な慣習や価値観が根強く残る地域であり，女性の権利は様々な分野で制限されてきた。

---

（8） Kaharina R. Lestari, "Violence against Women in Indonesia Rises Sharply," *UCA News.com*, 8 March 2019 (https://www.ucanews.com/news/violence-against-women-in-indonesia-rises-sharply/84684 [28 August 2019]).

　インドネシア占領下の紛争を経て，2002年に独立した東ティモールは，国連の支援を通して，国家建設期からジェンダー平等への取り組みを進めてきた。国連は，東ティモールの独立と同時に，国連東ティモール支援団（United Nations Mission of Support in East Timor: UNMISET）を設立し，2012年に国連東ティモール統合ミッション（United Nations Integrated Mission in Timor-Leste: UNMIT）が撤退するまで，東ティモールの平和構築を様々な分野で支援した。

　東ティモールでは，伝統的な家父長制が残っているため，妻は夫に従属する存在であり，特に地方では夫の所有物として見られる傾向が強い。そのため，女性が意思決定プロセスに関与することは稀であり，女性の政治参加も制限されてきた。国連と東ティモール政府は早期の段階から，女性の政治参加を促進する国家建設を進めた。その結果，2018年に実施された議会選挙では，65議席中22議席を女性が占め，女性議員の割合は33.8％に達した。東ティモールの女性議員の割合は，東南アジアの中でもっとも高い水準にある。

　UNFEMと国連開発計画（United Nations Development Programme: UNDP）は，女性議員の能力強化のために，東ティモールの国会内にジェンダーリソースセンターを設置し，女性議員のための定期的な勉強会や海外研修の機会を提供している[9]。男性議員に対しては，ジェンダー研修を通してジェンダー平等に対する啓蒙活動を実施している。東ティモールの女性議員の割合が，2012年の議会選挙に続いて30％強という水準を維持したことは，東ティモールの国家レベルでジェンダー平等が浸透している結果であると言えるであろう。

　しかしながら，地方では，ジェンダー平等がなかなか浸透していない。地方では，伝統的な価値観から，女性を意思決定プロセスに関与させない傾向が高い。地方の政治への女性の参加事例は少なく，2009年の選挙では，442の村長のうち，女性が当選したのはわずか11村であった。

　ジェンダー不平等は，家庭や村の貧国にも影響を及ぼしている。

　地方の女性は，早婚のために初等教育を受けられず，十分な知識がない状

（9）　JICA『国別ジェンダー情報整備調査—東ティモール国』（2012年）。

態で出産をする。そのため，母子の健康が損なわれる危険があるだけでなく，多産多死によって家庭や村の貧困を悪化させる悪循環に陥っている。女性は収入を得る手段もなく，経済的にも夫に依存せざるを得ない。従属的な立場に置かれた女性は，ジェンダーに基づく暴力や家庭内暴力の被害を受けやすい状況にある。

東ティモールでは，家庭内暴力やジェンダーに基づく暴力は，伝統的な慣習法に基づいて村の長老が仲裁する事例が一般的であり，裁判所に持ち込まれる事例は非常に少ない。しかし，女性が従属的な立場に置かれることを前提とした伝統的な慣習法と，顔見知りの村人たちによる仲裁は，女性が声をあげることを躊躇する大きな要因となっている。東ティモール財務省の調査では，15歳から49歳の女性のうち，33％が何ら中の形で暴力を受けた経験があり，結婚した経験のある女性の87％が夫から暴力を受けたことがあるという[10]。

東ティモール政府は，ジェンダー平等と女性の地位向上を実現するために，積極的に取り組んでいる。2010年には，家庭内暴力対策法が成立し，平等推進国家事務局（Secretary of State for the Promotion of Equality: SEPI）が設立され，家庭内暴力を撲滅するための様々な活動が全国で展開されている。政府の支援が行き届かない分野では，現地NGOが平和的に活動している。現地NGO・FOCPERUSは，危険な状況の女性たちに長期シェルターを提供し，女性たちの安全確保と社会復帰を支援してきた。社会連帯省とSEPIは，国際機関の支援を得て，警察，弁護士，ソーシャルワーカー，NGO，病院との連携システムの構築を進めている。また，全国の村落でイベントを開催し，緊急時の支援機関と連絡先を記したマニュアルを配布している[11]。

また，インドネシア占領下で受けたジェンダーに基づく暴力や家庭内暴力の被害者に対しては，社会連帯省が自助グループの結成を支援している。自助グループは，体験を共有し，政府への要望をまとめて，アドボカシー活動を実施している。自助グループの活動によって，インドネシア占領下で発生したジェンダーに基づく暴力や家庭内暴力の実態が，少しずつ明らかにされ

（10） Ministry of Finance, *Timor-Leste Demographic and Health Survey 2016*, 2018, p. 300-301.
（11） JICA, 前掲書，35頁。

ている。社会連帯省は，現地 NGO と連携して，過去の被害の実態調査と被害者に対する支援活動を進めている。

　女性に対する暴力は，依然として大きな課題ではあるが，政府と市民社会が協力してジェンダー平等に関する活動を実施している成果は，少しずつ表れている。先述したように，2018年の議会選挙では，女性議員が33.8％に達したことに加えて，2017年の選挙の結果，女性の村長が21人当選したのである。2009年の選挙では，当選した女性は11人であり，女性村長の人数は倍近くに増加した。また，ジェンダー平等に対する意識の変化が見られる地域も増加しているという[12]。

　以上のように，東ティモールは，伝統的な慣習や価値観によって女性の権利が抑圧されてきた地域であったが，国家建設の早期の段階から，政府や市民社会が女性の地位向上に取り組んできた。その結果，地域住民の意識に変化が見られ，ジェンダー平等と女性の地位向上が進みつつある。東ティモールは，平和構築に女性の役割を活かしている成功例と言えるであろう。

## Ⅲ　アチェの平和構築における女性の周縁化

### 1　シャリア法

　東ティモールとは対照的に，平和構築の過程で意思決定プロセスへの女性の参加が急速に制限されつつある地域として，インドネシア・アチェ特別州を挙げたい。アチェでは，インドネシアからの分離独立を求める武装集団自由アチェ運動（GAM）とインドネシア政府との紛争が続いていたが，2004年12月にスマトラ島沖地震によって壊滅的な被害を受けた後，2005年8月にヘルシンキで和平合意が締結され，紛争は終結した。ヘルシンキ和平合意では，アチェの新たな統治運営に関する法律を2006年3月までに制定することが合意された（ヘルシンキ和平合意第1条1項）。そして，2006年に成立したアチェ統治法（法律2006年第11号）では，イスラム教の法（シャリア法）に基づく統治が認められた。

---

(12)　JICA，同書，35頁。

　アチェは，インドネシアの中でも厳格なイスラム教徒が多い地域である。シャリア法制定への動きは，紛争終結前の1999年から見られていた。当時のアチェ州知事マハムッド（Syamsudin Mahmud）は，女性に両手足と顔以外を覆うイスラム教的な服装を求める法律の適用を目指した。法律は施行されなかったが，シャリア法の適用を支持する動きが広がる契機となった。

　2001年，アチェに特別自治法が施行されると，シャリア法に基づく統治を認める特別条例が成立し，2002年から2004年までに，シャリア法に基づく刑罰を含む5条例が成立した。5条例とは，イスラム教信仰の奨励（Qanun 11/2002），アルコールの禁止（Quanun 12/2003），ギャンブルの禁止（Qanun 13/2003），人目を忍ぶ行為の禁止（男女接触の禁止）（Qanun 14/2003），布施の義務（Qanun 7/2004）である。なお，インドネシアではギャンブルの禁止以外は，いずれも禁止されていない。条例の施行を徹底させるために，インドネシア警察と宗教警察（Wilayatul Hisbah）が取り締まりを実施した。条例に違反した場合の刑罰は，罰金，投獄，鞭打ちの3種類である。

　2006年，初めての州知事選挙が2006年に実施された。選挙の結果，元GAM幹部であったユスフ（Irwandi Yusuf）が州知事に就任した。ユスフは，アチェ統治法によってアルコール，ギャンブル，男女接触を規制することよりも，経済，教育，保健分野の成長が重要であると述べている[13]。ユスフの任期中には，シャリア法に基づく鞭打ち刑の数は減少した。

　ところが，2009年4月に実施された議会選挙で，元GAM兵士たちが設立したアチェ党（Partai Aceh）が議会の多数派になると，刑罰を厳罰化した特別条例が成立した。新たな条例では，刑罰として投石が加えられ，鞭打ちの回数が加算された。ユスフは新たな刑罰に関する特別条例の施行を拒否し，条例の施行は延期されたが，2014年に新たに就任した州知事アブドゥラ（Zaini Abdullah）が条例を承認し，2015年に施行された。2014年には，アチェ州議会で，同性間性交渉罪と婚外性交渉罪を非ムスリム市民にも適用することが承認された。同性間性交渉罪には，最大で100回の鞭打ちと100か月の投

---

(13)　Riyadi Suparno, "Central Government Must Allow Aceh to Sustain Hard-Won Peace," *The Jakarta Post*, 3 March 2008（http://www.thejakartapost.com/news/2008/03/03/central-government-mustallow-aceh-sustain-hardwon-peace.html.［5 June 2019］）.

獄が認められている。

## 2　意思決定プロセスにおける女性の周縁化

　シャリア法は，日常生活の指針を示すシステムであり，慈善行為や社会福祉を促進し，共同体の調和を実現すると考えられている。シャリア法を支持する人々は，シャリア法は女性を守るための法律であると答える。しかし，実際には，シャリア法によって女性が自由に決定をする権利は厳しく制限され，女性は意思決定プロセスから排除されている。

　国際NGO・ヒューマンライツウォッチは，シャリア法に基づいて制定された2つの刑法を特に問題視している[14]。1つは，男女の婚前接触を禁止する刑法であり，もう1つは，公共の場での服装を規定する刑法である。婚前接触については定義が曖昧であるが，アチェでは成人男女が人気のない静かな場所で会話をしていただけで逮捕される事例が頻発している。服装については，男女ともに規定されているが，取り締まりの対象は女性が圧倒的に多い。両手足と顔以外を覆わなければならないほか，体の線が分かるような衣服や透ける衣服も禁止されている。様々な場所に設置されている検問所で，女性たちの服装が細かく検査されている。

　宗教警察の権限は強大であり，一度容疑者に特定されてしまうと，刑罰から逃れることはできない。自白を強要されたり，釈放の条件として女性が強制的に結婚させられたり，逮捕された女性が宗教警察から強姦されたりする事例が報告されている。また，逮捕される女性は，富裕層の女性よりも貧困層の女性が圧倒的に多いという[15]。

　容疑者の特定と処罰の実施は，宗教警察だけでなく，地域の共同体にも認められている。地域共同体が，伝統的な慣習法に基づいて処罰を与えることができるのである。アチェではイスラム教が深く根付いているため，伝統的な慣習法もシャリア法と密接に結びついている。東ティモールと同様に，アチェでも多くの問題が伝統的な慣習法に基づいて解決され，共同体の紛争解

---

(14)　Human Rights Watch, *Policing Morality: Abuses in the Application of Sharia in Aceh, Indonesia*, 2010.

(15)　*Ibid.*, p. 33.

決システムが人々の様々な問題解決に寄与してきた[16]。しかしながら，個人的な理由から恣意的に誰かを容疑者に特定したり，村人が必要以上に暴力的な処罰を与えたりする事例も発生している。ヒューマンライツウォッチは，男女接触の罪を犯したとされ，慣習法によって処罰された人々が，他の地域からの移住者である事例が多いことを明らかにしている[17]。

アチェでは，容疑者に暴力を振るう宗教警察も，恣意的な理由から容疑者に暴力を振るう一般市民も，全く罪に問われない。刑罰が厳罰化した後の2016年には，339人に鞭打ちの刑が施行された[18]。常に共同体の監視下にあるような生活の中で，女性は抑圧され，意思決定プロセスへの参加が急速に制限されつつある。

紛争下のアチェでは，アチェの女性たちは2つの重要な役割を果たしていた。1つは，GAMを支える役割であり，もう1つは，平和活動家としての役割である。アチェ紛争には，多くの女性がGAM兵士として参加していた。男性と同様に戦闘に参加し，GAMの士気高揚の役割を担った。また，戦闘に加わらない女性たちは，GAM兵士たちの食糧を確保し，彼らを匿い，GAMを支えた[19]。

女性たちは，平和活動にも大きな影響を及ぼした。紛争により，多くの男性が殺害されたり，戦闘に加わり村を離れたりしたため，女性が村を支えていた。政府の統計によると，女性が家長を務める世帯は46万世帯に上り，そのうち37万世帯の家長が未亡人であった[20]。2000年には，スイスを拠点とするアンリ・デュナン人道対話センター（Henry Dunant Center for Humanitarian Dialogue）の支援を得て，アチェ女性会議（Duek Pakat Inong Aceh）が開催され

(16)　UNDP and BAPPENAS, *Access to Justice in Aceh*, 2006, pp. 49-51.

(17)　Human Rights Watch, *ibid.*, p. 43.

(18)　"Praktek Hukuman Cambuk di Aceh Meningkat, Evaluasi atas Qanun Jinayat Harus Dilakukan Pemerintah," *Institute for Criminal Justice Reform* 6 February 2017 (http://icjr.or.id/praktek-hukuman-cambuk-di-aceh-meningkat-evaluasi-atas-qanun-jinayat-harus-dilakukan-pemerintah/ [28 August 2019]).

(19)　Christian Science Monitor, "Indonesia: Female Backers of Aceh's Rebels Now Battle to Rebuild Lives," *Relief Web*, 11 January 2007 (https://reliefweb.int/report/indonesia/indonesia-female-backers-acehs-rebels-now-battle-rebuild-lives [28 Augusut 2019]).

(20)　Suraiya Kamaruzzaman, "Women and the War in Aceh, *Inside Indonesia*, Vol. 64, 2000, https://www.insideindonesia.org/women-and-the-war-in-aceh-3 [24 August 2019]).

た。500人近くの女性が一堂に会し，インドネシア大統領に対して，22の提言をまとめた。提言の中には，対話を通した平和的な紛争解決も含まれていた。アチェ女性会議は，紛争当事者であるインドネシア政府とGAMに対して女性たちの力強さを示すとともに，アチェ紛争における女性の重要性を明確に示した。

2005年に開催されたインドネシア政府とGAMの一連の和平交渉には，GAMの代表として女性兵士シャディア・マハバン（Shadia Marhaban）が参加した。紛争が終結し，身の安全が確保された女性たちは，2005年に第2回女性会議を開催し，400人の女性が一堂に会した。会議では，紛争下で女性たちが直面していた様々な問題が共有され，津波と紛争からアチェが復興し，平和を定着させるために，女性たちが平和構築プロセスにどのように参加をすべきか議論された。

さらに，女性活動家たちは，アチェ女性会議の内容をアチェ統治法に盛り込むために奔走し，アチェ統治法に，地域政党設立には，最低30％の女性党員の登録を必要とするという文言を入れることに成功した。女性の地位向上を求める女性たちの機運は高まり，2008年11月11日には，女性の権利宣言が行われた。ジェンダー平等と女性の地位向上を目指すNGOが次々に結成され[21]，女性たちは，アチェではジェンダー平等が実現しつつあると信じていた[22]。

しかしながら，アチェの平和構築への女性たちの参加は制限された。アチェ社会では，シャリア法の徹底した施行が求められるようになり，先述したように，宗教警察や共同体による取り締まりが強化された。共同体が女性に求める役割は保守的になり，意思決定プロセスに女性が参加する機会は制限された。2014年の州議会選挙の結果，81議席中，女性議員は12議席であったが，2019年の州議会選挙の結果，女性議員は9議席に減少した。県／市議会でも，女性の割合は低い。表2は，アチェ州の23県／市議会における女性議

---

（21）　例えば，Yayasan Bungong Jeumpa, Beujrob, Sri Ratu, Anisa Centerなど。さらに，ジェンダー平等を求めるネットワーク型NGOが誕生した。例えば，Gender Working Group, Women Network for Policy（JPuK）など。

（22）　Nor Mohd Roslan Mohd, "Women's Marginalization from Public Spaces: The Case of Aceh," *Asian Women*, Vol. 27, No. 4, 2011, p. 67.

表2　アチェ州の議員に占める女性の割合（2019年）

|  | 県／市 | 男性議員 | 女性議員 | 合計 | 女性割合 |
|---|---|---|---|---|---|
| 1 | Banda Aceh | 26 | 4 | 30 | 13.3% |
| 2 | Aceh Besar | 29 | 1 | 30 | 3.3% |
| 3 | Sabang | 15 | 5 | 20 | 25.0% |
| 4 | Pidie | 33 | 7 | 40 | 17.5% |
| 5 | Pidie Jaya | 24 | 1 | 25 | 4.0% |
| 6 | Bireun | 37 | 3 | 40 | 7.5% |
| 7 | Bener Meriah | 24 | 1 | 25 | 4.0% |
| 8 | Aceh Tengah | 26 | 4 | 30 | 13.3% |
| 9 | Aceh Utara | 44 | 1 | 45 | 2.2% |
| 10 | Lhokseumawe | 21 | 4 | 25 | 16.0% |
| 11 | Aceh Timur | 37 | 3 | 40 | 7.5% |
| 12 | Langsa | 21 | 4 | 25 | 16.0% |
| 13 | Aceh Tamiang | 19 | 11 | 30 | 36.7% |
| 14 | Aceh Tenggara | 27 | 3 | 30 | 10.0% |
| 15 | Gayo Lues | 19 | 1 | 20 | 5.0% |
| 16 | Aceh Jaya | 19 | 1 | 20 | 5.0% |
| 17 | Aceh Barat | 23 | 2 | 25 | 8.0% |
| 18 | Nagan Raya | 21 | 4 | 25 | 16.0% |
| 19 | Aceh Barat Daya | 24 | 1 | 25 | 4.0% |
| 20 | Aceh Selatan | 27 | 3 | 30 | 10.0% |
| 21 | Aceh Singkil | 22 | 3 | 25 | 12.0% |
| 22 | Subulussalam | 17 | 3 | 20 | 15.0% |
| 23 | Simeulu | 16 | 4 | 20 | 20.0% |
|  | **合計** | **571** | **74** | **645** | **11.5%** |
|  | アチェ州議会 | 72 | 9 | 81 | 11.1% |

出所：Komisi Independen Pemilu Aceh, 2019.

員の割合を示している。サバン（Sabang）県の25％，アチェタミアン（Aceh Tamiang）県の37％を除いて，全ての県／市で女性議員の割合は20％を下回っている。州都であるバンダアチェでも，女性議員の割合は13％であり，アチェ州平均の11.5％とほぼ変わらない。女性の政治参加は，進んでいないと言えるであろう。

# おわりに

　平和構築プロセスには，女性の参加が重要である。女性が従属的な立場に置かれていた現地社会に，女性の参加を促進する新たな仕組みを導入し，積極的な啓蒙活動によって，女性の地位向上が進みつつある東ティモールのような地域がある一方で，現地社会の伝統的な慣習や価値観に基づいて平和構築が進められた結果，社会の様々な意思決定プロセスから女性を排除する事態を招いているアチェのような地域もある。

　地域によって異なる社会の慣習や価値観を軽視して画一的な政策を施行しても，現地社会の反発を招き，平和構築は成功しない。しかしながら，現地社会の慣習や価値観を重視したことにより，平和構築に重要な役割を果たす女性が意思決定プロセスから排除され，ジェンダー平等や女性の地位向上という国際的な規範の推進から逆行している状況は，望ましい平和構築のあり方ではない。現地社会の慣習や価値観を尊重しつつ，ジェンダー平等と女性の地位向上を実現する平和構築のあり方が問われている。

―― さらに勉強を進めるために ――――――――――――――――――――――――――――――――

我喜屋まり子，エイミー・チウ・ウー，タラ・アル＝ローザン『平和構築に向けた女性のリーダーシップとエンパワーメント』（笹川平和財団，2016年）。

山田満編著『新しい国際協力論 [改訂版]』（明石書店，2018年）。

Oliver P. Richmond, *A Post-liberal Peace*, Oxon: Routledge, 2011.

## 第10章

# 「アラブの春」を考える

川嶋淳司

諸外国の指導者，有力者，国会議員らの中には，人種主義的な古いセリフを
持ち出して，こう繰り返す人がいる——「アラブ人に民主主義はまだ早い，な
ぜなら彼らはアラブ人だからだ。」

ジャマル・カショーギ（ジャーナリスト）

## はじめに
——2011年の抗議運動「アラブの春」

　2011年の「アラブの春」[1]は衝撃であった。非民主的な体制がいかに頑強
に存続しているかを多くの研究者が論じている最中に，そうした体制が次々
とデモにより動揺したからである。2011年には，ベン・アリ大統領の亡命し
たチュニジア，軍部がムバーラク大統領の退陣を宣言したエジプト，国家元
首カダフィー大佐の殺害されたリビア，サーレハ大統領の退陣したイエメン
——これら四カ国で体制の崩壊が生じた。チュニジアは民主化に成功したも
のの，エジプトにおいては軍部を中心とした権威主義的な政治体制が定着し
つつあるように見える。リビアとイエメンは，中央政府が国土全体を掌握で
きておらず，国家破綻かそれに似た状態に陥っている。同時期に戦乱状態に
陥ったシリアでは，今でも混とんとした状態が続いている[2]。

（1）　2010年末よりチュニジアで始まった，アラブ諸国における大規模な抗議デモとそれに伴う政
　　治的混乱の総称。人口に膾炙した一般的な用法としてカギカッコつきで表記する。
（2）　中東各国の状況は以下を参照。松本弘編『中東・イスラーム諸国民主化ハンドブック　第1

　2011年には中東地域<sup>(3)</sup>に広く抗議活動の波が伝播したにもかかわらず，中東全体を俯瞰すれば，多くの国家で体制の転換は生じなかった。その意味では，多くの非民主的な指導者は生き残ったと言える。また，チュニジア，エジプト，リビア，イエメンでの元首交代劇は衝撃的であったが，その後に民主的国家へと転じたものはチュニジアのみであり，その他では別の権威主義体制ないし国家破綻状態が生じた。総じて言えば，民主的でない状態が持続している。

　2011年に中東の若者らが自由と平和を求める声を上げたとき，体制側による取り締まりや鎮圧行動には文字通りの直接的な暴力がみられた。そして，若者らの異議申し立てやその後の政治的混乱の帰結として，内戦状態や非民主的な状況の存続といった暴力的で平和ならざる現状がある。そこには，より構造的な，多くの背景と呼ぶべきものが影響しているのではないか。平和学の描く世界像の実現には，そうした構造的なものの解明とそれに対する処方とが求められよう。

　中東地域に限定しない形での非民主的な政治体制の研究から得られた知見を基に「アラブの春」を考えることは，これに貢献できる可能性が秘められていると筆者は考える。後に述べるように，中東を特殊で例外的な地域とする見方，いわゆる中東例外論は今でも根強い。中東だから，アラブだから，イスラームだから等の言葉で例外扱いするのではなく，中東以外の非民主的な政治体制においても共通にみられる一般的な見地から出発して分析することで，上述の構造や背景といったものの解明をより開かれ，より検証可能なものとできるのではないか。

　本章以下では，まず次節において，非民主的な政治体制を権威主義として定義し，その研究の着眼点を紹介する。民主政という理想像から眺めて権威主義体制を欠損として描くのではなく，そうした体制そのものに着目して，どのように維持や存続が実現しているのかに焦点を当てるのが，本章で中心

巻（中東編）』（「イスラーム地域研究」東京大学拠点，2015年）。
（3）　本章では，中東地域の指す範囲として，西はモロッコから東はアラビア半島及びイラン，北はトルコを始点に南側へ北アフリカまでを覆う地中海の南及び東側という一般的な意味で用いる。中東という地域が規定された歴史的な経緯については，酒井啓子『中東政治学』（有斐閣，2012年）31-34頁を参照。

的に取り上げる権威主義体制研究である。地域や時代を異にする非民主的な
体制を横並びに研究する同分野は，権威主義体制の持つ頑強性（崩壊しにく
さ）を解明してきた。だからこそ，「アラブの春」で権威主義体制が崩壊し
たことは，多くの研究者にとって予想外であり衝撃的であったのである。

　それでは，「アラブの春」においてどの国の体制が崩壊したのか，何が体
制崩壊の分水嶺となったのだろうか。上記に続く節にて，これを軍部の動き
に着目して論じる。なぜなら，デモが生じた際に軍部が体制を守る側につく
のか，倒す側につくのかが，その後の進展の重要な分かれ目であったからで
ある。軍部の意思決定に影響する要因として，社会運動の動員力にも触れた
い。その上で，いざ体制の崩壊する際にはどのようにそれが起こるのかに着
目し，権威主義体制の中の種類によって特徴的な体制崩壊のパターンがある
と論じる先行研究に沿って「アラブの春」を考えたい。

　このように，以下では地域の特殊性ではなく，非民主的な政治体制に特徴
的な側面により焦点を当てて「アラブの春」を眺める。地域の特殊性を極端
に強調した例として，本章の冒頭にサウジ人ジャーナリストのジャマル・カ
ショーギ氏による警告を挙げた。これは，2018年4月の「イスラームと民主
主義の研究センター」（The Center for the Study of Islam and Democracy）年次会
合でのカショーギ氏の基調講演から引用したものである。

# I　非民主的な政治体制を考える

　非民主的な政治体制を権威主義体制（authoritarian regime）と呼ぶことがあ
る。もともと権威主義体制というカテゴリーは，民主政治（democracy）とも
全体主義（totalitarian regime）ともつかない第三の分類として提唱されたもの
である。民主政治で実現しているような政治参加の保障や自由で競争的な複
数政党制は認められていないものの，一方で，独のナチスや旧ソ連のスター
リンの統治のような単一政党や大衆動員といった全体主義体制における特徴
とも合致しない体制を指す[4]。体制の類型として民主主義と全体主義とが

---

（4）　岡沢憲芙，スティーブン・リード，大澤真幸，山本吉宣編『政治学事典』（弘文堂，2000年）
　　295頁。権威主義体制には次の特徴が見られる。すなわち，①議会制民主主義制度を形式上は採

対置されたのは，20世紀における米ソの冷戦も少なからず反映している[5]。
冷戦の終結後，全体主義に分類できる体制は非常に少ないため，権威主義体
制と非民主主義体制とを同一視してほぼ問題がないとされる[6]。そのため，
権威主義体制（authoritarian regime），独裁（dictatorship），専制（autocracy）は
言い換え可能な単語として用いられる[7]。本稿でも，特段の断りがない限
り，この一般的な用法に従って権威主義体制の言葉を用いたい。

　権威主義体制の研究は，民主化研究と少し視座が異なる。その理由の一つ
として，民主化の有無や，なぜ民主化しないのかを問う代わりに，非民主的
政治体制がどのように維持されているかに着眼点を置いているからである。
民主化を理想的な政治体制として，そこから引き算のように足りないものを
数え上げて非民主的体制の政治を描くのではなく，今そこにある権威主義体
制がどのようなメカニズムで維持されているのかを解明しようというところ
に力点を置いている。民主化の有無をひとまず主眼としないで，非民主的体
制下における議会，政党，選挙，社会運動等がどのように活動し，その結果
として体制の存続とどのように関係しているか，そのメカニズムに光を当て
たのである。

　むしろ，民主的な制度のひとつと考えられていた議会や政党について，権
威主義体制の維持・存続に寄与する側面を持つ点が注目された[8]。

　いかなる非民主的な統治者も一個人で国土を支配することはできない。そ
こで，体制を支える人員が必要になる。しかし，統治者と体制を支える人員
との間に不信が満ちていては政治運営はままならない。そこで，議会や政党
という制度が，双方の行動に一定の規則性を与えるとしよう。そうすると，

---

用しているが，政治的自由の制限や反対派の弾圧など，実際には権力が著しい「超然」性を帯び
ている，②官僚や軍が体制を支えており，権力が自己目的化している，③「アメとムチ」による
大衆操作と「翼賛」的運動の組織化にみる正当化の矮小性が観察される。大学教育者編『現代政
治学事典』（桜楓社，1994年）250頁。
（5）　Friedman, Edward., Wong, Joseph. eds. 2008. *Political Transitions in Dominant Party
Systems: Learning To Lose*, Routledge. p. 3.
（6）　粕谷祐子『比較政治学』（ミネルヴァ書房，2014年）90-91頁。
（7）　同上，91頁及び139頁。
（8）　権威主義体制下の議会及び政党の役割の詳細については，以下を参照。久保慶一，末近浩
太，高橋百合子『比較政治学の考え方』（有斐閣，2016年）85-87頁。今井真士「『アラブの春』
の比較政治学」『国際政治』188号（2017年 a）131-132頁。

お互いを観察・監視する機会がもたらされる。体制を支える人員にとって
は，制度の持つルールに独裁的な統治者が一定の拘束を受けているため，現
状や将来の見通しを立てることができ，体制を維持しようという決定が容易
となる。例えば，独裁的であったとしても指導者の政党で働いていれば，将
来的な昇進や昇給が見込める。そう思った人が政権与党に加わり，与党は強
力になる。また，議会では野党勢力に一定の妥協や利権を与えることで，体
制そのものへの過度な反対を和らげるための交渉の場を持つことができる。
同時に，恣意的な資源配分や政治的妥協を通じて野党勢力間を分断して弱体
化させる機会を体制側は得る。

　権威主義体制では，しばしば体制側が国家の資源（財政，軍や省庁，メディ
ア）を自らの有利となるように使いながら選挙を実施する。そのようにして
優位を維持しながら，投票者の意向を調査することを選挙制度は可能にす
る。そして，体制に有利な形で選挙を実施することで，勝ち目のない野党勢
力は過度な対決姿勢よりも，現実的で限定的な妥協を体制側から引き出すこ
とを志向するようになる。

　こうした研究や理論の発展に中東諸国は豊かな事例群を提供した。非民主
的な体制にあふれていたからである。また，逆に他の地域における権威主義
体制でも見られるような現象が中東の事例でも確認され，それをもって権威
主義体制の存続が説明できるようになった。アラブだから，中東だから，と
いう決めつけではなく，他地域でも見られる現象を通じて政治状況を説明し
ている。特殊で例外的と思われていた地域のベールを徐々に剥いでいくよう
な研究群が登場した[9]。

## Ⅱ　どの国の体制が崩壊したのか？

　2011年「アラブの春」前までの権威主義体制の研究，特にその頑強性（崩
壊しにくさ）の研究は，2011年の4か国の体制崩壊を経て再検討を迫られるこ
とになった。なぜなら，どのように非民主政が維持されているのかが解明さ

---

（9）　たとえば，今井真士『権威主義体制と政治制度：「民主化」の時代におけるエジプトの一党
　　優位の実証分析』（勁草書房，2017年b）44頁。

れてきていた最中に，当の権威主義的な体制が崩壊したからである。権威主義体制がいかに頑強であるかを説明してきた研究者の中に，2011年の体制崩壊を予言した者はいなかった[10]。

　それでは，体制の崩壊した国の発生，また，そうでない国との違いは何によって説明したらよいのだろうか。

　「アラブの春」では体制崩壊の瀬戸際において，軍部が体制側につくのか，反体制派側につくのかが重要な分かれ目となった。これについては，軍部の能力と意思の決定要因という2つの側面から，「アラブの春」の諸事例を説明できるとされる[11]。

　軍部の能力を決める要因は，財政と国際的支持の2つである。石油収入等の豊かな財政基盤があり，武器の供給や訓練を行う外国にとっての利害に当該国の軍部の存在が一致するときに，軍部の能力は高まる。

　中東地域では，石油や天然ガスによる豊かな財政と（安全保障や資源獲得という利害関心から）国際的な支持とが権威主義体制へもたらされている。このことが，軍部に強力な能力を授け，反体制派を陰に陽に抑圧し，封じ込めていると考えられてきた。

　また，反体制派を抑圧しようと軍部が意思決定する際に影響する要因とは，軍部内の組織化のレベル，それに反体制運動の動員力である。軍部が国防を担う独立した機関というより，血縁や地縁などの政治指導者の個人的な紐帯に基づく組織になっている場合，改革や体制崩壊の後に，軍部のメンバーは交代させられる可能性が高まるため，体制維持を志向しやすい。軍部の組織的な制度化の度合いが比較的に高いチュニジアとエジプトでは，軍部が国家元首を見限るという選択を行った[12]。リビアのように部族色が軍部の構成に反映している場合，体制の危機に際して分裂を起こしやすく，内戦状態に陥る。イエメンでも同様に高官を含む軍部の一部離反が生じた[13]。

---

(10)　Bellin, Eva. 2012. "Reconsidering the Robustness of Authoritarianism in the Middle East: Lessons from the Arab Spring," *Comparative Politics* 44 (2), p. 143.

(11)　以下の議論は *Ibid.*, pp. 128-135. を参照。

(12)　ただし，エジプト軍部には体制との親密な関係に基づいて経済的利益を促進してきた経緯があることから，単に独立的かつ制度化しているという側面からではなく，国際的な支援による説明が必要と Bellin は論じる。

表1 「アラブの春」における抗議デモの分類

| | | 体制打倒の主張の有無 | |
| | | あり | なし |
|---|---|---|---|
| 継続性，新旧グループの融和性，戦術性を有する社会運動 | あり | チュニジア<br>エジプト<br>イエメン<br>バハレーン | モロッコ<br>ヨルダン<br>クウェート |
| | なし | リビア<br>シリア | サウジアラビア |

出所：今井，前掲（2017年 a），132頁を基に筆者作成

　さらに，反体制派の社会的動員力が大きければ，これを暴力的に鎮圧する場合のコストは大きい。

　2011年の「アラブの春」では，抗議デモが短期間のうちに急速に拡大した。これが頑強性の強調されていた権威主義体制を動揺させた。これまでは中東では抑圧的な体制が多いことから，ひとびとが政府批判を含む政治的な競争を行うことは非常に高コストであると考えられてきた。その意味で，2011年の大衆デモはまさに予想外であった。

　「アラブの春」で反政府抗議デモの要求する体制打倒ないし政治改革が実現した国家には共通した特徴が見られるとの議論がある[14]。その特徴とは，①すでに長年に渡って多種多様な社会運動が体制側への抗議や要求を続けていたこと，②既存の社会運動と比較的新しい若者運動が体制打倒の一点で大同団結できたこと，③長年の経験で培った戦術を活用して政治的関心に乏しい人々を街頭に動員できたこと，の3点である。

　社会運動の有無と，体制打倒を掲げたか否かとの組み合わせで4象限の図に各国を整理すると，表1のようになる。継続的で新旧グループが団結し，動員戦術に長けた社会運動の存在が，抗議デモの要求実現をより可能とした

---

（13）　イエメンの事例については Knights 2013. が詳しい。Knights, Michael. 2013. "The Military Role in Yemen's Protests," *Journal of Strategic Studies* 36 (2), pp. 261-288.

（14）　今井，前掲（2017年 a），131-137頁。参照している各国の事例研究は以下の研究。Khatib, Lina. Lust, Ellen. 2014. *Taking to the Streets: The Transformation of Arab Activism*, Baltimore: Johns Hopkins University Press.

と推論することができる。体制打倒を掲げ，実際にその崩壊が起こった国
（チュニジア，エジプト，イエメン）が集まっている。また，モロッコ，ヨルダ
ン，クウェートでは憲法改正や選挙が実施された。さらに，この表の示唆す
るところとして，リビアでは国際的な介入がなければ体制の崩壊は起こりに
くく，またバハレーンでは軍事介入がなければ体制は崩壊していた可能性が
考えられる[15]。

　このように軍部の能力と意思，（軍部の意思決定に影響する）社会運動の動員
力，それに外国の関与から，「アラブの春」における体制崩壊の有無が説明
できそうである。

## Ⅲ　どのように体制は崩壊するのか？

　前節では体制崩壊するか否かの分かれ目に注目した。以下では，いざ体制
が崩壊する際において様々な倒れ方がある点に着目したバーバラ・ゲデスら
のグループによる研究に触れつつ，「アラブの春」を考えたい。ゲデスらは，
権威主義体制の中にも種類があり，その種類に応じて体制崩壊時にみられる
特徴的な傾向を実証的に論じている。この研究の優れた点は，民主化の有無
をいったん脇に置いて体制の変化を横並びに分析しているところである。

　民主化研究は，民主化の有無と成否に注目するため，民主化しなかった場
合は失敗例として一括りにまとめられやすい。このように民主化のみを基準
とすると，権威主義体制から別の権威主義体制に移行した場合や，権威主義
体制から無政府状態に陥った場合は，民主化の実現しなかった同じケースと
して一緒にされてしまう。非民主的な体制から民主主義体制への変化のみを
移行とするのではなく[16]，ある体制から別の体制に移り変わることこそが
移行にほかならない。

　ゲデスらは，民主化した事例に限定しない体制移行の研究を発展させ

(15)　今井，前掲（2017年a），133頁。また，バハレーンでは少数支配階層のシーア派と反体制派
　　の多くを占めるスンナ派の宗派的な線引きがあり，軍部の団結した離反は生じなかった。また，
　　リビアもカダフィー大佐に忠誠を誓う部隊がデモに対する暴力的な鎮圧に従事した。
(16)　70〜80年代の南欧及び南米を対象に民主化の共同研究を行ったオドンネルとシュミッター
　　は，民主主義へと変化していく過程を移行と呼んだ。久保ほか編，前掲，50頁。

た[17]。ここで言う体制とは，指導者集団においてどの利害が代表されるの
か，それらの利害が指導者を拘束するか否かを決定する公的あるいは非公的
な基本的ルールを指す。そして，体制の移行とは，上記の基本的ルールの変
更，つまり，地位や出自を含む指導者集団のアイデンティティーの変化を意
味する。従って，政治的な指導者を輩出することができる集団，指導者の選
出及び政策に影響を与えるアクターは誰か，という2点において変更が生じ
たときを体制移行と呼ぶ。上記2点に該当する集団ないしアクターからの支
持は，政治指導者がその地位にとどまるために必ず取り付けなければならな
い[18]。また，ゲデスらの研究グループは，指導者の交代と体制崩壊とを区
別する。ある政治指導者の政権交代が必ずしも体制移行をもたらすものでは
ないからである。また，同一の政治指導者の政権下でも移行が起こることを
視野に入れている。

　このように指導者集団の性質に注目して権威主義体制を分類する場合[19]，
優位政党制，王政，軍政，個人支配，寡頭制，間接軍政，混合型（ハイブリ
ッド）の7つのカテゴリーがある。優位政党制では与党が，王政では王族
が，軍政では軍部が主な政策を決定し，指導者を選び出し，治安部隊を統率
する。個人支配とは，これが一個人に集中している類型である。個人支配型
の指導者が，たとえ軍人であったり与党政治家であったりしても，組織とし
ての軍部や政党からの拘束を受けずして，政策や人事の判断を行う場合には
個人支配型に分類される[20]。

　寡頭制とは，多くの国民が投票権を持っていない中で一部の者の間で競争
的に指導者を選出している体制を指す。間接軍政とは，競争的な選挙を通じ
て指導者が選出されているものの，有力政党の選挙参加や政策作りを軍部が

(17)　Geddes, Barbara. 1999. "What Do We Know About Democratization After Twenty Years,"
　　*Annual Review of Political Science* 2, pp. 115-144, 及び, Geddes, Barbara. Wright, Joseph. and
　　Frantz, Erica. 2014. "Autocratic Breakdown and Regime Transitions: A New Data Set,"
　　*Perspectives on Politics* 12 (2), pp. 313-331.

(18)　Geddes *et al.* 2014., pp. 314-315.

(19)　この前段階として，ある国家の政治状況を，民主政，非独立状態，専制（権威主義体制），
　　外国支配，暫定政府，政府不在のいずれかに分類する作業をゲデスらは行っている。民主政でな
　　いものが全て権威主義体制となるわけではない。

(20)　*Ibid.*, pp. 319.

妨害している体制である。混合型は，優位政党，軍政，個人支配型の特徴が入り交ざって観察される類型を指す。

　このように権威主義体制の中の種類分けを行うと，それぞれに特徴的な体制の崩壊パターンが導き出された。また，これを支持する過去のデータを示している。具体的には，1946年から2010年までの政治体制を種類分けして，そのうちの（280の）権威主義体制の崩壊について分析をゲデスらは行った[21]。ここでは，崩壊した事例の豊富な軍政，優位政党制，個人支配型を見てみたい[22]。

　軍政は体制の崩壊する確率が最も多い。その理由として，軍部は政権を手放したとしても，国防や治安維持という本来の仕事が残るからである。また，軍部にとって最悪の展開とは，体制派と反体制派とに内部分裂して武力衝突を起こすことである。このことは，組織内の多くの支持が得られる場合，一致して体制移行へと舵を切りやすいということを示唆している[23]。

　特定の政党が長期間にわたり政権を担う優位政党型では，政党内のメンバーは一致して支配の継続に賛成するため，体制の崩壊が起こりにくい。個人支配型も政権運営に携わるメンバーは，権力の維持で一致するはずであるから，体制の崩壊は生じにくい。ただし，政党組織よりも指導者個人に基づく支持基盤なので支持層が狭くなりやすく，また，政治運営が指導者個人の思惑により左右されやすいため制度化の程度が低く，このことが意見の対立を生じさせやすくすると考えられる。

　「アラブの春」で体制崩壊の生じた国家はいずれも権威主義体制であったが，その下位分類には違いがあった。すなわち，「アラブの春」の前夜の時点で，チュニジアが優位政党，エジプトが混合型（ただし優位政党制に近い混合型），リビアとイエメンが個人支配に分類されていた[24]。チュニジアが民主化へと向かったことは，これまでの過去のデータから抽出された傾向と合致する。すなわち，体制崩壊時の暴力の度合いが少ないほど民主化の傾向は高

(21)　このデータセット「Autocratic Regime Data」は以下にて閲覧可能。https://sites.psu.edu/dictators/
(22)　久保ほか編，前掲，88-90頁。
(23)　Geddes 1999. p. 126.
(24)　Geddes *et al.* 2014., p. 326.

まる点と，優位政党制（チュニジア）が個人支配型（リビアとイエメン）より民主化の可能性が高いという点である。エジプトは別の権威主義体制へと移行を果たした。エジプトは混合型に分類されているものの，ムバーラク大統領の退陣を発表し，その後の民選の大統領をクーデターで倒して新たな政権を敷いている軍部の役割が非常に大きい。

現在，リビアとイエメンは暫定政府ないし政府不在の状態である。いずれも「アラブの春」で失脚した指導者は個人支配型に分類される。個人支配型の体制においては，崩壊する際には他の類型に比べて以下の3つの傾向が見られるという。政治指導者の強制的排除，政治指導者への危害，低い民主化の可能性の3つである。

ひとつめの政治指導者の強制的排除とは，外国による侵攻，クーデター，暴動，反乱のいずれかによる元首の追放である。強制的排除に対して，体制内部からのルール変更や選挙に基づく排除が，非強制的な手段に該当する。権威主義体制において体制の崩壊が生じた際，個人支配では80％以上が強制的な排除を伴うものという過去のデータが得られている[25]。軍政では半数以下，優位政党制は60％台であるのに比べると，個人支配型の指導者は強制的に排除される可能性が高い。

ふたつめの政治指導者への危害とは，政治指導者が権力の座を退いた際ないし直後において，亡命，逮捕，死亡のいずれかを経験していることを指す。権威主義体制において指導者が失脚ないし退陣した際，このような危険にさらされる確率は個人支配が最も高く69％である[26]。次は王政がこれに続く。軍政では半々，優位政党制では60％以上の元首が退陣後も無事であり，多くは自然死するまで生き延びることができる。

さらに，民主化に帰結する度合いも傾向に差がある。民主化した事例が60％以上の軍政や優位政党制に比べて，個人支配型は民主化の確率が最も低い[27]。このように個人支配型の体制崩壊では，強制的な排除，政治指導者への危害，非民主化傾向という特徴が過去のデータに基づいて指摘される。

---

(25)　Geddes *et al.* 2014., p. 325.

(26)　*Ibid.*, p. 321.

(27)　*Ibid.*, p. 324.

　リビアは，個人支配に典型的な崩壊パターンをたどった。2011年に反体制運動が拡大し，退陣を拒否したカダフィー大佐と反体制派の内戦化という展開をたどった[28]。そして，外国による軍事介入および反体制派の武装蜂起により，同国の元首は強制的に排除されたばかりでなく，2011年10月に殺害された。つまり，政治指導者へ危害が及んだ。

　しかし，2011年のイエメン共和国のサーレハ大統領（当時）の退陣劇は，これとは少し変則的な展開を見せた[29]。サーレハ大統領は退陣時や後の移行期間において，亡命せず，投獄も殺害もされていない。サーレハ大統領は2017年末に殺害されているものの，これは2015年以降に外国の介入を伴う内戦状態になってからの出来事であり，退陣の際ないし直後に加えられる危害という個人支配型体制における崩壊パターンとは区別されるべきだろう。

　サーレハ大統領の退陣は反体制派による反乱や暴動の結果であったことから，ゲデスの分類上は，強制的な排除に該当する。ただ，退陣が合意と交渉に基づいて結実した点に注目したい。サーレハ大統領は近隣諸国と国連による仲介案に同意することで自らの退陣を決定した。交渉による体制移行が起こりやすい軍部と異なり，個人支配型では体制崩壊の後に亡命に追い込まれたり，逮捕や殺害の憂き目に遭ったりしやすいため，交渉に抵抗する可能性が高いと考えられてきた[30]。そうした個人支配型の体制において，合意と交渉により元首が退陣したことは変則的と言わざるを得ない。外国による仲介が上述の理論上の変則的パターンとどのような関係にあるのかという研究上の課題が浮かび上がる。

(28)　一連の経緯は，福富満久「カダフィ政権崩壊と未来―民主化というグローバリゼーションの中で―」水谷周編著『アラブ民衆革命を考える』（国書刊行会，2011年）137-162頁に詳しい。
(29)　2011年の反体制派デモの発生から移行体制の崩壊までの経緯は以下の拙稿を参照。「アラビア半島の震源地イエメン」『中東研究』523号（2015年）31-41頁。「ホーシー派が揺さぶる連邦制国家イエメンへの道」『中東動向分析』（2月号）（2015年）1-14頁。「希望と絶望の間―『イエメンの春』から停戦協議まで」『アジ研ワールド・トレンド』248巻（2016年）8-11頁。
(30)　Geddes *et al.* 2014., p. 321 and p. 326.

# Ⅳ　中東例外論を超えて

　中東地域の政治的動態を解明しようという知的な営みは，少し特異な状態に置かれ続けてきた。なぜなら，中東という地域が，文化的，歴史的，伝統的に他の地域とは全く異なる特徴を持っているために，社会科学の一般理論ではその実態を解明することが不可能，あるいは困難であるという見方[31]が長らく存在してきたからである。

　こうした見方は中東例外論と呼ばれる。本章の冒頭に引用したものも，アラブ人に特化した中東例外論の一種にほかならない。中東例外論が人々の心をとらえ，さらに拡大する背景として，中東を題材とする研究と一般的な理論研究とのリンクが薄かったこと，中東研究を専門と自認する者とそれ以外の者との間で基礎文献や研究成果の共有があまり進んでこなかったことが挙げられる[32]。このことが，中東に関わりの薄いひとびとに未知で不可解な地域というイメージをますます抱かせることにつながったと考えられる。

　さらに，中東が特殊な地域と見られる一因として，なかなか民主化しないことが挙げられよう。南欧，東南アジア，東欧，ラテンアメリカが民主化していく中で，中東には依然として非民主的な体制が多い。自由や民主的な制度や規範が世界大で広がっているとの認識に立てば，中東は取り残された辺鄙な地域と映るかもしれない。市民社会組織や選挙等の民主的な特質が部分的にとはいえ存在しているにもかかわらず，中東諸国が遅々として民主化しないことは，学問の世界でも大きな疑問とされた。この謎が，中東を例外的な地域としてとらえることを助長してきた。

　中東が総じて非民主的な国家群であることが，同地域に対する特異で例外的なイメージを抱かせる背景となっているのではないか。

　権威主義体制がどのように維持され，強化されていくかを問う研究分野において，中東地域は豊富な事例を提供し，その理解を深める知見が蓄積された。それは，世界中の権威主義体制に関する研究と同じ土俵に中東地域も立

---

(31)　末近浩太「序論　中東の政治変動─開かれた『地域』から見る国際政治─」『国際政治』178号（2014年）3頁。
(32)　同上，2-3頁。

つことを意味する。例外扱いではなく，世界の共通言語で中東の権威主義体制が語られることにほかならない。例外的な扱いを脱するための新たな研究領域である。

　本章で述べたように，中東地域に多く見られる非民主的な体制は，その他の地域の権威主義体制研究から得られた知見から分析することが可能である。権威主義体制の動揺時における軍部の行動は，どの地域にも共通する注目すべき点である。また，体制の崩壊時における特徴的なパターンから分析すれば，個別事例の共通点かつ差異が見つかり，研究上の課題とすることができる。こうしたアプローチは，言うまでもなく中東地域に限らず，どの政治現象においても一般的なものにほかならない。

　権威主義体制の存亡を決する重要時において，軍部の能力へ影響する一要因として国際的な支持があった。これは中東各国の置かれている国際関係へと関心を注がせる。国際的な関係とは，われわれを含むグローバルな網の目の有り様にほかならない。また，軍部の意思決定を左右するものに社会運動の動員力があった。市民社会グループやNGO等の連携を通じた各アクターの能力強化が，政治的動乱の趨勢に影響を与えることを示している。同時に，上述の点を含む様々な要因が関係しあいながら，どのようなプロセスを経て政治的な帰結へと着地するのかについては，一般的な理論と個別事例とを往復するような研究の必要性が感じられる。

## おわりに

　中東情勢を理解しようとする知的営みは，これまである種の例外扱いを受けてきた。しかし，これを架橋して飛び越えようという試みが繰り返されている。それは，あたかもブラックボックスのように目されていた中東地域を世界像の中に取り込み，その中に位置づけようという研究潮流にほかならない。2011年の「アラブの春」は，既存の権威主義体制研究に予想外のショックを与えたが，それを糧にして，さらなる研究の進展がみられる。研究主題を異とする他地域の研究者にも開かれた共通言語でもって語ることで，知見を開かれたものとし，広げている。特殊で不可知なものとして眺めるなら

ば，恐れや決めつけが視野を曇らせてしまうだろう。本章冒頭の引用は，それを鋭く指摘する。

【付記】本稿で述べられた意見や見解は全て筆者個人によるものであり，筆者が所属する組織の立場を一切示すものではありません。

── **さらに勉強を進めるために** ──────────────

　今井真士『権威主義体制と政治制度：「民主化」の時代におけるエジプトの一党優位の実証分析』（勁草書房，2017年）。

　オーウェン，ロジャー（山尾大・溝渕正季訳）『現代中東の国家・権力・政治』（明石書店，2015年）。

　酒井啓子『中東政治学』（有斐閣，2012年）。

　多賀秀敏「社会現象へのアプローチのためのヒントと基本的ドリル：比較と分類」『早稲田社会科学総合研究』第 5 巻第 1 号（2004年）19-48頁。（オンラインで全文閲覧可能）。

## 第11章
# 教育におけるジェンダー差別による女性の貧困
### ——パキスタンにおいて女子を置き去りにしない技術教育・職業訓練とは？——

勝 間　靖

# はじめに

　あらゆる社会において，おとなと比較すると，子どもは弱い立場にある。さらに，子どものなかでも，女子は，男子よりも社会的に弱い状況に置かれることが多い。たとえば，少数民族によって構成される村落に住み，低いカーストに所属する女の子は，複合的に脆弱化された結果，水汲みなどの家事労働に従事させられ，早婚を強いられ，学校教育を受ける機会を奪われることもある。仮に，教育を受けて，進学できたとしても，女子は，仕事に必要とされる技術的・職業的スキルを学ぶ選択肢が制限されることが報告されている。

　低所得国に住む脆弱な女子が直面する暴力・貧困・社会的排除といった平和と「人間の安全保障」にかかわる問題について，その国の政府が解決策を効果的に実施できないでいる場合，比較的に豊かな国の政府や市民社会が解決に寄与するための国際協力をおこなうこともある。本章では，社会的に排除されやすい脆弱な立場に置かれた女子が尊厳をもって平等に生きられるような包摂的で平和な社会を目指す国際協力のあり方を考えるため，パキスタンにおける技術教育・職業訓練（technical and vocational education and training: TVET）をジェンダーの視点から議論する。

# I　教育におけるジェンダー平等への国際的な取組み

## 1　教育への権利と「万人のための教育（EFA）」

　初等教育の完全普及についての国際的な合意は，1948年の『世界人権宣言 (Universal Declaration of Human Rights: UDHR)』にさかのぼることができる。その後，1979年の『女性差別撤廃条約 (Convention on the Elimination of All Forms of Discrimination against Women：CEDAW)』はジェンダー差別を撤廃することについて，1989年の『子どもの権利条約 (Convention on the Rights of the Child：CRC)』はすべての子どもが教育を受ける権利をもつことについて，国際法として締約国に義務づけた。

　『子どもの権利条約』の28条では，子どもの教育への権利が国際的に合意された。さらに，「機会の平等」に基づいて教育への権利を実現するよう求め，2条にある「非差別」という原則を強調している。「機会の平等」という場合，女子，村落部の子ども，少数グループ，障害をもつ子どもなどへの配慮が考えられる。こうした「非差別」の視点は，開発における人権の主流化を推進してきた[1]。また，1998年には，「教育への権利に関する国際連合（国連）特別報告者」が当時の人権委員会によって設置された。

　1990年3月には，国連教育科学文化機関 (United Nations Educational, Scientific and Cultural Organization：UNESCO＝ユネスコ) のほか，世界銀行や国連児童基金 (United Nations Children's Fund：UNICEF＝ユニセフ) などの共催によりタイのジョムティエン (Jomtien) で開催された「万人のための教育 (education for all：EFA) 世界会議」において，「万人のための教育世界宣言（ジョムティエン宣言）」と「基礎的な学習ニーズを満たすための行動の枠組み」が採択された。これにより，基礎教育を中心とした教育開発のための国際的なパートナーシップが形成された。また，同年9月には「子どものための世界サミット」が国連ニューヨーク本部で開催され，そこでも女子教育の重要性が指摘された。

---

(1)　勝間靖「人権基盤型アプローチの発展における国連機関の役割—脆弱な社会層への政策を求めて」アジア・太平洋人権情報センター編『新たな国際開発の潮流〜人権基盤型開発の射程［アジア・太平洋人権レビュー2008］』（現代人文社，2008年）82-90頁。

　ラテンアメリカ地域を例外として，男子と比較して女子の教育が遅れている原因としては，慣習的な態度，児童労働，早婚，資金不足および適切な学校施設の欠如，10代の妊娠，社会および家庭におけるジェンダー不平等などがあげられる。また，国によっては，女性教師の不足や，幼い頃からの家事の手伝いのため，女子の就学が困難であることが指摘される。こうした背景から，1995年に北京で開催された「第4回世界女性会議」では，女子教育の進展の遅れが指摘され，『子どもの権利条約』28条の完全な実施が求められた。

## 2　国連女子教育イニシアティブ（UNGEI）

　教育におけるジェンダー平等を目指して，とくに女子教育を推進するため，世界規模のパートナーシップが強化されていった。「ジョムティエン宣言」の10年後，2000年にセネガルのダカールで開催された「世界教育フォーラム」では，「ダカール行動枠組み」が採択された。それは，2015年を達成期限としたEFA目標を設定し，その一部は，後述するミレニアム開発目標（Millennium Development Goals：MDGs）に含まれることになった。

　「世界教育フォーラム」において，国連女子教育イニシアティブ（United Nations Girls' Education Initiative：UNGEI）が立ち上げられた。UNGEIはユニセフが事務局を務めるパートナーシップであり，ジェンダー平等のための啓発や技術協力を促進するものである。UNGEIは，国際機関だけでなく，2国間援助機関やNGOをメンバーとして，非常に広範なパートナーシップを構築しているところが注目される。EFAを達成するための目標およびMDGsのなかでも，初等・中等教育におけるジェンダー格差の解消と男女すべての子どもの初等教育修了といった女子教育の普及へ向けて，各国政府の取組みを後押しする官民協力のパートナーシップを強化している[2]。

　教育における差別，とくに男女格差をなくすことがEFAを達成するうえでの前提条件であると考えられるようになってきた。女子が学校へ行けない構造的な問題に本格的に取り組むことなしには，ジェンダー平等の進展は難

（2）　勝間靖「ミレニアム開発目標へ向けた女子教育開発における国際連合の役割」『アジア太平洋討究』11号（2008年）215-222頁。

しいことが指摘されている。こういった認識は，『女性差別撤廃条約』や『子どもの権利条約』に基づいた「開発への人権アプローチ」とも合致する[3]。

### 3　ミレニアム開発目標（MDGs）とダカール行動枠組み

　2000年の国連ミレニアム・サミットにおいて採択された『国連ミレニアム宣言』は，国連加盟国の国家元首および政府首脳が，「平和・安全保障・軍縮」「開発と貧困」「環境の保護」「人権・民主主義・よい統治」「弱者の保護」「アフリカのニーズへの対応」「国連の強化」について，決意を新たにしたものである。そのなかで，「開発と貧困」「アフリカのニーズへの対応」「環境の保護」との関連において，MDGsという具体的な目標が設定された。

　MDGsには，目標2「初等教育の完全普及」と目標3「ジェンダー平等と女性の地位向上」が含まれている。これらの目標は，2015年までに国際社会が達成すべきものとして年限が設定され，その進捗が国際的に監視された。MDGsのなかには，子どもに直接的に関連した指標やターゲットが多く見られる。たとえば，目標2については，2015年までにすべての子どもが男女の区別なく初等教育の全課程を修了できるようにする，というターゲットが設定された。

　2015年，EFA目標を設定していた「ダカール行動枠組み」はその達成期限を迎え，韓国のインチョン（仁川）で開催された世界教育フォーラム2015において，EFAおよび教育関連のMDGsへの取組みの成果と残された課題を踏まえたうえで，『インチョン宣言』が採択された。

### 4　持続可能な開発目標（SDGs）と2030年教育行動枠組み

　「ダカール行動枠組み」の後継として，2030年を達成期限とする「2030年教育行動枠組み」が，2015年11月にユネスコ総会が開催された際の特別ハイ

---

（3）　勝間靖「人権基盤型アプローチの発展における国連機関の役割―脆弱な社会層への政策を求めて」アジア・太平洋人権情報センター編『新たな国際開発の潮流〜人権基盤型開発の射程［アジア・太平洋人権レビュー2008］』（現代人文社，2008年）82-90頁。

レベル会合にて採択された。「2030年教育行動枠組み」は，教育関連の持続可能な開発目標（Sustainable Development Goals：SDGs）の達成へ向けた取組みの一環として位置づけられた。SDGs の目標4を中心としながら，他の教育に関連する目標およびターゲットへも貢献するように推進されている。

　SDGs や「2030年教育行動枠組み」の達成を目指すなか，TVET の役割が注目されている。SDGs の目標4のなかのターゲットにおいて，TVET への言及がある。ターゲット4.3は，「2030年までに，すべての人びとが男女の区別なく，手の届く質の高い技術教育・職業教育および大学を含む高等教育への平等なアクセスを得られるようにする」としている。そして，ターゲット4.4は，「2030年までに，技術的・職業的スキルなど，雇用，働きがいのある人間らしい仕事および起業に必要な技能を備えた若者と成人の割合を大幅に増加させる」ことを目指している。さらに，ターゲット4.5は，「2030年までに，教育におけるジェンダー格差を無くし，障害者，先住民および脆弱な立場にある子どもなど，脆弱層があらゆるレベルの教育や職業訓練に平等にアクセスできるようにする」としている。

# Ⅱ　技術教育・職業訓練（TVET）とジェンダー

　SDGs の達成を目指すなか，TVET の役割が注目されている。MDGs では目標2において初等教育が前面に打ち出されたのに対して，SDGs では，これまでの初等教育における一定の成果を踏まえて，今後，早期幼児教育や中等教育に加えて TVET をも視野に入れた教育の進展を目指しているといえる。

## 1　ユネスコの UNEVOC

　ユネスコは，TVET に関して，加盟国を支援するため，UNEVOC TVET 国際センター（International Centre for Technical and Vocational Education and Training）を運営している。UNEVOC は，UNESCO と Vocational の2つの語の一部を組み合わせた造語で，通常はユネスコ UNEVOC と呼ばれている。1999年のユネスコ総会で設立が決議されたのち，2000年のユネスコとド

イツ政府との合意に基づきボンに開設された。TVETにおけるジェンダーの課題についても，研究の動向を情報収集している[4]。

UNEVOCは，ユネスコ加盟国が持続可能な開発を進めるうえでTVET改革に取り組めるよう，「TVET戦略2016-2021」を策定している[5]。そこでは，3つの優先分野が示されている。第1の優先分野は，若者の雇用と起業を奨励することである。第2は，公平性とジェンダー平等の促進である。第3は，グリーン経済と持続可能な社会への移行を円滑にすることである。これらは，SDGsの目標やターゲットと一致した内容である。

## 2 TVETへの関心の高まりの背景

SDGsの目標4や「2030年教育行動枠組み」においてTVETがより明示化され，国際教育協力政策におけるTVETの重要性がより顕著となってきたことは，上でみたとおりである。政策決定者のあいだでTVETへの関心が高まっている背景として，いくつかの要因が挙げられる。こうした要因は，教育政策と産業政策という2つの異なる視点から分析することが有益であろう。

### (1) 初等教育修了者のための教育政策という視点

教育政策の視点から見ると，TVETへの関心の背後には，初等教育へのアクセスの飛躍的な拡大がある。1990年に「ジョムティエン宣言」が採択されて以降，EFAへの取組みのなかで，初等教育の拡大が強力に推進されてきた。そして，2000年には，「ダカール行動枠組み」とMDGsが採択され，さらに初等教育への取組みが加速化された。また，そこへの重点的な開発援助の配分のために，2002年にメキシコで開催された第1回国連開発資金国際会議とそこで採択されたモンテレー合意に基づき，支援対象国における初等教育への国際的な支援枠組みとして，EFAファスト・トラック・イニシャティブ（Fast Track Initiative：FTI）が立ち上げられた。なお，その後の2011年

（4） UNESCO, International Centre for Technical and Vocational Education and Training (UNEVOC). *Women and technical and vocational education and training: An annotated bibliography of research and related literature（1998-2003）*（Bonn: UNEVOC, 2004）.
（5） UNESCO. *Strategy for technical and vocational education and training（TVET）（2016-2021）*（Paris: UNESCO, 2016）.

に，FTIは，教育のためのグローバル・パートナーシップ（Global Partnership for Education：GPE）と改名されたが，支援対象国における初等教育へのアクセス拡大に大きく貢献した。

　こうした初等教育の拡充の結果，その修了者の受け皿として，中等教育へのアクセスの拡大に関心が高まった。途上国においては，中等教育の修了者の多くは求職しており，その準備のため，中等教育の普通科であっても技能科目が導入されていることもある。また，普通科へ進学できなかった生徒は，より良い就職へ向けて，特定分野の技能や技術を身につけられる技術高校に入学する者も多い。このように，初等教育修了者のための教育政策という視点から，公立 TVET 校への関心が高まっている。

(2)　**包摂的な産業政策という視点**

　産業政策の視点から見ると，経済活動のグローバル化と情報通信技術の進歩といった，途上国を取り巻く環境の変化が重要である。経済自由化の文脈において，先進国や中進国が途上国への対外投資を検討するとき，途上国における産業人材育成の不足が障壁となることが多い。とくに，仕事に必要とされる技能や技術が高度になるなか，産業政策の視点から，公立 TVET 校だけでなく私立 TVET 校への関心が高まっている。

　ここでは，2つの補完的なアプローチを見出すことができる。1つは，労働者の技能・技術を高度化して，労働生産性を高めることによって，産業を発展させようとする考え方で，経済成長アプローチと呼ばれる。もう1つは，貧困者や女性の経済活動への参加の促進や，失業者の就職活動の支援を目的としており，社会保障アプローチと呼ぶことができる[6]。

　このように，TVET は，教育政策と産業政策の両方の視点から捉えることが重要である。そして，産業政策のなかでは，経済成長アプローチと社会保障アプローチの補完性に注目することが求められるといえる。

## 3　経済参加におけるジェンダー格差と女性の貧困

　産業政策における社会保障アプローチの視点から，女性を含めた脆弱層の

---

（6）　岡田亜弥・山田肖子・吉田和浩（編著）『産業スキルディベロプメント～グローバル化と途上国の人材育成』（日本評論社，2008年）4～5頁。

経済参加は重要であり，それに必要とされる普通教育や TVET へのアクセスの平等化が必要とされている。

　このことは，開発協力において資金協力の重要な担い手である G 7 諸国においても強く認識されている。SDGs を含めた「持続可能な開発のための2030アジェンダ」が国連総会で採択される数か月前の2015年 6 月，G 7 エルマウ・サミットの首脳宣言では，TVET への取組みを決めている。つまり，TVET は，女性と女子の経済的エンパワーメント（empowerment）のための鍵であると指摘したうえで，2030年までに途上国で TVET を受けられる女性と女子を 3 分の 1 増やすよう，G 7 諸国として公約している。

　このように，SDGs との関係から見ると，TVET は複数の目標へ貢献することが期待される。第 1 に，上ですでにみたとおり，教育政策の面では，目標 4 の「すべての人に包摂的かつ公正な質の高い教育を確保し，生涯学習の機会を促進する」ことにつながる。そして，第 2 に，産業政策の面では，目標 8 の「包摂的かつ持続可能な経済成長およびすべての人びとの完全かつ生産的な雇用と働きがいのある人間らしい雇用（ディーセント・ワーク）を促進する」ことが期待される。このほか，貧困者や女性の経済活動への参加を促進するという点では，目標 1 の「あらゆる場所のあらゆる形態の貧困を終わらせる」や，目標 5 の「ジェンダー平等を達成し，すべての女性および女児の能力を強化する」ことへ貢献する。

　なかでも，労働市場での経済活動への参加におけるジェンダー格差と，その結果としての女性の所得貧困は，TVET への取組みにおいて，憂慮すべき重要な課題である。このことは，SDGs への取組みの過程で，地球上の誰も置き去りにしない（Leave no one behind）という点からも，忘れてはならない。

### (1)　労働市場におけるジェンダー格差の原因

　労働市場におけるジェンダー格差の原因には，企業の側のジェンダー偏向と，求職する女性の学歴や技術的・職業的スキルの不足が含まれる。

　第 1 に，雇用者の側のジェンダー偏向である。まず，女性の社会進出に否定的で，そもそも女性を雇用することに消極的な場合がある。また，たとえば，エンジニアは男性，縫製の仕事は女性というように，職種における男女

のステレオタイプが強く残っている分野もある。他方，職種によっては，男女の役割のステレオタイプが弱い場合もあり，たとえば，情報通信や建築の仕事では，デスクワークに女性が従事することに寛容である傾向が見られる。こうした雇用者側のジェンダー偏向については，SDGsの目標8「包摂的かつ持続可能な経済成長及びすべての人びとの完全かつ生産的な雇用と働きがいのある人間らしい雇用（ディーセント・ワーク）を促進する」ことを目指すなかで，中長期的に解決していく必要があるだろう。

　労働市場におけるジェンダー格差の第2の原因として，求職する女性の学歴や技術的・職業的スキルの不足が含まれる。普通教育については，初等教育・中等教育・高等教育のそれぞれにおいて，就学率や修了率にジェンダー格差がなくなるよう，引き続き努力していく必要がある。

　TVETについては，そもそもアクセスの段階で，女性への機会均等が認められていない場合がある。つまり，一般的に，職種によって，企業の側の求人や採用にジェンダー偏向が見られるため，それに対応してTVET校の側も女性に対して機会を制限している場合がある。とくに，公立TVET校が共学校ではなく，男子校または女子校であるときに，そうした制度的な差別が生じる。たとえば，男子校ではエンジニアを育成，女子校では縫製を教えるというような傾向があり，女子がエンジニアを目指すことが進学のうえで困難となっている。このことは，ステレオタイプを固定化・強化することにつながっていると懸念される。

　結果として，多くの女性が，企業に職を得ることができず，非雇用型在宅ワークに従事している現状が見られる。また，いったんは企業に職を得たとしても，ライフサイクルのなかで，結婚や出産などを契機に，休暇を取ることが許されないと，職を失わざるを得ないこともある。そして，その後の再雇用の機会が限られていると，非雇用型在宅ワークにしか仕事を見出せなくなる。こうした労働市場におけるジェンダー差別が，女性の貧困につながっている場合もある。

### (2) TVET による脆弱層の経済参加

　産業政策における社会保障アプローチの視点から，女性を含めた脆弱層の経済参加を促進するうえで，TVETが果たせる役割として期待されること

を, いくつか挙げることができる。

第1に, 能力的および経済的な理由で, 普通教育で高等教育への進学が難しい生徒に対して, 公立 TVET 校をとおして技術的・職業的スキルを学べる技術教育・職業訓練の機会を提供できる。それは, 卒業後の就労機会を拡大して経済参加を促すことによって, 貧困軽減に貢献できる。とくに公立 TVET 校をとおした女性の経済的エンパワーメントは, 相対的な所得貧困の解決とジェンダー格差の解消に有効だと考えられる。

第2に, 非雇用型在宅ワークにつかざるを得ない, 社会的に周縁化されている集団に対して, 私立 TVET 校をとおして技術的・職業的スキルを学べる機会を提供することによって, 経済的エンパワーメントを進めることができる。

## Ⅲ　パキスタンにおける TVET とジェンダー

パキスタン・イスラム共和国 (以下, パキスタン) は, 『女性差別撤廃条約』を1996年に批准しており, 締約国として, 国内でのジェンダー平等の推進について国際的に履行義務を負っている。そして, パキスタン憲法の25条2項は, 性差に基づくいかなる差別も認めていない。

こうしたなか, パキスタン政府の「ビジョン2025 (Vision 2025)」と第11期5か年計画は, 女性がその潜在能力を発揮して, 経済成長・繁栄・社会発展の恩恵を享受できるよう, 社会環境と機会均等を整備することを目指している。そして, 「女性の発展とエンパワーメントのための国家政策2002 (*National Policy for Development and Empowerment of Women*)」は, すべての発展の恩恵と社会サービスへ女性が平等にアクセスできるよう求めている[7]。

しかし, 実践の現状を見ると, 女性の経済参加は, 多くの南アジア諸国で低迷しており[8], とくにパキスタン女性が直面する障壁は非常に高いこと

---

（7）　Government of Pakistan, Planning Commission. "Chapter 9: Gender and women empowerment," *Annual plan 2015-16* (Islamabad: Planning Commission, 2015) 59-60 頁.

（8）　Mahbub ul Haq Research Centre. *Human development in South Asia 2016: Empowering women in South Asia* (Lahore: Lahore University of Management Sciences, Mahbub ul Haq Research Centre, 2016).

が指摘されている[9]。

　女性の TVET へのアクセス改善を考えるうえで，いくつか革新的な事例がパキスタンにある。ここでは，公立 TVET 校についてはラホール市にあるパンジャブ州立技術短期大学レイルウェイロード校（Government College of Technology, Railway Road：GCT-RR）建築学科を事例として，分析をおこなう。そして，私立 TVET 校の可能性については非雇用型在宅ワークに従事する女性を支援する HomeNet パキスタンという NGO の取組みを事例として，議論を進めたい。

## 1　パキスタン女子の TVET へのアクセス

　経済活動への参加に必要とされる技術的・職業的スキルを学べる TVET へのアクセスにおいて，パキスタン女子は不利な立場に置かれている。

　公立の TVET を担当する国家職業技術訓練委員会（National Vocational and Technical Training Commission：NAVTTC）は，女子が TVET 校に入学しようとするときに直面する障壁について分析し，以下の10点を挙げている[10]。

　第1に，ジェンダー偏向のある職業選択が顕著である。つまり，女子は，パキスタン社会において伝統的に女性の分野・職種とみなされる職業を選択しがちである。

　第2に，社会や家族の態度に課題がある。伝統的に，女子の両親（とくに男親）は，教育に投資せず，早婚（early marriage）を奨励する傾向がある。また，女性が独身の間は，できるだけ外出させない両親が多い。

　第3に，TVET におけるジェンダー・ステレオタイプが挙げられる。パキスタン社会において伝統的に女性の分野・職種とみなされる職業に絞った TVET が女子校において提供されるのが通常である。

　第4に，TVET 校へ通学するための可動性と距離に課題がある。男子と

---

（9）　Center of Gender and Policy Studies (CGaPS). *Women's economic participation and empowerment in Pakistan: Status report 2016* (Islamabad: UN Women Pakistan, 2016).

（10）　Government of Pakistan, National Vocational and Technical Training Commission (NAVTTC). "Gender analysis of TVET sector in Pakistan: Key issues and opportunities" (Government of Pakistan, Ministry of Education, Training and Standards in Higher Education, 2016).

比べて，女子は，両親が娘の安全を懸念するため，また女性に適した公共交通機関がないため，長距離を通学できないことが多い。

第5に，キャリア・カウンセリングの欠如がある。とくに女子は，将来の職業の選択肢を自由に考える機会がなく，自分の周りの女性がやっている仕事にそのままつくことが多い。キャリア女性のロール・モデルが不足していることもある。

第6に，コミュニティや両親への情報提供不足がみられる。TVET 校で学べる技術的・職業的スキルについての情報が両親に十分に行き届いておらず，普通教育への進学が叶わなかった際の受け皿のように捉えられている。

第7に，女子に絞った政策的ターゲットの欠如がある。公立の TVET 校において，女子への技術的・職業的スキルの提供を充実させるための目標や具体的なターゲットが明確に設定されていない。

第8に，求職するにあたってのリソース制約が課題である。女子は，情報・資金・関係性・ネットワークの面で，リソースの制約を受けていることが多い。

第9に，雇用主とのジェンダーに関する協議の不足がみられる。雇用者や同僚の態度，企業の文化などで，ジェンダー・ステレオタイプが残っている。管理職が男性で占められているなか，そうしたジェンダー・ステレオタイプを打破しにくい。

第10として，賃金労働よりも自営業の機会が多い状況に置かれている。女性の多くは非雇用型在宅ワークに従事するのが現状である。しかし，公立のTVET 校は，賃金労働を前提としており，自営業など非雇用型在宅ワークで必要とされる技術的・職業的スキルを必ずしも提供していない。

以上のような障壁を取り除くための努力は，これまでにもすでにあった。たとえば，1990年にバロチスタン州で，当時のカナダ国際開発庁（Canadian International Development Agency : CIDA）の支援により，パキスタンで初めての女性を対象とした職業訓練学校が設立され，女性技術訓練センターとして運営されている[11]。その後も，女子または女性のみを対象とした女子校が

---

(11)　国際協力機構 アジア第二部「第15章：ジェンダーの視点からの技術教育・職業訓練の現況」『パキスタン国技術教育・職業訓練プロジェクト形成調査報告書』（国際協力機構，2006年）76頁。

設立されている。

　こうした努力は評価されるが，女子校で提供される技術的・職業的スキル
がジェンダー・ステレオタイプに基づき制約されると，差別的な現状を固定
化する危険性があるといえる。

　女性の経済参加を促進するため，パキスタン政府は，「成長と発展のため
の技能」と題した TVET 政策を2015年に策定している[12]。今後，具体的に
どのように女性の TVET 校へのアクセスを平等化しながら，女性の参加を
促進するべきかが問われている。

## 2　パンジャブ州立技術短期大学レイルウェイロード校（GCT-RR）

　女子の TVET へのアクセス改善を考えるうえで，いくつか革新的な事例
がパキスタンにある。ここでは，公立の TVET 校について，ラホール市に
あるパンジャブ州立技術短期大学レイルウェイロード校（GCT-RR）建築学
科（**写真 1 参照**）を事例として，分析をおこなう。同校の「機械学科と建築学
科が産業界のニーズに応じた質の高い技術教育を提供する」ことを目的とし
て，日本の国際協力機構（Japan International Cooperation Agency：JICA）は技術
協力プロジェクト（2008～13年）および無償資金協力事業（2011～13年）をとお
して協力した。なお，GCT-RR への技術協力プロジェクトの事後評価はす
でに公開されている[13]。

　パキスタンでは，中等教育や技術教育・職業訓練が男女別におこなわれる
のが一般的である。パキスタンの社会環境において，とくに家族の態度を考
慮すると，思春期の男子と女子が同じ教室で学習することは奨励されない。
したがって，公立 TVET 校も，男子校と女子校に分かれて運営されてきた。

　普通教育が実施される中等学校については，男子校と女子校でカリキュラ

---

(12)　Government of Pakistan, Ministry of Federal Education and Professional Training. "Skills
for growth & development: A technical and vocational education and training（TVET）policy
for Pakistan"（Islamabad: Ministry of Federal Education and Professional Training, 2015）.
(13)　薗田元「2016年度外部事後評価報告書（パキスタン技術協力プロジェクト）技術教育改善プ
ロジェクト」（国際協力機構，2016年）。国際協力機構 評価部＝GG21（グローバル・グループ21
ジャパン）『2016年度案件別外部事後評価：パッケージⅢ - 6（エジプト・パキスタン）』（国際協
力機構，2017年）。

**写真1　GCT-RR 建築学科の校舎**

出所：2016年11月にラホールで撮影（© *Yasushi Katsuma*）

ムが大幅に違うことはなく，女子の卒業後の進路の選択肢に大きく影響しないと考えられる。それに対して，TVET の場合，ジェンダー・ステレオタイプが学科に顕著に反映されるため，女子の卒業後の進路の選択肢に大きな制約を課すことが多い。

　公立の TVET 男子校は，伝統的に男性の仕事とされてきた，木材加工（carpentry）・自動車整備・機械（engineering）の学科を提供してきた。それに対して，TVET 女子校は，伝統的に女性の仕事とされてきた，服の仕立て・美容といった学科を提供してきた。このことは，伝統的な男女の役割に関するステレオタイプを固定化すると同時に，女性が木材加工・自動車整備・機械を学ぶ機会を奪ってきた。

　この点で，ラホール市にある GCT-RR のディプロマ課程において，これまで男子生徒のみ入学を許されていた建築学科が2010年9月より男女共学化（**写真2参照**）されたことは，TVET 校におけるジェンダー・ステレオタイプを打破する一つの試みとして，模範例だといえる。これによって，これまで公立 TVET 校で建築学を学ぶ機会を奪われていた女子が，経済参加に必要とされる技術的・職業的スキルを身につけることができるようになった。こ

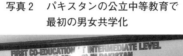

写真2　パキスタンの公立中等教育で
最初の男女共学化

出所：2016年11月にラホールで撮影（© *Yasushi Katsuma*）

のこと自体が，『女性差別撤廃条約』で国際公約し，「女性の発展とエンパワーメントのための国家政策2002」で定め，現行の「ビジョン2025」で進める経済参加における女性の機会均等へ貢献していることになる。

　今でも全体としては基本的に男子校である GCT-RR のなかにある建築学科をなぜ男女共学化することができたのだろうか。TVET 校におけるジェンダー・ステレオタイプを打破する一つの試みとして，注目される。

### (1)　GCT-RR 建築学科におけるジェンダー平等化

　本研究では，2016年11月に現地で調査を実施した。JICA パキスタン事務所の本事業担当者，パンジャブ州の技術教育・職業訓練庁（Technical Education & Vocational Training Authority：TEVTA）の管理職，GCT-RR の校長・建築学科長・建築学科教員，生徒へのインタビューを実施した。

　GCT-RR では，教員については，教員全員とのグループでの意見交換のほか，2 人の女性教員のみからの聞き取りをおこなった。生徒へのインタビューは，建築学科長があらかじめ選んだ10人の男子生徒と10人の女子生徒のグループにおこなった。生徒の選抜は，英語で質疑応答ができるという基準に基づくものだったが，模範的な生徒が集まる結果をもたらした可能性が高い。

　このほかに，現地調査に先立ち，日本において，技術協力プロジェクトの

元 JICA 専門家（建築学科担当）にインタビューした。なお，元 JICA 専門家の活動の現場での様子は，YouTube で視聴できる[14]。

これらの調査の結果から，以下のような成功要因があったと考えられる[15]。

まず第1に，JICA の役割が挙げられる。思春期の男子と女子が同じ教室で学習することは奨励されない社会環境のなか，公立 TVET 校は男子校と女子校に分かれて運営されてきた。したがって，GCT-RR の内部から男女共学化への動きは出てこなかった。他方，設計事務所など建築業界において女性を雇用する需要はあり，それに対応して，私立 TVET 校の建築学科は女子にも門戸を開いていた。こうした労働市場と雇用者のニーズを考慮しながら，既存の GCT-RR を改善しようと考えた JICA が，第三者的な立場から思い切った提案をパキスタン側に出したことが始まりだった[16]。

第2の要因に，建築学科が女子生徒の入学を認めるよう既存の制度を変更するという事前調査段階での JICA の提案に基づき，その実現へ向けて，チーフアドバイザーおよび建築学科担当の JICA 専門家が実務的に交渉したことが挙げられる。とくに，建築担当の JICA 専門家が，TEVTA の担当者や GCT-RR の管理職と真摯に向き合い，熱意をもって交渉したことが好結果をもたらした。その際，男子校の現状維持で構わないと考える一部の関係者に，男女共学化することは GCT-RR の発展につながると期待させたことは重要であった。

とくに，女子生徒を受け入れる体制を整備するために，女子トイレ・女子専用ラウンジ・女性教員が必要とされたが，前者2つへの対応については，JICA が新校舎建設を支援したことで交渉が進んだ。女性教員の採用については，有資格者が限られたなか実現が困難だったが，建築担当の JICA 専門

(14) 〈https://www.youtube.com/watch?v=5V4ke-NGyHs［2019年9月25日］〉
(15) 勝間靖「持続可能な開発目標の達成へ向けた女性の教育とジェンダー平等～パキスタンにおける技術教育・職業訓練の課題」『国際教育協力論集』21巻1号（2018年）77-90頁。勝間靖「パキスタンの技術教育・職業訓練におけるジェンダー課題～パンジャブ州立技術短期大学レイルウェイロード校を事例として」『アジア太平洋討究』37号（2019年）77-85頁。
(16) 国際協力機構 アジア第二部「第6章：今後の協力の可能性」『パキスタン・イスラム共和国技術教育・職業訓練プロジェクト形成調査報告書』（国際協力機構，2007年）51-58頁。

写真3　女子生徒専用のラウンジとロッカー

出所：2016年11月にラホールで撮影（© *Hajime Sonoda*）

家は，建築学部を卒業した女性の採用を促したうえで，彼女たちが教職につきながら大学院に通学して修士号を取得できるよう関係者の理解を得たことは重要であった。

　以上を背景としながら，GCT-RR 建築学科長の理解とリーダーシップと，GCT-RR 校長の理解は，当事者が主体となって改革を進めるのに不可欠であった。

　第3に，GCT-RR 建築学科が女子生徒を受け入れるための学習環境の改善がある。ここでは，JICA の協力が大きな役割を果たした。まず，GCT-RR 建築学科の建物の新築であった。思春期の男子と女子が同じ教室で学習することが奨励されない社会環境のなかで，女子トイレや女子専用のラウンジ（**写真3参照**）などが必要とされた。それがなければ，女子生徒の家族がGCT-RR 建築学科への進学を認めないからである。実際，在学中の女子生徒にインタビューしたところ，ほとんどの女子生徒の親は入学願書を提出する前に GCT-RR 建築学科の学習環境の適正を判断するために訪問していたことが分かった。こうしたことからも，JICA による GCT-RR 建築学科の新築への協力は重要な成功要因であった。

　第4に，インフラ整備に加えて，GCT-RR 建築学科の技術教育の内容の向上が重要な成功の要因となった。パンジャブ州内の設計事務所などの雇用

者を関与させたカリキュラム改革，生徒のためのインターンシップ・プログラムなどをとおして，技術教育の内容が就職につながるように努力が続けられた。また，女性教員が採用されたことによって，女子生徒にとってのロール・モデルができた。また，女子が相談しやすい教員がいることは，女子生徒の家族にとっても安心材料となっている。

　以上のような4つの要因を背景としたGCT-RR建築学科の男女共学化は，公立TVET校へのアクセスにおけるジェンダー障壁を取り除いた成功事例として，パンジャブ州だけでなく，パキスタンで広く知られるべきであろう。なお，その後に，パンジャブ州立技術短期大学タキシラ校（Government College of Technology, Taxila）の電気学科でも男女共学が実現したという情報があるが，実際にどのように運営されているか，筆者は直接的に確認できていない。

## (2)　GCT-RRに残されたジェンダー課題

　GCT-RR建築学科はTVET校におけるジェンダー平等化の成功事例といえるが，その他方で，近年，GCT-RR建築学科に入学する女子が減少する傾向も見られる。したがって，残された障壁を分析し，それらを取り除くことも必要である。その際，GCT-RRのなかに起因する障壁と，GCT-RRの外に起因する障壁とに分けて分析することが有益であろう[17]。

　第1に，GCT-RRのなかに起因する障壁としては，2016年11月に筆者が実施した教員へのインタビューによると，女子の入学に大きな影響力を及ぼす両親（とくに男親）や家族の態度や情報不足が考えられる。女子が入学を希望しても，娘の早い結婚を希望する家族の反対で実現しないことがあるので，オープンスクールなどをとおして両親や家族の理解を促進することが有益と思われる。

　第2に，GCT-RRの外に起因する障壁であるが，2016年11月に在学する女子生徒へインタビューした際には，女子の通学に適した安全な公共交通機関がないので，スクールバスが必要だという意見が何人かから聞かれた。費用の面からGCT-RR独自に対応することは難しいと思われるので，都市計画

---

(17)　勝間靖「持続可能な開発目標の達成へ向けた女性の教育とジェンダー平等～パキスタンにおける技術教育・職業訓練の課題」『国際教育協力論集』21巻1号（2018年）77-90頁。

の一環で検討されるべき課題であろう。

　設計事務所などが女性を雇用する可能性があることと，それに対応した GCT-RR 建築学科の男女共学化に触発されてか，パンジャブ州の2つの地方都市において，同じディプロマ課程の建築学科をもつ公立の GCT 女子校が設置されることになった。2017年5月時点で，すでに1校は運営されており，もう1校は建設中であった。女子校として建築の技術的・職業的スキルを提供することは，これまでアクセスがなかった女子へ新しい機会を創出することになり，一定の評価はできる。

　しかし，公立の GCT 女子校への建築学科の設置については，以下の問題も指摘できる[18]。

　第1に，建築学科をもつ男子校を一緒につくらなければ，逆に，男子のアクセスを奪うことになる。とはいっても，建築学科をもつ男子校と女子校の2校を同じ都市に建設することは，財政的にも困難である。したがって，財政的に，男女共学の建築学科をつくる方が現実的だと考えられる。

　第2に，財政的にすべての学科について男子校と女子校をつくることが無理だとすると，現時点で伝統的に男性の仕事とされるものについては男子校しかない状態が続き，女子へのアクセスの機会均等がいつまでも実現しないことになる。したがって，男女共同参画を目指すパキスタンにおいて，公立の TVET 校については，GCT-RR 建築学科でもその必要性が明らかとなった女子生徒受け入れ体制の整備という多様な努力を前提としつつ，基本的に男女共学化が望ましいといえる。

　第3に，私立の TVET 校では男女共学が一般的であり，公立の TVET 校が同様に男女共学として運営するうえでの大きな障壁は見当たらない。もっとも，保守的な家族のなかには，そもそも，中等教育レベルであっても女子校を望む場合があるだろう。そうした家族の子女は，TVET 校ではなく，普通教育を実施する女子校へ進学するのが一般的であろう。他方，TVET 校は，私立であれ公立であれ，仕事に必要な技術的・職業的スキルを身につける学校なので，真剣に就職を目指す女子にとっては，通常の職場環境に近

(18)　勝間靖「パキスタンの技術教育・職業訓練におけるジェンダー課題〜パンジャブ州立技術短期大学レイルウェイロード校を事例として」『アジア太平洋討究』37号（2019年）77-85頁。

い男女共学の方が社会人となるための準備をできるとも考えられる。

　とくに，パキスタンにおいて TVET セクター改革が進められるなか，公立 TVET 校を担当する NAVTTC において，この男女共学化の事例が他の公立 TVET 校で模倣できないか，他の分野の学科へ適用可能性でないか，政策レベルにおいて模索することが望まれる。そのためには，まず，労働市場における女性の雇用機会を分析し，現時点でどの分野のどの職種に需要があるかを把握するべきである。その際に，より労働市場の需要に柔軟に反応している私立 TVET 校の動向を分析することも参考になるだろう。

## 3　非雇用型在宅ワークに従事する女性を支援する HomeNet パキスタン

　次に，私立 TVET 校の可能性を模索するために，非雇用型在宅ワークに従事する女性を支援する HomeNet パキスタンという NGO の取組みを参考にしたい。なお，HomeNet パキスタンは，HomeNet 南アジアの加盟団体である。HomeNet 南アジアは，インド，スリランカ，ネパール，パキスタン，バングラデシュの各国にある HomeNet をとおして非雇用型在宅ワーク従事者団体の国際的ネットワークを構築している[19]。HomeNet パキスタンは，パキスタンにおける非雇用型在宅ワーク従事者団体の全国ネットワークを構築している。ラホールに事務所を構え，10名弱の職員が勤務していた[20]。

　産業政策の社会福祉アプローチの視点から，経済活動への参加におけるジェンダー格差と，その結果としての女性の所得貧困を考えるとき，パキスタンの多くの女性は，非雇用型在宅ワークに従事している事実を再確認する必要がある。そして，パキスタン全国において非雇用型在宅ワークに従事する女性を組織化し，政策的・技術的に支援する NGO として，HomeNet パキスタンの取組みは興味深い[21]。

　HomeNet パキスタンの第1の活動分野は，現状把握と問題分析に基づい

---

(19)　〈http://www.homenetsouthasia.net/〉［2019年9月25日］）

(20)　〈https://homenetpakistan.org/〉［2019年9月25日］）

(21)　勝間靖「持続可能な開発目標の達成へ向けた女性の教育とジェンダー平等〜パキスタンにおける技術教育・職業訓練の課題」『国際教育協力論集』21巻1号（2018年）77-90頁。

**写真4　婚礼衣装を仕立てる非雇用型在宅ワーク**

出所：2016年11月にラホールで撮影（©
*Yasushi Katsuma*）

た政策提言である。そのための調査・研究を実施し，報告書を出版してい
る<sup>(22)</sup>。こうした非雇用型在宅ワークに従事する女性に関する調査・研究は，
パキスタンにおける公立 TVET 校および私立 TVET 校におけるジェンダー
障壁を取り除くための政策的・制度的な改革のために重要な参考資料とな
る。

　第2の活動分野は，非雇用型在宅ワークに従事する女性の組織化と，そこ
への直接的な技術協力である<sup>(23)</sup>。2016年11月にラホール市郊外にある居住
地区を視察する機会があったので，ここでは，そこで学んだことをまとめた
い。この居住地区は，婚礼衣装を仕立てる非雇用型在宅ワークに従事する女
性（**写真4参照**）が多数いることで知られている。

　彼女たちと HomeNet パキスタンの職員へのインタビューによると，ラホ

---

（22）　たとえば，労働法をジェンダーの視点から分析したものとして，以下の文献がある。Gill,
　　Javid. *Gender analysis of labour laws*（Lahore: HomeNet Pakistan, 2014）.
（23）　HomeNet Pakistan. *Homeworker: Recognising and Supporting Homebased Workers*, Issue
　　10（Lahore: HomeNet Pakistan, no date）.

ール市に地元で有名な婚礼衣装のブティックがあり，注文が入ると，そこの職員が材料を持参してこの居住地区に来るそうである。従来は，女性たちは価格競争させられて，非常に安い仕立て料で仕事を引き受けざるを得なかった。そこに，HomeNet パキスタンが支援に入り，女性たちを組織化して，適正価格に合意してもらい，女性たちが適正な仕立て料で受注するようになったという。

　女性たちは，婚礼衣装の品質を上げることで，付加価値の高い仕立て仕事に従事し，収入を増やしたいと希望していることから，今後，HomeNet パキスタンは職業訓練をより充実させる計画がある。こうした NGO と連携して，私立 TVET 校を強化していくことも今後の課題だと思われる。

　また，公立 TVET 校にとっても示唆する点がある。女性の多くは，非雇用型在宅ワークに従事しているのが現状である。しかし，公立 TVET 校は，賃金労働を前提としており，自営業など非雇用型在宅ワークで必要とされる技術的・職業的スキルを必ずしも提供していない。したがって，起業と経営に必要とされるマネジメント能力を高めるスキルを含めることも必要だろう。

## おわりに

　本章では，パキスタンの TVET 校におけるジェンダー差別を批判的に検討した。ジェンダー差別によって，女子が社会的に排除されやすい脆弱な立場に置かれている現状をみた。こうしたパキスタンの女子のために，教育を受ける権利を保障し，経済参加に必要とされる技術的・職業的スキルを習得できる教育環境を整備し，ディーセント・ワークに従事して貧困に陥らない機会を提供し，尊厳をもって平等に生きられるような包摂的で平和な社会をつくることが求められている。SDGs の達成へ向けて，女子を置き去りにしない政策と実践が必要である。

　『女性差別撤廃条約』や『子どもの権利条約』を批准しているパキスタン政府は，「ビジョン2025」と第11期5か年計画，「女性の発展とエンパワーメントのための国家政策2002」，「成長と発展のための技能」と題した TVET

政策などを策定しており，女性がその潜在能力を発揮して，経済成長・繁栄・社会発展の恩恵を享受できるよう，社会環境と機会均等を整備しようとしている。

　しかし，実践をみると，パキスタンでは TVET 校におけるジェンダー差別はまだ残っており，国内における取組みだけでは男女共同参画はなかなか進んでいないのが現状である。そうしたなか，JICA が実施した日本の国際協力によって，GCT-RR 建築学科のジェンダー平等化が進んだことは画期的であった。今後，こうした動きが，他の学科へ，さらには他の公立 TVET 校へと波及していくのかどうか，注目される。

---

**── さらに勉強を進めるために ──**

　風間孝＝加治宏基＝金敬黙（編著）『教養としてのジェンダーと平和』（法律文化社，2016年）。

　宮田律『ナビラとマララ〜「対テロ戦争」に巻き込まれた二人の少女』（講談社，2017年）。

　勝間靖（編著）『テキスト国際開発論〜貧困をなくすミレニアム開発目標へのアプローチ』（ミネルヴァ書房，2012年）。

　北村友人＝佐藤真久＝佐藤学（編著）『SDGs 時代の教育〜すべての人に質の高い学びの機会を』（学文社，2019年）。

　黒田一雄＝横関祐見子（編著）『国際教育開発論〜理論と実践』（有斐閣，2005年）。

## 第12章

# これからの国際協力と平和
## —— 人の移動の視座から ——

山 本　剛

## はじめに

　平和学の出発点は，戦争のない世界を導くことであり，暴力という概念を軸に議論を展開する学問である。ところが，現代の国際社会では，戦争のみならず，平和な状態を損なったり，脅かしたりする問題も次々と顕在化し，平和ならざる状態に瀕している領域も広がりつつある[1]。国際協力は，そのような経済格差や貧困，飢餓など構造的な問題に対処し，平和で安定した社会や持続可能な社会を実現するための活動である。

　本書は，平和に関連した理論分析や事例研究等で構成されているが，国際協力は，現場での活動を常にともなうことから，理論と実践を架橋するアプローチが特徴と言えるだろう。とくに本章では，国際協力の対象となる地球規模的問題群（グローバル・イシュー）の中でも，人の移動に関連した課題を事例として取り上げて論じる。その代表例は（国境を越えて移動する）難民・移民であるが，それ以外にも国内避難民，そして農村から都市へ移動する移住者も，都市インフラの限界や社会サービスの不足など急速な都市化の要因となっており，移動する人々を受け入れる側の負担感にも注目が高まっている。

　開発途上国，とりわけ脆弱国や低所得国は，グローバル・イシューを自国のみで解決できず，国際社会と協働で取り組むこと，つまり国際協力を必要

---

（1）　平和ならざる状態や構造的暴力については，多賀秀敏「J・ガルトゥングの世界分析：構造的暴力と帝国主義論」白鳥令，曽根泰教編『現代世界の民主主義理論』（新評論，1984年）153-181頁を参照。

図1　SDGs のキーワード　五つの P

出所：国際連合広報局

としている。開発援助や開発協力は，国際協力の類義語にあたるが，本章で
は，主に経済成長を志向し，援助国と被援助国に立場が二分されがちな開発
援助ではなく，パートナーシップを基調とし，国際社会の平和と安定に貢献
するような活動を議論するため，国際協力を主題とする[2]。

　そのような中で，国連では，貧困の撲滅など普遍的な平和の強化を追求す
る17の目標と169のターゲットから構成される持続可能な開発目標（SDGs）
を2015年に採択した。SDGs は，図1のとおり，持続可能な開発のキーワー
ドとして五つの P を掲げている。そのうち二つが，平和（peace）とパートナ
ーシップ（partnership）となっているとおり，多様なパートナーとの共創の

---

（2）　外務省は，開発協力を「開発途上地域の開発を主たる目的とする政府及び政府関係機関によ
　　る国際協力活動」と定義している。詳細は，外務省ホームページ「開発協力，ODAって何だろ
　　う」（https://www.mofa.go.jp/mofaj/gaiko/oda/about/oda/oda.html）（2019年 7 月22日閲覧）を
　　参照。

深化・加速化が，グローバル・イシューを克服し，平和で持続可能な社会を
構築するために不可欠なのである。

# I これまでの国際協力

　まず第Ⅰ節では，国際協力が第二次世界大戦後に活発化した萌芽期を確認
し，日本が国際協力に参画してから，世界有数の政府開発援助（ODA）大国
になるまでの過程を概観する。その上で，活動の主体が，グローバリゼーシ
ョンの隆盛とともに多様化し，グローバル・イシューに対するアプローチも
変化しつつあることを述べたい。グローバル・イシューのうち，自発的，非
自発的な人の移動を事例として論じる理由は，人間が移動する（移動を強いら
れる）因果関係は複雑化し，グローバル・パートナーシップが期待される顕
著な課題の一つだからである。なお，本章で論じる移動は，国際移動のみな
らず，国内移動も対象とする。

## 1 第二次世界大戦後の軌跡

　国際協力の中でも，とりわけ開発のための国際協力が開始された時期は，
第二次世界大戦後からと考えられており，アメリカは，共産主義の拡大を抑
止するための活動を展開する一方で，イギリスやフランスは，旧植民地諸国
に対し，文化的及び経済的な影響力を行使し続けるため活動を展開した[3]。
そのような中で日本は，戦後最も早く組織された開発途上国支援のための国
際機関であるコロンボ・プランに（1956年の国連加盟より早い）1954年に加盟す
ることをもって，アジア太平洋地域の経済・社会開発を促進する技術協力を
開始した[4]。そのため日本では，コロンボ・プランに加盟した10月6日を
「国際協力の日」と呼称している[5]。

---

（3）　室靖「国際開発における新動向と八〇年代の開発協力」日本国際政治学会編『国際政治』64
　　　号（有斐閣，1980年）。
（4）　民間投資は1951年，輸出信用は1952年，そして賠償並びに戦後処理の一環としてなされた経
　　　済協力は1955年に開始されるなど，開発を目的とする経済協力は1950年代に開始された（加藤淳
　　　平「日本の開発援助—その軌跡と理念—」日本国際政治学会編『国際政治』第64号（有斐閣，
　　　1980年））。

　その一方で日本は，1950年代から1960年代にかけて，戦後復興に必要な資金協力を世界銀行から受けた。その合計は約8億6,300万ドル（31案件）に達し，東海道新幹線や東名高速，黒部川第四発電所（通称：くろよん）も世界銀行による支援で建設されている。つまり，1950年代から1960年代の日本は，世界銀行から多額の融資を受けつつ，アジア諸国で活動を展開しており，現代の新興援助国と類似している[6]。

　日本は，OECDに設置された開発援助委員会（DAC）にも発足した1960年から加盟し，持続的開発や貧困削減を推進する国際開発協力の一翼を担っている[7]。日本のODAは，国際協力機構（JICA）が技術協力業務，有償資金協力業務，無償資金協力業務を一元的に実施している。2018年のODA実績は米国，ドイツ，英国に次ぐ第4位だったが，かつて1989年には米国を抜いてODA実績世界第1位だった。日本は，1991年〜2000年まで第1位を維持したが，21世紀に入り，経済成長の鈍化や財政再建等の影響を受けて順位は後退した。

　JICAは公金（税金），NGOは募金収入や会費収入を活動の主な原資としている。ところが，開発途上国に向けられる資金という広い視野で捉えれば，直接投資や送金の方が規模的に大きい。世界銀行が2019年に発表した移民と開発に関する報告によれば，2018年の世界全体の送金額は6890億ドル，そのうち低・中所得地域への送金額は5,290億ドル（前年比9.6％増）だった[8]。すでに1990年代後半には直接投資や送金はODAを上回る規模に達しており，これまで直接投資が最大だったが，2019年には送金が直接投資を上回り最大の外部資金源となると同報告では予測している。

　送金は，開発途上国にとって安定した外貨収入源であり，貧困世帯を含めて家計にとっても重要な収入源である。国家GDPに占める受入送金額

---

（5）　有償資金協力は1958年，無償資金協力は1969年に開始された（国際協力機構『国際協力機構史1999-2018』（国際協力機構，2019年）63頁）。

（6）　佐藤仁『野蛮から生存の開発論―越境する援助のデザイン―』（ミネルヴァ書房，2016年）。

（7）　日本が加盟した1960年時点の組織名称は，DACの前身であるDevelopment Assistance Group（DAG）。2010年に韓国が加盟するまで，日本はアジアの唯一のDAC加盟国だった。本稿執筆時点（2019年8月）では，OECD加盟国（35か国）のうち29か国とEUが加盟。

（8）　詳細は，World Bank, *Migration and Development Brief 31,* 2019 を参照。

（2018年）は，トンガが最も高く35.2％，次いでキルギスが33.6％，タジキスタンが31.0％だった。パレスチナ難民問題発生の起源であるヨルダン川西岸地区及びガザ地区も，同17.7％に達しており，全世界で9番目に高い割合である。GDP比のみならず，金額で比較した場合もヨルダン川西岸地区及びガザ地区は26億ドルと小さくなく，同じ中東・北アフリカ地域のチュニジア（20億ドル）やアルジェリア（19億ドル）より大きい。送金は，開発途上国の消費の伸び，ひいては経済成長に資すると考えられているが，一方では送金に過度に依存した経済構造は，脆弱性が高いと懸念も寄せられている。

　このように先進国から開発途上国へ向けられるお金の流れという視点から考察した場合，そのトレンドは，人の移動の増加などグローバリゼーションの隆盛とともに変化してきている。国際協力といえば先進国によるODAや，企業や篤志家，宗教団体や市民社会による寄付で成り立っているとイメージされがちだが，開発途上国へ流れ，国家財政や企業活動，家計を支える資金まで視野を広げれば多様化しているのである。国際協力に関わる主体の多様化は次項で述べるが，人の移動と連動した送金の規模の大きさは，移動する（移動を強いられた）人々自身が開発途上国の貧困を削減し，経済成長を促進するステークホルダーであることを示唆している。

## 2　国際協力の伝統的な主体：国際機関

　第二次世界大戦後，平和を推進し，戦争を防止するため設立された国際機構と言えば1945年に設立された国際連合である。国際連合は，経済的，社会的，文化的または人道的な国際問題を解決し，人権及び基本的自由を尊重するため，国際協力を遂行することを目的に掲げている[9]。そして，経済や社会，文化，教育等の分野で国際協力を推進するため，国連専門機関も設置されている。人の移動の問題を専門とする国際移住機関（IOM）は，1951年に設立され，2016年には国連専門機関として加入した。日本の公的機関では，日本人の海外移住振興（主に中南米地域）のため，1963年に海外移住事業団が発足し，1974年に国際協力事業団（現在の国際協力機構）に改組されてい

---

（9）　国際連合憲章第1章第1条3項。

る。

　また，国連総会により，国連の下部機関も多数設立され，国際協力を推進している[10]。たとえば，難民・移民関係では，国連パレスチナ難民救済事業機関（UNRWA）が，パレスチナ難民を救済する目的で1949年の国連総会で設立され，今日まで活動を続けている。そして，最大の難民支援機関である国連難民高等弁務官事務所（UNHCR）は，1950年の国連総会で設立されている。両機関とも，当初は国連総会によって時限的に設立されたが，難民問題の長期化と拡大によって，恒常的に活動している。

　さらに，国連機関でもなくNGOでもない独立機関として赤十字国際委員会（ICRC）がある。ICRCは，第二次世界大戦よりはるか以前の1863年に設立されており，難民の送り出し国のような紛争地域で主に活動を続けている。また，NGOも難民・移民の送り出し国，中継国，受け入れ国を問わず，人間の移動に関連した課題に対応するため国際協力を展開している。たとえば，1999年にノーベル平和賞を受賞した国境なき医師団（MSF）は，独立・中立・公平な立場を堅持しつつ，紛争地域や被災地域で医療活動や人道援助活動を行っている。日本も2011年に発生した東日本大震災をはじめ多くの災害を経験しているが，MSFは，東日本大震災のみならず，2016年の熊本地震や2018年の西日本豪雨など災害で避難（非自発的移動）を強いられた人々に対する医療活動を展開している。つまり，国際機関による人の移動に関連した支援活動は，開発途上国のみならず，日本国内でも行われているのである。

　このように人の移動に関連した協力活動を展開している主体や現場だけみても幅広いように，国際協力に関わるステークホルダーは，政府主体，非政府主体を問わず枚挙にいとまがない。しかし，どの組織も，設置根拠や資金源を問わず，現場のニーズや国際潮流に沿って国際協調を進めていく必要があることに変わりはなく，グローバル・イシューは，多機関間，多国間での協力が必要不可欠な課題である。

---

(10)　国連専門機関は，自治機関として認められており，経済社会理事会を通して国連と連携している。その一方でUNDP等は，（経済社会理事会ではなく）国連総会の下部機関に位置付けられている。

# II これからの国際協力

　第II節では，人の移動をめぐる問題が，迫害や紛争を原因とするのみなら
ず，自然災害など気候変動や，貧困や失業も原因となって拡大していること
を論じる。そして後段では，人の移動にともない顕在化した課題に対する国
際協力活動において，自治体や大学，民間企業，市民社会，大学など非国家
主体に対し，より一層主体的な参画に期待が高まっていることを明らかにす
る。

## 1 喫緊の課題：止まらない，止められない人の移動

　人の移動の急増は，難民・移民問題としてグローバル・イシューの一つと
認知され，21世紀に入ってからは，経済成長の鈍化，雇用と失業の問題とも
絡み合い，世界各地で自国優先主義や排外主義等が拡大する一因ともなって
いる。その傾向は，とくに欧米で顕著にみられ，中東やアフリカから流入が
増加する移民・難民対策を発端として，国境管理や負担分担をめぐり EU 加
盟国間で意見が対立している。その対立は EU 加盟国間のみならず，内政で
も国内世論を二分し，しばしば国政選挙や地方選挙でも最重要政治課題とし
て取り上げられている[11]。

　その結果，人の移動現象が，自分たち国民の生活を脅かし，他者であり，
外部からの新参者（多くの場合は異教徒）である難民や移民に対し，平和や発
展の阻害要因に設定される言説である安全保障化（セキュリタイゼーション）も
一定の広がりをみせている[12]。難民・移民の流入によって，テロ増加など
治安の不安定化や雇用の奪い合い，賃金の低下が進むという言説は，証拠や
根拠に基づく議論と検証が熟していない状況下で，大衆迎合的な政党（ポピ
ュリズム）によって扇動されている。

　人の流入に際し，好まれる人物と好まざる人物，または庇護が必要な人物

(11) EU が実施した最新（2019年8月発表）の世論調査（ユーロバロメーター）でも，最大の懸
念は移民という調査結果が示されており，気候変動や経済状況より依然として高い問題意識とな
っている。
(12) 石井由香「序論 移民・難民をめぐるグローバル・ポリティクス」日本国際政治学会編『国
際政治』190号（有斐閣，2018年）。

と必要ではない人物に選別することは容易ではない。しかし，グローバリゼーションの中で，人の移動も自発的，非自発的という事由を問わず，加速，拡大していることは自明と言えるだろう。IOM によれば，2000年に1.5億人だった国際移民の数は，2018年には2.5億人まで増大し，UNHCR によれば，紛争や迫害によって故郷を追われた人の数は，2018年に 7 千万人を超えた[13]。ところが，国境管理の強化という命題の下，庇護の要件に該当しないと判断された人物に対し，しばしば入国拒否や強制退去，強制送還という事態も発生している。移動する先を選択できず，送り出し国と受け入れ国の間，または第三国との間（とりわけ地中海）を漂流する人々が続出し，受け入れを押し付け合うような国家間の対立に批判も集まっている。

　そのため，脆弱性の高い人々に対する支援に加えて，移動する人々の受け入れ側の負担緩和に資する，国際協調の促進が期待されている。とくに難民の多くは，近隣の開発途上国に留まっているが，送り出し国と受け入れ国の二国間関係では解決できない課題と化しており，難民に対する国際協力活動の実施は，容易ではない。難民は，送り出し国と受け入れ国の双方にとって安全を保障する対象外となる事例や，内政不干渉原則に則り，他国による介入を拒む事例もみられる。そのため，国際社会とはいえど活動に対する制約がしばしば発生しており，（国家主体による制約を課されにくい）市民社会など非国家主体が担う役割の重要性が高まっている。さらに受け入れ国に対する協力に加え，送り出し国の社会の平和や発展に対する協力を展開し，グローバル化から取り残された脆弱国や紛争国でみられる地域内・各国内の格差を縮小していくことも，非自発的移動を緩和するために必要なアプローチだろう。

　また，国家中心の視座ではなく，人間中心の視座である「人間の安全保障」は，難民・移民問題に対し，国際協力体制を進めるため，有効なアプローチと言えるだろう。難民は難民キャンプではなく，都市に住む難民の方が多く，難民も含めて，社会的弱者である人間一人ひとりに焦点をあて，社会的課題として捉え直すことが有効と考えられる。脆弱性の高い人々に対する

(13)　IOM 駐日事務所ホームページ（http://japan.iom.int/），UNHCR 駐日事務所ホームページ（https://www.unhcr.org/jp/）。

脅威を取り除き，自らの力で生きていけるよう，個人のみならず人々や社会の能力強化を図っていこうとする「人間の安全保障」は，人の移動，とりわけ脆弱性の高い人の課題やニーズを分析する際に有効な視座である。

さらに日本国内をみれば，外国人観光客や外国人労働者，留学生等が急増しているように，脆弱性の高い移動する人々と受け入れる側が直面する課題に対応する必要性，換言すれば国際協力の現場は，開発途上国に限定されるものではない。次項では，上記のような問題意識から国際協力の主体として存在感を高めている日本国内の非国家主体に焦点をあてたい。

## 2　存在感高まる新たな主体

国家や国連諸機関，NGOなど伝統的な行為体に加えて，持続可能な社会を構築するため，幅広い行為体が主体的に国際協力へ関与することが期待されている。その理由は，伝統的な行為体では内部蓄積が乏しい有用な技術や経験，知見を活用し，それらを相互に結びつけることが，グローバル・イシューに取り組む上で有効と考えられるからである。本章は，事例として移動する人間をめぐる課題を取り上げているが，開発途上国を現場とする先行研究は，堆く積み上げられてきた。そこで本項では，日本国内の自治体，民間企業，大学という三つの主体に注目し，それらが移動する人々をめぐる課題に対し，どのような国際協力活動に取り組んでいるか明らかにする。

### ⑴　自治体：鹿児島県内の小規模市町によるごみ問題への取り組み

開発途上国では，堅調な人口増加率に加え，農村から都市へ人口が流入する都市化の結果，たとえば，上下水道サービスや交通サービス，エネルギーの利用者及び利用量も増加し，地方自治体が策定している都市整備計画に変更（多くの場合は前倒し）を迫るような事態も発生している。

さらに，人口の増加は消費量の増加，たとえば，ごみ発生量の増加を招き，市民の眼前に環境問題として表出する事例もしばしば見られる。環境に対する急速な負荷の増加は，急速な都市化という社会問題として認識されているが，その要因には，国内移動のみならず，難民や移民など国境を越えた人の移動も該当している。難民を受け入れているホスト・コミュニティでも，大規模な流入の影響により，上下水道，ごみ処理など自治体が提供する

サービスレベルが低下しており，都市インフラ整備のニーズが高まっている
のである。

　このような急速な都市化という課題に対し，日本の自治体による国際協力
は1990年代以降に本格化したが，当初その主体は，都道府県や政令指定都市
等が中心だった[14]。しかし，自治体によって異なる人口構造や産業構造，
財政規模，自然条件等の特徴，そしてそれに応じたノウハウは，開発途上国
にとって参考となる部分も多い。開発途上国では，インフラ整備や環境対
策，防災対策等への対応は追いついておらず，豊富な知見を蓄積している自
治体による協力は必要とされているのである。

　また，自治体にとっても外国人観光客増加など地域活性化のための国際化
の促進，そして地元企業の海外展開を後押しする必要性も高まっており，双
方にとって有効性が認められている。その背景には，議会や納税者が自治体
に対し，国際交流や相互理解の結果，具体的に何を達成したのか，どのよう
な裨益が自治体にあったのかという声も寄せられるようになり，国際交流型
から海外展開型へ転換する自治体が増加しているからだと考えられる。

　近年，小規模の自治体でも国際協力に取り組む自治体が増加しており，こ
こでは代表例として鹿児島県大崎町（人口1.3万人）と志布志市（人口3.1万人）
の取り組みについて論じたい。両自治体は，鹿児島県東部に所在する自治体
で，リサイクルなど，ごみ問題に関する取り組みに特徴を有している。それ
を示す象徴的な数字が，日本のリサイクル率は20%に対し，大崎町のリサ
イクル率は82%に達しているところである[15]。大崎町は，10年以上連続で
自治体別リサイクル率全国１位を維持しており，隣接する志布志市は同74%
で，両自治体の取り組みは，広域でリサイクル事業に取り組む好事例として
知られている[16]。

　両自治体は，1990年代後半から2000年代にかけて段階的にごみの分別収集
を導入するまで，一般廃棄物のほぼ全量を共通の管理型処分場で埋め立て処

---

(14)　詳細は，吉田均『地方自治体の国際協力』（日本評論社，2001年）。
(15)　環境省環境再生・資源循環局廃棄物適正処理推進課『日本の廃棄物処理平成29年度版』（環
　　　境省，2019年）。
(16)　志布志市も市レベルのリサイクル率では，継続して全国１位を維持している。

分を行ってきた。しかし，大量生産・大量消費型のライフスタイルが浸透し，埋立処分場の残余年数は逼迫していったのである。一般的に，他の自治体では焼却工場を導入しているが，両自治体にとって導入は財政的にも技術的にも困難だったため，ごみの分別収集による埋立量の減量化と再利用，再資源化に積極的に取り組んだのである。分別対象品目は段階的に拡大し，大崎町では27品目，志布志市では24品目の分別収集を行っている。その成果の最たる数字が，リサイクル率8割，換言すれば分別収集開始前と比べて埋立量が8割減少したことだろう。

　両自治体が有する①予算が小規模，②ごみ焼却工場は持たない（持てない），③新たな埋立処分場の用地確保が困難，という三つの特徴は，開発途上国の自治体が廃棄物問題で直面する課題と近似している。このような課題を克服するため，両自治体が取り組んだ徹底した分別収集の浸透は，行政と住民，そして企業（事業者）による一丸となった取り組みが土台となっている[17]。役場は，ごみ収集場ごとに立ち上げられている自治組織に対し，説明と意見交換を重ねて（複雑かつ面倒な）分別収集の意義や役割に対する理解向上を促し，自治組織の中心者は，実践活動を通じて住民と信頼関係を築き，分別収集の浸透がはかられた。

　持続可能な社会の構築のため，自分たちの地域の環境は自分たちで守るという姿勢を一朝一夕で確立することは容易ではない。住民，行政，企業による連携と協力は，高額の予算や先進的な技術に依拠するものではなく，日頃からの住民，行政，企業の関係構築を体現しているのである。現在，開発途上国における都市人口の急激な増加は，都市化による負の影響を最も受けやすい脆弱性の高い都市の貧困層の拡大と重ね合わさり，都市問題と貧困問題は密接な関係がある。ごみの散乱や無秩序な投棄は，河川や土壌の汚染など公衆衛生上あるいは環境上の諸問題を顕在化させている。また，観光や投資を経済成長のため取り込む観点では，ごみの無いきれいな街づくりの推進も，重要な課題の一つとなるだろう。そのため，ごみ問題をはじめ都市問題に対する国際協力のニーズは，開発途上国の中央政府や自治体関係者からの

---

(17)　鹿児島県志布志市『一般廃棄物処理基本計画』（鹿児島県志布志市，2016年）。

みならず，住民や企業にとっても高い場合が多い。

　上記のような背景に基づき，大崎町はインドネシアに対し，志布志市はフィジーやソロモンなど大洋州諸国に対し，国際協力を行っている。とくに志布志市は，2007年にフィジーを訪問したことを皮切りに10年以上も大洋州諸国に対する協力を行っている[18]。処分場の用地や財源に恵まれない島嶼国に対し，「混ぜればごみ，分ければ資源」の意識改革を開発途上国の自治体関係者や住民に伝承するため，志布志市のような小規模自治体も重要な国際協力の主体として活躍している。

⑵　**大学：国造り，人造りの現場として**

　日本は，留学生数が12万人だった2008年に「留学生30万人計画」を打ち出し，その10年後の2018年に目標を達成した[19]。同計画は，留学生の受け入れを通じて，大学や学生のグローバル化の推進や，人的ネットワークの形成を通じた相互理解の向上を目的として掲げており，教育政策として文部科学省が推進している。それに加えて，国際競争力の確保と優秀な人材の獲得や，少子化による学生数減少を補う経営の安定化，労働力不足に対応するための外国人労働者としての活用など経済・産業政策の一翼も同計画は担っていると考えられる。

　文化や宗教，言語，価値観の異なる学生が，お互いの違いを理解した上で尊重し，協力することは，常態化する人の移動に適応した多文化共生社会を構築していく第一歩と言えるだろう。外国人観光客やビジネスマンのみならず，学生からも日本を渡航先（留学先）として選んでもらえるような取り組みも各学校で進められている。たとえば，早稲田大学は，Waseda Vision 150を掲げて，創立150周年を迎える2032年までに全ての日本人学生が何らかの形で海外へ留学し，留学生10,000人を受け入れることを国際化の数値目標として定めている。そのため，早稲田大学は，外国人留学生受入数の最も多い大学となっており，年間5千人以上受け入れている[20]。早稲田大学は国

---

(18)　天野史郎『僕の名前はアリガトウ：太平洋廃棄物広域協力の航跡』（佐伯印刷，2018年）。

(19)　文部科学省及び独立行政法人日本学生支援機構が示す留学生とは，出入国管理及び難民認定法に定める留学の在留資格に基づいており，大学及び大学院に加えて，短期大学，専門学校，日本語教育機関などにおいて教育を受ける外国人学生を示している。

(20)　独立行政法人日本学生支援機構『平成30年度外国人留学生在籍状況調査結果』2019年。

際化のため，①日本社会を多文化共生社会へイノベートする，②グローバル社会で求められる人材を育成する，③グローバル・イシューの解決に貢献する，という三つの目的を掲げている。

　つまり大学の国際化は，国際協力の側面も持ち合わせているのである。たとえば，UNHCRと日本国内の大学11校は連携し，奨学金へアクセスが難しい難民に対する難民高等教育プログラム（Refugee Higher Education Program）を提供している[21]。

　11校のうち，英語で学位を取得できる大学は4校に限定されるため，十分な体制が整っているとは言い難いが，大学も人造りの現場と言えるだろう。2019年度入学選考では，12名が大学・大学院に入学を決めた。多様な社会の要請に対応できる人材の育成を期待されている大学が，祖国へ帰国する見通しは立たず，海外で中・長期的に在留せざるを得ない難民の学生を受け入れる意義は高いと言えるだろう。

　また，JICAは，今なお治安の安定化に苦しむアフガニスタンの国造りと人造りを日本国内の大学と連携して行っている。通常JICAでは，日本人専門家を開発途上国へ派遣し，技術指導や人材育成を現場で行っているが，治安が不安定なアフガニスタンに対する専門家派遣は，しばしば困難に直面するため，人材育成の現場を日本国内にも設定しているのである。2011年に開始された未来への架け橋・中核人材育成プロジェクト（通称PEACEプロジェクト）では，アフガニスタン人行政官及び大学教員を日本国内の大学院へ受け入れ，2019年10月末までに610名が修士課程及び博士課程に進学し，うち502名が修了した。

　アフガニスタン人は，日本の大学院で習得した知識や技術を活かし，帰国後は所属先のアフガニスタン省庁や自治体，大学等の計画・事業実施に貢献していくことが期待されている。従来型の奨学金との違いは2点あり，一つ目は，人材育成を大学任せにするのではなく，来日中も定期モニタリング等を実施し，研究進捗状況をアフガニスタンで所属していた省庁とも共有し，

---

(21)　2020年度募集要項では，早稲田大学をはじめ関西学院大学，青山学院大学，明治大学，津田塾大学，創価大学，上智大学，明治学院大学，聖心女子大学，関西大学，広島市立大学の11校で受け入れを行っている。UNHCR駐日事務所ホームページ（https://www.unhcr.org/jp/）。

帰国後の復職を常に念頭に置いて研究を進めるなど連携を図っていることである。さらに二つ目には，同プロジェクトは，学位取得を目的とするのみならず，帰国した OB や OG に対し，フォローアップも行っていることである。具体的には，計画・事業実施で困難や課題に直面している場合，母校とJICA が協力してフォローアップを実施しており，日本で得た知識・技術を実際に活用するための工夫を施している。

　アフガニスタンは，長い内戦によって多くの人材が近隣国や欧米へ流出し，行政や高等教育を推進する中核人材が不足してしまっている。そのため，不安定な治安と予算不足のみならず，人材不足も復興の弊害となっている。治安上の制約から技術指導や人材育成を行う日本人専門家をアフガニスタンへ数多く派遣することは容易ではないため，人材育成，つまり，国造りや人造りを日本国内でも実施する意義は高いと言えるだろう。

　2014年豊橋技術大学を修了した首都カブールの市役所に所属する Sahar Hamdard は，2018年から女性初の計画・都市開発担当副市長に昇進し，市役所行政を牽引している[22]。タリバン政権下では，女子学生の就学は困難に直面しており，かつ理工系人材の不足は著しい。そのため日本で修士号を取得し，さらに帰国後も活躍する Sahar Hamdard のような存在は，PEACE プロジェクトでの留学を希望する行政官の中でも，とりわけ女性行政官にとってモデルケースになるだろ。タリバン政権は2001年に崩壊したが，依然としてアフガニスタンの国造りは端緒に就いたばかりのような状態であり，国造り，人造りに対する協力のニーズは高いのである。

## ⑶　私たち市民社会：信頼関係構築の第一歩

　国際協力と市民社会といえば，開発途上国の現場で草の根の活動を行うNGO を思い浮かべるかもしれない。または大学では，サークルやボランティア団体も国際協力活動を行っているだろう。ここでは，そのような市民で構成された組織活動に加えて，私たち市民一人一人も重要な主体であることを述べたい。その理由は，近年急増している外国人観光客と外国人労働者は，私たち市民一人ひとりにとって身近な存在となりつつあるからである。

---

(22)　一般財団法人日本国際協力センター「アフガニスタン国未来への架け橋・中核人材育成プロジェクト（PEACE）ニュースレター」第５号，2019年２月発行。

　2018年の外国人観光客数は，ビザ発給要件の緩和や書類の簡素化，円安も追い風となり，3,119万人（前年比8.7％増）で過去最多となった。国別では，中国が838万人を記録し初めて800万人を突破したほか，タイが113万人となり，東南アジアで初めて100万人を突破するなど着実な伸びを見せている。1千万人を初めて突破したのは2013年，2千万人を初めて突破したのは2016年であり，その伸びが鋭いことは一目瞭然である。このような外国人観光客数の増加は，外国語が話せる外国人労働者の需要も高めており，とくに外国人観光客に人気の高い沖縄などで顕著にみられる[23]。

　そして，深刻な人手不足に直面する産業界の状況に対応し，一定の専門性を有する外国人労働者の受け入れを拡大するため，2019年に改正入国管理法が施行された[24]。まず14分野に限定された外国人労働者の受け入れが拡大され，5年で最大34万人受け入れを想定している。これまでも一部の自治体では，南米から日系人労働者が集住するなど，外国人の受け入れの経験は蓄積され，外国人向け相談窓口の設置など孤立化しないよう定住支援を行ってきている[25]。しかし，そのような定住支援は自治体任せになっており，さらに日本語学習支援がボランティアに依存しがちであるという課題も指摘されている。

　ここでは，外国人観光客と外国人労働者について述べたが，問題の構造は両者に限定されるものではない。しばしば，経済的な視点から購買力や労働力として捉えられがちな外国人だが，滞在期間の長短に関わらず，同じ地域で共に生活する人間として捉え直す意識が必要ではないだろうか[26]。少子高齢化は当面続く現在進行形の課題であり，外国人は，それを緩和する存在としてクローズアップされている。しかし，外国人が日本社会に溶け込めるようにならなければ，外国人観光客や外国人労働者の増加や定着の拡大も見

---

(23)　日本経済新聞「インバウンドが呼ぶ外国人労働者　沖縄で顕著」2018年8月9日。

(24)　同法改正時に注目された技能実習制度など外国人労働者の課題については，たとえば宮島喬，鈴木江理子『新版 外国人労働者受け入れを問う』岩波ブックレット No. 1010（岩波書店，2019年）が読み易い。

(25)　外国人集住都市会議ホームページ（https://www.shujutoshi.jp/）。

(26)　国連や世界銀行では，目的や理由を問わず他国に1年間以上，居住する人間を「移民」に分類している。

込むことは難しく，受け入れと定着は表裏一体の関係と言えるだろう。

　このような現状と課題に対し，日本国内に滞在する外国人に対する支援
も，国際協力の現場と言えるのではないだろうか。外国人との共生や信頼関
係の構築も，平和な社会を築くための活動の一つである。国際協力の現場
は，開発途上国と一般的には理解されているかもしれないが，（多くは開発途
上国から日本へ来ている）外国人が日本で直面している社会的課題も，国際協
力に該当する活動の一つと言えよう。国際協力の外延は広がりつつあるので
ある。

　このような活動に対し，現在は日本国内で活躍するJICA技術協力専門家
経験者やJICA海外協力隊経験者も重要なリソースと考えられる。とりわ
け，1965年に発足し，総計4.4万人以上が派遣されている青年海外協力隊は，
国際協力活動の担い手になると考えられる。青年海外協力隊は，開発途上国
の経済や社会の発展，そして友好親善や相互理解の深化のため，言語のみな
らず，文化や習慣など生活面の多くが異なる開発途上国で活動した経験を有
している。そういった活動を通じて養われた視野や経験は，これからの日本
社会が直面する課題と必要な対応へ還元することが有効となるだろう。市民
社会も，従来から開発途上国で活動しているNGOのみならず，課題に応じ
て，新しいパートナーとの対話・連携を推進し，協力の枠組み形成に参画・
主導することが期待されている。

## おわりに

　本章では，これからの国際協力と平和に関し，とりわけ移動する人々と国
際協力に取り組む主体に注目して論じた。これらの主体は，決して「新し
い」国際協力の担い手ではなく，グローバル・イシューの複雑化や求められ
るアプローチの多様化という国際社会の変容によって，従来にも増して存在
感を高めているのである。そして，これらの主体が，それぞれの長所や経験
など特性や資源を活かし，パートナーシップを強化していくことが不可欠で
ある。

　そのような中で日本の国際協力，そしてODA実施機関であるJICAは，

幅広いパートナーの巻き込みを通じてSDGs達成に向けたインパクト拡大を実現する責務があるだろう。パートナーシップの強化や活性化，具体例をあげれば，民間資金や人的資源など様々なリソースを国際協力に動員するため，多様なパートナーとの共創が必要になる。本章では，従来にも増して存在感高まる自治体，大学，市民社会という三つの行為体に焦点を当てた。紙幅の制約から論述できなかったが，それ以外にも，民間企業や機関投資家も，重要なステークホルダーとして挙げておきたい[27]。

そして，人の移動をめぐる問題は，決して一括りにできるような課題ではないことも最後に指摘しておきたい。様々な理由によって移動した人々のニーズは，国や地域，つまり国際協力の対象となる現場によって異なるのみならず，同じ家族の中でも個人によって異なるからである。国際協力の現場でニーズを丁寧かつ的確に対応しなければならないという考え方は，日本国内外を問わず共通した考え方であり，すべてのステークホルダーに共通している。恐怖や暴力，そして欠乏のない平和な生活を送りたいという目標は同じだが，平和という概念は様々な文脈で論じられており，人によって平和な状態や平和ではない状態の解釈も異なる。それと同様に，国際協力の枠組や手法も一様ではなく，人によって，課題によって異なり，現場のニーズに応じて適用していく必要がある。

さらに，技術革新や政策，制度作りに加えて，ステークホルダーの意識の変化も同様に重要である。これからの国際協力は，先進国や開発途上国を問わず，一人ひとりが持続可能な社会の構築のために自覚と責任，換言すれば当事者意識を持ちつつ取り組むことが期待されている。SDGsは，「誰一人取り残さない」を理念として掲げ，包摂性や普遍性を特徴としているが，同時に全てのステークホルダー，人々が役割を担う参画型という特徴も帯びている。つまり，SDGsと関連する活動と関係性の無い人は，地球上に誰一人として存在しないと言っても過言ではないだろう。

開発途上国のみならず，日本も含めて世界の実情を知り，国際協力に関心を持つことが，平和な社会を実現するための第一歩である。本稿が，主な読

---

(27) 2018年に国連で採択された難民と移住に関する二つのグローバル・コンパクトでも，多様な行為体が連携し，社会全体で取り組む必要性が確認されている。

者として想定している学生にとって，その一歩を踏み出してもらう参考とな
り，国際協力と平和に関する学習や研究上の里程標となることができれば，
望外の喜びである。さらなる学究のため，国際開発援助レジームや開発の理
論も含めて，国際協力に関する先行研究を整理し，どのような理論に基づい
て学問として体系化されてきたか紐解いていくこともお勧めしたい。

　【付記】なお，本稿で述べられた意見や見解は全て筆者個人によるものであり，
　筆者が所属する組織の立場を一切示すものではないことを最後に申し添えた
　い。

── **さらに勉強を進めるために** ──────────────────────
　稲田十一『国際協力のレジーム分析：制度・規範の生成とその過程』（有信堂
　　　高文社，2013年）。
　高柳彰夫，大橋正明編『SDGs を学ぶ：国際開発・国際協力入門』（法律文化
　　　社，2018年）。
　滝澤三郎，山田満編『難民を知るための基礎知識：政治と人権の葛藤を越え
　　　て』（明石書店，2017年）。
　西川潤『人間のための経済学──開発と貧困を考える』（岩波書店，2000年）。
　野林健，納家政嗣編『聞き書 緒方貞子回顧録』（岩波書店，2015年）。

# 第4部

# 核なき世界

## 第13章
# ヒロシマの心を世界に

秋 葉 忠 利

## はじめに

　本章では，「ヒロシマの心」ならびに「ヒロシマの心を世界に」の意味を定義した上で，その実現のためのこれまでの努力と成果を整理する。特に，「ヒロシマ」というカタカナ表記の意味を，「都市」と「国家」という対立概念を元に考察する。それは，被爆者たちの生活史を人類史の一環として位置付け，私たちの目標である核兵器の廃絶を実現する上での障害を乗り越える知恵創りに，そして核兵器廃絶後の世界についての展望につながる。

　以下，「広島・長崎」両都市についての記述であっても，「広島」「ヒロシマ」によって代表的に表記する。また反原発の側面については，スペースの関係で割愛する。

## Ｉ　「ヒロシマの心」とは

### 1　「ヒロシマの心」とは

　「ヒロシマの心」とは，「被爆の実相」，そしてその実相を体験した被爆者たちが筆舌尽し難い生活の中かから生み出した崇高なメッセージ，「こんな思いを他の誰にもさせてはならない」という2つの要素を一まとめにして呼ぶ際に使う。

　ここで「他の誰にも」が指しているのは，自国民だけではなく，世界中の全ての人である。どの国の人か，どのような立場の人かは問わない。特に，

「敵国」の人々全てを含んでいることが大切である。日米関係に的を絞れば，原爆投下命令を出した大統領や，原爆を造った科学者，原爆を運び投下した軍人たちにも，「こんな思い」つまり原爆による悲しみや苦しみを経験させてはならないという意味だ。

　さらに，「広島」や「ひろしま」ではなく，「ヒロシマ」と書く理由は，地理的には世界に広がり，歴史的には人類史的文脈を採用していることを示している。加えて，官僚的表現である「地方自治体」としての枠を超えた市民の集合として，「都市」が人類全体の直接構成単位であることも意味する。

　ここで注目すべきなのは，被爆体験を語る際に，「ニホンの心」とは言わないことである。それは，「ゲルニカ爆撃」とか「重慶爆撃」，そして「ドレスデン爆撃」や「東京空襲」と列挙することから明らかになる。戦争のもたらす典型的な被害は都市単位で起きている。国家とは違い都市は軍隊を持たないという事実から，都市同士では，戦争の被害を共通項として，自然に連帯意識が生れる。それを元にした「戦争反対」という普遍的な目標を共有することで，未来志向の関係を築けるのである。つまり，「ヒロシマの心」とは国家の心ではなく，都市の心なのである。

## 2　被爆者の残した３つの足跡

　「ヒロシマの心」という言葉は元広島平和記念資料館館長の高橋昭博氏から学んだ記憶があり[1]，「ヒロシマの心を世界に」という表現は，被爆教師の会の創設者で，同会の会長を長く務めた石田明氏が1980年代に使い始めたと御本人から聞いている[2]。これは，被爆後40年ほどの間に被爆の実相とともに「こんな思いを他の誰にもさせてはならない」という考え方が定着していたことを示している。それは，長い間の被爆者たちの苦闘の結果生まれたものだった。その歴史を，1999年の平和宣言では次のようにまとめている。

---

（1）　高橋昭博『「ヒロシマの心」を若い世代に』（原爆資料保存会，1981年）のタイトルに使われ，全巻中に言及がある。
（2）　石田明『ヒロシマを生きて』（労働教育センター，1998年）82頁。

平和宣言
（略）

この闘いの先頭を切ったのは多くの被爆者であり，また自らを被爆者の魂と重ね合わせて生きてきた人々でした。なかんずく，多くの被爆者が世界のために残した足跡を顧みるとき，私たちは感謝の気持ちを表さずにはいられません。

大きな足跡は三つあります。

一つ目は，原爆のもたらした地獄の惨苦や絶望を乗り越えて，人間であり続けた事実です。若い世代の皆さんには，高齢の被爆者の多くが，被爆時には皆さんと同じ年ごろだったことを心に留めていただきたいのです。家族も学校も街も一瞬にして消え去り，死屍累々（ししるいるい）たる瓦礫（がれき）の中，生死の間（はざま）をさまよい，死を選んだとしてもだれにも非難できないような状況下にあって，それでも生を選び人間であり続けた意志と勇気を，共に胸に刻みたいと思います。

二つ目は，核兵器の使用を阻止したことです。紛争や戦争の度に，核兵器を使うべしという声が必ず起こります。コソボでもそうでした。しかし，自らの体験を世界に伝え，核兵器の使用が人類の破滅と同義であり，究極の悪であることを訴え続け，二度と過ちを繰り返さぬと誓った被爆者たちの意志の力によって，これまでの間，人類は三度目の愚行を犯さなかったのです。だからこそ私たちの，そして若い世代の皆さんの未来への可能性が残されたのです。

三つ目は，原爆死没者慰霊碑に刻まれ日本国憲法に凝縮された「新しい」世界の考え方を提示し実行してきたことです。復讐（ふくしゅう）や敵対という人類滅亡につながる道ではなく，国家としての日本の過ちのみならず，戦争の過ちを一身に背負って未来を見据え，人類全体の公正と信義に依拠する道を選んだのです。今年5月に開かれたハーグの平和会議で世界の平和を愛する人々が高らかに宣言したように，この考え方こそ21世紀，人類の進むべき道を指し示しています。その趣旨を憲法や法律の形で具現化したすべての国々そして人々に，私たちは心から拍手を送ります。

核兵器を廃絶するために何より大切なのは，被爆者の持ち続けた意志に倣って私たちも，「核兵器を廃絶する」強い意志を持つことです。全世界がこの意志を持てば，いや核保有国の指導者たちだけでもこの意志を持てば，明日にで

も核兵器は廃絶できるからです。

（略）

　意志さえあれば，必ず道は開けます。意志さえあれば，どの道を選んでも核兵器の廃絶に到達できます。逆に，どんなに広い道があっても，一歩を踏み出す意志がなければ，目的地には到達できないのです。特に，若い世代の皆さんにその意志を持ってもらいたいのです。

（略）

1999年（平成11年）8月6日

広島市長　　秋　葉　忠　利

# Ⅱ　「ヒロシマの心」は世界に届いている

　「ヒロシマの心を世界に」の言葉通り，被爆者は，日本国内も含めて世界に向って核兵器廃絶のメッセージを発信してきた。その方法は多種多様であり，74年という長い期間にわたる努力の軌跡を限られたスペースで網羅するのは難しい。本章では，それを7つに絞って，どのような形で「ヒロシマの心」が具体化され共有されて来たのかを簡潔に示しておく。

　ここで，「届いている」という言葉は，緩い意味での因果関係を指している。筆者は，以下に列挙する成果の実現に力のあったリーダーたちの多くと面識があり，彼ら／彼女らの努力の背後には被爆の実相や被爆者のメッセージへの深い理解のあることを見聞きしている。それを「届いている」と表現している。

## 1　「実相」を生きる[3]

　広島県原爆被害者団体協議会が2009年に発刊した『「空白の十年　被爆者の苦闘』には，被爆後のほぼ10年間，被爆者が行政からも社会からも放置されていた事実が記録されている。たとえば，被爆後4年の1949年には，ハード面での復興を支えた広島平和都市建設法が成立した。しかし，被爆者の声を聴くための広島市による世論調査は翌1950年に，死没者調査は1951年にようやく実現した[4]。この10年も当然，「被爆の実相」の一部だと考える。

---

（3）　中国新聞社『被爆50年写真集　ヒロシマの記録』（中国新聞社，1995年）。

翌1952年に日米間で講和条約が結ばれ，検閲制度であった「プレスコード」が解除されるまでは，原爆に関する情報は一切公表されず，広島市内においてさえ，原爆について詳しく知ることは難しかった。原爆について初めて公開された情報によって，全国の多くの人がショックを受けその衝撃が広く共有されつつあるときに，第五福竜丸が被災した。その相乗効果が，国民的反核運動発生の背景だと考えられる。

さらに，原爆傷害調査委員会（ABCC）による，（治療は受けられないにもかかわらず）医学的データ収集のための検査には協力させられ，「モルモット扱いされた」あるいは「人間としての尊厳を奪われた」といった事実も被爆の「実相」の一部である。

自らの人間性の発露として被爆体験を詩や文学，絵画や音楽，その他あらゆる表現手段を使って世界に発信した多くの被爆者そして被爆者とともに歩んだ人々の存在は貴重だ。大田洋子，峠三吉，原民喜，正田篠枝，丸木位理・俊，栗原貞子等の名前がすぐ頭に浮かぶが，より具体的な形での報告をするにはスペースが足りない。しかし，こうした人々，そして努力も「ヒロシマの心」の重要な構成要素である。

当然，経済的にも苦しかった「空白の十年」間に，「ヒロシマの心を世界に」伝えるための手段は限られていた。海外に出掛けて体験を訴えることはもちろん，翻訳を通しての意思疎通もままならなかった。

そんな状況でも，世界的なマスコミの力によって「ヒロシマの心」は世界に届いていた。例えば，1946年に雑誌『ニューヨーカー』の8月31日号全頁を割いて発表されたジョン・ハーシーの『ヒロシマ』は，発行日一日で30万部が売り切れになり，米国全土に大きな衝撃を与えた[5]。『土曜評論』誌の編集長だったノーマン・カズンズも含めて，その他の多くのジャーナリストの貢献もあった。

こうした初期の報道の結果として，ヘケン・ケラー，エレノア・ルーズベルト，ネルー等の多くの著名人が広島を訪問し，彼ら・彼女らのレポートを

（4）　中国新聞社『被爆50年写真集　ヒロシマの記録』（中国新聞社，1995年）77頁，83頁，94頁。
（5）　ジョン・ハーシー（石川欣一・谷本清・明田川融訳）『ヒロシマ』（法政大学出版局，1949年初版，2003年増補版）。

通して，さらに多くの人たちに「ヒロシマの心」が伝わった[6]。

## 2　被爆者援護法[7]

「空白の十年」の後，ようやく，被爆者にも目が向けられるようになった。1957年に被爆者に対する医療措置として，「原子爆弾被爆者の医療等に関する法律」（原爆医療法と略される）が施行された。その結果，被爆者健康手帳が交付され，一定の要件を満たす認定疾病に対する医療の給付が始まり，全被爆者に対する無料の健康診断が実施されるようになった。1968年には，「原子爆弾被爆者に対する特別措置に関する法律」（被爆者特別措置法と略される）が施行され，認定疾病被爆者に対して，特別手当の支給が始まるとともに，半径2キロ以内で被爆した特別被爆者に対して健康管理手当や介護手当が創設された。（1984年には特別被爆者と一般被爆者の区別は廃止された）

　これら二つの法律は「原爆二法」と呼ばれたが，1995年にこれら二法を統合した「原子爆弾被爆者に対する援護に関する法律」（被爆者援護法と略される）が施行された。

　こうした日本政府による被爆者援護の施策には多くの問題点がある。まず，被爆者援護法制定にあたって国は，被爆者が強く望んだ「国家補償」は否定したまま，あくまで福祉政策の一環としての立場を崩さなかった。「国家補償」とは，戦争を始めた国の責任を認め，その結果として生じた犠牲に対して，米国に対する請求権も放棄した日本政府が，国家の責任で補償を行うことを指す。

　日本政府の立場は，1980年に当時の厚生大臣に提出された「被爆者基本問題懇話会」の答申内容である「受忍論」をそのまま認めている。「受忍論」（詳細はⅢ参照）とは，戦争は国が始めるが，その戦争の結果引き起こされた犠牲は，全ての国民が甘んじて受忍すべしという考え方である。

　第二の問題点は，被爆者援護の範囲やその内容は徐々に充実されて来たものの，被爆者たちの要請を日本政府が無視し続けたため，被爆者が裁判に訴

---

（6）　中国新聞社［注3］75頁，106頁，135頁。
（7）　本項については，松井康浩『原爆裁判』（新日本出版社，1986年），ならびに，浜本万三『原爆被害はどうしても受忍できない』（浜本万三後援会，1990年）参照のこと。

え勝訴した結果，援護施策の中に取り入れられたという歴史である。被爆者に冷たい日本政府の姿勢がこれほど如実に現れていることにも注意すべきなのである。その結果として，援護の手が現在でも不十分にしか海外には届いていないこと等，問題は残されている。

## 3　部分的核実験停止条約[8]

　「ヒロシマの心」が世界に広まる中，1950年にストックホルムで開かれた平和擁護世界大会では，核兵器の使用禁止と廃絶を求める「ストックホルム・アピール」が採択され，世界的な署名運動が始まった。その結果，5億近くの署名が集められた。

　また，我が国では，1954年3月1日に，第五福竜丸が米国の核実験の死の灰を浴び，その結果，乗組員が死亡するだけでなく，水揚げされたマグロが放射線を浴びていた事実も判明し，その2年前から原爆についての情報が解禁されたこともあって，杉並区の主婦たちの始めた核実験禁止の署名運動から全国的な国民運動に広まった。翌1955年には第一回の原水爆禁止世界大会が開かれ，原水爆禁止日本協議会が結成された。

　しかし，核実験は米国の他にも，イギリス，ソ連，フランスが続け，大気中の放射線の危険性が文字通り，わが身に通り降り掛かる被害として認識された。そのような状況下，1962年にはキューバ危機が勃発した。米ソ間での核戦争の引き金が引かれる一歩手前で危機は回避されたが，核兵器の持つ危険性についての世界世論の高まりを為政者たちが無視し続けることはできず，1963年，部分的核実験禁止条約と略される大気中の核実験を禁止する条約が締結された。米国やソ連は批准したが，フランスや中国などは批准していない。

　この条約では禁止されていない地下核実験も禁止する包括的核実験禁止条約が1996年に採択されたが，発効の条件とされている国々が批准していない

---

（8）　世界史の窓「大気圏内外水中核実験停止条約／部分的核実験停止条約／PTBT」（https://www.y-history.net/appendix/wh1701-004.html　2019年8月30日閲覧）。国内の運動の分裂については森瀧市郎追悼集刊行委員会編の『人類は生きねばならぬ—森瀧市郎の歩み』（同刊行委員会、1995年）を参照。

ため，現在でも国際法としての効力は持たない。しかし，1996年以降の核実験数はゼロに近付いており，世論の力による抑制の結果だと考えられている。

## 4　核不拡散条約（NPT と略）[9]

核拡散防止条約とも呼ばれるが，既に1963年には採択され，その後，関係諸国の間での調整が行われ，1970年に発効，1995年には無期限延長された条約である。それ以降，5年ごとに「再検討会議」が開かれ，条約の目的がどの程度達せられているのかを検証することになっている。

内容は，①米，英，ロ，仏，中の5核保有国以外の国が核兵器を持つことを禁止する②すべての国に核エネルギーの平和利用の権利を認める③すべての国は核兵器全廃に至る条約締結のための交渉を誠実に行わなければならない，の三つだが，②と③は努力義務化されてしまっている。つまり，既存の核保有国以外には核兵器の拡散を許さないための条約だと考えられていたのだが，イスラエル，インド，パキスタンは条約に加盟しておらず，朝鮮民主主義人民共和国（DPRK）は，「脱退」したことになっている。イスラエルは核兵器を保有していると考えられ，インド，パキスタン，DPRK は，核兵器を保有している。

この内の③についての第六条は次のように述べている。「各締約国は，核軍備競争の早期の停止及び核軍備の縮小に関する効果的な措置につき，並びに厳重かつ効果的な国際管理の下における全面的かつ完全な軍備縮小に関する条約について，誠実に交渉を行うことを約束する。」

しかしながら，核保有国はこの義務を全く果たしていないことから，2014年にマーシャル諸島共和国が，核保有9カ国をこの6条違反の廉で国際司法裁判所に提訴した。管轄権の問題でこの提訴は却下された。

---

（9）　本項については，ピースデポ「核不拡散条約（NPT）」（http://www.peacedepot.org/document/npt/　2019年8月30日閲覧）参照のこと。ならびに，International Press Syndicate「核兵器を巡る現状に判断を迫られる国際司法裁判所」（https://www.international-press-syndicate-japan.net/index.php/news/politics-confict-peace/2689-nuclear-weapons-challenge-the-world-s-highest-court　2019年8月30日閲覧）参照。

## 5 非核兵器地帯条約[10]

　核廃絶実現のためには，都市ごとに非核地帯であることを宣言し，世界の全ての都市がそれに賛成すれば，世界から核兵器はなくなる。都市より広い，「地域」ごとに条約を結び，非核地帯を広げるという考え方もあり，事実，これまでに，世界の110カ国以上が非核兵器地帯条約国となり，南半球は全て非核地帯になっている。以下，条約名，対象地域，発効年を示す。

　　(1) 南極条約　　南極　　1961年
　　(2) 宇宙条約　　宇宙　　1967年
　　(3) トラテロルコ条約　　西インド諸島ラテンアメリカ　　1969年
　　(4) 海底核兵器禁止条約　　海底　　1972年
　　(5) ラロトンガ条約　　南太平洋　　1986年
　　(6) バンコク条約　　東南アジア　　1997年
　　(7) モンゴル非核地帯　　モンゴル　　2000年
　　(8) セメイ条約　　中央アジア　　2009年
　　(9) ペリンダバ条約　　アフリカ大陸　　2009年

　それぞれの地域が非核地帯条約を締結することになった背景として，(3)はキューバ危機，(5)はフランスの核実験，(6)は冷戦終結およびカンボジア内戦終結，(8)はソ連からの独立および核実験による汚染などを契機に，そして(9)は南アフリカの民主化を契機にしている。

## 6 国際司法裁判所（ICJ）の勧告的意見[11]

　国際司法裁判所は1996年に，「核兵器の使用ならびに（使用するとの）威嚇は，一般的には国際法違反」であるとの勧告的意見を出した。同時に，「国家が存亡の危機に立たされている場合にもこれが正当かどうかはICJには判断できない」との見解も示した。さらに，NPTの6条の内容である，核軍縮に向けて国際的な条約作りのための「誠実な交渉義務」が全ての国に課さ

(10)　梅林宏道『非核兵器地帯』(岩波書店，2011年)。
(11)　NHK広島　核平和プロジェクト『核兵器裁判』(NHK出版，1997年)。

れていることは，全員一致で賛成している。

　「勧告的意見」は，国際法としての拘束力を持たないものの，国際的な司法の場で曲りなりにも「国際法違反」の判断が示された意味は大きく，この結果を元に，核兵器禁止条約を締結することで，拘束力を持つ国際法規を作ろうという気運が生れた。

　それは，核保有国が国際舞台で頼みの綱として濫用してきた「拒否権」を，民主的な手段によって乗り越える実績を作れたからである。核兵器禁止条約採択に至る過程でも，全く同じルートを辿ることができた。

　国連の安全保障理事会，軍縮や安全保障の問題についての外交的協議の場であるジュネーブの軍縮会議，そして NPT の再検討会議等，核軍縮に深い関係のある協議の場はほとんど「コンセンサス」方式を採用しており，大国が確実に「拒否権」を行使できる場である。

　世界世論の圧倒的多数，そして国連加盟国の圧倒的多数が望んでいる核兵器廃絶については，この「拒否権」の壁を乗り越えることが前に進む上での必要条件だった。幸いなことに，国連総会は多数決によって事が決る最重要な場なのである。それを活用して勧告的意見を勝ち取った世界的な市民運動は「世界法廷プロジェクト（WPC）」と呼ばれた。

　このプロジェクトは1986年に始まり，国連に影響力のある有力 NGO 多数による支持が高まり，1993年には WHO が総会で ICJ に勧告的意見を求めるよう多数決によって決議，ICJ が受理した。1994年には国連総会が ICJ に勧告的意見を求める決議を多数決で採択，数日で ICJ に受理された。

　このような結果をもたらしたのは，国連総会とその下にある第一委員会で必要な決議を得るために WCP とともに活動した他の NGO そして「志を同じくする国々」による多数派工作が成功したからだ。非同盟運動（NAM）に属する良識派の国々が活発な説得活動を行い，また多くの NGO がその力を尽して国連内でのロビー活動を行った。また，勧告的意見の重要性についての世界的な世論の高まりがあり，当時の最先端技術だったファクスを使っての世界的な作戦が奏功したことも重要である。その結果，NATO や経済的に優位な国々による妨害活動に効果的に対抗できたのである。

## 7 核兵器禁止条約（核禁条約またはTPNWと略）[12]

ICJ による1996年の勧告的意見では，全ての核兵器が全ての場合に国際法違反だという明確な判断が下されなかったため，この隙間を埋めるべく，核兵器禁止条約の締結を目標とすべきとの声が世界的に上がった。例えば，8月には広島市の平和宣言において核兵器禁止条約締結が提案されている。また，包括的核実験禁止条約も採択され，2000年までの核兵器廃絶を目標として掲げた運動を始めた Abolition 2000 は，協力関係にある多くの NGO とともに積極的な活動を始めた。

2003年には，平和市長会議（M4P）が2015年までに核兵器禁止条約を締結し，2020年までには核兵器を廃絶するという「2020ビジョン」を発表し，多くの NGO がこの計画を一つの指標として連携して活動を始めることになった。2007年には，医師たちの国際的反核組織である IPPNW を中心に，核兵器廃絶国際キャンペーン（略称は ICAN）が発足し，核禁条約締結のための NGO 活動の要としての役割を果すことになる。この動きに，平和運動に関わって来たほぼ全ての NGO が連携した。

核兵器禁止条約の採択に当っても，WCP による成功例がそのまま踏襲された。条約採択の際には最終的に国連総会での議決が必要なのだが，画期的だったのは，2012年，2015年に OEWG（国連公開作業部会）の設置を国連総会が決定したことである。この作業部会には NGO も参加を許され，核禁条約の内容についての詳細な議論が行われた。それまでに様々な形で準備されていたモデル核兵器禁止条約案を元に，志を同じくする国々との連携も理想的に運んだ。2013年と2016年に開催されたこの作業部会は，設置の際には何の権限も与えられていなかった。作業部会の結論は，国連総会に対する拘束力を持たされなかったのである。核保有国や核依存国は，OEWG が開催されても実質的には何の影響も与えることなく終るよう様々な工作を行った。

しかし，この作業部会の討論とそこで得られた結論が国連総会で報告されるや，その勧告を受けて，総会は2016年8月19日，核兵器禁止条約交渉会議を2017年に開始すべきだとの決議を行った。元々，作業部会の決議には力が

---

（12） 長崎大学核兵器廃絶研究センター「核兵器禁止条約」（http://www.recna.nagasaki-u.ac.jp/recna/database/condensation/tpnw　2019年8月30日閲覧）。

なかったものの，それを実行しようとする総会の意思を阻むメカニズムもなかった点が重要である。

　交渉会議は，2017年3月27日から31日，そして6月15日から7月7日まで，ニュー・ヨークの国連本部で開かれ，7月7日に条約は122カ国の賛成によって採択された。次いで，9月20日に署名が開始された。50か国が批准すれば，その後90日で発効することになった。2019年8月末現在，70カ国が署名，24か国が批准している。

　この条約では前文に「ヒバクシャ」という言葉を使い，被爆体験と被爆者のメッセージがこの条約の基礎に存在することを明確に示している。内容を要約すると，「使用の非人道性を根拠に，その開発，実験，生産，製造，取得，保有，貯蔵，使用及び使用の威嚇等を全面的に違法とする初の国際条約である。TPNWは，これらの禁止行動に関する援助や奨励，また，自国領域内への核兵器の配備の許可も締約国に禁じている。あわせて条約は，国内における核使用または核実験の被害者個人に対する援助の提供，ならびに国際的な協力および援助の義務を定めている。加えて，条約は，核兵器を保有，または配備させている国が条約に参加する際の手続きについても規定している。」(13)

## Ⅲ　都市と国家

### 1　日本政府による妨害

　「ヒロシマの心」を世界に広める上で，日本政府の果たし得る役割は大きかった。残念なことに，日本政府は被爆者の立場を無視し，被爆者の努力を妨害してきた。我々主権者が，「ヒロシマの心」実現のための努力とそれを妨害する日本政府の対照的な姿を客観的に把握し，政治の在り方そのものを変えるため，以下，日本政府による妨害活動のほんの一部を列挙しておく。

### (1)　下田裁判(14)

　1955年4月，広島の下田隆一氏ら3人が，国を相手に米国による損害賠償

---

(13)　［注12］参照のこと。
(14)　本項については，［注7］の松井を参照のこと。

と原爆投下が国際法上違法であることの認定を求めた裁判では，1963年12月に東京地裁による判決が下された。被爆者は米国に対して損害賠償請求権を持たないという理由で，原告の損害賠償請求は棄却，同時に，「米軍による広島・長崎への原爆投下は国際法に違反する」という判断も示され，国が控訴しなかったために，この判決は確定した。

この裁判で国は，1945年8月10日，米政府に，原爆や空襲が国際法違反であると抗議した主張を翻して，核兵器が国際法違反ではないという主張を行った。その主な点は次の通りだ。

①交戦国としての抗議は客観性に欠けた

②その当時原子兵器使用の規制について実定国際法が存在しなかったし，現在においてもこれに関する国際的合意は成立していない

③ハーグ陸戦法規などの諸条約は原子兵器を対象とするものではない

④広島・長崎への原爆投下は日本の屈服を早めて交戦国双方の人命殺傷を防止する効果を生んだ

(2) **受忍論**[15]

厚生大臣は，1979年に，被爆者対策の基本理念ならびに基本的あり方について，「原爆被爆者対策基本問題懇談会」（基本懇と略）に諮問した。基本懇は1980年12月に意見書を発表したが，それが，日本政府の被爆者についての基本的立場を明確に示しており，その立場はそれ以降現在にいたるまで不変である。

意見書の主要なポイントは次のような点である。

①戦争は国が始める

②しかしながら，戦争による犠牲は，国民が等しく受忍しなくてはならない

③ただし放射能による被害は特別だからそれなりの配慮は必要――「お情け」的福祉観

④しかし，一般戦災者とのバランスが大切

⑤国には不法行為の責任や賠償責任はない

---

(15) 本項については，［注7］を参照のこと。

## ⑶　ニュー・ヨークの政府代表部

　1988年，国連の軍縮特別総会に広島からも代表団が参加した。筆者もその一員だった。私たちは慣例として，被爆者とともに国連の日本政府代表部に表敬訪問に赴いた。対応した外務省の職員は怒りと憎悪を露わにして，「あなた方が米国に来るのは大きな迷惑だ。それも，米国人が嫌がる被爆者を連れてくるなどもっての外だ。すぐに出て行け」と言い放った[16]。

## ⑷　勧告的意見

　1996年に，国際司法裁判所が「核兵器の使用ならびに威嚇は，一般的には国際法違反である」という趣旨の勧告的意見を出したことは，Ⅱ.6.で述べた通りだが，その前年1995年には，審議のために，多くの国々や国際的NGOがハーグまで出掛けて陳述を行った。広島・長崎両市長も核兵器は国際法違反であるという内容の陳述を行った。外務省は最後まで，両市長に「国際法違反ではない」と言わせようと圧力を掛け続けた[17]。

　実は，それに関連して，外務省の高官が「核兵器が国際法違反だなどと言う奴はバカだ」という発言を行い外務委員会でも取り上げられた。「被爆者はバカだ」と言っているのと同じことになる[18]。これが契機になって，後に外務省が被爆者との意見交換も含めての勉強会を催すことになった[19]。

## ⑸　核兵器の非人道性を検証する会議と再検討会議

　2014年12月にオーストリアのウィーンで開催された「核兵器の人道上の影響に関する第3回国際会議」において，日本の軍縮大使が，核爆発事態への対応能力をめぐる議論のあり方について「少し悲観的すぎる。もっと前向きにとらえるべき」と発言した。言い換えると，「核兵器が使用されても市民を救うことはできる」ということになる[20]。翌2015年に開かれたNPT再検

---

(16)　衆議院「平成6年11月28日外務委員会議事録　秋葉議員発言34/292」（http://kokkai.ndl.go.jp/cgi-bin/KENSAKU/swk_dispdoc.cgi?SESSION=3845&SAVED_RID=1&PAGE=0&POS=0&TOTAL=0&SRV_ID=7&DOC_ID=9226&DPAGE=1&DTOTAL=19&DPOS=11&SORT_DIR=1&SORT_TYPE=1&DMY=14333）。

(17)　［注11］のNHK広島　核平和プロジェクトの『核兵器裁判』126-127頁。

(18)　衆議院「平成6年6月22日外務委員会　秋葉委員発言91/181」。

(19)　同上「同委員会　秋葉委員発言93/181，94/181」。

(20)　川崎哲のブログ「検証：核の非人道性ウィーン会議での佐野発言」（https://kawasakiakira.at.webry.info/201412/article_1.html　2019年8月30日閲覧）。

討会議でも，同大使は全く同じ主張を繰り返している。

広島市の「国民保護計画」，そして核禁条約の必要性をアピールするための多くの国際会議でも確認されていたのは，「核攻撃があれば，その攻撃から市民を守ることはできない。唯一市民を守る手段は核兵器を廃絶することだ」である[21]。

### (6) 核兵器禁止のための作業部会や交渉会議

核禁条約締結のために開かれたOEWGを，核保有国はボイコットをしたため，日本政府は核保有国と核依存国の代弁者として，あらゆる形で，条約の成立阻止のために努力した。より具体的には，

①2013年4月，ニュージーランド提案の「核兵器の人道上の結末に関する共同声明」の署名拒否。(世論に押し切られ10月には署名。)[22]

②2014年，オーストリア提案の「人道の誓約」に署名せず，翌年の「人道性誓約」決議に棄権[23]。

③2015年，OEWG設置には棄権[24]。

④2016年，OEWGの最終決議に棄権[25]。

⑤2016年，核兵器禁止条約締結の交渉を開始する国連総会決議に反対[26]。

⑥2017年，交渉会議には不参加[27]。

⑦条約案が国連総会で投票に付される際は不参加[28]。

---

(21) 広島市「広島市国民保護計画」2ページ。(http://www.city.hiroshima.lg.jp/www/contents/1205650734750/files/hirosimasikokuminhogokeikaku.pdf 2019年8月30日閲覧)。

(22) 核情報「G7外相広島宣言——長年「非人道性」を訴えてきた日本？ 元は2010年再検討会議最終文書——(非)人道性キャンペーン主導は別の国々」(http://kakujoho.net/npt/g7inhmn.html 2019年8月30日閲覧)。

(23) [注22] 参照。

(24) ピースデポ「核兵器・核実験モニター 487-8 第70回国連総会決議投票結果 A/70/33」(http://www.peacedepot.org/wp-content/uploads/2017/04/nmtr487-8.pdf 2019年8月30日閲覧)。

(25) 外務省「多国間核軍縮交渉の前進に関するオープン・エンド作業部会(OEWG)」(https://www.mofa.go.jp/mofaj/dns/ac_d/page25_000544.html 2019年8月30日閲覧)。

(26) ピースデポ「核兵器・核実験モニター 511-2 第71回国連総会決議採択結果 A/70/33」(http://www.peacedepot.org/wp-content/uploads/2017/01/nmtr511-2_p.4-7.pdf 2019年8月30日閲覧)。

(27) 毎日新聞「社説 核禁止条約交渉に不参加 被爆国が発信しないのか」(https://mainichi.jp/articles/20170329/ddm/005/070/037000c 2019年8月30日閲覧)。

(28) 毎日新聞「核兵器禁止条約 採択 日本「署名せず」 米英仏は非難」(https://mainichi.jp/

⑧2017年，署名（従って批准も）しないことを宣言[29]。

## 2　「ヒロシマの心」を代弁する平和市長会議[30]

「平和市長会議」は，1982年に開催された第2回国連軍縮特別総会において，当時の荒木市長が世界の都市に，国境を越えて連帯し共に核兵器廃絶への道を切り開こうとの呼び掛けを行い，賛同する都市で構成する世界平和連帯都市市長会議を設立したことに始まる。1991年には，国連経済社会理事会のNGOに登録された。

名称としては，2001年に，「世界平和連帯都市市長会議」から「平和市長会議」に，また2013年8月6日に「平和首長会議」に変更されている。英語名は2001年に「Mayors for Peace」と変更されて以来，そのままである。以下，略称として英語名のアクロニムである「M4P」（エム・フォー・ピー）を使う。

### (1)　「hibakusha」は国際語

1977年に，国連登録NGOとして活躍している世界中の多くの平和団体が中心になって「NGO被爆問題シンポジウム」が東京，広島，長崎で開催された。シンポジウムの「宣言」として採択された英語の文書に，初めて「Hibakusha」という言葉が登場した[31]。それ以来，「hibakusha」は，国際語として認められている。英和辞典で「hibakusha」というエントリーのあることを確認して欲しい。

### (2)　「ヒロシマの心」を「制度化」し具体的な活動のネットワーク化したM4P

M4Pの会合で何度も使われ，活動のキーワードになっているのがこの「hibakusha」であり，もう一つは，「Never again!」，つまり，（過去の戦争，特に核による悲劇を）「二度と繰り返すな！」である。「ヒロシマの心」の定義である，「被爆の実相」と「こんな思いを他の誰にもさせてはならない」と，寸分の狂いもなく重なる。つまり，M4Pとは「被曝の実相」と「ヒロシマ

articles/20170708/dde/001/030/038000c　2019年8月30日閲覧）。
(29)　同上。
(30)　平和首長会議「平和首長会議とは」（http://www.mayorsforpeace.org/jp/outlines/　2019年8月30日閲覧）。
(31)　ISDA JNPC編集出版委員会『被爆の実相と被爆者の実情』4頁。

の心を世界に」を制度化した組織なのであり，これら二つの柱に沿った活動を国際的なネットワークとしてつなげ広げている。

### ⑶ 「ヒロシマの心」実現のために，期限を設けて「目標」を設定し活動し始めた M4P[32]

2000年には加盟都市が約400だった M4P は，4年ごとに総会を開いてはいたが，「都市」から成る組織としての具体的行動指針や決意を強化することで，さらなる発展が見込まれた。

その流れの中，2003年の理事会では，緊急行動計画「2020ビジョン」を策定し，目標を具体的に示した上，国際事務局の充実と，他の NGO との連携の仕方等，都市が国際舞台で活躍する準備を行い，停滞していた核廃絶の動きを加速させる活動を始めた。

「2020ビジョン」とは，①2020年までの核廃絶を目指して，②中間目標としては2015年までの核兵器禁止条約の締結を掲げ，③世界中の都市が連携してこれらの目標実現のために活動する，という計画である。同時に，世界中の都市への呼び掛けを強化し，2年後にニュー・ヨークで開催される NPT の再検討会議に M4P の代表団を派遣することで，国際世論の高揚を図り，各国政府にも協力を求める大衆行動やロビー活動を行うことも決定した。

こうした活動を国際的に支援するための国際事務局を，国際的 NGO の協力を得ながら，ベルギーのイーペル等，ヨーロッパの都市に依頼して設置し，活発な活動を始めることになった。

### ⑷ 市民運動と行政との連携強化と「ヒロシマの心」の配達

M4P の加盟都市が増えることで，それまでは確固とした拠点を持たなかった市民運動も行政の支援を受け，連携して安定した運動を続けることが可能になった。たとえば，世界の各地で市民のボランティアが細々続けていた8月6日の集会が，行政との連携で安定的に開かれるようになったり，活動のためのスペースも市役所の一室を借りられるとか，学校行事としての活動が始まったりした。都市内の平和活動のみならず，国境を越えての連携も活発になり，ICAN のイベントなどの大きな取り組みをサポートする母体にも

---

(32) 平和首長会議「2020ビジョン（核兵器廃絶のための緊急行動）」(http://www.mayorsforpeace.org/jp/ecbn/ 2019年8月31日閲覧)。

なった。

　それとともに，種々のイベントで，都市ごとの活動報告に加えて，M4P
の国際スタッフが，世界的な状況を報告し，世界各地での取り組みを紹介す
ることが頻繁に行われた。また，広島・長崎市長の講演等を通じて，「ヒロ
シマの心」を訴える機会も格段に増えた。

　特に，筆者も含めてこのような場でのコミュニケーションは英語で直接行
ったため，量的にも倍増するほどの効果があり，活動の活性化に益した。

### (5)　NGO とともに，国連はじめ国際的な場における積極的な活動

　M4P の活動が盛んになると国際的にも注目度が高くなり，NGO による国
際的会合や，国連そのもの，国連周辺の多様かつ多数のイベントや会合にお
いての事務局スタッフの発言力の増大，強化につながった。つまり，国際政
治の場においてのロビー活動を通して，M4P の主張がより大きな影響力を
持つようになったのである。

　2005年には，国連の第一委員会が，後に設置される OEWG に匹敵する特
別委員会を設置するように提案した[33]。また，2008年には，2015年までに核
兵器禁止条約を締結する旨も盛り込んだ「ヒロシマ・ナガサキ議定書」を核
不拡散条約の補完文書として，同様に第一委員会に提案した[34]。両者とも，
核兵器禁止条約締結運動のモデルとなった。

### (6)　より多くの都市の加盟，そして M4P の影響力の増大

　こうした M4P の声，つまり「ヒロシマの声」が広まるにつれて，戦争被
害を経験した都市の多くは，M4P に参加して，未来の世代が自分たちと同
じ経験をしないことを目的とした活動にさらなる力を入れるようになった。
2020年が近付いたが，中間目標の核兵器禁止条約の採択が，目標の 2 年遅れ
で実現したことを考慮すると，最終目標の核兵器の廃絶が，例えば10年遅れ
の2030年に実現する可能性は十分にあると考えられる。

---

(33)　広島市「平和宣言　2005年」(http://www.city.hiroshima.lg.jp/www/contents/1154593972880/
　　index.html　2019年 8 月30日閲覧)。

(34)　広島市「平和宣言　2008年」(http://www.city.hiroshima.lg.jp/www/contents/1249478004390/
　　index.html　2019年 8 月30日閲覧)。

# Ⅳ　和解と「ヒロシマの心」

　被爆者の悲願である核廃絶が実現するためには，米国の世論が，それを支持するか，少なくとも反対はしないという意思を表示す必要がある。それが可能になるためには，「原爆投下は正しかった」という考え方が，眼に見える形で少数になる必要がある。

　世論調査の結果では，そのような状況に近付いていることが分るが，それは単に，原爆投下を支持していた高齢者の数が少なくなるだけではなく，オピニオン・リーダーたちの役割の大きさも示している。その際，大きな役割を果すのが，被爆者との邂逅であり，広島訪問である。その意味について，『数学教室』2016年8月号（数学教育協議会編集，国土社刊）にも掲載したが，ここでは，それとは違った視点から二つの事例を報告しておく。

## 1　高橋氏とティベッツ氏との和解[35]

　原爆観の両極端の象徴である，原爆投下爆撃機の機長，ポール・ティベッツ氏と，被爆者高橋昭博氏とが，1980年6月に，ワシントン D.C. で歴史的な対面を果たした。筆者は対面の設定者，通訳として立ち会った。

　高橋氏が「今さら，あなたに恨みを言うつもりはありません。安心してください」とティベッツ氏に握手を求めたところ，彼はケロイドが残る高橋氏の右手に気づき，「これは原爆によるものですか」と尋ねた。「そうです」と答えた高橋氏の右手を両手で握りしめたティベッツ氏は，会見の三十分間，最後までその手を離さなかった。

　高橋氏は，原爆投下当時の自分は14歳で，長い間，トルーマン大統領はじめ米国の指導者に憎しみを抱いてきたこと，しかし，憎しみのあるところに平和は生まれないことに気づき，憎しみを乗り越えなければならないと考えるようになったと話した。続けて「私たち被爆者はどんな国に対しても，どんな立場の人々に対しても，再び核兵器を使う過ちが繰り返されてはならないとの決意で，国の内外に被爆の実相を知らせ，『ヒロシマの心』を訴え続

---

(35)　高橋昭博『ヒロシマ　いのちの伝言』（平凡社，1995年）225-230頁。

表1　原爆投下は正しかった

出所：各年の数字と調査機関は次の通り。
1945年（ギャラップ社）85%[36]
2009年（キニピアック大学）61%[37]
2015年（ピュー・リサーチ・センター）56%[38]
2016年（YouGov社）45%[38]

けてきました。あなたも核兵器廃絶のために努力してください」と訴えた。
　ティベッツ氏は「よく分りました」と答えたあと，「しかし，あれは戦争だったのです。将来，万一戦争が起きて，原爆を投下しろと命令されれば，私は再び同じことをするでしょう。それが戦争の論理であり，軍人の論理です。戦争が起これば，その論理で対応していくしかありません。だから，戦争は絶対に起こしてはなりません」と述べた。最後に二人は，互いに核戦争を起こさないために努力することを誓い合い，その後も二人は長い間，文通

---

(36)　Video News「原爆投下が正しかったと考えるアメリカ人が減少　抵抗権は民主主義の重要なツールです」（https://www.videonews.com/commentary/150808-01-2/　2019年8月30日閲覧）。
(37)　Quinnipiac University Poll「August 4, 2009 – Bombing Hiroshima Was Right, Amercian Voters Say 3-1, Quinnipiac University National Poll Finds」（https://poll.qu.edu/national/release-detail?releaseid=1356　2019年8月30日閲覧）。
(38)　Huffpost「【被爆70年】「原爆投下は正しかった」アメリカ人の56%　しかし若者を中心に徐々に減少（調査）」（https://www.huffingtonpost.jp/2015/08/10/atomic-bomb-injustice_n_7963898.html　2019年8月30日閲覧）。

を続けた。

高橋氏は，常に戦争否定の立場からの発言をしてきた。一方ティベッツ氏は戦争肯定の立場だ。しかし，この場での二人は，「戦争」を客観視することで，双方の立場を超えた共通の土台に立った。「戦争を起こさないように」「核戦争が起きないように」協力し合う立場だ。原爆投下という大きな歴史的事実に関して，「加害者」と「被害者」の間の一つの「和解」と言っても良いかもしれない。

## 2　オバマ大統領の広島訪問による和解

世論調査の結果を辿ると米国人の原爆投下への評価は徐々に変ってきている。1945年には85％もの人が「原爆投下は正しかった」（肯定率と呼ぶ）と答えているのだが，オバマ大統領が就任した2009年には，61％に減っている。64年間に24％減少することは，年率にして0.38％の減少を意味する。この数値を使って，単純に2016年の肯定率を計算すると約52.6％になる。しかし，次のグラフから明らかなように，世論調査の結果は45％である。

長期的には，「原爆投下は正しかった」と信じている高齢者が亡くなり，それに否定的な若い世代に取って替られた結果として肯定率は減っていると考えられる。しかし，世論調査の結果は，オバマ政権になってから劇的な変化を示している。人口構成の変化だけでは説明が付かないのだ。

人口構成の変化だけでこれほどの劇的変化は説明できないことを，念のため，別の視点から確認しておこう。

2009年の統計を元にして，世論調査の対象になる大人の率は80％[39]，死亡率は，0.7％[40]と仮定し，2009年からの一年間で亡くなった人の肯定率は85％だったと仮定する。次に，これも2009年の統計によって，米国の出生率は1.3％だと仮定し[41]，2009年には14歳で，2010年には15歳になった人たちの

---

(39)　United States Census Bureau「Quic Facts」(http://www.census.gov/quickfacts/fact/table/US/AGE135218#AGE135218　2019年8月30日閲覧)。

(40)　PubMed「Deaths: final data for 2009」(https://www.ncbi.nlm.nih.gov/pubmed/24974587　2019年8月30日閲覧)。

(41)　Statista「Birth rate in the United States from 1990 to 2017 (per 1,000 of population)」(https://www.statista.com/statistics/195943/birth-rate-in-the-united-states-since-1990/

肯定率は0％だと仮定する。

　この仮定で2010年の肯定率を計算すると，59.8％である。肯定率の減少は一年に1.2％だということになる。

　この推計値を使うと，2015年には肯定率が53.8％，そして2016年には52.6％となる。2015年の世論調査の数値56％よりは低いが，45％との違いは余りにも大きい。亡くなる人全ての肯定率が85％という大甘の仮定でも，2016年の数値は説明できないのだ。

　こちらの計算からも，別の説明の必要性が分る。


## 3　オバマ効果

　世論調査の数値変動の理由を特定するのは大変難しい。世界的に核戦争による非人間的な結果についての理解が進んでいることが大きな要因になっていることは間違いない。それに加えて，ここでは敢えて，オバマ大統領のプラハ演説と広島訪問が米国の世論に大きな影響を与えたのではないかという「仮説」を提示して，何故そう考えられるのかを説明しておきたい。これを「オバマ効果」と呼ぶことにしよう。

　オバマ大統領は2009年のプラハ演説で，使う必要がなく，しかも誤解を招く可能性のある表現を使っている。「核兵器を使ったことのある唯一の核保有国」と「道義的責任」だ。正確には，「核兵器を使ったことのある唯一の核保有国として，（核なき世界実現のために）行動する道義的責任がある」という使い方だ。

　実はここで「核兵器を使ったことのある唯一の」と「道義的」は全く不必要である。「核保有国として，（核なき世界実現のために）行動する責任がある」と言えば意味は通じる上，それでも名演説として評価されたはずだ。

　しかし，不必要な言葉を使った理由はある。ほとんどの米国人は，ほぼ同時に発せられたこの二つの言葉を聞いて，反射的に「原爆投下についての道義的責任」を思い浮かべるからだ。だからこそ，プラハ演説後に，ウォール・ストリート・ジャーナルをはじめとして米国の保守系媒体はオバマ大統

　2019年8月30日閲覧）。

領のプラハ演説を非難した。「トルーマン大統領に対する侮辱」「愛国心のない証拠」といった論調だ。オバマ大統領は，実際にそうは言っていないので，批判には耐えられた。そして，普通に演説を聞いた人の受け止め方は，保守系の媒体と同じだったのである。

　その結果，多くの米国人は，オバマ大統領が原爆投下の「道義的責任」についても考えていることを理解した。誤解を生み易い，そして不必要な言葉を使うことの意味は伝わった。

　「絶対性」を象徴している米国の大統領が，「原爆投下は正しかった」という，米国社会では「絶対性」とともに語られて来た命題を，実は絶対的には肯定していないかもしれないというメッセージが伝わった。

　その結果，表に出しては言えないまでも，世論調査のアンケートで，「原爆投下は正しかったか」と聞かれた場合，これまでの「イエス」が，「分らない」あるいは「ノー」に変ったとしても不思議ではない。それが，2015年の56％という数字の意味なのではないか。そして，2016年に，広島訪問の意思表示をした直後には，さらに大きな変化が生じたのだと考えられる。

　また，プラハ演説の一つの意味は，米国だけではなく，世界そして広島・長崎や被爆者に自分の考えを伝えることだった。筆者は，オバマ大統領が広島を訪問する意思表示だと解釈した。

## 4　核なき世界へ

### (1)　「謝罪」

　高橋・ティベッツ会談とオバマ大統領広島訪問には一つの共通点がある。「謝罪」のないことだ。それは，この二つの歴史的出来事実現に当っての鍵だった。

　高橋・ティベッツ会談の準備をしたのは筆者なのだが，最初から高橋氏はティベッツ氏との会見に前向きだった。そしてティベッツ氏に会えた場合，どのようなことを伝えたいのかについても，詳しく話をすることができた。

　ティベッツ氏は，高橋氏と会うこと自体にも消極的だったが，電話で何度か話をするうちに会見に合意して貰えた。「謝罪」を求められることはないし，高橋氏がティベッツ氏を責める心配もないことを約束して会見に合意し

て貰った。結果は歴史的な評価をして貰える内容になった。

　オバマ大統領の広島訪問については，2009年にルース駐日大使が広島を訪問し，オバマ大統領の広島訪問の可能性についての話し合いをした。焦点は「謝罪」の有無だった。広島市長として，大統領の広島訪問に当って，「謝罪」は一切必要ないこと，また時期を選んでそれを公けに表明することを約束した。

　外務省がそれとは正反対の見解を示して，その時点での広島訪問は実現しなかったが，オバマ大統領はその後も，米政府の高官を次々と広島に送り込み，その都度，「謝罪」が求められなかったことを確認した上で，2016年に広島訪問を正式に決定した。

　もう一点，「謝罪」についての被爆者の考え方を紹介しておくと，「謝罪」と言っても，言葉だけの謝罪では意味がないということだ。本当の「謝罪」とは，核なき世界を実現することであり，核兵器の廃棄という実質の伴う時に初めて，真の「謝罪」になるという意味だ。

　ここで取り上げた二つの事例は，短期的には「謝罪」という言葉が使われてはいないが，真の「謝罪」に近付く上で，つまり「ヒロシマの心」実現のために大きな意味を持つ点が重要だ。

## ⑵　核なき世界の実現とその後

　日本政府が「ヒロシマの心を世界に」に反発してきたのは，核兵器の国際法違反であることを認めたくないからなのだが，その背後には，「核抑止論」がある。つまり，「核兵器が平和の源」であることを認めさせようとする力である。

　それも，核兵器禁止条約が採択され，世界の世論が発効のためにさらに大きな力を発揮することで，変更せざるを得ないと考えられるが，その点について悲観論と楽観論の両面から，簡単に触れておきたい。

　悲観面は，これまでの日本の平和運動が主に外向きだったことである。その象徴的な成果が1982年の第二回国連軍縮特別総会に8,000万筆の署名を届けたことであろう。しかし，核兵器禁止条約を発効させる上で鍵になるのは，日本政府がこの条約を署名・批准することである。それは，国内の政治を変えることである。そのための新たな運動作りをどうするのかが大きな課

題である。

　楽観的には，これまでの核兵器廃絶の運動において，外務省路線は，最後の「核兵器禁止条約」の批准を残して全ての面で劣勢にある事実だ。世界の圧倒的多数の国も世論も核兵器の廃絶を支持している。アメリカの世論も，原爆投下肯定から否定に移っている。だから，今後も全てが滑らかに動いて核廃絶に至るほど楽観できないにしろ，長期的な傾向は明らかだ。これをどう加速すべきなのかが今，問われている。

　そして，核兵器が廃絶された後には，再度核兵器の誘惑に負けないような態勢作りが必要だが，その一環として「ヒロシマの心」が，劣化しないで，つまりディジタル化された形で後世に伝わるような「ヒロシマ・ナガサキ講座」を，国家的プロジェクトとして推進することを提案しておきたい。

## おわりに

　「ヒロシマの心」の切り取り方には，本章の立場以外の可能性もある。たとえば，日本が関わった戦争全体を総括し，その一部として「ヒロシマ」を位置付けることができる。その柱の一つは「戦争責任」でり，その責任を日本政府が戦後どのような形で果たして来たのかの総括である。そのためにも，「ヒロシマの心を世界に」の内，「ヒロシマの心を日本政府に」を強調しておきたい。

　日本政府が「戦争責任」を直視し，特にアジア諸国への償いを真摯に行うこと，また核禁条約の批准を出発点にして「核なき世界」実現のために音頭を取るよう方針転換を行わせるのは，私たち主権者の責任である。主権者の力の拠り所は憲法だが，その力を最大限に活用する必要がある。そのためにも，「道徳的要請」に格下げされている99条の「憲法遵守義務」を復権させることが最優先事項である。（この点については拙著『数学書として憲法を読む——前広島市長の憲法・天皇論』・法政大学出版局を参照のこと）

### —— さらに勉強を進めるために ——

　広島市原爆体験記刊行会編『原爆体験記』（朝日新聞社，1965年）。

長田新編『原爆の子 上・中・下』（岩波書店，1951年）。

奥田貞子『空が赤く焼けて』（小学館，2015年）。

ジョン・ハーシー（石川欣一・谷本清・明田川融訳）『ヒロシマ』（法政大学出版局，1949年初版，2003年増補版）。

大江健三郎『ヒロシマ・ノート』（岩波書店，1965年）。

広島市・長崎市　原爆災害誌編集委員会編『ヒロシマ・長崎の原爆災害』（岩波書店，1979年）。

秋葉忠利『新版　報復ではなく和解を』（岩波書店，2015年）。

## 第14章

# 日本の平和運動と在韓被爆者

鄭　美香

〈ヒロシマ〉というとき
〈ああ　ヒロシマ〉と
やさしくこたえてくれるだろうか
〈ヒロシマ〉といえば〈パール・ハーバー〉
〈ヒロシマ〉といえば〈南京虐殺〉[1]

栗原貞子

## はじめに

　広島と長崎の被爆者は，戦後日本の反核・平和運動の象徴として「核兵器のない世界」を訴え続けてきた。厚生労働省（厚生省）によると，被爆者健康手帳（手帳）を所持している被爆者は145,844名[2]であるが，被爆者の高齢化に伴う被爆体験の風化が懸念されている。国内外における被爆者の証言活動は，被爆を体験していない人々に原子爆弾（原爆）の危険性を伝えるとともに，反戦・平和思想を支えてきた。こうした状況にあって，被爆体験の継承は喫緊の課題であろう。冒頭の詩は発表から40年を経てなお，これから被爆体験の継承という問題を考える際に重要な意味を含んでいる。戦後日本における記憶の在り方を批判した栗原の詩は，被害者の記憶によって，忘れ

---

（1）　栗原貞子『ヒロシマというとき』（三一書房，1976年）102-103頁。
（2）　平成31年3月末現在。厚生労働省。https://www.mhlw.go.jp/stf/seisakunitsuite/bunya/0000049130.html（2019年9月1日アクセス）。

られた彼方の記憶を再び想起させてくれる。「広島と長崎の被爆者」と聞く
と，日本人被爆者のみを連想するかもしれないが，2019年3月末時点で，手
帳を所持している在外被爆者は約2,966名であり[3]，そのうちの7割が在韓
被爆者である。しかし，在外被爆者が手帳を手に入れ，日本の被爆者と同等
な立場を得るまでに，約半世紀にわたる裁判闘争を経るなど，彼らは長い間
放置されてきた。しかも，彼らの存在をどれだけの人々が知っているだろう
か。

　「〈ヒロシマ〉といえば，〈ああ　ヒロシマ〉とやさしいこたえがかえって
来る」ためには，〈ヒロシマ〉がより普遍的な平和思想として伝播される諸
条件を考察する必要がある。そこで，本章では，諸条件の一つとして在韓被
爆者問題を取り上げ，戦後日本の反核・平和運動と関連づけて考える。ま
ず，定義について述べておきたい。本章では，広島と長崎で被爆したすべて
の人の呼称を「被爆者」に，当時朝鮮半島出身の被爆者を「朝鮮人被爆者」
にそれぞれ統一する。さらに，朝鮮人被爆者を戦後の在住地によって，「在
韓被爆者」，「在朝被爆者」「在日被爆者」と区別する。日本では「被爆者」
「ヒバクシャ」という表現が一般的であるが，韓国では在韓被爆者を
「원폭피해자（ウォンポクピヘザ，原爆被害者）」と呼んでいる。原爆被害者に
は，原爆の被害を経験したすべての人が含まれており，被爆者の家族や子孫
もこの範疇に入る。本章では，広島・長崎で被爆後，韓国へ帰った人々を対
象としているため，「在韓被爆者」という表現を用いる。ただし，日韓関係
と関連づけて論じる際には，「日本の被爆者」と区別するために「韓国の被
爆者」と表記する。

　在韓被爆者に関する研究は，1970年以降，在韓被爆者への関心の高まりを
背景にジャーナリストや在韓被爆者支援運動（支援運動）の市民団体を中心
に始まった[4]。その多くは，支援運動の高揚と歩調を合わせた。初期の研

---

（3）　前掲の被爆手帳所持者145,844名には在外被爆者は入っていない。厚生労働省。https://
　　www.mhlw.go.jp/stf/seisakunitsuite/bunya/kenkou_iryou/kenkou/genbaku/genbaku09/16.html
　　（2019年9月1日アクセス）。
（4）　平岡敬『偏見と差別』（未来社，1972年），朴秀馥他2名編著『被爆韓国人』（朝日新聞社，
　　1975年）などが代表的な著作。『被爆韓国人』は，当時朝日新聞のソウル特派員であった小田川
　　興が在韓被爆者の手記がまとめたルポルタージュで，在韓被爆者問題だけを取り扱ったはじめて

究は，朝鮮人被爆者の原爆被害を告発するとともに，人道主義と戦後補償問題の観点から，在韓被爆者支援を日本社会に呼びかけている点で共通している。当事者の証言集[5]も数多く出版され，被爆体験記録の代表刊行物である『長崎の証言』や『ヒロシマ・ナガサキの証言』などにも在韓被爆者の手記や証言が掲載されている。支援運動が一定の成果をあげてからは，ルポや証言などが主な内容であった従来の研究から脱皮し，より実証的で多様な観点から在韓被爆者問題を考察するものが登場する。その代表的なものが，市場淳子の『ヒロシマを持ちかえった人々——「韓国の広島」はなぜ生まれたのか』(2000)，学術論文として辛亨根・川野徳幸による「韓国人原爆被害者研究の過程とその課題」『広島平和科学』(2012) と「韓国人被爆者問題をめぐる草の根交流」『広島平和科学』(2013) である。とくに市場の研究は，広島に原爆が落とされたときに，朝鮮人が何故被爆都市にいたのか，という根本的問いを掲げ，植民地支配下の陜川と広島との関係性を明らかにした。一方，韓国における研究は，日本と比べて内容と数の面で不足しており，現実告発と戦後処理補償問題を骨子とする傾向が見られる[6]。韓国では，2016年にようやく在韓被爆者を支援する法制度が整備されたほど大半の韓国人は彼らの存在を知らない。その背景には，原爆が植民地解放を早めたという言説や冷戦構造と独裁政権下で形成された影響などがあると考えられる。2002年，在韓被爆者2世がカミングアウトしたことを機に在韓被爆者への社会的関心が形成され，翌年に市場の研究が翻訳出版されたことを受け，在韓被爆者問題に関する研究が徐々に浸透していった。

　本章の目的は，先行研究を踏まえて平和学の視点から在韓被爆者問題を考察することである。これにより，戦後日本の反核・平和運動の根底において，被害者の記憶と加害者の記憶という二つの記憶が非連続であることを浮き彫りにする。そのうえで，「ヒロシマ・ナガサキ」の集合的記憶を，より

---

の単行本である。
(5)　西村豊行『ナガサキの被爆者——部落・朝鮮・中国』(社会新報，1969年)，広島県朝鮮人被爆者協議会編『白いチョゴリの被爆者』(労働旬報社，1979年) など。
(6)　釜山日報元記者である朴秀馥の『소리도 없다 이름도 없다 (声もない，名もない)』(創元社，1975年) は，在韓被爆者の証言を韓国社会に紹介し，在韓被爆者問題を本格的に取り上げた点で評価できる。

普遍的価値へと昇進させるための条件について考える。集合的記憶とは，モーリス・アルヴァックス（Maurice Halbwachs）によって提起された概念で，特定の集団が有する固有の記憶（collective memory）を意味する。彼は，「一つの集団の記憶の前景には，その集団自体の生活から生じるものであれ，その集団と最も近くにあり最も頻繁に接触を保っている集団との関係から生じるものであれ，その集団の成員の大部分とつながりのあるような出来事や経験についての想い出が浮かび上がっている」[7]と述べた。つまり，集合的記憶は集団内の人々によって共有される想い出（アイデンティティーや規範など）から構成されている。したがって，「ヒロシマ・ナガサキ」の集合的記憶が，どのような想い出から形成されたかを再認し，戦後日本の反核・平和運動との関連性を考える必要がある。以上の目的と研究枠組みに基づき，第1節で朝鮮人被爆者の歴史的背景と特徴を整理する。第2節では，戦後日本の平和運動（1950年代～1970年代）のなかで形成された集合的記憶と支援運動の背景を明らかにする。第3節では，日韓連帯の裁判闘争を述べ，日本の平和運動における意味を考察する。

# I　広島と長崎で被爆した朝鮮人

## 1　玄海灘を渡った朝鮮人

　日清戦争や日露戦争を通して，朝鮮半島における敷設権を手にした日本は1900年に仁川とソウルを結ぶ鉄道を，1905年に釜山とソウルを結ぶ鉄道を開通させた。そして，1905年9月からは下関と釜山を結ぶ「関釜連絡船」が定期的に運行されるようになった。この運航は山陽鉄道会社が山陽鉄道（神戸-下関）と朝鮮の京釜鉄道（ソウル-釜山）を連結させるために推進したものである。1910年の日韓併合以降，朝鮮人農民や労働者の日本への渡航が増加し始めるが，その背景には東洋拓殖株式会社[8]（東拓）や朝鮮総督府（総督府）に

---

（7）　M. アルヴァックス（小関藤一郎訳）『集合的記憶』（行路社，1989年）34頁。
（8）　1908年に設立した東拓は，国策会社として朝鮮内の農地確保と安定的な米の供給だけでなく，確保した農地に日本国内の没落した農民を移住させ，日本の社会的問題を解決しようとした。釜山近代歴史館編『釜山近代歴史館物語り』（2005年）38頁。

よる土地調査事業があった。当時，土地の所有権や地価などがはっきりして
いなかった朝鮮で土地調査事業を実施し，総督府は朝鮮の4割に当たる土地
を国有地化した。そして，その土地を安価に東拓や日本の農業移民に払い下
げ，朝鮮半島への日本人の営農を促進したのである。一方，朝鮮の農民は日
本移民反対運動を展開し，当時の社会問題となった。その結果，移民事業は
失敗と終わり，1927年以降に中断された。東拓はその後，朝鮮人を小作農に
して直接農場を経営するが，小作料の引き上げによって朝鮮農民の生活はさ
らに苦境に追い込まれた。農村疲弊はとくに農業への依存度が高い朝鮮南部
地域で顕著にみられ，朝鮮人農家の離農が相次いだ。

　日本では産業化の進展に伴い，工業労働力の需要が増大したが，とくに
1914年の第一次世界大戦勃発によって軍需産業が活況を呈し，国内産業は労
働力不足に陥った。日本の企業は低賃金の朝鮮人労働力を確保するために組
織的に募集した。日本企業の動きに応じて，生活基盤を失った多くの朝鮮農
民や社会の下層民が生きる術を求め，関釜連絡船に乗って玄海灘を渡ったの
である。満州事変から日中戦争へと拡大するなか，軍隊や軍需工場における
人的資源の欠乏が顕著になり，人的資源の不足を朝鮮人で補充するために，
1939年には国家総動員法が朝鮮半島にまで適用された。当初自由募集だった
動員方法も，アジア太平洋戦争の戦線拡大に伴って次第に強制性を帯びてい
った。一例をあげれば，1944年には広島の三菱重工業の機械製作所および造
船所に，2800名の朝鮮人が戦時労働力として強制動員された。長崎も，原爆
投下時には三菱造船所だけで7000名の朝鮮人が強制動員されていた[9]。こ
のような歴史的背景から，1895年12名に過ぎなかった在日朝鮮人の数が1910
年に790名，1920年に30,189名，1930年に298,091名にまで増えた。1940年代に
は，朝鮮半島から強制性を帯びた徴用による労働力人口が急に増し，1945年
には2,365,263名に達した[10]。

---

(9)　市場淳子『ヒロシマを持ちかえった人々─「韓国の広島」はなぜ生まれたのか』（凱風社，
　　2000年），29頁。
(10)　韓国原爆被害者協会編『한국원폭피해자 65년사』（2011年）35頁。

## 2　朝鮮人被爆者の特徴

　表1の通り，朝鮮人被爆者の数は約7万人で，被爆者総数の1割を占める。1945年当時の日本の推計人口約7200万人に対して在日朝鮮人数が約230万人の3％であったことをみると，広島・長崎における朝鮮人の集中移住ぶりがわかる[11]。朝鮮人被爆者の主な特徴は表1から明らかなように，被爆者総数の死亡率（33.7%）に比べて朝鮮人被爆者の死亡率（57.1%）が高いことである。それは，彼らの多くが軍需工場が集中している市内で働いていたことが一つの理由である。また，市外に親類縁者がいないため，疎開できなかったことや被爆後いったん市外に出てもすぐに市内に入り，残留放射線や黒い雨を浴びた人が多かった。避難所や救援所に行っても，朝鮮人差別を受けて十分な手当を受けられなかったケースも多くあった[12]。

　韓国教会女性連合会[13]が1979年に，在韓被爆者1070名を対象に実態調査[14]を実施した。この調査で，回答者の6割が本人の雇用機会を求めると同時に家族を伴い，日本に移住したと答えている。現地で生まれた人数を合わせると，全体の8割が「生活のため」に渡日したことがわかる。詳しくは雇用機会を求めて自ら日本に移住した人は全体の2割で，家族について渡日

表1　朝鮮人被爆者の被害状況

|  | 全体 | | 朝鮮人 | |
|---|---|---|---|---|
|  | 被爆者総数 | 死亡者数 | 被爆者数 | 死亡者数 |
| 広島 | 420,000人 | 159,283人 | 50,000人 | 30,000人 |
| 長崎 | 271,500人 | 73,884人 | 20,000人 | 10,000人 |
| 合計 | 691,500人 | 233,167人 | 70,000人 | 40,000人 |

出所：庄野直美・飯島宗一『核放射線と原爆症』（日本放送出版会，1975年）57-58頁／朴秀馥他2名『被爆韓国人』（朝日新聞社，1975年）298頁より作成。

---

(11)　市場淳子「『唯一の被爆国が』生んだ在外被爆者」倉沢愛子他編『岩波講座アジア・太平洋戦争4』（岩波書店，2006年）378頁。

(12)　中逵啓示「在韓被爆者問題―忘れられたもう一つの広島」『広島平和科学』16巻（広島大学平和科学研究センター，1993年）7頁。

(13)　韓国初の支援団体として在韓被爆者の無料治療・生計支援・原爆写真展開催などの運動を展開し，日本政府に対して被害補償と治療対策を請求した。

(14)　全国の在韓被爆者3000人に「原爆被害者実態調査案内」を郵送した結果，1070人だけが応じた。

した人と現地出生の人が全体の6割を占めている。つまり，調査に応じた在
韓被爆者の特徴は家族単位の移住で被爆したことである。ただ，調査に応じ
た在韓被爆者の被爆地に注目すると，1070名の中，広島が全体の約96%
（1029名）で，長崎が全体の約4%（41名）であることから，広島で被爆され
た人々の事情が反映されている。しかも，当時広島にいた朝鮮人の7割が陝
川出身だったといわれている[15]ことを考えると，陝川出身の在韓被爆者が
家族単位で広島へ移住したことがわかる。実際，陝川出身の在韓被爆者によ
る手記を読んでみると，日本での家族との生活を垣間見ることができる。

市場によると，陝川から広島に渡っていった人は「出稼ぎ型」よりも「流
離型」の方が多かったと推察される[16]。何故なら，1920年代の移住者は独
身の労働者が多く，稼いだ金を故郷に送る「出稼ぎ型」であったが，陝川か
ら広島に大量移住した時期は1930年代であり，その背景に世界恐慌後の深刻
な朝鮮半島における農村の疲弊があったためである。山奥の農村地域である
陝川は，平野部が狭小な地形であり，主要な耕作地は山間渓谷と河川に沿っ
て形成されたため，自然災害による被害が深刻であった。そのため，陝川の
人々は昔から多様な農作物の栽培により自然災害への防衛策を講じてきた。
しかし，総督府による米・棉花・繭の増産が陝川にも強いられ，特定の商品
作物に農業が偏り，陝川の田畑は自然災害に対する抵抗力を喪失した。その
結果，1920年以降の陝川は洪水や干ばつによる被害が他地域より深刻で，農
村はますます疲弊していった。『東亜日報』では当時の被害を次のように報
じている。

　　1920年7月18日から19日にわたって生じた大洪水で黄江と治爐川が氾濫し，
　　150名が行方不明となり，流失家屋も650戸に達した[17]。

自然災害のほか，地主の収奪にも苦しむ小作農が増えていくなか，1929年
7月に大水害が生じた。しかも，1929年の世界恐慌によって米・綿花・繭の
価格が大暴落し，陝川の農民はいっそうの没落を強いられたのである。この

---

(15)　中遠，前掲書，5頁。
(16)　市場（2000年），前掲書，283頁。
(17)　『東亜日報』1920年7月27日。

表2　朝鮮人被爆者の渡日理由と出身地

|  | 広　島 | 長　崎 |
|---|---|---|
| 渡日理由 | 出稼ぎ　＞　徴兵・徴用 | 徴用　＞　出稼ぎ |
| 出身地 | 約7割が陜川出身。ソウル・京畿道・全羅道から徴兵・徴用で渡日。 | 朝鮮全土からだが，とりわけ朝鮮南部の全羅道が多い。朝鮮北部（現在の北朝鮮）出身も多数。 |
| 特徴 | 直接被爆者が多数で，家族単位の被爆者が多い。 | 男性が多い。広島に比べて直接被爆による被害が少なく，原爆投下後の復旧作業による入市被爆した人もいる。 |

出所：注（9）／注（18）／注（21）より作成。

　ように，やむを得ず故郷を離れた陜川の人々は生きるために広島移住を選択した。植民地支配下で，整備された陜川から釜山までの道路網，釜山から下関をつなぐ関釜連絡船と，下関から広島までつなが鉄道網という交通手段が，陜川から広島への人口移動を容易なものにしたのである。

　長崎で被爆した朝鮮人の特徴は，徴用工として強制動員された人が多く，働かされていた三菱造船所や川南造船所が爆心地から比較的遠隔にあったために，ケロイドが残るような被害が少なかった[18]。在韓被爆者の8割以上が広島で被爆を経験したため，長崎の在韓被爆者証言は少なく[19]，広島で被爆した在韓被爆者と比べて，実態解明を困難にしている。「長崎在日朝鮮人の人権を守る会」が，長崎市および周辺の朝鮮人飯場・寮・長屋などを調査したり，朝鮮人被爆者に関する証言を掘り起こしたりした結果，強制動員された多くの朝鮮人の姿が浮かび上がってきた[20]。韓国政府の調査結果からも，長崎市の造船所に朝鮮半島北部出身の労務者が大量に動員され，約1万人の朝鮮人が強制動員によって長崎に連れてこられた[21]ことが明らかに

---

(18)　平野伸人『海の向こうの被爆者たち―在外被爆者問題の理解のために』（八月書館，2009年）14頁。

(19)　在韓被爆者によって設立された「韓国原爆被害者協会」が発刊した資料集『한국원폭피해자 65년사（韓国原爆被害者65年史）』（2011年）には，51名の証言が掲載されているが，長崎で被爆した人は2名しかいない。

(20)　長崎在日朝鮮人の人権を守る会編『原爆と朝鮮人』（1982-2014年）は調査結果をまとめたもの。1995年より「岡まさはる記念長崎平和資料館」を開館し，日本の加害責任を訴えている。

(21)　大韓民国政府・国務総理所属対日抗争期強制動員被害調査及び国外強制動員犠牲者等支援委

なった。彼らは市内から離れた端島や高島などの炭鉱と，市内の軍需工場で
働いていたが，炭鉱に徴用された朝鮮人は原爆投下後に市内での復旧作業に
投入され，残留放射能汚染という間接被爆の被害が発生した。表2は，広島
と長崎，それぞれの地で被爆した朝鮮人を比較したものである。

## II　日本の平和運動と被爆者

　前節の表1の通り，7万人の朝鮮人被爆者のうちに4万人が死亡した。戦
後，2万3千人が祖国に生還し，7千人が日本に残った。朝鮮人被爆者の多
くが朝鮮半島南部の出身であったため，帰国者の大半は韓国に帰り[22]，約
2千人が北朝鮮に帰ったと知られている[23]。1951年に公刊された『原爆の
子』[24]をはじめ，初期の証言記録に朝鮮人被爆者の姿が映っているが，原爆
風景の中で目撃された短編的なものに過ぎず，戦後日本の社会で朝鮮人被爆
者の存在は忘れられていった。とくに在韓被爆者は，被爆者援護法から除外
され，長らく放置されていた。ここでは，同じ被爆者にも関わらず，なぜ在
韓被爆者は援護法の適用を受けられなかったのかを考える。その背景として
戦後日本の反核・平和運動の過程で形成された「ヒロシマ・ナガサキ」の集
合的記憶について述べる。

### 1　平和運動と「被害者の記憶」

　毎年8月6日と9日になると，広島平和記念式典と長崎原爆犠牲者慰霊平
和祈念式典がNHKから生中継され，原爆投下の時刻にサイレンが聞こえ
る。そのサイレンに合わせ，原爆死没者の冥福と恒久平和の実現を祈る人々

　員会（河井章子訳）『広島・長崎朝鮮人の原爆被害に関する真相調査：強制動員された朝鮮人労
　務者を中心に』（対日抗争期強制動員被害調査及び国外強制動員犠牲者等支援委員会，2015年）
　69頁。
(22)　市場（2006年），前掲書，379頁。
(23)　帰国事業による帰国者の中には手帳を持っていた人も大勢いたが，帰国の際に返納や破棄を
　したり，帰国後紛失したりした人も多い。伊藤孝司『ヒロシマ・ピョンヤン―棄てられた被爆
　者』（風媒社，2010年）17頁。
(24)　長田新『原爆の子』（岩波書店，1951年）には，広島の児童・生徒たちによる手記104篇が掲
　載されており，子どもの被爆体験を伝える最初の手記としてひろく読まれてきた。

は「あの日」を想い出す。「あの日」はもはや広島・長崎に限定されたロー
カルな記憶ではなく，日本国民が共有する集合的記憶である。では，集合的
記憶の概念を提起したモーリス・アルヴァックスの視点から考えた場合，こ
の集合的記憶はどのような出来事や経験についての想い出が浮かび上がって
いるのであろうか。

　1952年，連合国軍最高司令官総司令部（GHQ）の占領統治が終わると，プ
レスコードによって抑えられていた原爆関連の報道や出版物が増え，多くの
人々に原爆被害の凄惨さが知られるようになった[25]。同年8月，広島では
最初の被爆者組織である「原爆被害者の会」が誕生する。この会は，被爆者
の病苦や生活苦への解決を行政に働きかける活動も行っていたが，被爆者同
士が互いに励まし合うような親睦団体に近かった。1954年3月，米国のビキ
ニ島水爆実験によって，マグロ漁船・第五福竜丸が被爆し，「原爆マグロ」
の恐怖が国民生活心理に影響を及ぼした。その結果，反核・非核認識を覚醒
した人々が増えた。当時の新聞に掲載された「原爆マグロを取り扱わない旨
を看板に掲げた魚屋」の報道写真が当時の社会状況をよく表している。その
ため，日本では核実験禁止・核兵器禁止の決議が全国的に発出され[26]，市
民による水爆禁止運動が始まった。東京・杉並区の公民館で学習していた主
婦たち[27]が，1954年5月に水爆禁止署名運動をはじめ，この運動が全国各
地に広がった[28]。同年の8月には原水爆禁止署名運動全国決議会が結成さ
れ，翌年の夏までに3000万人が署名した。当時の人口が8000万人であったこ
とを考えると，原水爆禁止署名運動（原水禁運動）は国民的運動であったと言
えるだろう。つまり，「原爆マグロ」という生活に密接した問題への危機意

---

(25)　特に，1952年8月6日に出された『アサヒグラフ　原爆被害特集号』は，原爆の惨禍につい
　　てほとんど知らされていなかった国民に衝撃を与え，52万部を売り上げた。福間良明『焦土の記
　　憶』（新曜社，2011年）276頁。
(26)　第五福竜丸被災の報道の2日後，1954年に3月18日には神奈川県三崎町（現在の三浦市）議
　　会が初めて「原爆実験停止の決議」をおこなった。その後，4月と5月に衆議院と参議院が核実
　　験禁止，核兵器使用禁止の国会決議を行い，全国各地の自治体が原水爆禁止・実験禁止を要求す
　　る決議をおこなった。
(27)　公民館館長を務めていた法政大学教授の安井郁がそのリーダー的存在であった。安井は翌年
　　に結成された原水協の理事長にも就任した。
(28)　これ以前にも，1950年に原子兵器の絶対禁止を訴えた「ストックホルム・アピール」書名運
　　動が行われ，645万名の書名を集めることができた。

識が原水禁運動を導いたのである。

　このような社会的雰囲気の中，1955年8月に第一回原水爆禁止世界大会（世界大会）が広島で開催され，世界大会の後に原水禁運動の実行委員会が名前を変更し「原水爆禁止日本協議会（原水協）」となった。また1956年8月に，長崎で開催された第二回世界大会で被爆者の全国組織である「日本原水爆被害者団体協議会（被団協）」が結成された。被団協は，対外的に「核兵器廃絶」と「原爆被害への国家補償」を訴えながら，対内的には被爆者同士を結束し，被爆者が反核・平和運動の主体者として活躍できる場を設けた。原水禁運動の盛り上がりに伴い，ローカルな被爆者の記憶が被爆を経験していない日本人にも共有され，「ヒロシマ・ナガサキ」の集合的記憶に変わっていた。

　米国による水爆実験の被害を受けたという意識が，広島と長崎の被害を喚起させながら「唯一の被爆国」という被害者共同体を成立させ[29]，広島と長崎の被爆者は，日本という「被害者共同体」を代表する存在になった[30]。広島・長崎の記憶は，戦後日本人の戦争被害者意識と平和主義の根拠となり，「世界唯一の被爆国・被爆国民」という集合的記憶が再構成されていった。このように，「被害者としての記憶」と「反核・非核という規範」が日本社会のなかで，核認識として当然のことのように受け止められてきたのである。しかし国外，とくに戦争被害を受けたアジア諸国の人々にとって，この両者は単純に結び付けられない複雑な認識が存在する。それに対し，戦後日本の反核・平和運動は，戦争記憶とくに1945年以前の「加害者の記憶」と連続性が絶たれた「被害者の記憶」と，「反核・非核という規範」（＝全人類が共有する原爆体験の集合的記憶）の二つを並存させながら，理想主義的な平和思想として誕生したのである。このような「ヒロシマ・ナガサキ」の集合的記憶は，反核・平和思想として多くの人々と共有されるが，他方では「唯一の被爆国・被爆国民」という被害者の記憶が強調される懸念がある。被害者の記憶の強調は，加害者の記憶との断絶を強め，過去のある側面を忘却させる。広島と長崎で被爆した人々の中には日本人だけでなく，当時出稼ぎや強

(29)　直野章子『原爆体験と戦後日本―記憶の形成と継承』（岩波書店，2015年）101頁。
(30)　同上書，104頁。

制動員などの理由から渡ってきた朝鮮半島出身の人々をはじめ，中国と台湾の人々も多数存在した。そのほかにも，捕虜収容所に入れられていた連合国軍捕虜の人々も被爆した。終戦後，それぞれの国へ帰った在外被爆者は被爆の後遺症や偏見から苦しむが，「ヒロシマ・ナガサキ」の集合的記憶から排除されてきた。つまり，「ヒロシマ・ナガサキ」の集合的記憶が含む，被害者の記憶は日本人だけにとどまったと言える。戦後，日本人が共有した被害者の記憶は「被害者共同体」として日本という国をまとめると同時に，戦後の日本を復興させ，経済発展を成し遂げる上で一定の役割を果たした。また，冷戦構造の下で被害者の記憶は，原爆を投下した米国の「核抑止論」を容認し，日本国内の問題にとどまる特異性を有した。

## 2　平和運動と「加害者の記憶」

　原水禁運動の高揚と同時に被爆者救援を求める運動が展開され，1957年に手帳を交付する原爆医療法が制定された。1960年代に入ると，日米安全保障条約改定問題やソ連の核実験をめぐって，原水禁運動を牽引する原水協の内部に亀裂が生じた[31]。戦後日本における平和運動の先駆けとなった原水禁運動は，イデオロギー対立という政治的性格を帯びるようになり，停滞状態に陥ったのである。その停滞が被爆者救援運動にも影響を及ぼしたことは言うまでもない。

　1965年以降は，世界各地で展開されたベトナム反戦運動の影響を受け，それまで原水禁運動を主軸とした平和運動が反戦・反米運動に変わっていく。その運動をリードしたのが，「ベトナムに平和を！市民連合（ベ平連）」であった。ベトナム戦争において，日本は米軍の出撃・兵站基地として米軍への後方支援を行っていたため，ベトナム戦争の間接的加害者であることを意識する人が増えていった。「被害者であると同時に加害者である」という，ベ平連会長・小田実の認識がその代表である。「被害」と「加害」を表裏一体に捉える小田の議論は，原爆をめぐる議論のあり方に再考を促した。広島の被爆者として，自らの被爆体験を踏まえながら旺盛な文学活動を展開した栗

---

(31)　原水協から脱退した人々を中心に，1961年に核兵器禁止平和建設国民会議（核禁会議），1965年に原水爆禁止日本国民会議（原水禁）が結成された。

原は，冒頭の詩が掲載されている詩集『ヒロシマというとき』の書名につい
て次のように記した。

> 詩集のタイトルである，〈ヒロシマというとき〉は1965年に始まったベ平連運
> 動が「被害者であると同時に加害者である」という，反戦の新しい視点をきり
> ひらいたことにより，原爆被害者もまた，軍都広島の市民として侵略戦争に協
> 力した加害者としての自身の責任を問う同名の作品をそのまま用いました[32]。

　ベトナム戦争の激化に伴い，高揚した反戦・反米運動は米国の原爆投下の
責任を追及するようになるが，それは単に「原爆の被害」を強調するのでは
なく，日本の「加害者の記憶」の連続線上で問いただすものであった。この
ように，それまで「被害者の記憶」を基盤にした平和運動に，忘れられた
「加害者の記憶」が芽生えるようになった。1968年に核兵器を搭載可能な米
海軍空母エンタープライズが佐世保に寄港し，長崎の被爆者や知識人に衝撃
を与えた。長崎における被爆体験記録の収集が盛り上がり，数多くの証言集
も発刊されるが，1969年から1981年まで定期的に刊行された『長崎の証言』
がその代表例である。多数の被爆者の証言や平和への訴えなどが盛り込まれ
ている『長崎の証言』は単なる証言集ではなく，証言収集活動の成果をまと
め，継続的に被爆者の訴えを届ける長崎発の主要な証言メディア[33]であっ
た。
　『長崎の証言』に影響を及ぼしたのは，前述のように，佐世保の問題であ
ったが，当時の沖縄返還をめぐる議論や援護措置の差別を受けた沖縄の被爆
者問題[34]もあった。『長崎の証言』は広島にも働きかけ，1975年に『広島・
長崎30年の証言』が刊行される。また，『長崎の証言』の中心者である鎌田
定男の提案を受け，1982年より『長崎の証言』の後継誌として『ヒロシマ・
ナガサキの証言』が発刊され，現在まで続いている[35]。『長崎の証言』は朝

---

(32)　栗原，前掲書，193頁。
(33)　1969年から1977年までは年に一回の頻度で発行されたが，250-300頁余に及び，それぞれ100
　　名前後の体験記が収められている。1978年以降は季刊に変更され，各号は130頁前後であった。
　　福間，前掲書，358頁。
(34)　1957年に制定された原爆医療法によって手帳の交付が始まったが，当時米国の占領下にあっ
　　た沖縄に住んでいる被爆者は，法の適用を受けられなかった。

鮮人被爆者にも目を向けた。『長崎の証言』第二集（1970）に，岡正治の「被
爆朝鮮人への無責任を告発する」が，第四集（1972）に特集企画で朝鮮人被
爆者のインタビューが掲載されている。以降の『長崎の証言』においても朝
鮮人被爆者問題の言及や手記などが見られる。これは，1970年代から始まっ
た朝鮮人被爆者への関心を表すものである。では，それまで忘れられていた
朝鮮人被爆者がどうして日本の社会に登場したのか。その背景については次
節で詳しく述べる。

## Ⅲ　日韓連帯の裁判闘争

### 1　原爆二法が抱える問題

　原水禁運動が盛り上がるなか，1955年に広島の被爆者である下田隆一ら3
名が，国を相手に損害賠償と原爆投下を国際法違反とすることを求めて訴訟
を提起した（原爆裁判）。被爆者に対する国の援護策がなかった時期のことで
ある。その後，被団協を中心とした被爆者自らの運動によって1957年に被爆
者を救済する原爆医療法が制定された。1963年に原爆裁判の判決が下され，
損害賠償請求を棄却し原爆投下は国際法違反とする内容だった。そのため，
1966年に被団協は国家補償の立場にもとづく被爆者援護法の制定をせまる
「原爆被害の特質と被爆者援護法の要求」（通称「つるパンフ」）を発表した。
「つるパンフ」を掲げながら，被爆者は座り込みや全国行脚などを展開した。
このような被爆者運動によって，1968年に原爆特別措置法の制定が実現され
た。
　以上の原爆二法によって，手帳を所持した被爆者は全額無料で健康診断と
医療などを受けられ，各種手当を受給するようになった。しかし，原爆二法
は被団協が求めた「原爆被害への国家補償」ではなく，あくまでも社会保障
法の性格を有するものであった。そのため，原爆被害に対する国家の戦争責
任を明確にし，その補償を求める被爆者の運動は続いた。ところが，日本政
府は1968年「在外財産補償問題」[36]の最高裁判決によって誕生した戦争犠牲

---

(35)　1987年に『証言　ヒロシマ・ナガサキの声』と誌名が変更。『長崎の証言』のデータベース
　　　が，長崎大学核兵器廃絶研究センター（RECNA）のホームページに公開。

受忍論（受忍論）を被爆者に対して押し付け，「戦争ないし戦争損害は，国家の存亡にかかわる非常事態のもとでは国民のひとしく受忍しなければならなかったところであって，これに対する補償は憲法の全く予想しないところ」[37]という立場を固執し続けてきた。1994年，原爆二法を統合して制定された「被爆者援護法」においても，国家補償の理念が欠けている。その理論的根拠となったのが，受忍論という被爆者対策の基本理念を打ち出した原爆被爆者対策基本問題懇談会（基本懇）の意見書である[38]。基本懇は，1978年に被爆者対策を明確にするために設置された厚生大臣の諮問機関である。その設置背景には，同年最高裁裁判で勝訴した在韓被爆者の裁判（孫振斗裁判）があったが，詳しくは後述する。

　前述の通り，原爆二法は社会保障法であるため，当初から在外被爆者は除外された。しかし，1964年に東京オリンピックの本国家族招待事業によって渡日した韓国観光団の一人が広島で被爆したことが認められ，手帳を受給し，広島日赤病院で検診を受けた。他の在韓被爆者も広島のABCC（原爆傷害調査委員会）で診察を受けたが，短期間の観光ビザであったため，まともな治療を受けられず，結果も知らないまま帰国した[39]。原爆二法は，法の適用を日本国籍者に限定する規定がなく，在日被爆者にも適用されていた[40]ので，在韓被爆者も手帳を取得できたのである。原爆医療法が被爆者の国籍を求めていなかった理由は明らかでないが，国内にいる少なからざる在日被爆者を意識したのかも知れない[41]。ところが，国籍を問わないものの，原爆二法は社会保障の施しであるため，国内在住の被爆者を対象にして実施された。そのため，当時米国の占領下にあった沖縄の被爆者を含む在外被爆者を除外した。では，1964年の在韓被爆者への手帳発給は何故実現できたのか。その背景には，当時の厚生省が広島市に対し，被爆者であることが確認

(36)　第二次世界大戦の敗戦によって失われた引揚者などの日本人の在外財産の補償をめぐる問題。

(37)　1987年6月26日，名古屋空襲訴訟に下した最高裁判決。

(38)　詳しくは，直野章子「償いなき国の被爆者対策―いまだ叶わぬ被爆者援護法」高橋眞二・船越耿一編『ナガサキから平和学する！』（法律文化社，2009年）64-76頁を参照。

(39)　韓国原爆被害者協会編，前掲書，103頁。

(40)　市場（2006年），前掲書，381頁。

(41)　田村和之『在外被爆者裁判』（信山社，2016年）7頁。

できたら交付するように指示した[42]ことがあった。つまり，当時は原爆医療法の適用に関する厳格な基準がなかったとみられる[43]。

## 2　救済を求める在韓被爆者—孫振斗裁判への道

　原爆被害と韓国戦争の後遺症で苦しんでいた在韓被爆者が救済を求めて1960年頃から，在日本大韓民国民団（民団）の広島県本部に悲惨な状況を訴える手紙を出した。これを受け，民団は1963年，組織内に「母国被爆同胞救援対策委員会」を設置し，1965年に在韓被爆者実態調査団を韓国へ派遣する。こうした様子が同年5月14日の『中国新聞』に報道され，日本で初めて在韓被爆者の存在が知られるようになった。同年7月28日の『中国新聞』には，韓国へ派遣された韓国被爆者実態調査団（実態調査団）の調査報告をまとめた記事が写真付きで大きく報じられた。また，当時中国新聞の平岡敬記者が訪韓し，在韓被爆者を直接取材したものが，同年12月3日と4日の特集記事として掲載された。

　1965年5月に訪韓した民団の実態調査団は，韓国政府や大韓赤十字社などに在韓被爆者の実態調査と救済を求める。その結果600名の在韓被爆者が大韓赤十字社に初めて被爆者登録を行った。このような動きは，それまで暗闇の中にいた在韓被爆者に一筋の光が差し込むようなものであった。しかし，翌月に締結された日韓請求権協定には在韓被爆者を補償するような内容がなかった。日韓両政府から棄てられた在韓被爆者は，救済の光を求めて自ら1967年に「韓国原爆被害者協会（韓国原爆協会）」を発足した。発足後，韓国原爆協会の会員20名が日本大使館の前で「私の体を弁償しろ。日本政府は韓国被爆者に対する賠償を行え」というプラカードを掲げ，大使との面談を要求した。日本大使館は「補償問題は日韓請求権協定で清算済み」と返答した[44]。このように日韓請求権協定が原爆医療法の適用基準となり，在韓被爆者を排除する根拠となったである。

---

(42)　韓国原爆被害者協会編，前掲書，103頁。
(43)　1970年に広島市は，大阪万国博覧会の観光目的で来日した在米日系アメリカ人被爆者に手帳を発給するなど，原爆二法の適用可否には統一性がみられない。
(44)　韓国原爆被害者協会編，前掲書，113頁。

こうした日本政府に対する在韓被爆者の補償要求は1968年の孫貴達（ソン・ギダル）[45]の密入国事件を機に，日本国内で本格化していく。原爆症の治療を目的に日本に密入国し，逮捕された孫貴達への支援の動きが日本の市民の中で起こり，在韓被爆者の存在が全国紙などで本格的に報道されるようになった。孫貴達はすぐ韓国に強制送還され，手帳交付は実現できず終結するが，その過程において在韓被爆者（在外被爆者）の救済は日本政府が対応しなければならない問題になったのである。その後，在韓被爆者の補償問題をより多くの日本人に知らしめ，在韓被爆者への支援が本格化する出来事が生じる。1970年，妹の孫貴達に続き，孫振斗（ソン・ジンドゥ）が被爆治療を求めて日本に密入国し，大村収容所に収容された。日本では当時，「大村収容所解体闘争デモ」[46]などの入管法案反対運動が起こっていたため，孫振斗のことはすぐ注目を集めた。その結果，福岡・広島・大阪・東京で「孫振斗の日本滞留と治療を求める全国市民協議会」が結成された[47]。1971年，孫振斗は日本の支援者らにすすめられ，手帳交付を申請するが，翌年に却下される。この却下処分に対し，取消訴訟を提起したのが孫振斗裁判である。この裁判は，福岡地裁判決（1974），福岡高裁判決（1975），最高裁判決（1978）のいずれにおいても全面的に勝訴する。孫振斗裁判は，在韓被爆者問題を日本社会で顕在化させ，在外被爆者裁判第一号として在外被爆者に手帳取得の道を開いた。

　　原爆医療法は，被爆者の健康面に着目して公費により必要な医療の給付をすることを中心とするものであって，その点からみると，いわゆる社会保障法としての他の公的医療給付立法と同様な生活をもつものであるということができる。（中略）被爆者の多くが今なお生活上一般の戦争被害者よりも不安定な状態に置かれているという事実を見逃すことはできない。原爆医療法は，このような特殊の戦争被害について戦争遂行主体であった国が自らの責任によりその

(45)　広島で被爆した在韓被爆者の1人で，当時30代の女性であった。

(46)　1950年，強制送還が決定された不法入国者等を収容・送還する施設として長崎に設置された大村収容所には，南北分断の過程で起きた済州島4.3事件や韓国戦争から逃げるために密航で再入国した多くの在日朝鮮人が収容された。1967年，ベトナム戦争への派兵を拒んで亡命した韓国人（金東希）がここに収容されるが，ベ平連に収容所内の人権問題を告発する手紙を送ったことからデモが起きた。

(47)　韓国原爆被害者協会編，前掲書，125頁。

救済をはかるという一面をも有するものであり，その点では実質的に国家補償
的配慮が制度の根底にあることは，これを否定することができないのである。
（最高裁判例の一部）

　最高裁判決は，原爆医療法が社会保障法の性格を有するものの，その根底
に国家補償的配慮があることを明確にした。「原爆被害への国家補償」を求
める日本の被爆者に受忍論を押し付けてきたことと異なり，韓国の被爆者に
国家補償として手帳受給の機会を与えてくれたことは大変意義がある。被爆
者援護法と国家補償の理念との関係を問いただす事例として活かされる可能
性を含んでいる。

　他方，1971年に韓国原爆協会の辛泳洙（シン・ヨンス）会長が訪日し，当時
の内閣総理大臣宛てに在韓被爆者の実態を訴える要望書を提出した。辛会長
の訪日を機に大阪を中心に「韓国の原爆被害者を救援する市民の会（市民の
会）」が結成される。市民の会は，会員の会費と募金をもって会誌を発刊し，
毎月韓国へ義捐金を送り，韓国原爆協会の運営や在韓被爆者の診療を支援し
た[48]。また，孫振斗裁判を全面的に支援しながら，在韓被爆者実態調査を
実施した。その成果を会誌のみならず書籍でまとめて発行し，日本社会で在
韓被爆者問題を喚起していった。

　孫振斗裁判の勝利は日本の市民に支えられ，実現できたものである。孫振
斗裁判の勝訴後，渡日治療を受ける在韓被爆者が増えていったが，渡日治療
後に帰国したら手帳が無効とされ，手当の支給も打ち切られることが生じ
た。これは，1974年に孫振斗裁判が福岡地裁で勝訴したことを受け，同年の
７月に日本政府が都道府県知事と広島，長崎両市長に出した「402号通達」
によるものである。402号通達は，被爆者への手当支給について「日本国外
に居住地を移した被爆者には適用せず，支給は受けられない」ことを規定し
ている。これが長らく在外被爆者を援護対象外とする行政実務の根拠にな
り，多くの在外被爆者が不満を抱いていた。しかし，日本から出国すると同
時に手帳が無効とされる理由を知らないまま，問題として提起することはな
かった。402号通達が問題として提起されたのは，1991年の「原爆二法研究

---

(48)　韓国原爆被害者協会編，前掲書，135頁。

会」の例会[49]である。その後，402号通達の違法性を正面から取り上げた
「郭貴勲（クァク・ギフン）裁判」(1998-2002) が展開される。郭貴勲裁判も，
市民の会を中心にした日本の市民に支えられ，最終的に勝訴した。その結
果，2003年に402号通達が廃止され，2015年の医療費裁判[50]の勝訴で在韓被
爆者の裁判闘争は一段落した。

　現在，在外被爆者は住居国の日本大使館及び総領事館で手帳交付を申請
し，住居国の医療機関で払った医療費を日本政府に請求し，審査を経て受給
できる。韓国の被爆者（在外被爆者）は，日本の被爆者と同様に被爆者援護法
の適用を受けている。これは，1972年の孫振斗裁判から2015年の医療費裁判
までの約半世紀にわたる闘争の成果であり，日本の市民たちの支えがあって
こそ，成り立ったものである。前述の郭貴勲は，自身の著書の中で支援運動
に関わった日本人の活動を詳しく紹介し，彼らの功績を在韓被爆者運動史に
必ず記録すべきだと述べている[51]。日韓連帯の裁判闘争は，単なる人道主
義的運動ではなく，日本の平和運動を一段と普遍化するものである。何故な
らば，この闘争はナショナルな「被爆者の記憶」から脱皮し，トランスナシ
ョナルな「被爆者の記憶」によって実られたからである。

## おわりに

　1991年，広島市長に就任した平岡は，同年の平和宣言のなかで次のように
述べている。

　　8月6日のきょうは，広島市民にとって悲しく，つらい日である。そして，平
　　和への決意を新たにする日であり，世界の人びとに記憶し続けてほしい日であ
　　る。（中略）日本はかつての植民地支配や戦争で，アジア・太平洋地域の人々

(49)　広島の弁護士数名は，被爆者相談員若干名とともに「原爆二法研究会（後に「被爆者援護法
　　研究会」）を行い，毎月1回程度の例会を開いていた。田村，前掲書，30頁。
(50)　日本政府は在外被爆者に対し，医療費支給を認めていなかったが，2004年から年間30万円の
　　上限付きで助成することで対応していた。これに対し，2011年に在韓被爆者2名と亡くなった在
　　韓被爆者1名の遺族が医療費全額支給を求めて医療費裁判を起こした。
(51)　곽기훈（郭貴勲）『나는 한국인 피폭자다（私は韓国人被爆者である）』（민족문제연구소，
　　2013年）189頁。

に大きな苦しみと悲しみを与えた。私たちはそのことを申し訳なく思う[52]。

　1947年より始まった広島の平和宣言の中で，初めてアジア・太平洋戦争の被害者への謝罪の意が盛り込まれた，平岡市長の宣言はどのような意味があるだろうか。年1回，広島から世界に発信される平和宣言は，被爆者や有識者からの意見を参考にして，平和宣言を読み上げる市長が作成するのが慣例である。平和宣言には被爆者を含む広島市民の思いと市長の思いの双方が織り込まれている。上記の平和宣言に盛り込まれた謝罪は，平岡市長の「加害者の記憶」によるものであると思われる。平岡市長は，中国新聞記者として1965年に韓国に渡って在韓被爆者を直接取材し，日本社会に在韓被爆者問題を報道した。平岡は，「ヒロシマの平和思想，平和運動のひ弱さというものは，日本の歴史を1945年8月15日で断ち切ってしまう。一切過去を切り捨てたところから出発したことにある。」[53]と述べ，「加害者の記憶」と向き合うべきだと言う。平岡の考えは，人類が共有する集合的記憶として原爆投下をみつめる端緒となるだろう。

　戦後日本の平和運動は平岡が指摘したように，過去を切り捨て，「被害者の記憶」から始まった。本章では，在韓被爆者問題が1945年8月15日以前の日本の「加害者の記憶」と関連しているにも関わらず，戦後日本の反核・平和運動の過程で形成された「ナガサキ・ヒロシマ」の集合的記憶によって排除されたことを述べた。その理由は以下の通りである。第一に，戦後日本の平和運動は「被害者の記憶」より出発しており，「被害者共同体」として戦後日本の復旧と経済発展に一定の役割を果たしたことである。第二に，冷戦構造という国際関係から米国の「核抑止論」を容認し，被爆者の記憶は日本国内の問題にとどまったことである。第三に，1965年の日韓請求権協定によって，補償問題は清算済みとの日本政府と，経済優先の韓国政府から切り捨てられたことである。日本政府の清算済みとの立場には「加害者の記憶」が入っていない。

　ところが，1965年以降のベトナム反戦運動を通し，多くの日本人がベトナ

(52)　広島市ホームページ　http://www.city.hiroshima.lg.jp/www/contents/1111658488735/index.html（2019年9月10日アクセス）
(53)　広島大学文書館編『広島から世界の平和について考える』（現代史料出版，2006年）19頁。

ム戦争への加害責任を感じた。そして，原爆をめぐる「被害者の記憶」から切り捨てられた「加害者の記憶」を呼び覚ました。終戦と同時に日本人の記憶から「忘れられた韓国の被爆者」は，日本の被爆者による運動を契機に制定された原爆二法による治療を受けるために渡日し，裁判闘争を通して日本の市民と連帯するようになった。支援運動に関わった市民には，日本の被爆者をはじめ，ジャーナリスト，宗教人，学者，学生，主婦など多様な人々がいた。すべての人が必ずしも1945年8月以前の「加害者の記憶」と原爆投下の記憶との関連を意識していたかどうかは定かでない。しかし，日本の平和運動と在韓被爆者の裁判闘争をつないだ越境する連帯には，「加害者の記憶」に覚醒した日本の市民の存在があったことは間違いない。また，「被爆者はどこにいても被爆者である」という共通の記憶と，被爆者が感じる苦痛という感情への共感（人類普遍的価値）が存在した。

　触れ合い，交流することで生じる共感は，「加害者の記憶」と「被害者の記憶」との隔たりを埋めてくれる。「加害者の記憶」と一体の「被害者の記憶」を支え合うように始まった日韓連帯の裁判闘争は，韓国の被爆者を救済したと同時に「ヒバクシャ」の集合的記憶を人類共通の記憶として普遍化するプロセスのなかにあったといえよう。しかし現在も，「ヒロシマ」「ナガサキ」の語りには，まだ「世界唯一の被爆国・被爆国民」という，国家による「被害者の記憶」が物語化されていることは否めない。また，未だ放置されている在朝被爆者への救済も急を要する。今後の反核・平和運動にとって必要なことは，原爆投下の原因と結果を明らかにし，「加害者の記憶」と「被害者の記憶」の二つの記憶が連続した形に再記憶化していくことである。日韓連帯の裁判闘争の教訓は，これからの平和運動の示唆を含んでいる。〈ヒロシマ〉〈ナガサキ〉といえば，〈ああ　ヒロシマ〉〈ああ　ナガサキ〉と，世界から「やさしいこたえ」としての記憶の共有・普遍化が実現するためには，戦争の記憶を再考する必要があろう。世界のヒバクシャと共に戦争責任の連続性を担保した反核・平和運動を期待したい。

── **さらに勉強を進めるために** ─────────────────────

市場淳子『ヒロシマを持ちかえった人々─「韓国の広島」はなぜ生まれたの
　　か』（凱風社，2000年）。

直野章子『原爆体験と戦後日本─記憶の形成と継承』（岩波書店，2015年）。

平岡敬『無縁の海峡─ヒロシマの声，被爆朝鮮人の声』（影書房，1983年）。

## 第15章

# 地方自治体による反核兵器政策を考える
──「連携」をキーワードに──

川 口　　徹

## はじめに

　2017年 7 月に国連で，核兵器の製造，実験，保有，使用，使用の威嚇に加えて，威嚇に対する援助や自国への配備も禁じる「核兵器禁止条約」が採択された。核兵器禁止条約が成立する過程において主導的役割を果たしたのは，核兵器を廃絶するために活動する NGO（非政府組織）の連合体である ICAN（核兵器廃絶国際キャンペーン）である。その国際運営委員である川崎哲が「ICAN にとって最も重要なパートナーの 1 つ」として挙げたのが，「平和首長会議」である[1]。平和首長会議とは何か。平和首長会議とは，核兵器廃絶を訴える地方自治体によって構成された組織である。NGO や地方自治体が，核兵器を保有する米国やロシアといった核保有国の安全保障政策に，強烈な異議申し立てを行っているのである。

　本章の目的は，安全保障は国家だけのものであるという考え方に異議を唱え，平和秩序形成の主体としての地方自治体の役割を再検討することにある。具体的な事例として，上述した平和首長会議と併せて「日本非核宣言自治体協議会」についても取り上げる[2]。両組織は1982年に発足した。両組織は発足後どのような活動を行い，近年「核の傘」の下にある日本政府にど

---

（1）　朝日新聞「『被爆者とともにノーベル賞』 ICAN・川崎さん広島市長訪問　広島県」（2017年10月28日）。

（2）　日本非核宣言自治体協議会と平和首長会議は，後述する通り，これまでに名称を変更してきた。本章では，煩雑になることを避けるため，それぞれ「日本非核宣言自治体協議会」「平和首長会議」と統一して表記することを断っておく。

のような働きかけを行ったのか。これについて，第２節以降で検討していく。次節では導入として，なぜ，どのように地方自治体が反核兵器政策を行うのかを，政治学・法学・安全保障学・平和学で積み重ねられてきた知見を基に考える。

# Ⅰ　地方自治体が反核兵器政策を行う理由と方法

　一般的に，「国家が軍事力によって国家の安全を守ることで，国民の安全を守る。これを安全保障と呼ぶ」[3]。したがって，「安全保障は国家の専管事項」であり，地方自治体を含む他の主体による関与は認められない，とされている。その前提には，「国民の安全のためには，国家による安全保障が必要である」という考えがある。その一方で，次のような疑問がわく。果たして，「国家の安全保障」は等しく国民の安全を保障しているのであろうか。

　国家の安全保障政策の下，国民の一部が犠牲になることを示す視点の１つとして「空間的不平等」がある。「空間的不平等」とは，国内の地域によって国民の安全にバラつきがあることを意味する[4]。例えば，冷戦下の日本では，各地の港湾に核兵器を搭載した米国艦船が寄港していたため，全ての港湾施設はソ連による攻撃の対象になっていた[5]。あるいは，1962年に米国とソ連との間で核戦争の瀬戸際になったキューバ危機が生じた際，核兵器の拠点となっていた米軍占領下の沖縄は，核攻撃の対象であった可能性が大きい[6]。核兵器を保有する国家間で戦争が生じた場合，最初に核兵器による破壊に巻き込まれるのは当該地域で生活する住民である。そして，放射能

---

（3）　初瀬龍平「第10章　安全保障と人々の安全」初瀬龍平（編）『国際関係論入門―思考の作法』（法律文化社，2012年）120頁。

（4）　初瀬龍平「第7章　国家の安全と国民の安全」菅英輝　石田正治（編）『21世紀の安全保障と日米安保体制』（ミネルヴァ書房，2005年）201-202頁。

（5）　ダニエル・エルズバーグ『国家機密と良心　私はなぜペンタゴン情報を暴露したか』（岩波書店，2019年）14頁。

（6）　現在も沖縄では，「核兵器が配備されているのではないか」（もしくは，「核兵器が配備されるのではないか」）という疑念が払拭されていない。松岡哲平『沖縄と核』（新潮社，2019年）277-293，325-344頁。本書は，沖縄に基地が集中する源流には核兵器の存在がある，と主張する。この主張に則していえば，過去から現在へと核兵器を見つめ直すことは，未来の沖縄を捉えることにつながる。

の危害は広範囲に及ぶ。これに鑑みて "国家が求める安全＝地方自治体が求める安全" であるとは必ずしもいえず，国家の安全が一部の国民の危険の上に成立することは否定できない。

　そこで，地方自治体は，提供する行政サービスに対し負担を分任する地域住民の安全を守るため，安全保障に関与することを試みる。しかしながら，地方自治体による安全保障への関与は，しばしば，中央政府との衝突を呼び起こす。その主な理由として，法律の解釈の違いを挙げることができよう。日本国憲法は第73条で，内閣の事務として「外交」と「条約の締結」を定めているが，「防衛」に言及していない。そこで地方自治法に着目してみる。現行の地方自治法は，第1条の2にて，地方自治体に「住民の福祉の増進を図ることを基本として，地域における行政を自主的かつ総合的に実施する役割」を定める一方で，中央政府に「国際社会における国家としての存立にかかわる事務」を定める。したがって，「住民の福祉」と「国家としての存立にかかわる事務」をどのように解釈するかで，地方自治体が安全保障に関与することへの評価は分かれる。実際に，1975年に神戸市議会は，外国艦船が入港時に核兵器を積載していないという証明書を提出しない限り入港を許可しないという行政措置である「非核神戸方式」を講じた。その後，1980年代から1990年代にかけて，函館市や高知県など，非核神戸方式の導入を検討する地方自治体が現れた。いくつかの地方自治体が非核神戸方式を参照したことに対し，中央政府は，国防・外交は中央政府の専管的な所掌事項である，という見解を繰り返し示すことで非核神戸方式自体を拒んだ[7]。このように中央政府が非核神戸方式を牽制したにも関わらず，決議から40年を迎えた2015年時点で神戸港での「米艦船の入港ゼロ」は継続されている[8]。このことからは，非核神戸方式が「地方自治体が安全保障に関与し影響を与えた国際活動[9]」であることを理解できる。しかしながら，非核神戸方式は国

---

（7）　池尾靖志「地域からの平和創造のために　自治体の平和政策の実態と可能性」『月刊自治研』（57），2015年，34-35頁。
（8）　神戸新聞「『非核神戸方式』決議40年へ　米艦船の入港ゼロ継続」（2015年3月17日）。
（9）　地方自治体の「国際活動」には，居住する日本人・外国人を対象とした，国内の地域社会に影響を及ぼす活動もある。ゆえに，国際活動は国際社会に影響を及ぼす活動に限らない。1つの国際活動が国内・国際の両社会にインパクトを与えることもある。例えば，非核神戸方式は，地

内において神戸市以外の地方自治体によって導入されるに至っていない。な
ぜならば，非核神戸方式は「住民の福祉」の範囲内であるのか「国家として
の存立にかかわる事務」に抵触するのか，必ずしも明確でないからである。
　地方自治体は「安全保障への関与」を想起させる国際活動に限らず，それ
以外の国際活動も行っている。その法的根拠は「住民の福祉」にある[10]。
それぞれの国際活動を分類する場合，国際交流・国際協力・国際連携・多文
化共生・内なる国際化・平和政策といったグループに分けられる[11]。国際
活動のいくつかは，「自治体外交」と呼ばれることが少なくない。ただし，
ここでいう外交の本義は，前述した日本国憲法第73条の外交のそれとはまる
で違う。なぜなら，国家による国家のための外交ではなく，一義的に地方自
治体による地方自治体のための外交であり，その精神には「自治の独立」が
必要とされるからである[12]。結果的に，地方自治体が国際活動を行う理由
は，中央政府の補完・地域活性化（経済振興）・地球社会の共生など多様であ
り，これらは複合的に重なり合う[13]。そして，国際活動が中央政府の利害
と一致する場合，国際活動は外交政策を補うとされ奨励される。現に外務省
は外交の推進にとって地方自治体を重要なパートナーとして位置付け「地方
連携推進室」を設置している。しかしながら，国際活動が中央政府の利害と
一致しない場合，国際活動は中央政府から非難を受ける対象となるばかり
か，中央政府と法的に争う対象となる。ここで，中央政府によって奨励され
る「他国への環境技術協力」と反対される「核兵器積載艦艇の入港拒否」を
比較した場合，「住民の福祉」にとってより廻り遠いのはどちらか，という
ことについて考えてみたい。その回答として，前者であることは明白であ

域住民の福祉の増進を図ろうとする活動であり，米国政府に対し直接的な働きかけを行うことで
日米関係に一定の影響を与えようとする活動でもある。
(10)　大西楠・テア「グローバル化時代における地方自治体」『地方自治』(849)，2018年，4‐5
頁。
(11)　国際活動の具体例については，以下を参照されたい。多賀秀敏「自治体の国際協力」松下圭
一　西尾勝　新藤宗幸（編）『岩波講座　自治体の構想3　政策』（岩波書店，2002年）225頁，
大津浩「自治体外交」広島市立大学広島平和研究所（編）『平和と安全保障を考える事典』（法律
文化社，2016年）286頁。
(12)　市岡政夫『自治体外交─新潟の実践・友好から協力へ』（日本経済評論社，2000年）209-210
頁。
(13)　多賀，前掲書，224-225頁。

る。したがって，国際活動が「国家としての存立にかかわる事務」に抵触する可能性の有無は，必ずしも「住民の福祉」への遠近を尺度としているわけではない[14]。

ところで，「安全保障は国家の専管事項」という主張への異議は，安全保障に関する学問や実践の場でも論じられている。「伝統的安全保障」研究は，国家間の紛争を研究対象とする。これに対して，「非伝統的安全保障」研究は，国家を中心に考える伝統的安全保障を問い直し，感染症や環境問題や越境犯罪などを研究対象とする[15]。ここでは，非伝統的安全保障を巡る論争の中で「住民の幸福を犠牲にして，洪水，乾燥腐敗，強盗から家を守るために多くのお金と努力を払うことは非論理的である」という例えとともに「安全保障の議論において考えるべきは国家ではなく人々に基づいた安全である」と主張されたことに注目したい[16]。このような主張に立つ研究を「批判的安全保障研究」という[17]。非伝統的安全保障には多様なアプローチがあり[18]，そのうちの1つである批判的安全保障研究は，1994年にUNDP（国連開発計画）によって提唱された，一人ひとりの安全の確保を目的とする「人間の安全保障」の基礎に位置付けられる[19]。さらに，人間の安全保障は，国家に加えて国際・地域機関，市民社会なども安全を保障する主体としている[20]。以上より，近年，安全保障を巡る議論の潮流として，国家による軍事に限定されない問題が研究対象とされ，そこに安全を保障される客体のみならず安全を保障する主体を国家に限定しないという認識が加えられて

(14)　大西，前掲書，4-5頁。

(15)　本田美樹「安全保障概念の多義化と国連安保理決議」『アジア太平洋討究』(31)，2018年，126-129頁。

(16)　Booth, Ken (1991) 'Security and emancipation', *Review of International Studies*, 17 (4): 320.

(17)　ただし，これは狭い意味での「批判的安全保障研究」を指す。塚田鉄也「第3章　ヨーロッパの批判的安全保障研究―非アメリカ的アプローチの成功例か―」葛谷彩・小川浩之・西村邦行（編）『シリーズ転換期の国際政治5　歴史のなかの国際秩序観―「アメリカの社会科学」を超えて―』（晃洋書房，2017年）63頁。

(18)　遠藤誠治「安全保障理論の転換から見る沖縄と日本　閉じられた問いから開かれた思考へ」『成蹊法学』(82)，2015年，76頁。

(19)　栗栖薫子「近年における安全保障概念の多義化と人間の安全保障」『比較社会文化』(4)，1998年，2頁。

(20)　人間の安全保障委員会『安全保障の今日的課題　人間の安全保障委員会報告書』（朝日新聞社，2003年）13頁。

きている<sup>(21)</sup>，と概括できる。この潮流は「地方自治体による，地域住民の安全のための安全保障への関与」を裏付けている，といってよい。

　それでは，この潮流の中で，どのような発想に基づいて地方自治体は安全保障への関与を図ればよいのであろうか。それを考えるにあたって，地方自治体の特性に着目してみたい。地方自治体は，サブナショナル（国家の中における地方）とトランスナショナル（国境を越える地方）の両方の性格を有する<sup>(22)</sup>。なおかつ，地方自治体は，信頼性に関して国家とは異なり軍事力などに裏打ちされたパワーを持たず，正統性に関してNGOとは異なり地域住民を代表する。これらを前提として，地方自治体は，国内とともに国外の地方自治体や市民団体や地域住民などと連携することを特性とする。連携の目的は，“ヒト・モノ・カネ・情報”が国境を越え，人々が相互に依存し，地域・国家・地球の各規模の利益が相対化する中で，地域住民の安全を本位としてローカルの課題とグローバルの課題を接続することにある。

　ヨハン・ガルトゥングの言葉を借りれば，地方自治体を次のように表すことができよう。すなわち，地方自治体は，本人の責任とは無関係に人々に社会構造的な不公正を強いる「構造的暴力（間接的暴力）」を取り除き，それによる犠牲者が存在しない「積極的平和」の実現を目指す一主体である<sup>(23)</sup>。本章のテーマに沿っていえば，「構造的な暴力」とは人々を滅亡の脅威にさらす核兵器を指し，「積極的平和」の実現とは核兵器の拒否・廃絶にほかならない<sup>(24)</sup>。

　本節を整理すれば，次のようにいえる。一般的に安全保障は国家の専管事項といわれるが，国家による安全保障が一部の国民の安全を保障しない場

---

(21)　同様の整理を表で示しているのは，本田，前掲書，128頁。

(22)　多賀秀敏「非国家的行為体」渋谷武・片岡寛光（編）『図解　政治学』（立花書房，1981年）99頁。

(23)　「構造的暴力（間接的暴力）」と「積極的平和」の定義については，以下を参照されたい。ヨハン・ガルトゥング（高柳先男・塩屋保・酒井由美子　訳）『構造的暴力と平和』（中央大学出版部，1991年）11，44頁。なお，この書籍に所収されている該当論文の原著は，1969年に刊行された 'Violence, Peace and Peace Research' である。

(24)　新津晃一・堀江訓「ガルトゥング教授と三鷹平和フォーラムにおける主張をめぐって」三鷹市・ICU 社会科学研究所（編）『市民・自治体は平和のために何ができるか　ヨハン・ガルトゥング平和を語る』（国際書院，1991年）135-136頁。

合，地方自治体は地域住民の安全を守るために国際活動の一環として安全保障に関与することがある。法制度の視点から見た場合，地方自治体の安全保障への関与が「住民の福祉」に近ければ近いほど，「国家としての在立にかかわる事務」に抵触する可能性は遠のく，とはいえない。安全保障を論じる学問・実践の分野に目を転じた場合，現実を踏まえて地方自治体が安全保障に関与することを裏付ける主張が出てきている。この潮流の下で地方自治体は，核兵器を取り巻く地球的問題を日常の生活に関係した問題と捉えてその解決に向け国内外で連携する。結果的に，連携は「地方自治体による，地域住民の安全のための安全保障への関与」につながる。

　次節以降で，事例として日本非核宣言自治体協議会と平和首長会議を取り上げる。その中で，核兵器廃絶のための合意を形成する試みを論じる。

# Ⅱ　日本非核宣言自治体協議会

## 1　構成

　1982年8月に，非核に関する意思表示を含む宣言や議会決議など「非核自治体宣言」を行った地方自治体（以下，非核宣言自治体）による集会が広島県府中町で，同町長の呼びかけにより開催された[25]。1984年8月に集会は「非核都市宣言自治体連絡協議会」と名付けられ，その結成総会が府中町で開催された。そこで，日本で初めての非核宣言自治体の共同行動となる「全国の自治体さらには全世界の自治体に核兵器廃絶平和宣言を呼びかけ，その輪を広げるための努力を続ける」声明が発表された。現在，長崎市長が会長を務め，事務局は長崎市平和推進課に置かれている。

　1990年に非核都市宣言自治体連絡協議会は「日本非核宣言自治体協議会」に改称され，2019年3月末時点で全国の341の地方自治体が日本非核宣言自治体協議会に加入している。事業として，研修会の開催，原爆展の開催，小冊子の配布，講師派遣業務，地方自治体における平和事業の推進支援，親子記者事業，調査研究事業，情報発信などを行う[26]。

---

(25)　葉山峻・長澤成次・山崎功「自治体から平和を創る　葉山峻衆議院議員に聞く」『月刊社会教育』(44)，2000年，15-16頁。

## 図1　非核宣言自治体数の推移

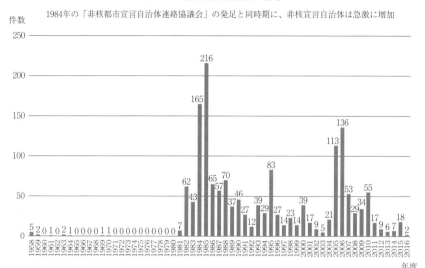

件数
1984年の「非核都市宣言自治体連絡協議会」の発足と同時期に、非核宣言自治体は急激に増加

年度

出所：日本非核宣言自治体協議会「非核宣言自治体一覧」データ（2017年1月8日提供）より作成。

　非核自治体宣言を行うことは，日本非核宣言自治体協議会の会員であるか
どうかに関わらず可能である。非核自治体宣言は，政治的な宣言であり法的
拘束力を有しない。必然的に，非核宣言自治体の国際社会に対する影響力は
限定的である。その一方で，日本非核宣言自治体協議会の調べによれば，
2016年，全国で90.5%の地方自治体が非核自治体宣言を行っており，それは
全面積の93.1%，全人口の97.6%を占める。これらの数字が示すように，世
論の集約的な表現として，非核宣言自治体の拡がりに疑いはない。図1は年
度別に非核自治体宣言を行った国内の地方自治体の数を示す。ここから読み
取れるように，1980年代の中でも特に1985年度をピークに，多くの地方自治
体が非核自治体宣言を行った。

---

(26)　濱田興樹「『日本非核宣言自治体協議会』の平和に向けた取り組み」『住民と自治』（664），
　　2018年，17-19頁。

## 2 連携

　1980年代前半に，国内だけでなく国外でも非核宣言自治体が増加した背景
として，米国とソ連を中心とした核兵器を巡る競争の激化が挙げられる。こ
の中で，日本は報復するための核兵器を保有することで他国に核攻撃を思い
止まらせるという軍事理論に基づき，米国の「核抑止」に依存する傾向を鮮
明にした[27]。

　ヨーロッパで反核平和運動が高揚していた1980年 5 月，イギリス中央情報
局は，『Protect and Survive』（防護して生き残れ）と題した核攻撃への備えに
ついてのパンフレットを公刊した。これに対して，歴史家のＥ・Ｐ・トンプ
ソンは『Protest and Survive』（抗議して生き残れ）を刊行し，国民の共感を呼
んだ。同年11月にマンチェスター市が非核自治体宣言の決議を採択した。こ
れを皮切りに非核宣言自治体が次々と登場した[28]。

　1954年のビキニ環礁での水爆実験と第 5 福竜丸の被ばくが，日本における
反核平和運動の端緒を開いた。当時，地方自治体の首長を会長とする原水爆
禁止運動のための組織が各地に結成されていったが，その後，冷戦構造の影
響を受けた党派の分裂を理由に運動は尻すぼみになった。しかしながら，
1980年代に入り，世界規模で拡大する非核自治体宣言の気運に乗じ，日本で
も非核宣言自治体が増加した。この直接的な理由として，1982年 3 月の米国
海軍による，太平洋艦隊への核トマホーク配備計画の公表が挙げられる[29]。
同年 6 月から 7 月に開催された第 2 回国連軍縮特別総会に向けて，1,000近い
地方議会が，反核・軍縮の意見書あるいは決議を採択した[30]。前述した府
中町での集会は，これらの動きに呼応したものであった。

　その後，国内外において非核宣言自治体による連携が図られた。1984年に
マンチェスター市において，第 1 回国際非核自治体会議が開催されたことは

---

(27)　櫻川明巧「日本の軍縮外交　非核三原則と核抑止力依存とのはざま　現代の軍縮問題」『国
　　際政治』(80)，1985年，73-74頁。
(28)　岡本三夫「ヨーロッパの非核自治体宣言運動—英国を中心に—」西田勝（編）『非核自治体
　　運動の理論と実際』（オリジン出版センター，1985年）105-108頁。
(29)　阿左見健「『国際化時代』における非核自治体の課題　いまわれわれは，何を求めている
　　か？」『月刊社会教育』(38)，1994年，16-17頁。
(30)　宇吹暁「軍縮と市民運動　日本の原水爆禁止運動をめぐって　現代の軍縮問題」『国際政治』
　　(80)，1985年，123頁。

注目に値する。同大会の決議からは，非核宣言自治体が世界的規模に拡がり
それをまとめる組織が設けられたこと，そして，地方自治体が連携し非核地
帯化を目指し行動を開始したことを看取できる[31]。日本から，中野区，川
崎市，神奈川県が出席した[32]。

　1980年代に自民党は非核自治体宣言運動に対し否定的な見解を示した
が[33]，それらを尻目に，多くの地方自治体は非核自治体宣言を行った。そ
して，1990年に開催された第5回国際非核自治体会議で，日本非核宣言自治
体協議会は次回の日本開催を受諾した[34]。この後，1992年に，神奈川県と
県下全市町村の協力の下，第6回国際非核自治体会議が横浜市で開催され
た。主催は，マンチェスター市にあった国際非核自治体会議国際事務局委員
会であった。長洲一二神奈川県知事が，実施主体である実行委員会の会長を
務めた。この会議は，アジアで初めて開催された国際非核自治体会議であ
り，過去最大規模の会議であった。1,416人（国内1,352人，国外64人），18カ国
181自治体（国内159，国外22人）の参加があり，主な参加者は非核自治体宣言
を行っている地方自治体の首長・議員・職員であったが，非核自治体宣言を
していない地方自治体に加えて，NGO，一般市民も参加した[35]。

　このように，非核宣言自治体は国際的に連携する様相を見せたが，2年に
1度の開催を原則とする国際非核自治体会議の7回目は開催されていな
い[36]。日本において，個々の地方自治体による非核自治体宣言は行われて
いるが，非核宣言自治体による連携は収束しているように見える。その理由
として，非核宣言自治体の連絡組織である日本非核宣言自治体協議会への加
盟自治体が少ないこと，また，日本非核宣言自治体協議会は核兵器の開発・

(31)　吉田善明『地方自治と日本国憲法』（日本評論社，2004年）158-159頁。なお，この書籍に所
　　収されている該当論文は，1992年に刊行された。
(32)　青山良道『非核都市運動　草の根から国際連帯へ』（エイデル研究所，1985年）17-29頁。
(33)　西田勝「非核宣言20年と新しい波」『軍縮問題資料』（259），2002年，46-48頁。
(34)　渉外部の36年を21世紀へつなぐ会『がんばったぞ！神奈川県渉外部―世界と向き合った36
　　年』（1999年）79頁。
(35)　神奈川県自治総合研究センター『自治体のグローバル・ネットワーク―地球化時代の自治体
　　（その2）―資料編』（1993年）77頁。
(36)　西田，前掲書，50頁。国際非核自治体会議が継続的な活動にならなかった理由として戦略や
　　機運の停滞，結束力の弱さなどを挙げているのは，吉村祥子「核軍縮における地方自治体の役割
　　―平和首長会議を中心に」『人道研究ジャーナル』（7），2018年，57頁。

製造・配備などを禁止し核兵器による攻撃や威嚇も禁止する地域である「北東アジア非核兵器地帯」の創設を提案する[37]一方で，国際的な連携に課題を残していること[38]などが挙げられる。

# Ⅲ　平和首長会議

## 1　構成

　平和首長会議の前身である「世界平和連帯都市市長会議」設立の嚆矢は，1982年にニューヨークで開かれた第2回国連軍縮特別総会で，日本人関係者が核兵器廃絶は急務であると訴えたことに遡る。その1人は，荒木武広島市長であった。荒木は「世界の都市が互いに連帯すること」を提唱した。「核時代の新しい平和秩序の確立」を具体化するという理念[39]に賛同した地方自治体を中心に，1983年に世界平和連帯都市市長会議が結成された。今日まで広島市長が会長を務め，事務局は広島平和文化センターに設置されている。

　世界平和連帯都市市長会議は，2001年に「平和市長会議」（Mayors for Peace）と簡略化したものに改称された。2013年には「平和首長会議」に再び改称された。2回目の改称の理由は何であろうか。当初，国内から参加した地方自治体は広島市と長崎市であった。国内には日本非核宣言自治体協議会があったからである。2008年に，日本国内の取り組みを充実させるため，平和首長会議は国内の地方自治体に加盟を呼びかけた[40]。これにより，市長に加えて町村長を含む構成となったため，2回目の改称が行われた。

　年別の加盟都市数の推移を示した図2からは，次の2点を読み取れる。1

(37)　濱田，前掲書，19頁。
(38)　2000年には，日本非核宣言自治体協議会の課題として「世界の非核自治体やNGOの国際的な交流がますます重要になってくると思われるのですが，このような面での情報・資料の収集提供」が指摘されていた。編集部「日本非核宣言自治体協議会事務局　長崎市平和推進室を訪ねて」『月刊社会教育』(44)，2000年，20頁。
(39)　広島平和文化センター（編）『（財）広島平和文化センター20年誌　センターの歩み』（広島平和文化センター，1997年）371-372頁。
(40)　朝日新聞「平和市長会議加盟，国内都市に門戸拡大　非核の世論喚起，期待／広島県」（2008年1月29日）。

**図2　平和首長会議加盟都市数の推移**

2000年代中盤に平和首長会議の加盟都市数は急増

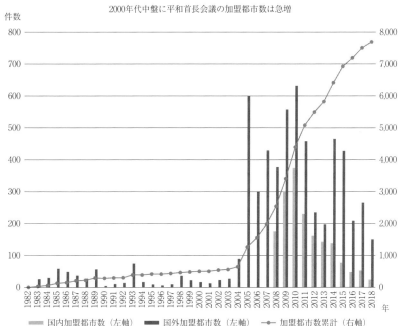

出所：平和首長会議「平和首長会議加盟都市数の推移（年別）　2019年3月1日現在」より作成。

点目として，2004年から加盟都市数の累計が急増している中で，新たに加盟する国内の地方自治体は2008年から増加している。2点目として，新規の国内加盟都市数と国外加盟都市数は2010年をピークとしている。

## 2　連携

　前項で捉えたように2000年代中盤における加盟都市数の急増，さらに，本項で捉えるように様々な主体との連携について，2003年に出された緊急行動計画「核兵器廃絶のための緊急行動―2020ビジョン」を抜きにして語ることはできない。2020（にいまるにいまる）ビジョンは，2020年までに核兵器廃絶を目指すための行動指針であり，4つの目標のうちの1つとして「核兵器禁止条約の締結」を掲げる。修正を加えつつ期間を区切り具体的な行動を示す

2020ビジョンは，漫然と繰り返されてきた平和首長会議の取り組みを周知することにつながった[41]。2020ビジョンが平和首長会議の展開を下支えしている，といっても過言ではない。

2020ビジョンは，2008年5月以降を行動期間の第3期とする。第3期は，前項で確認した新規の国内・国外加盟都市数のピークに当たる2010年を含む。また，2008年に潘基文国連事務総長が「核兵器禁止条約の交渉の検討」を挙げたり，2010年にNPT（核兵器の不拡散に関する条約）再検討会議が潘による核兵器禁止条約の提案に「留意する」ことに言及したりするなど，国際社会で核兵器禁止条約を巡る議論の進展が図られた時期と重なる[42]。

2010年のNPT再検討会議において，2020年までに核兵器を廃絶するための道筋を示しながら「核兵器の取得及び核兵器使用につながる行為の禁止の法制化」に言及する平和首長会議の「ヒロシマ・ナガサキ議定書」は，討議されるに至らなかった[43]。「ヒロシマ・ナガサキ議定書」の採択を目指していた平和首長会議の目論見は外れたといえるが，その過程では国内外問わず多くの2020ビジョンへの支持があった点を強調しておきたい。具体的にいえば，2008年6月の全米市長会議において米国政府に「ヒロシマ・ナガサキ議定書」への賛同を至急検討するよう求める決議が採択されていたこと，2009年4月に欧州議会において欧州理事会に「ヒロシマ・ナガサキ議定書」を支持するよう求める決議が採択されていたこと，そして，2010年4月に日本の全国市長会において「ヒロシマ・ナガサキ議定書」の採択を目指す平和首長会議を支持する決議が採択されたこと，が該当する[44]。

NPT再検討会議が終了した後の2010年6月に，全米市長会議は「オバマ大統領が核保有国首脳とともに核兵器禁止条約の2020年までの合意・実施に向けて努力すること」として再び2020ビジョンを支持する決議を行った[45]。

(41) 田上富久「平和市長会議と『2020ビジョン』」『月刊保団連』(977)，2008年，22-23頁。
(42) 川崎哲『新版 核兵器を禁止する─条約が世界を変える』(岩波書店，2018年) 28-30頁。
(43) 朝日新聞「(核なき世界へ NPT再検討会議) 核ゼロの日は遠く 広島・長崎市長，現実の壁直面」(2010年5月9日)。
(44) 平和首長会議「2020ビジョン (核兵器廃絶のための緊急行動) 賛同決議」http://www.mayorsforpeace.org/jp/ecbn/resolution.html (2019年4月27日閲覧)，中村桂子「核兵器禁止条約の実現に向けた市民社会の動向」日本平和学会 (編)『「核なき世界」に向けて』(早稲田大学出版部，2010年) 76頁。

潘は2010年7月に平和首長会議へのメッセージで核抑止は幻想であると述べ[46]，8月に広島・長崎を訪問した際，核兵器禁止条約の交渉開始を求めるメッセージを発し[47]，2020ビジョンを支持した[48]。そして，12月以降，平和首長会議は「『核兵器禁止条約』の交渉開始等を求める署名活動」に取り組んだ[49]。

## Ⅳ　「核の傘」を巡る日本政府への働きかけ

日本政府は，北東アジア情勢に鑑み，非核三原則によって核兵器を否定しながらも米国の「核の傘」を重視し続けている。そして，非人道性を基底に据え核抑止などを国際法違反とする核兵器禁止条約を，米国に代表される核保有国などとともに支持していない。その一方で，日本政府は，連携を進めることが有意義な市民社会として，平和首長会議を挙げている[50]。

平和首長会議が，多様な主体と連携する具体的な目的は，次の言葉に表れている。すなわち，市民社会の声を結集して為政者のリーダーシップを後押しすること[51]にある。ここから，連携する目的には日本政府への対抗というよりそれへの補完が色濃く出ていることが分かる。

平和首長会議による連携は，非核三原則を掲げながら米国の「核の傘」に依存している矛盾を突く働きかけであり，地方自治体による非核三原則の実

---

(45)　平和首長会議，前掲。
(46)　冨田宏治『核兵器禁止条約の意義と課題』（かもがわ出版，2017年）56頁。
(47)　川崎，前掲書，29頁。
(48)　国際連合広報センター「広島での歓迎セレモニーにおける潘基文（パン・ギムン）国連事務総長　講演（2010年8月6日，広島）」https://www.unic.or.jp/news_press/messages_speeches/sg/2822/（2019年4月27日閲覧）。
(49)　今日，この署名は『『核兵器禁止条約』の早期締結を求める署名活動」に引き継がれ，2016年に呼び掛けられた「ヒロシマ・ナガサキの被爆者が呼びかける核兵器廃絶国際署名」（ヒバクシャ国際署名）の活動と協働する。安斎育郎・木村朗・林田光弘『核兵器禁止条約を使いこなす』（かもがわ出版，2018年）30-32頁。
(50)　外務省『日本の軍縮・不拡散外交（第3版）』（2006年）192頁。外務省『日本の軍縮・不拡散外交（第5版）』（2011年）128頁。外務省『日本の軍縮・不拡散外交（第6版）』（2013年）154頁。外務省『日本の軍縮・不拡散外交（第7版）』（2016年）168頁。
(51)　小溝泰義「第3章　核兵器禁止条約の展望と平和首長会議の提案」『広島平和研究所ブックレット』（6），2019年，74-75，78頁。

践でもある。外務副大臣の福山哲郎は，2010年5月のNPT再検討会議で「核兵器のない世界」に向けた市民社会との協力について演説する中で，「ヒロシマ・ナガサキ議定書」に言及した[52]。これは「核兵器禁止条約の実現を求める声を無視できない流れが生まれた証左」[53]である。

　しかしながら，次に示すように，核兵器禁止条約を巡る平和首長会議と日本政府との関係は，その後，平行線を辿っている。2010年のNPT再検討会議以降，有志国家と市民社会の活動を推進力とし本格化した核兵器の非人道性の議論が，2016年10月の「国連会議で核兵器禁止条約の交渉を2017年3月に開始する」という決議の採択に結実した[54]。平和首長会議は，2016年10月に核保有国と日本を含む核傘下国に核抑止政策から脱却することを要請し[55]，11月には日本政府に核兵器禁止条約の早期実現に向けた要請を行った[56]。これに対して，岸田文雄外務大臣は，従来の"核兵器国と非核兵器国との橋渡し"としての日本政府の立場を変えなかった[57]。

　この間，ICANと連携する中で，日本政府に核兵器禁止条約署名・批准の門戸を開くべく平和首長会議が果たした役割は大きい。条約が成立する過程において，平和首長会議は核の保有国や傘下国の条約参加を容易にする条項の追加を提案し，最終的にこの提案は採用された[58]。現状は，日本非核宣言自治体協議会の第35回総会決議が示す通り，核兵器禁止条約に「我が国をはじめとする『核の傘』のもとにある国は反対の立場を示している」。この現状の中で，平和首長会議の提案により，米国の「核の傘」の下にある日本

(52)　外務省「福山外務副大臣による2010年NPT運用検討会議　一般討論演説（仮訳）」https://www.mofa.go.jp/mofaj/press/enzetsu/22/efuk_0504.html（2019年7月24日閲覧）。
(53)　中村，前掲書，80頁。
(54)　川崎，前掲書，29-36, 57頁。
(55)　平和首長会議「平和首長会議から核兵器国及び核の傘の下にある国々へのメッセージ」http://www.mayorsforpeace.org/jp/statement/openletter/data/161003_MfP_Appeal_J.pdf（2019年6月13日閲覧）。
(56)　平和首長会議『『核兵器禁止条約』の早期実現に向けた取組の推進について（要請）」http://www.mayorsforpeace.org/jp/statement/openletter/data/2016/161124request_jp.pdf（2019年6月13日閲覧）。
(57)　外務省「岸田外務大臣会見記録（平成28年11月25日8時26分）」https://www.mofa.go.jp/mofaj/press/kaiken/kaiken4_000427.html（2019年5月10日閲覧）。
(58)　小溝，前掲書，67-70頁。

政府は将来的に条約へ参加することが可能となっているのも確かである。

　2017年5月に岸田が立ち上げを表明し，核兵器国，中道国，核禁推進国の有識者17名で構成される「核軍縮の実質的な進展のための賢人会議」（以下，賢人会議）には，被爆地からの関係者として，広島平和文化センターの理事長である小溝泰義が加わった。すなわち，平和首長会議のスタッフが核軍縮問題の専門家として，日本政府に政策を提言している。2018年3月に賢人会議は，核抑止が「長期的かつグローバルな安全保障の基礎としては危険なものであり，したがって，すべての国はより良い長期的な解決策を模索しなければならない」と提言した[59]。この提言は「核兵器国の有識者も核抑止の危険性を認識し始めている証左」[60]とされる。4月に行われたNPT運用検討会議第2回準備委員会において，河野太郎外務大臣は，これに直接言及せずとも，提言全体を「異なる立場を収斂するための具体的な方策や今後解決していくべき問題を提起する」ものとして紹介した。

## おわりに

　本章の目的は，安全保障は国家だけのものではないという主張の下，平和秩序形成の主体としての地方自治体を考察することにあった。2000年代中盤から2010年代中盤までの約10年間の平和首長会議の展開を見た場合，日本政府が「核の傘」という構造を省みざるを得ないほどの世論を形成するべく，平和首長会議は国内のみならず国際社会でも多様な主体と連携していることが分かる。1980年代序盤から1990年代序盤までの約10年間の日本非核宣言自治体協議会の展開と比較した場合，連携は発展しているといい得る。本章では，以上の地方自治体による反核兵器政策の道程を論じた。

　上記の内容は，地方自治体の反核兵器政策において中央政府に対する働きかけのみでは不十分であり，連携による世論形成も必要であることを示している。したがって，安全保障に関与する主体を巡る議論において，国家のみ

---

（59）　賢人会議『効果的な核軍縮への橋渡し―2020年NPT運用検討会議のための提言―』（2018年）34頁。
（60）　小溝，前掲書，72頁。

ならず地方自治体，延いてはあらゆる主体が当事者である，といえる。

── **さらに勉強を進めるために** ────────────

池尾靖志『自治体の平和力（岩波ブックレット848）』（岩波書店，2012年）。

五十嵐暁郎，佐々木寛，福山清蔵（編）『地方自治体の安全保障』（明石書店，2010年）。

プルネンドラ・ジェイン（今村都南雄 監訳）『日本の自治体外交─日本外交と中央地方関係へのインパクト』（敬文堂，2009年）。

第5部

# 東アジアの平和に向けて

第**16**章

# 東アジアの秩序をめぐる競合と
# 朝鮮半島平和プロセス
## ──冷戦体制と分断体制から東アジア平和体制へ──

李　起豪

## はじめに

21世紀に入ってからアジアでは，経済，安全保障，文化交流などの分野でさまざまな構想が競い合うように出されている。しかしどのような分野の構想であれ，その核心に見え隠れするのは，自国を有利な立場に立たせようとする国家主義の思想である。

今日の東アジアの秩序は，1951年に締結されたサンフランシスコ平和条約がその基点となっている。サンフランシスコ平和条約とは，敗戦国であった日本と戦勝国であった米国が率いる連合国との条約であった。同日，日米安全保障条約も締結され，これらがもととなりサンフランシスコ体制と呼ばれる東アジア秩序が始まった。

後述するように，このサンフランシスコ体制が，東アジア地域の秩序形成に約70年間影響を与えてきたのである。この間，1972年のリチャード・ニクソン米国大統領による訪中，沖縄返還など，いくつもの大きな出来事があったにも関わらず，依然としてサンフランシスコ体制の根幹は維持されてきた。

その後，1992年前後の韓国-北朝鮮間関係の変化と韓-中，韓-ロシア国交正常化など，東アジア域内の活発な交流が行われながら新しい秩序が模索され始めた。その流れで，2000年になって初めて朝鮮半島では，「南北」[1]首脳会議が平壌で開催され，歴史的な共同宣言が発表され，続けて2002年に小

泉純一郎総理も平壌を訪問し新しい日朝関係を築く動きが模索された。また日韓では，サッカーワールドカップが共同開催され，平和に向けた新しい動きが生じた。残念ながら，日朝首脳会議は拉致問題で逆風にさらされ，北朝鮮は米国との第2次北朝鮮核兵器危機を迎え，東アジアでは今までに経験したことのないくらい複雑な関係が始まったのである。このように概観すると，これまでのサンフランシスコ体制は，平和と対立，協力と反目という相反する状態が共存しながら継続されてきたと言うことができる。

東アジアでは20年間隔で大きな出来事が発生してきたにも関わらず，分断体制と冷戦体制が克服されることはなかった。この間，分断体制は新たな状況に適合するように，そして冷戦体制が新たに強化されながら，基本的な対立構造が維持されてきたのである。さらに2012年になってからは，韓国の李明博（イ・ミョンバク）大統領が独島（日本名，竹島）[2]を訪問し，領土問題を再燃させた。それまでにも東アジアでは，平和と対立がくり返されてきたが，東アジアの国々は現在，最も対立が激化するステージに足を踏み入れてしまっている。

分断体制と冷戦体制は，第二次世界大戦の結果であると同時に，戦後秩序を維持させる源泉にもなってきた。分断体制の特徴は，心の分断を深めさせるという点で，私たちの心や記憶と密接な関係を持っている。一方，冷戦体制は国家の戦争遂行能力を担保し，国家安全保障を最優先するという点で，近代国家あるいは国民国家を常に重要な行為者として登場させるメカニズムとして機能している。

本章では，過去70年の東アジアの戦後秩序を考察しながら，分断体制と冷

---

（1）　日本では，北朝鮮と韓国を「両国」もしくは「二か国」と表記するかもしれないが，本章ではそうした表記は使用しない。なぜならば，北朝鮮と韓国の関係は，1991年以降大きく変化していると考えるからである。1991年12月13日に合意に達した「南北間の和解と不可侵及び交流，協力に関する合議書」（略称，南北基本合議書，1992年2月19日発効）には，「……（韓国と北朝鮮は）国と国との関係ではなく，統一を目指す過程で暫定的に形成される特殊関係」と定義されている。本章では南北基本合議書に基づき，北朝鮮と韓国の関係を国と国との関係とはとらえず，特殊な関係ととらえているため，北朝鮮と韓国を表す表現としては「南北」と表記する。ちなみに北朝鮮では，「北南」と表記していることを申し添える。
（2）　本章は，韓国の視点から執筆しているため，地名の表記等に関しては韓国での表記を用いて，その語に日本名を表記する。後段の「西海（日本名，黄海）」「東海（日本名，日本海）」も同様の理由から韓国での表記を用いている。

戦体制がどのように維持されてきたのかを説明するとともに，サンフランシスコ体制が現在どのような変容を迫られているのかについても言及する。このような観点から，朝鮮半島の変化が今後の東アジア秩序へ与える影響を分析することにより，東アジアの平和と新しい秩序の可能性を模索してみたい。

# I　戦後秩序[3]をめぐる記憶の戦争
## ——戦勝，敗戦，そして終戦

### 1　第二次世界大戦を眺めるもう一つの視点

　1939年9月1日，ドイツのポーランド侵攻からはじまり，東京湾に停泊したミズーリ号で日本の外相重光葵が無条件降伏文書に調印した1945年9月2日までの戦争は，第二次世界大戦と呼ばれる。この呼称は，少なくとも二つの決定的な誤解を生んでいる。第一に，まるですべての国が戦争に主体的に参加したかのような錯覚を起こさせるという点である。例えば主要戦争参加国であり戦争を起こした枢軸国である日本を除けば，アジアやアフリカ，ラテンアメリカにも，主体的に戦争に参加した国を見つけるのは難しい。第二に，多くのアジア，アフリカ，そしてラテンアメリカ諸国にとって，1945年[4]は戦争が終わった年ではなく，戦勝国との新たな戦いに突入した年であるという点である。アジア，アフリカ，ラテンアメリカ諸国は，植民地支配からの独立を達成するため，民族を解放するために，新たな戦いを経なければならなかった。

　同様に「第一次世界大戦」という呼称も，欧州を世界と同一視していたヨーロッパ人の高慢を反映した表現である。むしろ当時，米国はこれを欧州戦争（European War）と呼んだ。「第二次世界大戦」は，ヨーロッパ以外に米国

（3）　日本の戦後をどう見るかに関しては，次の本を参照のこと。松村史紀・森川祐二・徐顕芬『東アジアにおける二つの「戦後」』（国際書院，2014年）。
（4）　1945年という年について，戦争終結という観点ではなく，新しい時代が始まったという観点から見直している書籍は，Ian Bruma 2013, *Year Zero: A History of 1945*, Penguin Books. イアン・ブルマ著／三浦 元博，軍司 泰史（翻訳）『廃墟の零年 1945』（白水社，2015年）を参照のこと。

が参戦し，日本が枢軸国の一国になった。したがって，「帝国間の戦争」と読んだ方が正しいと考える。ほとんどのアジア地域は戦争を強要され，何の関係もない無辜の人々が戦争の犠牲になっていったのである。さらに，敗戦国日本の支配下にあった東アジアの国々は，すぐに独立することすらできなかった。日本占領以前の宗主国であった欧米列強が，再び植民地支配に舞い戻ってきたからである。インドシナはフランスと，長期間にわたる戦火をまじえなければならなかった（1946～1954：第一次インドシナ戦争）。マレーシア（1957年独立）も，英国からの独立運動を展開しなければならなかった。インド（1947年独立）は，ネルーの独立闘争運動とガンジーの非暴力抵抗運動などを通じて，長く険しい独立運動を展開してきた。

　アフリカの事情も大きく変わらなかった。アルジェリア（1962年独立）も，フランスとの長期にわたる激しい戦争を経て独立を達成している。その戦争の最中には，フランス第4共和国が崩壊した。チュニジア（1952年独立）も，フランスから独立するために闘争をしなければならなかったし，モロッコ（1956年独立）は独立運動を経た上で，フランスとスペインとの共同合意を得ることによってようやく独立を認められた。また南アフリカ（1961年独立）は，名目上は英国女王の支配から脱して自らの大統領を選出できる国になっていたが，黒人たちが真に自由を獲得できたのは，人種差別政策で悪名高いアパルトヘイト政策が廃止され，ネルソン・マンデラが釈放された1990年以降である。ここに列挙した国々は，いくつかの例に過ぎない。中央アジアの国々は，ソ連が解体された1991年12月25日以降になってようやく独立を達成した。

　1945年から20世紀末までの半世紀にわたる長い期間，アジア，アフリカの多くの国々は，帝国との戦争を通じた独立運動を行い，独立を達成し国民国家を樹立するために多くの戦闘を経る必要があったのである。したがって，1945年を戦後と呼ぶのは，帝国主義的な観点に過ぎない。局地戦や内戦のように見えるほとんどの戦争は，植民地支配の負の遺産に起因したものである。筆者たちが経験した朝鮮戦争も，内戦（civil war），国際戦争（international war），代理戦争（proxy war）の性格をすべて持っている。したがって，1945年というのは世界大戦が終わった年ではなく，帝国間の戦争が終

わった年であると同時に，帝国とのもう一つの戦争が始まった年として見ることがより適切である。

　欧州の場合，敗戦国であるドイツが1945年直後には連合国によって分割されたが，東アジアでは，日本の周辺国がその分断を経験するというユニークなプロセスを経た。すぐに朝鮮半島は大韓民国と朝鮮民主主義人民共和国に分けられ，現在でも「南北」分断体制が続いており，中国も内戦を経験した後，中華民国（台湾）と中華人民共和国に分かれ，両岸体制が維持されている。敗戦国であった日本は，いまだ沖縄を中心に駐留した米軍の基地国家としての地位を維持したままであり，他の東アジアの国々には異質な存在として映る。東アジアはヨーロッパとは異なり，地政学的分断体制が刻みこまれ，日米，米韓，米台，米比のように米国を中心とする二国間の「ハブ・スポーク」体制が築かれていた。

## 2　サンフランシスコ体制――米国が描き出した東アジアの秩序

　公的な戦後処理は，1951年にサンフランシスコで，戦勝国である連合国と敗戦国である日本[5]の間に講和条約を結ぶことで区切りがつけられた。しかしできあがった体制は，米国が構想するアジアの秩序観が如実に反映されたものであった。サンフランシスコ講和会議が開かれた1951年は朝鮮戦争の真っ最中であり，韓国も北朝鮮も参加することができなかった。中国と台湾についていえば，米国が支援した中華民国が1949年に中国国共内戦で敗北し，代表権の問題に決着がつかなかったために，どちらの政府も参加しなかった。会議に出席したソ連は，ポーランド，チェコスロバキアなどと一緒に，一方的に合意を迫る米国に抗議し，条約を拒否した。日本が名付けた「大東亜戦争」という呼称を考えれば，一番関連があった周りの国々が参加すべきであったが，上述したように当事者であるソ連，中国，台湾，韓国，北朝鮮などは，サンフランシコ講和条約に入っていなかったのである。

---

（5）　当時敗戦国であった日本が，「敗戦」をどう受け止めたのか。つまり負けた天皇と勝ったマッカーサーを両方とも日本の支配者として認識しながら，どのように国を再建していったのかに関しては，ジョン・ダワーの『敗北を抱きしめて』を参照。特にジョン・ダワーは，敗戦後の日本が平和と民主主義を目指しながら再建する過程で，平和と民主主義がどのように変化していったのかを説明している。ジョン・ダワー『敗北を抱きしめて』上下（岩波書店，2001年）。

　一方，米国は，同日サンフランシスコで，日米安全保障条約（以下，日米安保条約）を締結して，沖縄を引き続き米軍の基地として利用し，日本を米国の基地国家とした。すでにマッカーサー GHQ 総司令官の米軍政時代に作られた日本国憲法 9 条[6]は，日本を戦争することができない国として規定している。米国は日本域内にある軍事的空白を自らが埋めることにより，日本をアジア政策の橋頭堡にした。つまり米国は，在日米軍基地の存続を要望すると同時に，当時行われていた朝鮮戦争の後方基地としての役割を日本に期待し，その「再軍備」も進めた。

　すなわち1951年における，アジアの被害者が排除されたサンフランシスコ講和条約と日米間で結ばれた日米安保条約が双頭馬車となり，その後の70年間のアジアの秩序，つまりサンフランシスコ体制が維持されてきたのであった。サンフランシスコ体制は，戦後，日本を実質的独立国家とするのではなく，事実上，米国の軍事的属国にしたのである。沖縄を中心に編成された米軍基地は，フィリピンの基地と同様，米国がアジアに軍事的に介入して影響力を行使するための前進基地であった。さらに戦後体制の中核的メカニズムであった冷戦体制は，朝鮮戦争，ベトナム戦争，アフガニスタン戦争などの局地戦や代理戦を通じて，アジアの分断体制を強化・深化させる役割を果たした。

　最近，サンフランシスコ講和条約が再び注目を浴びることになったのは，日中韓の間に深刻な領土紛争が生じ，実力行使の危機が表面化した2012年頃である。その発端は，2012年，李明博大統領の独島訪問であった。独島は，韓国と日本が領有権を巡って互いに主張を戦わせているが，李明博が大統領としては初めて独島を訪問したことにより，独島領有権問題は公式の外交問題として浮上することとなった。なぜ，李明博は独島を訪問したのであろうか。当時大統領選挙を控えて保守層の結集を図っていた李明博大統領は，局面を好転させるための戦略として，独島問題を介して民族主義を鼓舞する必

---

（6）　君島東彦は，日本国憲法 9 条は，単なる日本一国の憲法とだけ見なすのではなく，日本帝国の軍国主義の犠牲になったアジアの民衆の安全をも含んだ規範として見ることが大事であるとして，日本国憲法 9 条を人類史の中に位置付けて説明している。君島東彦「六面体としての憲法 9 条・再論」『立命館平和研究第18号』2017年 3 月。

要があったからである。

　サンフランシスコ講和条約締結当時，隣接国が排除された状況下で領土問題は棚上げされた。独島領有権問題は，すぐに近隣諸国の紛争に広がった。ロシアとは北方領土問題（クリル諸島）が，中国とは尖閣（中国名，釣魚島）列島の問題が一気に表面化したのだった。この過程で，日本は韓国，中国，ロシアなどからの抗議を受け，東アジアの領土紛争が新たに注目を浴びることになった。

　サンフランシスコ体制の中核の一つは日米安保条約であるため，領土問題でサンフランシスコ体制が揺れ始まると，その核心にあった日米安保条約も反応し始めた。サンフランシスコ講和条約とともに締結された日米安保条約は，事実上，米国と日本の同盟関係の基本構造を成すようになった。特に日米安保条約は，1960年に米国の日本に対する防衛義務を保障し，同時に，日本が米国に基地を提供することを明示することにより，日米同盟関係の基本方針を定めることになった。その後，1978年と1997年に米国と日本は，日米防衛協力指針（ガイドライン）を作成し，米国の要求と日本政府の利害が一致するたびに自衛隊の役割などが再編成された。

　例えば，1990年の湾岸戦争終結後，日本は国連平和維持活動に自衛隊を派遣した。また，1999年日米防衛協力指針による周辺事態法が成立した。2014年7月1日の閣議決定では，「わが国に対する武力攻撃が発生したこと，又はわが国と密接な関係にある他国に対する武力攻撃が発生」した場合，自衛権の発動としての武力を行使することが可能になるよう憲法9条の解釈を変更し，2015年には，集団的自衛権の限定的行使を認める平和安全法制を導入した。

　このように領土紛争は，単に領土の問題であるというよりは，ナショナリズムを刺激し，さらに軍事主義の再活性化へとつながっていった。また東アジアの国々の国力の変化と国益の追求により，これまで米国の支配秩序として機能してきたサンフランシスコ体制に揺らぎが生じているのである。別言すれば，サンフランシスコ体制の代わりに，新しい秩序のための競合が本格化したのである。

## 3　東アジア国家の競合——韓国，中国，日本を中心に

　2015年，中国は初めて戦勝70周年記念行事を盛大に開催した。中国戦勝記念日の正式名称は，「中国人民抗日戦争と世界の反ファシスト戦争勝利70周年」であった。対日戦争の勝利日として9月3日を記念した中国は，ロシアとは異なりこの日を祝日に指定し，30カ国以上の首脳を招待する国際外交の場として活用した。

　2015年，ロシアと中国の両国首脳は，交互に訪問し親密な友好関係を対外的にアピールした。ロシアはその戦勝記念日に北朝鮮の金正恩委員長の参加を希望したが，実現しなかった。しかし中国の戦勝記念行事には，韓国の朴槿恵（パク・クネ）大統領が出席した。天安門広場の査閲台では，習近平主席の両隣にプーチン大統領と朴槿恵大統領が並び立ち，中国がアジアの覇権国家であることを象徴的に誇示する効果をもたらした。中国の戦勝記念イベントは，アジアの過去の記憶と未来への構想をめぐる本格的な競合の場であった。

　特に，習近平主席とプーチン大統領は，両国間の歴史認識が一致していることを確認した。すなわち，ドイツのナチズムと戦ったロシアと，日本の帝国主義と抗争した中国は，反ファシスト闘争を共にした仲間であり，このような歴史認識を強調することが，2015年の二つの戦争記念日に共通した特徴であった。すでに両国はエネルギー，金融などで包括的な経済協力に関する協定等を結んでいる。この背景には，日米同盟をはじめとする米国の一国主義への傾斜と，ヨーロッパの膨張を牽制する思惑があった。また中国とロシアは，東アジアという地政学の中で，日本の軍国主義が復活するという恐れを抱いているとも考えられる。

　これとは異なり，敗戦国である日本の1945年の記憶は，加害者であった記憶よりも，原爆の被害者としての記憶がまさっている。そして敗戦ではなく，「終戦」という中立的表現を用いることにより，歴史の主語を省略してしまう傾向がある。戦勝や敗戦という言葉を使うと，どちらかが勝ってどちらかが負けたということが明確になってしまうが，終戦という言葉を用いると，そうした点が見えなくなる。日本では戦後体制という表現が用いられ，1945年を一つの歴史的起点としているが，その起点から日本という主体は消

え去ってしまい，米国のアジア戦略の一部として再編された日本という意味合いが強くなった。

　いわゆる「終戦」の結果作られた日本国憲法は，日本が平和の道を歩むように企図された憲法9条により，日本を平和国家に導く重要な原則となった[7]。しかしながら安倍政権を中心とする保守層では，憲法改正を通じて，軍事力を保持することができる「普通の国（normal state）」を作ろうとしてきた。安倍晋三政権（第一期2006年～2007年，第二期2012年～）は，政権初期からそのために「戦後レジームからの脱却」[8]という表現を主要政策のスローガンに掲げた。「戦後レジームからの脱却」は，「強い日本」あるいは「日本を取り戻す」という政治スローガンにつながった。

　「強い日本」「日本を取り戻す」とは，論理的には自主的な立場を堅持することだが，実質的には米国の軍事安全保障にさらに積極的に協力する従属国の立場を強化する結果を生んだように見える。米国は，少しずつ封印を解除してきた日本の軍事行動を容認しようとしている。そして，日米同盟に基づく日本の軍事大国化が，東アジアの緊張を高めている。

　2015年前後から本格的に競合し始めた中国，日本，韓国は，それぞれ違う東アジア構想を主張してきた。つまり共同の未来ではなく，それぞれの国家ごとに個別の構想を作って，それをもとに主導権争いをしているのである。

　中国は「一帯一路」の構想をもとに，中国中心の新しいアジアを形成していこうとしている。一方，日本はサンフランシスコ体制をもとに戦後体制を克服しようとしている。すなわち，米国との同盟を強化するが，米国と対等なパートナーシップを強調し，日本の自衛隊が通常の軍隊として機能するように憲法改正を目指している。さらに，安倍総理が提案した「自由で開かれたインド太平洋構想」は，「セキュリティーダイヤモンド構想」に発展して，

---

（7）　戦後の日本が積極的に平和国家になる可能性とその論争に関しては，和田春樹『平和国家の誕生』（岩波書店，2015年）を参照。

（8）　安倍総理の「戦後レジームからの脱却」は，戦後レジームを彼がどう見るのか，そして戦後レジームを脱却したあと，日本をどのように舵取りするのかが主な課題である。安倍総理には，戦後レジームは，サンフランシスコ体制を意味するし，今までの日本国憲法の規範もまた意味しているようでもある。また安倍総理は，2006年9月29日の第165回国会での所信表明演説を通じて，日本が目指す国の形を「美しい国」と定義し，明らかにした。「美しい国」は，安倍総理がまだ内閣官房長官であった2006年4月，『文藝春秋』5月号に発表したものをもとにしている。

最近はトランプ大統領からも積極的な支援を得ているが，この構想は北朝鮮には圧力をかけ，中国を牽制する戦略になっている。韓国は，「南北」関係を乗り越えて，いわゆる「平和経済」の発想で，北朝鮮を通じたユーラシア構想を持っている。だがこれは，北朝鮮への制裁を米国が堅持している限りは見込みがたたない。ただ米国は，韓国の親北方政策には好ましい姿勢は見せないが，新南方政策は気に入りそうである。多分新南方政策は，セキュリティーダイヤモンド構想と気脈を通じる面があるからであろう。

　日中韓のそれぞれの東アジア構想の競合は，強いリーダーシップのもとで東アジアの秩序を変えようとする共通点を持っている。特に国家が主導する記憶の再構成は，愛国心を高揚させるなど，新たなナショナリズムを強化しているという点に注目する必要がある。このような理由で戦後秩序の背後には，「国民国家」という主語があり，強い国家あるいは大国を夢見る国家主義が潜んでいるのである。

# II　北朝鮮問題と朝鮮半島平和プロセス

## 1　北朝鮮問題と核兵器開発

　現在，「朝鮮半島の非核化」というと，北朝鮮の核兵器開発問題のみを取り上げると考える人々がいるが，これは誤りである。実際には朝鮮半島全体の非核化を意味する言葉として用いられていた。こうした考え方を伝えると，「韓国が米国の核の傘を放棄するのか」という批判が多く出されるが，「朝鮮半島の非核化」とは，元々韓国の非核化をも含む，朝鮮半島全体の非核化が目的であったことを忘れてはならない。

　実際に1991年，朝鮮半島非核化に「南北」が合意したことによって，韓国国内に配備された米軍の戦術核兵器はすべて撤去された。1992年には，朝鮮半島非核化や関係改善に向けて韓国が米国と合意し，同年1月7日，チームスピリット米韓合同軍事訓練を中止した。北朝鮮も1月31日にIAEAと核安全協定を締結し，5月から核査察を受けた。問題は，なぜこの過程が順調に進まず，第1次北朝鮮核危機を招いたのかという点である。

　1992年，IAEAの査察過程で北朝鮮の寧辺（ヨンビョン）核施設が，実験室

規模なのか，工場規模なのかという議論が起きた。この問題は査察をクリア
に行い，それが工場規模であれ，実験室規模であれ，廃棄手順を踏めば済む
問題であった。しかし，当時の米国国防長官であるディック・チェイニーな
どの強硬派は，北朝鮮の核疑惑を口実にチームスピリット演習の再開を韓国
政府に強く要求した。1993年2月，新たに発足した金泳三（キム・ヨンサム）
政権は，米国の要求を受け入れて3月に訓練を再開したが，北朝鮮はこれに
強く反発し，NPT脱退を宣言することになった。その後，北朝鮮の核問題
はジミー・カーター氏の訪朝によって対話を通じた解決を模索し，ジュネー
ブ合意に至ることとなる。

　しかし，2002年に北朝鮮を「悪の枢軸」と規定したブッシュ政権は，北朝
鮮を追い込み，この過程で北朝鮮は高濃縮ウラン開発を認めた。以降，北朝
鮮の核問題は米朝間の問題として固定され，ブッシュ政権はテロとの戦いと
いうフレームで北朝鮮を圧迫した。結局2003年，北朝鮮核問題を解決するた
めの6カ国協議が構成され，2005年に9.19合意を導き出し，2007年には2.13合
意がなされた。北朝鮮は2006年10月9日，第1回目の北朝鮮核実験を行った
が，2007年の2.13合意と盧武鉉（ノ・ムヒョン）大統領の平壌訪問で行われた
10.4「南北」共同宣言などを契機に，2008年6月に寧辺原子炉の冷却塔を爆
破した。これに対し2008年10月，米国は20年ぶりに北朝鮮をテロ支援国家指
定から除外した。また，北朝鮮の指導者といつでも会う用意があると，大統
領選の期間中に明らかにしたバラク・オバマが米国大統領に就任したこと
で，新しい「南北」関係の期待が高まった。

　2008年に就任した李明博大統領は，同年7月，金剛山で韓国人観光客が殺
害されたことを機に金剛山観光を禁止し，その後2010年の天安号事件（韓国
海軍哨戒艦「天安号」が沈没した事件）を北朝鮮の犯行と認定し，同年5月24日，
いわゆる5.24措置という対北朝鮮制裁措置を発表した。開城（ケソン）工業
団地を除いたすべての「南北」関係が中断され，以後，朴槿恵政権に至るま
で，「南北」は対決構図を維持してきた。そしてこの過程において北朝鮮は
核実験を加速させており，文在寅（ムン・ジェイン）政権が発足した2017年ま
でに計6回にわたる核実験を行い，核兵器完成を宣言している。

　2018年の変化は，この25年間の北朝鮮の核関連の記録を振り返ってみると

非常に画期的なものだと言えよう。6カ国協議が次官補級レベルの会談であったことを考えると、2018年の会談は最高首脳間の会合であり、その重さと意思決定の迅速さは6カ国協議とは比べものにならない。さらに、すでにポンペオ国務長官が3回訪朝し、6月12日にはシンガポールで初の米朝首脳会談が開催された。「南北」間ではすでに3回の首脳会談が開催され、4月27日の板門店（パンムンジョン）共同宣言では朝鮮半島の完全な非核化という目標を核心とする宣言文が発表された[9]。そして最近の平壌での共同宣言では、「南北」間の軍事分野の合意書を採択することで、事実上の終戦宣言がなされた。さらに「南北」共同連絡事務所が開城に設置されたことで、今後の「南北」間の経済協力を中心とした多様な協力関係が進んでいくと思われる。ただ、これらすべてがしっかりと実現するためには、米朝間の対話が進展しなければならず、米朝相互の信頼構築を通じて、対北朝鮮制裁が解除される時まで忍耐強く待たなければならない。

　米国がベトナムと和解をするのに20年を要した。イランに対する制裁でも、オバマ大統領はイランとの核交渉後、6ヵ月間事態の推移を見守ってから制裁解除に署名した。中国との国交正常化交渉を開始した1969年から1972年、ピンポン外交で友好的に見えた米中関係も、10年を経た1979年に国交正常化している。こうした事例を見ると、米朝関係は交渉の進捗だけでなく、信頼構築の時間をも重要な変数として考慮せざるを得ないことに気づくはずである。そして「南北」関係の進展は、米朝対話の進展と両国の信頼醸成に肯定的に寄与するはずである。

## 2　朝鮮半島分断と板門店体制

　分断国家の経験は、これまでにもいくつかの国々が経験しているが、朝鮮半島の分断状況の特徴は、それが一番長い休戦状態にあるということであ

（9）　2018年4月27日、韓国の文在寅大統領と北朝鮮の金正恩委員長は、分断のシンボルになっている板門店で共同宣言した。発表文のタイトルは、「朝鮮半島の平和と繁栄、統一のための板門店宣言」である。この宣言の前文で、「両首脳は、朝鮮半島にもはや戦争はなく、新たな平和の時代が開かれたことを8千万のわが同胞と全世界に厳粛に宣言した」とはっきり宣言してその目的を明らかにした。その全文は、次の記事を参照。『ハンギョレ新聞』、2018年4月27日（http://japan.hani.co.kr/arti/politics/30421.html　最終閲覧2020年1月10日）。

る。朝鮮戦争が起こったのが1950年なので，2020年で70年の月日が流れたことになる。朝鮮戦争当事者の多くはもう亡くなっているし，若い世代は必ずしも「南北」が統一することを望んでいない。北緯38度線を中心に，西海（日本名，黄海）から東海（日本名，日本海）までの陸地上だけで約250kmにもわたる非武装地帯（DMZ）が設けられ，この70年間，時間だけが過ぎていった。この休戦条約が結ばれたのは，DMZにある板門店である。北朝鮮と韓国がいつもお互いに向き合って警戒任務を行っているところである。

　朝鮮半島の統一と言っても，その意味するところは時代によって変化してきた。休戦から1970年代までは，どちらかの国が軍事的に勝利し，もう一方の国を吸収統一することを意味した。だが1980年代における韓国での民主化運動の盛り上がり，1991年の「南北」交流，そして2000年の「南北」首脳会議に至る頃には，軍事的な吸収統一の考え方はほとんどなくなっていた。「南北」間では，互いを敵として認識するのではなく，協力をしながら統一を達成しようという暗黙の合意が形成されてきたのである。21世紀になってからは，統一より平和が最優先されることになった。しかし完全な平和体制でもないので，これを「板門店平和体制」と定義する。完全な分断とも違うが，完全な交流を行っている訳でもない。休戦ラインは依然として存在するが，「南北」とも平和を目指すことに合意した体制である。ここで一番重要なのは，互いを共存不可能な敵として認識するのではなく，お互いの存在を認め合いながら，相互に協力可能な関係性を構築することにより，板門店平和体制が生まれたことである。

　このような関係性が構築される以前は，いつでも戦争が起こる可能性のある緊張状態であったので，「板門店停戦体制」と呼ぼう。板門店停戦体制は，分断体制と冷戦体制がその主要な要因となっていて，いつでも戦争が起こることを前提にした状況である。反面，板門店平和体制は，何より終戦を宣言し，鉄道や道路をつなげて，対立ではなく交流と協力を主眼に据えるので，両者は根本的に違う体制である。実際に2018年の「南北」首脳会議後に出された共同宣言では，すでに終戦を意味する内容を包摂し，今後の「南北」間の関係についても言及されている。

　だが，板門店停戦体制から板門店平和体制への転換は簡単ではない。マク

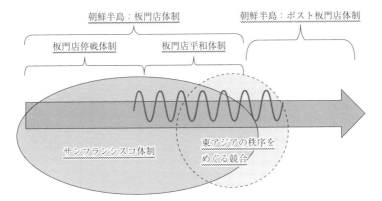

**図1　朝鮮半島板門店体制の流れとサンフランシスコ体制**

（出所）筆者作成

ロ的視点から見ると，板門店停戦体制から板門店平和体制への転換は，その基盤とでも言うべきサンフランシスコ体制の枠内で行う必要があるからである。サンフランシスコ体制に何らかの変容がない限り，北朝鮮と韓国の二ヶ国での協力だけでは，安定的な板門店平和体制への転換ができないことは明らかである。サンフランシスコ体制が変化するためには，主要なプレイヤーである米国の同意が不可欠である（図1参照）[10]。

　図1について少し説明をしておこう。北緯38度線にDMZが設置されている状態を本章では，「板門店体制」と呼んでいる。そして将来的には38度線のDMZが廃止されて，「南北」間の関係が新しい次元に入った状態を「ポスト板門店体制」と名付けている。「ポスト板門店体制」は朝鮮半島分断につながっている諸国間で，平和条約等が締結された状態などの，完全な平和体制を想定している。こうした「ポスト板門店体制」を構築するためには，上述したようにサンフランシスコ体制を乗り越える必要があるが，目指すべき価値のある目標である。

---

(10)　朝鮮戦争休戦協定には，国連軍を代表して米国陸軍ウィリアム・ハリソン・Jr中将と，朝鮮人民軍および中国人民志願軍南日大将が署名し，同日午後国連軍総司令官マーク・W・クラーク大将，中国人民志願軍彭徳懐と朝鮮人民軍最高司令官金日成が署名をして，1951年7月27日午後10時に発効した。

すでに説明したとおり，本章では「板門店体制」を「板門店停戦体制」と「板門店平和体制」に分類している。朝鮮戦争終結から1980年代までは，「南北」関係は冷戦体制に組み込まれた対立であったので，単純な緊張状態にあった。しかしその後のプロセスを経て，「南北」間では「板門店平和体制」を作りだしてきた。「板門店平和体制」を維持し，「ポスト板門店体制」を構築するためには，北朝鮮と韓国の関係だけではなく，北朝鮮と米国間の関係をも変える必要がある。しかしこれは簡単なことではない。北朝鮮の核兵器完全廃棄という目標達成では，韓国と米国は一致することはできるが，そこにいたるアプローチを巡って両国間が足並みを揃えるのは極めて困難である。米国は北朝鮮の核兵器廃絶を先に行ってから交流を行うことを主張しているが，一方の韓国の文在寅政権は，核兵器廃絶プロセスのなかでそれぞれの段階に応じた交流を進める方法を考えている。

1991年から2020年にわたる30年間の「板門店平和体制」を振り返ってみると，それまでの「板門店停戦体制」時代には見ることができなかった，いくつかの事例があげられる。1995年に，北朝鮮で大洪水が発生した時，韓国の市民社会は支援を開始した。こうした市民社会の動きに地方自治体や企業も加わった。1998年には現代グループの創始者鄭周永会長が，韓牛501頭をトラックに乗せDMZを越えて北朝鮮へ送った。1998年の韓国は，金大中が大統領に就任した年であった。この年，韓国はいわゆるアジア通貨危機の混乱の真っ只中にあり，国際通貨基金（IMF）からの支援も受けていた。そうしたお互いに困難な経済状況下でも互いに協力し，2000年6月に初めて平壌で「南北」首脳会談が開催された。その結果，DMZの北朝鮮側にある金剛山観光地区と開城工業地区を韓国が開発することになった。しかしながら2002年10月，北朝鮮を訪問した米国のケリー国務次官補一行は，北朝鮮が高濃縮ウランの施設建設を含めた核兵器開発の計画を持っていることを認めたと発表し，「南北」間の交流事業は頓挫することになった。現在まで続く北朝鮮の核問題の始まりである。

2018年，平昌オリンピックをきっかけに韓国と北朝鮮は関係改善に動き出し，米国のトランプ大統領も金正恩委員長との会談を次々に行っている。2018年6月に行われたシンガポールでの米朝首脳会談を皮切りに，両国首脳

は2019年２月のハノイ，そして2019年６月に板門店で首脳会議を行なった。こうした米朝首脳会談にも関わらず，北朝鮮への制裁政策が緩和しないために，両国間関係は悪化している。韓国と米国は，北朝鮮に対するスタンスが異なるため，この両国が一致した行動をとることは難しい。そのために，いきなり平和協定締結を含む「ポスト板門店体制」を目指すことは困難である。現実的な対応して，まず「板門店平和体制」を堅固にしていく必要がある。「板門店平和体制」を安定化させるためにも，北朝鮮と韓国，北朝鮮と米国，そして韓国と米国の間で，説得と対話をしながら信頼を構築しなければならない。

## 3　朝鮮半島平和プロセスの特徴

　朝鮮半島非核化の過程は，既存の東アジア秩序を根本的に変化させる過程だと言える。それだけに複雑さと根本的な問題が内在している。これは，米国の東アジア政策，つまりはサンフランシスコ体制が根本的に変化しなければならないことを意味する。サンフランシスコ体制の核心には，言うまでもなく日米安保条約がある。日米安保条約の根幹は，冷戦体制[11]をそのまま踏襲するもので，敵と味方を峻別する。「悪の枢軸」という言葉に象徴されるように，米国は北朝鮮を敵として認識してきた。このような安保パラダイムを米国が変更するのはそう簡単なことではない。

　米国の民主党を含め進歩的な人々でさえも，北朝鮮に対する疑念を拭えない。それは，北朝鮮に対する米国の一般的な認識が，依然として冷戦の論理に基づいているからである。さらに米国を盟主とするアジア安保の核心に韓国と日本が入っているが，日韓関係は悪化している。中国はいわゆるＧ２時代を宣言し，米国と貿易戦争中だ。米国も朝鮮戦争の終戦宣言あるいは北朝鮮との平和協定への移行後，東アジア秩序について明確なフレームを持っていないようである。だから板門店平和体制は，まだ不安定であり，その行方も不確実性が高い。

　朝鮮半島平和プロセスは軍事力に頼らない，新しい東アジア秩序の礎にな

---

(11)　日本での冷戦に関しては，丸川哲史『冷戦文化論：忘れられた曖昧な戦争の現在性』（双風舎，2005年）を参照。

らなければならない。しかしこれは，韓国と北朝鮮の力だけでは容易に成し遂げられることではない。新しい東アジア秩序構築にあたり，キープレーヤーの一国に入ってくるのはまさに日本である。日本が朝鮮半島の平和プロセスにどのように関与するのか，そしてどのような立場を取るのかによって，東アジアの秩序が変わる可能性がある。日本は日米安保条約の一方の締約国であると同時に，日本国憲法9条を持つ国でもある。憲法9条の精神，憲法9条を守る運動は，実は朝鮮半島の平和プロセスに重要な意味を持っている。朝鮮半島の平和プロセスは，微視的には朝鮮半島非核化に限定されるように見えるかも知れないが，巨視的に見れば，サンフランシスコ体制を憲法9条の精神で乗り越えることを意味する。つまり憲法9条は，核兵器はもちろん，軍事力に頼らない東アジア秩序をどのように構築するべきかという問題と密接に関わっているのである。複雑に思えるかもしれないが，戦後秩序の核心には，私たちが克服すべきモノと私たちが守らなければいけないモノの二つが併存しているのである。私たちが克服すべきモノとは，冷戦体制，分断体制，そして軍事主義であり，それらが集約されたモノがサンフランシスコ体制であることはくり返し述べてきた。一方，私たちが守らなければいけないものは，日本国憲法9条の精神である。憲法9条の精神を発揮し，中国と米国の軍事大国化に歯止めをかけなければならない。敵を必要とする軍事的な発想やポピュリズムではなく，信頼関係に基づく民主主義に依拠して，新しい外交を展開していかなければならない。

　こうした視点にたって，1991年の朝鮮半島非核化の合意，そして2018年の朝鮮半島平和プロセスを見ると，次のような共通点を指摘することができる。第一に，両方とも市民運動がうまく機能して，民主化への意志が原動力になった点である。第二に，米韓軍事訓練の休止が「南北」関係に追い風になったことである。第三に，やはり国家安全保障問題であるため，最高指導者の判断と意志が大事である。第四に，きっかけとなる事件あるいはモメンタムが必要である。ベルリンの壁崩壊後，1991年には東欧諸国の崩壊などに象徴される冷戦構造の変容があった。2017年は，翌年に開催される予定の平昌オリンピックがモメンタムになり，「南北」間に友好的関係を築く雰囲気が醸成された。第五に，周辺強国からの協力が必要である。1991年頃，韓国

は北方政策で初めて，ソ連と中国とも国交正常化をしながら協力を得た。2018年もトランプ政権の共助を得ながら協力関係を築き，同年6月には，ハノイで初の米朝首脳会談が開催された。

　しかしまだ朝鮮半島の平和プロセスの進展は不十分であり，今後も，関係国間で信頼構築のために努力していく必要がある。北朝鮮を敵視，特別視するのではなく，日本の憲法9条の精神とつなげて，北朝鮮をも包容する東アジアの共同の未来を日韓の市民社会が描いていく必要がある。

## おわりに

　米ソ冷戦終焉後も，朝鮮半島では分断体制と冷戦体制が複合的に作用することにより，戦後体制を支える重要な軸を形成してきた。1990年代以降，「南北」関係は協力と対立の局面を経てきたが，本来は「朝鮮半島の非核化」であったはずの論点が，途中から「北朝鮮の核廃絶問題」に置き換えられることにより，軍事的思考が優先され，いまだに冷戦体制と分断体制を克服するまでには至っていない。さらに東アジアには中国と台湾の分断体制があるうえ，これに沖縄の米軍基地の存在も加わり，東アジアの分断体制問題を複雑にしている。

　1991年以降，朝鮮半島の分断体制にいくつかの変化が生じているので，それらの点をまとめておきたい。第一に，分断体制の中核は心の分断にあるので，心の分断を超越するための社会的雰囲気の形成，あるいは社会的文脈の醸成が決定的に重要な要因である。1987年の韓国の民主化運動，そして2016年から2017年に行われたロウソク集会は，確かに民主化運動であった。これらの民主化運動成功後，韓国社会内部では北朝鮮と友好的・平和的関係の構築を目指す社会的雰囲気が醸成されたのだが，そうした動きは途中で頓挫することになり，未だに分断体制が続いている。こうした北朝鮮との友好的・平和的関係構築に向けた動きを阻んでいるのが心の分断である。比喩的に言うならば，朝鮮半島は北と南で分断されているだけではなく，韓国社会も北朝鮮をめぐって二つに分断されているのである。韓国国内には，反北（反北朝鮮）勢力と呼ばれるグループが存在する。このグループは，朴正熙（パク・

ジョンヒ）大統領を軍事独裁政権とは見なさないで，韓国経済を奇跡的に成長させた偉大な人物として評価すると同時に，対外的には米国との同盟関係を重視し，北朝鮮を敵視している。一方，民主化運動を推進し，北朝鮮との対話・協力を進めようとしているグループが韓国国内に存在していることは言うまでもない。このように韓国国内の二つのグループは，北朝鮮政策を巡って鋭く対立し，国内に深刻な分断状況を作り出しているのである。

　第二に，最高指導者の政治的判断が決定的に重要であった。それは，盧泰愚大統領から文在寅大統領に至る7人の大統領の政策により，「南北」関係が大きな転機を迎えたことでも明らかである。日本と異なり韓国では大統領制をとっている。分断体制のもとに置かれている韓国では，強力なリーダーシップをもつ大統領への期待が非常に大きくなる。韓国の大統領選挙では，立候補する大統領候補がどのような北朝鮮政策をもっているかが当落の鍵を握っているのである。

　第三に，朝鮮半島の問題に周辺国がどのような立場をとるのか，どのように介入してくるのかも，分断体制に大きな影響を与えてきた。ただ，朝鮮半島の分断体制の特性上，決定的に重要な役割を果たすのは米国であり，中国や日本の影響力は限定的である。朝鮮半島の問題に米国が重要な役割をもっているのは，米国が韓国と軍事同盟を結んでいるからであり，さらに朝鮮戦争の休戦協定の締約国だからである。しかしそれ以上に重要なのは，米国の東アジア政策が朝鮮半島問題に大きな影響を与えるからである。米国が北朝鮮問題にどのようなスタンスをとるのか，北朝鮮を悪の枢軸と認識し続けるのか，制裁を継続するのかどうかは，朝鮮半島問題の将来を大きく左右することになる。

　いわゆるマインドセット（mind set）が変化しなければならない。2018年から米朝首脳会談が行われているが，これは単に始まりにすぎず，今後の信頼構築により，マインドセットが変化していくことが求められる。実際，中国と米国は1969年に国交正常化のための議論を開始したが，その実現のためには10年の歳月が必要であった。両国は，1979年になってからようやく国交正常化を実現した。ベトナム戦争を戦ったベトナムとの国交正常化も，1975年にベトナム戦争が終結してから，20年もの時間が経過した1995年になってよ

うやく実現している。これらの事例からの教訓は，米国が互いに戦争をした敵国とも国交正常化をするという事実であるが，その一方で，その信頼を形成するためには長期にわたる時間と多くの努力が必要だという点である。

　第四に，市民の力が変化のための大きな原動力となった点である。1991年の「南北」関係の主要な変化は，ベルリンの壁の崩壊という対外的な影響よりも，韓国社会で行われた市民運動による反独裁闘争の結果であるということができる。1991年の北方政策の改善は，1987年の民主化闘争の結果実現された韓国憲法改正による大統領直接選挙制導入と，その後活発になった平和統一運動の影響によるものであった。2018年に文在寅政権が朝鮮半島の平和プロセスを推進することができたのは，2016年から始まったロウソク集会が韓国社会に大きな変化の風を吹き込んだからである。この平和プロセスは市民革命無くしては実現しなかったのである。今後も，国境を越える市民の平和運動が必要である。

　最後に，分断体制も冷戦体制も，ともに軍事力を重視し，国家安全保障を最優先するシステムである。この二つの体制を克服するためには，軍事力が優先される国家から民主主義的価値が優先される国家へと変わっていく必要がある 。そしてそのためには，国境を越える市民社会の出会いが重要である。しかし東アジアでは，依然として強い国家外交の伝統があるため，市民外交は常に周辺においやられてきた。

　逆に今は，市民外交を通じた協力の経験を拡大し，国家中心主義に変容を迫る時期に来ている。分断体制と冷戦体制を克服するためには，北朝鮮と韓国の間において，政府による外交だけでなく，自治体や市民社会をも含めた多様なアクターによる，言わば「多層的（multi-level）な交流」を展開していく必要がある。また，北東アジアの国々を横断して，市民と市民の間に協力関係を構築していくことがより重要になってくる。市民外交をはじめ，市民社会の役割を強調する理由がもう一つある。それは，分断体制の状況が「南北」間の心の分断であるならば，分断体制を克服するためには，何より私たちの心が変化しなければいけないからである。

　　［付記］本章は，拙稿「東北アジア秩序をめぐる競争と朝鮮半島の変化：冷戦

体制と分断体制の変形」崇実平和統一研究院 2018『地域，地域間協力と北朝鮮問題』コンラド・アデナワー財団韓国事務所（ハングル，2018年）57〜88頁に加筆修正を加えたものである。

――― **さらに勉強を進めるために** ―――――――――――――――

ジョン・ダワー（三浦陽一，高杉忠明訳）『敗北を抱きしめて（上）（下）』（岩波書店，2004年）。

姜尚中『東北アジア共同の家をめざして』（平凡社，2001年）。

ガバン・マコーマック，乗松聡子他『沖縄の"怒"――日米への抵抗』（法律文化社，2013年）。

内海愛子，中野晃一，李泳采，鄭栄桓『いま，朝鮮半島は何を問いかけるのか――民衆の平和と市民の役割・責任』（彩流社，2019年）。

第**17**章

# 近代東アジア（日本・中国・朝鮮）の宗教ナショナリズム
—— 政教一致と "政教分離" の政治力学 ——

曹　明玉

## はじめに

　宗教ナショナリズムには否定的なニュアンスがつきまとう。憲法の定める "政教分離" の原則が社会通念となっているからであろう。そもそも，今日 "政教分離" が近代国家の一大原則となった背景には，西欧における主権国家体制の誕生（ウェストファリア条約，1648年）がある。主権国家体制は，キリスト教世界の内部に生まれた異端なるプロテスタンティズムを，カトリシズムと平和共存させるために作られた政治的な解決策であった。この体制が世界を席巻するに伴い，政教分離原則も多くの国々で一種の標準となってゆく。見方を変えれば，宗教戦争という西欧における特殊な事件によって主権国家体制が確立するまで，大部分の世界において宗教と政治は相互親和的な関係にあったのである。このことは，近世東アジアを例にとればわかりやすい。漢字文化圏の中国・朝鮮・日本は，政教一致を重要な統治原理としていた。これら三ヶ国が近代以降，何らかの形で "政教分離" 原則を採ったのは，伝統的な政教一致が戦争や紛争のような実害をもたらしたからではなく，それが欧米列強の文明国標準だったからである。

　ここで留意すべきは，西欧の "政教分離" と，東アジアの政教一致とでは，その前提となる "政教" 概念に大きな差異があることである。西欧の "政教" は，church and state（教会と国家）という実体，あるいはその実体に基づく religion and government（宗教と統治）概念を表すのに対し，東アジ

アの "政教" は，華夷秩序における "政治" と，そのための "教化" という統治原則を表す。"教" それ自体の内容は，分化されていない状態の儒教的美徳と知識であり，一言で "文" と称されることもある。"教化" とは，武力ではなく，道徳と教養をもって人を教え，善に導くことである。"文明" は，"政教" が共によく治まり繁栄している状態を指す（「政教修明」[1]）。すなわち，漢字文化圏の概念では，"文明即政教一致" なのである。このような概念史的背景を踏まえると，近代初期の東アジアが西洋の文明国から学ぶ際に，なぜ，まずは政教のあり方に着目したかを理解できるであろう。意識するとせざるとにかかわらず，対象を理解しようとするとき，人はまずそれを自らの概念枠組みに当てはめてみるものである。

　この西洋文明という課題に最初に本格的に挑んだのは，東アジアでいち早く近代化に乗り出した日本であった。明治日本の為政者は，欧米の宗教を注意深く観察した。欧米では政教分離が建前として制度化されてはいたものの，彼らはキリスト教に「人心団結」・「道徳維持」[2] の機能が備わっており，それが統治に利用されていることを発見した。この "政治" を扶ける近代的 "宗教" の機能は，"政" を扶ける伝統的 "教" の機能と共通する。その共通点が，西洋の "宗教" と東洋の "教" の結節点となった。両者の接合は，伝統的政教関係の概念枠組みに収まる範囲内で，限定的になされた。というのも彼らはキリスト教を必要としたのではなく，キリスト教のように国民を統合し，公的な道徳心を涵養できる "独自" の宗教を必要としていたからである。

　キリスト教をモデルにして国民国家の精神と道徳の求心点を模索した末に，日本は天皇，中国は孔子，朝鮮は檀君をそのシンボルに選び，何らかの形でこれらのシンボルを "宗教" 化ないし "国教" 化しようとした。ただし，そういった試みは，西欧的な "政教分離" を迫る政治的圧力に屈し，挫折している。しかしそれを契機に日本に天皇制ナショナリズムが現れたように，

---

（1）　たとえば1878年，清朝の初代駐英公使郭嵩燾はイギリスの The Times 紙上の記事で "civilization" "civilized" の文字をみつけ，自分の日記に「政教修明」「教化」と翻訳している（石川禎浩「梁啓超と文明の視座」狭間直樹編『梁啓超：西洋近代思想受容と明治日本』〔みすず書房，1999年〕108-109頁）。
（2）　久米邦武『特命全権大使米欧回覧実記』第一冊（岩波書店，1977年）342-343頁。

**図1　近代東アジアの政教関係**

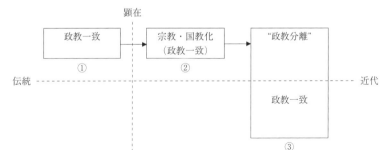

中国や朝鮮にも孔子や檀君を中心とする公定ナショナリズムが現れた。"宗教" であろうがなかろうが，新たに選ばれたシンボルは，所期の目的であった国民国家の精神と道徳の求心点として十分に "教" 的機能を果たしたのである。

　上記の事実に依れば，日本・中国・朝鮮のナショナリズムの前史には共通して "宗教ナショナリズム"（図1-②）が存在したことになる。本稿の狙いは，この "宗教ナショナリズム" を西欧的 "政教分離" の視点からではなく，伝統的政教一致の視点から読み解くことにある。これは，ナショナリズムを一国史単位ではなく，地域史単位で読み解く試みである。結論から言えば，各国の "宗教ナショナリズム" は，西欧的政教関係を伝統的政教関係の視点から取り入れた結果物であり，これらの脱 "宗教" 化（図1-③）は，伝統的政教一致思想からの西欧的政教分離圧力に対する応答であった。もちろんこれはあくまでも共通の枠組みに過ぎず，より重要なのはこのような枠組みの中で各アクターがどのような個別の現実を作り出したかである。以下で，個別の事例を各国ごとに考察してみよう。

# I　近代日本のナショナリズムと天皇制

　周知の通り，明治維新をリードした藩閥政治家たちは "天皇" を国民統合

のシンボルとし，幕府から政治権力を奪取した。維新政権はその発足と同時に，"王政〔天皇による親政—筆者注，以後同種のカッコ内は全て筆者注〕"，"祭政一致"，"神祇官〔神祇の祭祀を司る官庁〕"の復活を宣言し，実践に移す。このような新たな政策は，新たな"教"とセットで構想されていた。天皇を国家および国民の精神的支柱，"教"として祭り上げることは，幕末からの既定路線であった。尊王倒幕の代表的イデオロギーの一人であった会沢正志斎は『新論』(1825年)で，次のように天皇を中心とする祭政教一致の国家構想を論じている。

> 　　祭は以て政となり，政は以て教となる。教と政と未だ嘗て分れて二とならず。故に民唯々〔ただただの意〕天祖を敬し，天胤〔天の血筋の意〕を奉ずるを知るのみ。〔中略〕是〔天祖・天胤の崇敬〕を以て民の志は一にして，天人合せり[3]。

　祭，政，教は一致する。天と民を媒介（祭）する天皇への尊崇の念さえあれば（教），それで国民が統合（政）され，国民も天と繋がることができる，という意味である。

　当初，公家の岩倉具視，薩摩閥および彼らと共にした国学者達は，神道を国教とすることで，国民の精神的統合を図ろうとした。しかし，日本は奈良時代から千年以上も神と仏とを合わせて信仰してきた国である（神仏習合）。神道のみを国教とするには，神と仏を弁別し仏の痕跡を消し去る措置を講じなければならなかった（神仏判然令，廃仏毀釈運動）。一方で，浦上キリシタン問題であらわになったキリスト教の影響力の拡大を阻む措置として，神道的国体観念と道徳を宣教する体制が整備される（大教宣布運動）。だがこれら二つの政策は，1870年ごろには早々と限界に達した。神仏の強引な分離によって，社会的な混乱と反発が起こる中，人材に乏しい神道界が単独で宣教を行うことで教化体制が機能不全に陥っていたのである[4]。

　これを好契機としたのが，その間，政府から蔑ろにされてきた仏教界であった。長州出身の浄土真宗本願寺派僧侶の島地黙雷（1838-1911）は，長州閥

---

（3）　会沢正志斎「新論」高須芳次郎編『會澤正志齋集 水戸學大系第二巻』（水戸學大系刊行會，1941年）123頁。
（4）　詳しくは，安丸良夫『神々の明治維新』（岩波書店，1979年）を参照されたい。

の木戸孝允に働きかけ，仏教界の大教宣布運動への参加許可を得るに至る。これにより，宗教行政官庁"教部省"が新設され，その監督下で神仏合同の国民教化運動が展開される（1872年）。教部省の設置は，"神祇省"の廃止を伴っていた。というのも，教部省は，神道祭祀と教化を一手に掌握していた神祇省の存在意義を骨抜きにしたからである。神道による祭教一致を果たせなくなった神祇省は廃止され，祭祀の機能は"太政官式部寮"へと移管される。

　せっかく設置された教部省であったが，しばらくすると仏教勢力は神道界との合同の教化運動が惹起する数々の摩擦に耐えられなくなり，「信教の自由」を掲げて教部省傘下の大教院〔教導職養成機関〕から離脱してしまった。これにより，教部省もまたその存在意義を失い廃止される（1877年）。「敬神」[5]教則を直接管理する立場にあった教部省が消滅したこのタイミングで，神道国教化は終焉に向かう。教部省廃止後，天皇の神格化とその国民教化という課題は，様々な紆余曲折を経て，神道を通じてではなく，帝国憲法（1889年）と教育勅語（1890年）の中で遂行されることになった。

　上記の通り日本は，"政教分離"を認めることにより，かえって伝統的な政教一致体制を整備し，天皇制国家を作り上げた。ここでの政教分離とは，信教の自由を認め，神道国家による国民教化を断念したことであり，政教一致とは，帝国憲法が神聖天皇に統治権総覧の地位を付与し，教育勅語が尊皇ナショナリズムを再生産しはじめたことである。日本は，顕在的には神道の国教化を放棄したが，潜在的には天皇主義の国教化を達成した。

　天皇制国家誕生の裏で繰り広げられた，政界における薩摩閥および長州閥間の勢力争いと，宗教界における神道勢力および仏教勢力間の角逐は連動していた。岩倉使節団（1871—1873年）から戻った伊藤博文，木戸孝允ら長州閥は，留守を預かっていた西郷隆盛ら薩摩閥から政治の主導権を奪い，矢継ぎ早に，教部省の廃止，帝国憲法，教育勅語の渙発に取り組んだ。それら宗教政策を支えた「信教の自由」「政教分離」「神社非宗教論」論は，島地黙雷が政府に提出した「三条教則批判建白書」（1872年）と「大教院分離建白書」

---

（5）　教部省の設置に伴い，教化の基準として制定された「三条の教則」の一つ。三条の教則は，「敬神愛国，天理人道，皇上奉戴・朝旨遵守」。

（1873年）の中にあったものである<sup>(6)</sup>。

　宗教と政治は助け合うべきであるという原則（政教相扶）<sup>(7)</sup>を掲げ，天皇制ナショナリズムの下に結集した仏教界は，我先にと植民地布教に乗り出していく。当初，上から人為的に作られた神道ナショナリズムも，仏教界の参画を契機に下から自発的に発揮される天皇制ナショナリズムへと変化してゆく。天皇制ナショナリズムの植民地布教には，公認宗教の仏教や神道，キリスト教の諸団体に加えて，玄洋社・黒龍会などの国粋主義団体も参加している。玄洋社・黒龍会などの国粋主義者が中国朝鮮の宗教のみならず政治にまで影響を及ぼした事実<sup>(8)</sup>は，新たな政教一致システム，日本の天皇制ナショナリズムが潜在的ではあっても自律的に機能していたことを明示している。

## Ⅱ　近代中国のナショナリズムと孔教および新文化運動

　19世紀末までに確立した日本の天皇制ナショナリズムが，自律的なシステムとして機能しはじめていた20世紀初頭，中国（清朝）は西欧列強の半植民地とされていた。その時代の多くの志ある中国人にとって至上課題は，中華文明のおおいなる器である国家の独立を守ることであった。そのための一手段として，中国の宗教ナショナリズムが登場する。先鞭をつけたのは，「戊戌の変法」（1898年の政治改革運動）の主導者たる康有為（1858-1927）と弟子の梁啓超（1873-1929）である。

　康有為は，この「百日維新」中に，光緒帝に『孔子改制考』（1897年，上海大同訳書局）を献上している。この中で康有為は，孔子を「万世の教主」（巻七・儒教為孔子之創考）・「神明なる聖王」（巻十・六経皆孔子改制所作考）に位置付けた。すなわち，孔子はただの身分の低い人間でなく万世を救うために天に

---

（6）　島地黙雷『島地黙雷全集』1（本願寺出版協会，1973年）5頁，16-18頁。

（7）　「教部省開設請願書」『島地黙雷全集』1（本願寺出版協会，1973年）10頁。

（8）　たとえば内田良平は，朝鮮の天道教から派生した政治結社"一進会"を側面援助し，日韓合邦運動へと誘導した。また，大本教と中国の紅卍字会が連携していることに着目し，大本の出口王仁三郎を満蒙独立運動（1923年）に加担させた。武田範之は1908年，朝鮮の東学系新興宗教団体である侍天教の教義書を執筆している。また，曹洞宗韓国布教管理も務めた。

選ばれた神聖なる存在，「万世・神明」であり，ただの儒教の祖述者ではなく儒教の創始者，「教主」であり，ただの徳の高い学者先生ではなく改制・立法の君主，「聖王」として再定義されたのである。ここにおいて政教修明の中華文明は，孔子という，天が降臨させた一人の超越的な人格に表象されることとなった。

　このように康有為は，政教一致の枠組みの中で“教”を敢えて“宗教”化した。孔子の宗教化は，孔子のキリスト教化を意味した。それは，明治日本が，憲法政治を導入するに際し，国家の「機軸」となる「宗教」を必要とし，結局「皇室」を宗教の代替物としたことに通底する[9]。ここでいう“宗教”は，普遍的な概念ではなく，近代西欧文明におけるキリスト教の一機能である。康有為は宗教概念それ自体に興味があったのではなく，政治に役立つ限りにおいてキリスト教のような宗教を必要していた。なぜなら康有意によれば宗教は，西洋文明が「富強」になる根本理由だったからである[10]。富強は，弱肉強食の国際社会で，国家の主権を守るために，絶対に必要な生存条件なのであった。

　戊戌（1898年）の改革運動に着手する遥か前から，上記の通り西欧諸国の富強に至る理由を認識していた康有為は，日本の明治維新も詳細に調査済みで[11]，明治政府が当初神道を国教化したのと同じように，孔教〔孔子の宗教〕を国教化する考えであった。しかしながら周知の通りこの変法運動は，百日ももたずに保守派のクーデターによって水泡に帰せられる。命からがら日本に逃げ延びた康有為と梁啓超は，これにより一時，中国政治の最前線から退くこととなる。康有為を欠いた中，孔教国教化構想および変法派の改革運動は，奇しくも彼らを追い出した西太后ら保守派と洋務派によって引き継がれる。義和団事件（1900-1901年）等による政情の悪化が，彼らの近代化へ

---

(9)　詳しくは，渡辺浩「『教』と陰謀─『国体』の一起源」（渡辺浩・朴忠錫編『韓国・日本・「西洋」：その交錯と思想変容』〔慶応義塾大学出版会，2005年〕）を参照されたい。
(10)　「沿海通商が大いに解禁した時，康有為は，欧州各国が教皇を崇めることにより国の政治を操縦するのを見て，外国が富強に至る原因が之れによると思い込んだ」（『康有為全集』1　康有為撰　姜義華・呉根樑編校　上〔上海古籍出版社，1987年〕1040頁）。
(11)　康有為『日本変政考』1896年〔稿本のまま光緒帝に進呈〕。康有為『日本書目志』（上海：大同訳出局，1897年）。

の取り組みを余儀なくさせたのである。

　清朝は近代教育のために『学務綱要』（1903年制定，1904年交付）を新たに制定し，「中国の経書はすなわち中国の宗教」[12]という文言を盛り込んだ。康有為のように孔子に神格を付与するのでなく，孔子の教えを含む儒教の経典を宗教と規定したのである。ただし，富強のための教という宗教の機能的理解は両者とも共通している。『学務綱要』によれば，「宗教」たる経書を読まなければ，「三綱五常」の道徳が廃絶され，国を立てることができなくなる，学も政も根本を失い，愛国愛類の心も変わり，「富強」どころではなくなるのである[13]。続けて，1906年に制定された教育宗旨5項目の中に「尊孔〔孔子を尊ぶ〕」が加わった[14]。尊孔は教育のみならず，祭祀の領域でも制度化された。学制の施行によって，小学堂で春秋釈奠と孔子生誕日の祭祀等の儀式が定められた他，皇帝が行う尊孔儀礼が“大祀”に格上げされた。

　1912年，衰えきった清朝は，ついに孫文ら共和主義者が起こした革命に倒れた。そして東アジアで最初の共和制国家，中華民国が誕生した。新生中国は，臨時憲法に相当する「臨時約法」の中で信教の自由原則を定めた。これに応じて，前体制で実施された孔教国教化政策は一旦打ち切られる。同年，新たに公布された教育宗旨からも，「忠君」と「尊孔」が削除された。しかしながら，清朝官僚出身の袁世凱（1859-1916）が大総統に就任し，自ら皇帝になろうと画策する過程で，再度，尊孔政策が復活する。1914年2月大総統令によって祭天・祀孔が復活し，翌1915年2月に交付された教育宗旨には「法孔孟〔孔孟を法とすべし〕」が加わった。一方で，袁世凱は尊孔を宗教とみなすことは退け，1914年に「信教自由令」を発する。尊孔の実践を通して，自身の皇帝として権威と影響力を確保しようとする傍ら，批判・非難に配慮して，尊孔を宗教化せず国民道徳として位置付ける道を選んだのである。かくして，憲法草案（1913年）には孔教の国教化が盛り込まれず，代わりに「国民教育は，孔子の道を修身の大本と為すべし」（第19条）との文言が

---

(12)　著者は清末の代表的な「中体西用」論者，張之洞（1837-1909）。多賀秋五郎『近代中国教育史資料：清末編』（日本学術振興会，1972年）210頁所収。
(13)　同上。
(14)　教育宗旨の5項目は，忠君・尊孔・尚武・尚公・尚実（多賀前掲書：634頁所収）。

採択された。

　袁世凱が孔教を宗教とも国教とも認めない判断を下した背景には，長い亡命生活を終えて1913年に帰国した康有為との政治的な駆け引きがあった。康有為は1912年，弟子の陳煥章に孔教会を設立させ，自身が会長に就任する。孔教会は上海から北京に進出し，各地の尊孔団体を吸収しながら影響力を強めていった。陳煥章は，袁世凱に招かれて一時期，総統府顧問にも就任している。そして孔教会は，憲法草案論議中の国会に，満を持して孔教国教化請願文書を提出した。立憲君主制を志向していた袁世凱と康有為にとって，政治の領域で袁が大総統に就任することと，宗教の領域で康有為が孔教国教化運動を展開することは，相乗効果をもたらすはずであった。しかしながら，結局，袁世凱は孔教会を懐柔することに失敗し，康有為は孔教を国教化することに失敗した。康有為にとって，皇帝になろうとした袁世凱は，甚だ信頼のおけない戊戌変法の裏切り者であった。その一方で袁世凱にとって，弟子たちから教皇のように崇められていた康有為は，孔子を祀るべき皇帝の宗教的権威を脅かす存在となっていた。言うなれば，彼らは擬似皇帝と擬似教皇の関係にあったと言えよう。

　袁世凱は，皇帝即位後わずか2ヶ月で退位を余儀なくされ，ほどなくして世を去った（1916年6月）。新総統に黎元洪が就任すると，康有為らは再び孔教国教化運動を起こす。この案件は，再開された憲法会議で審議に付されたが，1917年の投票で最終的に否決される。その間，新総統と，かつて袁世凱の側近であった北洋軍閥との間で政争が起こり，同年，康有為は北洋軍閥側の「清朝復辟」〔清朝皇帝の復帰〕に加担したが，失敗に終わっている。

　康有為によって執拗に繰り返された孔教国教化運動と，それが巻き起こした政治的な復古のうねりは新世代の危機意識を惹起し，彼らの自発的な社会参加を促した。その導火線となったのが，陳独秀（1879-1942）によって1915年9月に創刊された総合月刊誌『新青年』であった。

　陳独秀は，信教の自由は憲法レベルで保証されるべきであるが，孔教も宗教も新しい民主国家の中国には不要と考えた。陳独秀は言う。孔教の根本教義の三綱〔君臣・父子・夫婦間の道徳〕は，新しい社会・国家・信仰にそぐわない倫理であると[15]。なぜなら，中国は西洋式の社会・国家を目指して

おり，そのための新信仰は平等と自由だからである<sup>(16)</sup>。また，孔教における教は教化の教で，宗教ではない。孔教には宗教の本質が備わっていない。宗教の本質は，「霊魂の救済」，世俗の外に出ることにある<sup>(17)</sup>。たしかに宗教には，宇宙人生の秘密を解決する役割がある。しかしそれは，自分で自分を欺く「自解」であって，真の解決ではない。宗教を科学に代えれば，時間はかかっても真実の信仰を開拓できる。科学は，普遍的・永久的・必然的な自然法であるが，宗教は，部分的・一時的・当為的人為法に過ぎない。ゆえに，人類の「信解行証〔信じ，理解し，行い，証明する行為〕」の正しい道は，科学となる。これが陳独秀の信仰であり，宗教は廃棄の列に置かれる<sup>(18)</sup>。

かくして陳独秀は「デモクラシー」と「サイエンス」を，新文化運動の標語にした<sup>(19)</sup>。culture の訳語としての「文化」は，第一次世界大戦を折に民族主義が勃興すると，民族を規定する概念に用いられるようになっていた。一方で，漢字としての「文化」は，20世紀初頭にあってもなお伝統的な「文明」，すなわち統治のための「教化」を意味した<sup>(20)</sup>。この時期陳独秀の提起した「新文化」は，いわば，西洋の culture と東洋の文化の接合であった。「デモクラシー」と「サイエンス」からなる新しい政教関係こそが，「新文化」なのである。

陳独秀の新文化の定義をめぐる彷徨は，この後も続く。1920年4月，前年の五四運動を振り返って陳独秀は，教化の領域に宗教を加えることになる。人間性の完成には，サイエンスのような理性的な知識と共に，宗教のもつ「本能的な感情の衝動」も必要だとの考えに至ったのである<sup>(21)</sup>。

これまでの軌跡をまとめてみよう。当初，陳独秀は政教の二元論的一元論の枠組みの中で，東洋の儒教道徳ではなく西欧的な「倫理」道徳こそが，政

---

(15) 『新青年』2巻3号 1916年11月1日「憲法與孔教」。
(16) 同上。
(17) 『新青年』2巻2号 1916年10月1日「駁康有為致総統総理書」。
(18) 『新青年』2巻5号 1917年1月1日「再論孔教問題」。
(19) 『新青年』6巻1号 1919年1月15日「罪案之答辯書」。
(20) 川尻文彦「近代中国における『文明』—明治日本の学術と梁啓超」鈴木貞美・劉建輝編『東アジア近代における概念と知の再編成』（国際日本文化研究センター，2010年）132頁。
(21) 『新青年』6巻5号1920年4月1日「新文化運動是什麼」。

を規定する本質であると考えた[22]。そこに，より本質的な規定要素として
「科学」を加える一方で，非理性的な「宗教」は拒んだ。しかし五四運動後
は，「宗教」を「科学」と併用する必要性を説くようになる。この時点で，
陳独秀における新文化の主要素は，政の領域の民主に，教の領域の科学，宗
教，倫理を加えたものであった。そしてこれが，陳独秀の新文化をめぐる彷
徨の最高到達点となった。

　ここから先の陳独秀は，マルクス主義に没頭し，新文化への関心を失う。
唯物史観によれば，「心の現象」は「経済的基礎」（下部構造）の上に築かれ
る[23]。これを是とするなら，五四運動後に陳独秀が会得した多元的な "教"
（理性と情動，あるとは「科学」と「宗教」）はもはや政治を規定する本質にならな
い。政治とその他のあらゆる現象を支配するのは，「経済（生産方法）」ある
いは「物」を本質とする「唯物史観」という名の「科学万能」主義であ
り[24]，これは新たな「科学」主義を「唯物史観」と言い換えただけの，一
元的な "教" への退行であった。このような「物質一元論」[25]の主張は陳独
秀本人からすれば思想的転回であったろうが，客観的には唯物史観自体の教
（信仰，イデオロギー）化であったと言えよう。

# Ⅲ　近代朝鮮のナショナリズムと大倧教（檀君教）

　五四運動の約 2 ヶ月前の1919年 3 月 1 日，朝鮮では三一独立運動が起こっ
た。五四運動と三一運動というほぼ同時期に発生した民族主義的大衆運動の
主体を定点観測すると，中国における運動の主導者は孔教・宗教を拒絶して
「新文化」を受容した学生たちであったのに対し，朝鮮における運動の主導
者は天道教[26]，キリスト教[27]，仏教界の有志であった。三一運動の導火線

---

(22)　新生中国の政治体制（共和立憲）を倫理原則（独立平等自由）の変革をもって支える覚悟を
　　宣言したのが，「吾人最後之覚悟」（『新青年』 1 巻 1 号　1916年 2 月15日）である。倫理は，教
　　化の領域で議論されている。
(23)　「答適之」『科学与人生観』（亞東圖書館，1923年12月）。
(24)　同上。
(25)　同上。
(26)　天道教は東学を前身とする。東学は生活・道徳・身体の救済と輔国〔国をたすける〕を訴え
　　て多くの民衆から支持を集めた土着宗教であり，1905年の天道教への改称後は，文明化を掲げて

となったのは，朝鮮人留学生たちが在日本東京朝鮮 YMCA 会館にて発表した二八「独立宣言」であり，この時投獄された9名の署名者はいずれもキリスト教信者であった[28]。また，同時期に中国東北の吉林でも，大倧教関係者らによって「独立宣言」が作成されていた[29]。

　ここで注目すべきは，社会主義・マルクス主義思想が本格的に独立運動の指導理念に加わる前は，宗教が主にその役割を担っていたことである。この点に限って言えば，誰がどの宗教に属していたかは，さほど重要ではない。なぜなら，独立運動のための精神的支柱あるいは方便としての宗教は，個々人において時局ごとに容易に変化したからである[30]。独立運動家の場合，相対的にもっとも影響力のあった宗教は大倧教であった。

　大倧教は，植民地化直前の愛国啓蒙運動期（1905-1910年）に形成された民族宗教である。1909年の創立当初の名称は檀君教で，檀君は，檀君朝鮮あるいは古朝鮮を開国した王，朝鮮民族の始祖とされる人物である。創始者の羅喆[31]（1863-1916）は，日本の天皇制ナショナリズムを鏡像にして，朝鮮の

---

政治結社運動にも関与している。1919年に三一独立運動を組織したが，それ以降は徐々に親日活動に傾いていく。天道教のナショナリズムは，大倧教のような"目的"ではなく"手段"であった。彼らの究極の目的は，"生命と財産"，自己実現のための権利であり，それは近代思想というよりは東学時代からの"寿命と福禄"という功利的な願望を近代用語に翻訳したものであった。手段としてのナショナリズムは，それ自体，今日の大衆運動ともつながる興味深い素材ではあるが，本章が扱っている目的としての公定ナショナリズムからは逸れるので，割愛する。

(27)　ナショナリズムとの関連において朝鮮人のキリスト教信者が浮き彫りになったのは，1896年から98年にかけて推進された"独立協会"運動である。金玉均，徐載弼，李商在，尹致昊などの開化派は，皆国内外でアメリカ人宣教師との接触があったとされている。近代主義を標榜し，また宣教師からの圧力もあった彼らは"政教分離"の縛りを意識せざるを得ず，キリスト教を全面に押し出して独立運動をする代わりに，秘密地下組織"新民会"を作る。そのメンバーの多くが植民地下では，中国大陸に亡命し，上海亡命政府の設立メンバーとなった。韓国初代大統領の李承晩もその一人である。

(28)　白南薫「第三章 青年時代 （3）東京留学」（『나의一生』서울：백남훈선생기념사업회，1968年）。

(29)　吉林の独立宣言書「大韓独立宣言書」の発表日は，1919年2月1日という説と，1918年11月という説がある。

(30)　たとえば，朝鮮の植民地化に際し，キリスト教から大倧教に改宗した独立運動家に，李東輝，李甲，李会榮，李始榮，曹成煥，李東寧，李相卨，呂準，李儁，李東寧，周時経などがいる。二八独立宣言の起草者，李光洙は，天道教，キリスト教，仏教に帰依していた。

(31)　本名は羅寅永。羅喆は宗教名。出身は現在の全羅南道寶城であり，10歳の頃書堂に入り王錫輔（1816-？）に学んだ。同門に，後の壇君教創始時の同志で大先輩であった李沂と黃玹がいる。

檀君ナショナリズムを再編し拡散した。大倧教は，朝鮮民族の自主独立を究
極の目的としていたため，総督府によって1915年に朝鮮国内での宗教活動を
禁じられ（朝鮮総督府令83号「布教規則」），羅喆は失意のうちに自尽する。しか
し大倧教は，羅喆の後継者の下で，本部を満洲（現在の中国東北地方）の和龍
県青波湖（現在の吉林省延辺朝鮮族自治州）に移し，そこで旺盛に宗教活動，教
育活動，独立運動を続けた。途中，1942年に「朝鮮語学会事件」の黒幕とし
て植民地当局により一斉検挙され，組織は弱体化したが，独立まで存続し，
大韓民国の建国理念や教育活動に大きな影響を及ぼした。

　このように大倧教が朝鮮独立運動の精神的支柱へと成長した起点には，愛
国啓蒙運動という20世紀初頭の社会的気運もさることながら，創始者羅喆の
日本人国粋主義者との親和性があったことも特記しておきたい。

　1905年に日韓保護条約が締結されると，危機意識に駆り立てられた開化知
識人たちが中心となって国権〔国家の主権と統治権〕回復のための実力養成
運動—言論活動，教育振興，殖産興業等—に乗り出した。この運動の焦点は
二つある。一つは国権回復，もう一つは実力養成である。本来この運動の目
的は国権回復にあったが，植民地化が深まるにつれ，当初手段であった実力
養成が目的と化していく。この事態を招いた内在的要因に，「優勝劣敗」「適
者生存」「弱肉強食」概念に代表される社会進化論がある。この論理を真理
と認めると，強者である帝国主義を批判できない。力のない弱者は，滅びる
か，強者の奴隷として生きるしかない，そうならないために最優先すべきは
実力をつけることだ，との結論が導き出される。他方，あくまでも国権回復
という目的にこだわる少数派も存在した。その主張を支える論理は二つあ
り，第一に儒教的な倫理に訴える道徳主義，第二に近代的な倫理としての自
由主義であるが，実際にはこの二つが他の要素とブレンドされたり，時間差
で第一から第二に変化することがあった。

---

両者それぞれ，韓国近代史の世相を映す第一級の史料（『海鶴遺稿』，『梅泉野録』）を残してい
る。22歳（1885年）にして，金允植（1835-1922）の門人，食客となる。当時金允植は清国や日
本との外交に関わる主要人物として国政を動かしていた高級官僚であった。羅は下級官吏の職を
転々とした後，帰郷，浪人生活を送る。日清戦争が終結し，日本の介入による断髪令の発布，科
挙制度の廃止など甲午改革が断行され，明成皇后閔妃の殺害事件が起きるなど激動と混乱の最中
に青年時代を過ごした。

　上記の分類で言えば，羅喆は前者である。すなわち，羅喆は国権回復を優先すべき理由を，儒教的な道徳主義で正当化した。日本の国粋主義者を信頼し，日本の天皇，首相に直訴したのも，儒教的な道徳主義に基づく“東洋平和論”を信じたからである。結果として彼は痛感することになる。日本は1895年の日清講和条約で朝鮮を「独立自主国」と認定し，1904年の日韓議定書で朝鮮の「独立を保証」すると約束したにもかかわらず，すべて反故にした[32]。そのことを道義に照らして批判しても，日本の政治には一切響かない。もはや伝統的な儒教をもっては，亡びつつある国を救うこともできないのだと。

　儒教でもはや国家の主権独立を守れないのなら，いかなる教が適格なのか。その問いへの答えとして羅喆は，檀君（のちの大倧）教を作った。檀君は，当時の愛国啓蒙運動の中で流布していた国粋主義・国学のシンボルであった。このシンボルが召喚される引き金となったのは，日本亡命中の梁啓超が宣揚した「中国魂」論であった[33]。これを朝鮮に置き換えて「朝鮮魂」[34]として愛国啓蒙運動に導入したのが，日本の留学生啓蒙運動団体「太極学会」である。彼らが参照した先を辿ると，日本で19世紀末から展開された国粋主義や日本主義に到達する。日本の国粋〔歴史的文化的精神の真髄〕が「武士道」，「尚武」，「大和魂」，「国祖」崇拝と国祖への忠孝であるなら，中国の武士道の始点には中華民族の始祖「黄帝」がある[35]。日本と中国にそれぞれの民族魂・国魂があるのなら，朝鮮の尚武精神の始点には檀君がある[36]。このような思想的な連鎖が起こったのである。これには，儒教国朝鮮が守ってきた新羅中心の小中華的文明史観を破棄し，高句麗中心の大朝鮮民族の歴史観を定立するという国学的試みが含まれている。羅喆は，この歴

---

(32)　黄玹『梅泉野録』第4巻「〔光武　9년 乙巳（1905年）③ 15. 日皇에게 보낸 李沂 등의 上疏〕。「政府転覆ト大臣暗殺ニ関する件」「10南韓大討伐實施計劃其他」明治40年4月17日（1907）『統監府文書』9 서울：韓国国史編纂委員会。

(33)　梁啓超『中国魂』（1902年）や『飲冰室文集』（1902年）等。

(34)　崔南善「献身的精神」『太極学報』第1号1906年8月。崔錫夏「朝鮮魂」『太極學報』第5号 1906年12月。

(35)　梁啓超「新民説」（第六節 論国家思想，第十一節 論進歩，等）「飲冰室専集之四」，『飲冰室合集』

(36)　『大韓毎日申報』1908年8月12日付，1面，論説「国粋保全説」。

史観・国学を宗教化しようとしたのである[37]。

　羅哲は，師匠の金允植を通して，日本のアジア主義・超国家主義者たちと親しい間柄になっていた。1909年に檀君教を創設するまでに計4回渡日し，玄洋社・黒龍会のメンバー（岡本柳之助，松村雄之進，頭山満など）に会い[38]，持病の糖尿病の入院治療の際には，宿泊等の世話にもなっている[39]。松村は，羅とその一行との対談時，すでに対韓政策は決定されており韓国人にはなす術がないから，内田良平統監府顧問の紹介で身を立て，時期の好転を待つのはどうかと勧めた。羅らはこの勧めに「功利を尊び富貴を欲することはない。もし天が助けてくれず，素志を貫徹できなければ，東海に身を投げるまで」と答え，松村はこれに「これぞ堂堂たる義士」と言った[40]。

　この会話は，両者とも個人レベルでは儒教的な善隣関係で繋がっており，それは損得勘定ではなく，互いの理義に対する尊敬に基づいていたことを示唆している。もともとアジア主義者や日本主義者は，行きすぎた欧化とそれに伴う道徳の墜落に危機感を抱いて，国粋や公徳を唱えたという経緯がある。羅哲も，文明化や，実力養成運動が愛国の手段ではなく目的となりつつあることに抗おうとして，国粋に傾斜していった。羅哲は天皇に敬意を評したし，日本人アジア主義者らは羅哲らが檀君を尊崇することに理解を示した[41]。しかし，たとえ教の領域で両者が共感しあう関係であったとしても，政の領域には帝国と植民地という大きな隔たりが横たわっていた。日本人アジア主義者は帝国の利益に自己の利益を重ね海外で活躍することに使命感を抱き，朝鮮人の羅哲は民族の独立に自己の利益を重ね自分の命を抛つ覚悟を抱いていた。

　両者は，ある時点で敵対すべき運命にあったが，日本の「韓国併合」以降

（37）　檀君をシンボルとして国学・史学の方面で発展させた代表的な人物に，民族主義者で後にアナキストに転向した申采浩や，三一独立宣言を起草した崔南善がいる。

（38）　前掲「政府転覆ト大臣暗殺ニ関する件」。

（39）　(186)「乙秘第1619号」1909年12月21日付；(190)「乙秘第83号」1909年1月13日付；(194)「乙秘第284号」(「要視察外国人挙動雑纂―韓国人ノ部」『外務省記録』外務省外交史料館所蔵)。

（40）　「大韓季年史巻之八 高宗皇帝／純宗皇帝」光武十一年 丁未（至八月）」鄭喬『韓国史料叢書』5 서울：国史編纂委員会1971年。

（41）　雑誌『太陽』が植民地当局の大倧教への弾圧に同情的だった件は，朴殷植著 姜徳相訳注『朝鮮独立運動の血史』2 （平凡社，1972年）111-112頁。羅哲の天皇への上訴は，黄玹前掲書。

は，幸か不幸か再び邂逅することはなかった。玄洋社・黒龍会系のアジア主
義者らは，統監府顧問の内田良平を中心に，天道教の中でももっとも功利的
な一派であった政治結社"一進会"および宗教団体"侍天教"をパートナー
に選び，「日韓合邦」へと誘導した。羅哲は，前述の通り総督府が朝鮮国内
の大倧教を非合法化したことに抗議し，殉教の遺書を書いて自殺した。満州
の大倧教組織は，羅哲の意志を受け継ぎ，教団を維持し続ける傍ら，地下で
抗日武装闘争および教育活動を展開していった。

　1919年の三一運動後まもなくして，大韓民国臨時政府が上海で発足する。
大倧教の元老の多くは，臨時政府の議政院議員となり[42]，彼らの影響下で
大倧教の"開天節"[43]が国慶日に制定され，1919年から毎年のように記念行
事が開催された[44]。キリスト教徒であった李承晩大統領や安昌浩内務総長
もこの種の記念行事に積極的であったことに鑑みれば[45]，大倧教は大韓民
国臨時政府の発足と共に超越的な民族宗教として，潜在的な政教一致体制の
中に組み込まれていたとみなせよう[46]。この体制は解放後に建国された大
韓民国にも継承されている。韓国は，李承晩大統領の庇護の下，公用年号に
檀紀を使用し（1948—1961年），「開天節」を国慶日に指定した（1949年）。ま
た，「教育法」第1条[47]には，檀君の建国理念「弘益人間」が掲げられた
（1949年）。

---

(42)　上海臨時政府の議政院議員29人中21人が大倧教の元老であった（박성수『독립운동의
　　아버지 나철』〔북캠프, 경기도고양시, 2004년〕166頁）。
(43)　檀君が拓いた古朝鮮の建国日である10月3日を記念する日。臨時政府はこれを「建国紀元
　　節」と呼ぶこともあった。
(44)　東亜日報2016年3月14日付,「[단독] 임정, 음력 10월 3일 건국절 지정 1945년 광복때까지
　　매년 기념식」, A21面。
(45)　김병기「檀紀年号와 大韓民国臨時政府」『仙道文化』12（国学研究院, 2016年）83頁。
(46)　臨時政府は，1919年4月に公布された憲法で，「信教の自由」を認めているので，正式な国
　　教化（顕在的な政教一致）ではない。
(47)　「教育は弘益人間の理念の下，すべての国民が人格を完成し，自主的な生活能力と公民とし
　　ての資質を具有し，民主国家の発展に奉仕し，人類共栄の理想の実現に寄与することを目的とす
　　る」。

# おわりに

　ここまで，近代日本・中国・朝鮮における宗教ナショナリズムを，政教分離と政教一致の政治力学という観点から考察してきた。東アジアの漢字文化圏には，共通の政教一致の文明観があった。この文明は，国民国家体制には不適格であった。なによりも国民国家には，そのアイデンティティを際立たせる固有の文化こそが必要とされていた。そこで日本は天皇，中国は孔子，朝鮮は檀君を呼び起こし，それぞれ民族・国家の象徴に据え，これらを求心力にし，旧体制の精神文明を新体制の精神文化へと作り変えていった。その過程で，近世以来の公的な政教一致は潜在化し，その上に"政教分離"の制度が作られた。また，その過程には，さまざまな出来事，事件，外的状況があり，それらへの対処の仕方が，今日の東アジアを作り上げたと言えよう。

　今日の東アジアで横行する排他的なナショナリズムの多くは，理念型としての西欧的近代を基準とし，そこからの距離を各国（民）間の本質的な違いとみなす論理に支えられている。しかし，主客を入れ替え，東アジアの近代を基準にすれば，同じ事柄が相対的な違いとして浮かび上がってくる。たとえば，近代東アジアの宗教ナショナリズムからは，伝統的政教と近代的"政教"が接合される際の垂直的な意味上のズレや，道徳的共鳴による水平的な連帯の存在が均しく確認されたようにである。排他的でない，建設的なナショナリズムを東アジアに根付かせるには，優生思想につながりうる本質主義を論理として遠ざけ，共生思想へとつながりうる相対主義を論理的根拠としなければならない。これからの東アジアは，孤立した自己のあり方でなく，隣人や国際社会と共にある"自己"のあり方，アイデンティティを歴史に刻み込んで行く必要があろう。

--- **さらに勉強を進めるために** ----------------------------------------

　山室信一『思想課題としてのアジア：基軸・連鎖・投企』（岩波書店，2001年）。

## 第18章
# 日中国交正常化とは何だったのか

大 竹 德 典

## はじめに

　2012年に尖閣諸島帰属をめぐる日中対立が激化して以降，日中市民の相互イメージは悪化したが，他方で2007年以降，日中貿易は日米貿易の規模をはるかに凌駕している。この複雑な日中関係の起源を探れば，それは1972年9月の日中国交正常化に行き着く。ところが，戦後日本にとって中国との国交正常化こそが最大の難問であった。日本は1952年に主権を回復するが，戦争で最大の被害を与えた中国との国交正常化には，さらに20年の年月が必要だったのはなぜか。本章では，国交正常化に至るまでの日中関係をたどりながら，日中国交正常化とは何だったのかを明らかにすることを目的とする。

　そこで，簡潔に研究史をたどりたい。1990年代末までは政治家や官僚，財界人などのインタビューや回顧録に基づいた国際政治学的な研究が主流であったが，2001年以降は情報公開請求に基づいて行政文書の入手が可能となり，国際政治史の研究がなされるようになり，官僚の果たした役割が評価された。2011年12月には外交史料館で日中国交正常化関連ファイルが多数公開され，今日では日本のみならず，米国，英国，オーストラリア，台湾等の一次史料に基づいて研究がなされており，徐々に日中国交正常化の全容が明らかになりつつある。他方で，日中関係では外務官僚ではない非公式なレベルの人々が重要な役割を演じたが，史料不足によりまだ不明な点も多い。本章では，それらの人々に改めて注目するとともに，国際政治状況と国内政治状況の連関も重視する。

　まず，Ⅰで戦後日中関係を概観し，日本の対中政策がどのように拘束されていたのかを見ていく。Ⅱでは，冷戦構造の変容によって国際環境が変化する中で，ニクソン政権の出現がどのような影響を与えたのかを見ていく。Ⅲでは，米中和解の進展によって中国をめぐる国際環境と日本国内の政治状況がどのように変化したのかを，国連中国代表権問題を中心に考察する。Ⅳでは，田中政権成立によって，日中関係が急速に改善されていくプロセスを明らかにする。そしてさいごに，日中国交正常化とは何だったのかについて考察したい。

# Ⅰ　戦後日中関係の展開

## 1　日中講和をめぐる問題

　1946年，中国では国共内戦が起り，1949年には国民政府の首都南京が陥落し，台北への遷都に至った。10月1日に共産党が中華人民共和国成立を宣言すると，米国が国民政府の承認を継続したのに対し，英国は1950年1月に中華人民共和国を承認する。6月，朝鮮戦争が勃発すると，米国のトルーマン政権は朝鮮半島に軍事介入を行い，台湾海峡の「中立化」を宣言する。10月に中国の人民志願軍が朝鮮半島に介入すると，米国と中国は冷戦構造の下で直接戦うこととなり，米国は中国封じ込めの「冷戦認識」を固定化させた。

　1950年から始まった日本と英米との講和をめぐる交渉の中で，日本は中国をめぐる英米対立に巻き込まれる。英国は講和会議に中華人民共和国を招くことを主張するが，米国はそれに反対した。結局，1951年6月米国のダレス国務省顧問とモリソン英外相との話し合いによって，講和会議に中国代表を招かないことと，日本がどちらの中国と平和条約を結ぶかは，講和成立後に日本自身が決めることが決まった。他方で，吉田首相は中国との平和条約をめぐる選択を出来るだけ先延ばししようとした。

　米国議会上院でサンフランシスコ平和条約が批准されない事態が生じることを恐れたダレスは，日本と国民政府との平和条約締結を確実にするため，一つの書簡を提示し，吉田がダレス宛に送ることを求めた。吉田はその要求を受け入れざるを得なかった。

「吉田書簡」によって，日本政府は国民政府と日華平和条約を締結することになるが，この条約によって日本政府は中国との戦争状態が終結したとの立場をとったため，中華人民共和国との間に平和条約を結べないという立場をとるようになる[1]。

## 2　「二つの中国」と「政経分離」

　日本政府は，台湾の国民政府を中国の正統政府として承認しつつ，大陸の中華人民共和国との関係を模索する「二つの中国」政策を追求するが，蒋介石の台北政府と毛沢東の北京政府双方が「一つの中国」を主張し，北京政府は日本との政府間交渉を拒否した。「二つの中国」政策は，「一つの中国，一つの台湾」政策にシフトしながら1971年頃まで続いたといえる[2]。

　経済面においては，戦後も中国との貿易を望む声が関西の財界を中心として絶えなかった。日本政府は，国民政府を承認したために，政治的な関係は切り離して中国大陸との貿易を進める「政経分離」という立場をとった。それに対し，中国側は政治と経済は切り離せないという「政経不可分」の立場をとった。米国は，政治面での中国とのつながりを認めなかったが，経済面では共産圏への輸出を統制するココムとチンコムの枠組み内で日本の対中貿易を認めざるを得なかった。民間主導での日中貿易が行われ，1952年6月の「第1次日中民間貿易協定」が締結された。しかし1957年に岸信介政権が発足すると，第4次日中民間貿易協定をめぐって日中関係は行き詰ることとなる。そして，1958年5月，長崎で中華人民共和国の国旗が引きずり降ろされる事件が起こり，これに対する岸政権の対応に反発した中国政府は，日本との貿易・文化関係を一切断絶させる[3]。

　1960年の安保闘争をきっかけに岸政権は退陣し，池田勇人が首相になると，革新団体が主導する友好貿易が開始された。1962年11月には，池田政権

（1）　細谷千博『サンフランシスコ講和への道』（中央公論社，1984年）279-308頁。田中明彦『日中関係　1945-1990』（東京大学出版会，1991年）29-42頁。
（2）　陳肇斌『戦後日本の中国政策』（東京大学出版会，2000年）。アジア局「中国政策検討の現状」昭46. 2. 11，情報公開に基づく外務省開示文書2012-00184（以下，情報公開と省略）。井上正也『日中国交正常化の政治史』（名古屋大学出版会，2010年）5-6頁。
（3）　田中明彦『日中関係　1945-1990』43-52頁。

の後押しを受けて民間貿易枠組が設立された。政治面では松村謙三自民党顧問が重要な役割を担った。中国側代表の廖承志と日本側代表の高碕達之助が「日中長期総合貿易に関する覚書」を交わし，2人のイニシャルをとって「LT貿易」と呼ばれた。廖は翌年，中日友好協会会長となる。

　1963年8月，日本政府が倉敷レイヨンのビニロン・プラント延払輸出に対し，政府系機関である日本輸出入銀行（輸銀）の融資を認めた。この決定には，大平正芳外相と田中角栄蔵相も関わった。ところが，国民政府はそれが中華人民共和国への経済援助に当たると強く反発し，外交問題となる。対応に苦慮した池田政権は，1964年2月に吉田茂元首相を台湾に派遣し，「第2次吉田書簡」によって1964年のうちは輸銀の融資を認めないと表明すると，国民政府は納得した。11月以降，佐藤栄作政権もこの政策を継続したため，中国政府は強く反発し，倉敷レイヨン以外の契約は失効した[4]。

　1964年1月に中華人民共和国とフランスが国交を樹立するが，大平外相は国民政府が国交断絶を余儀なくされたのを見て，日中国交正常化の際に国民政府との断交は不可避という教訓を得る。2月には国会で「国連に中共政府が祝福されて加盟するのならば，わが国として重大な決心をしなければならない」と発言した。1964年4月，松村謙三が訪中し，「LT貿易」の枠内で北京と東京に連絡事務所を設置し，常駐記者交換をすることで合意し，8月に中日友好協会副秘書長の孫平化が東京連絡処の首席代表に着任する。その後，文化大革命のあおりを受け，「LT貿易」は1968年に単年更新の「覚書貿易」に改組されるが，古井喜実や田川誠一といった親中国派がこの日中間の唯一のパイプを維持した[5]。

## Ⅱ　冷戦構造の変容とニクソン政権の出現

　1965年に米国はベトナム戦争に本格的に介入するが，やがて介入は泥沼化

（4）　井上正也『日中国交正常化の政治史』第4章。添谷芳秀『日本外交と中国 1945〜1972』（慶應通信，1995年）第5章。
（5）　神田豊隆『冷戦構造の変容と日本の対中外交　二つの秩序観1960-1972』（岩波書店，2012年）129-148頁。鹿雪瑩『古井喜実と中国：日中国交正常化への道』（思文閣出版，2011年）。

していく。米国国内では，大学などを中心としてベトナム反戦運動が高まっていくが，反戦世論はそれほど高くはなかった。しかし，1968年の旧正月に南ベトナム各地で解放勢力側の総攻撃（テト攻勢）が起ると，米国国内ではベトナム戦争自体を問い直す機運が高まった[6]。

　1968年，東側陣営に属するチェコ・スロバキアでは社会主義に基づく閉塞的な社会を変えようとする「プラハの春」と呼ばれる運動が起るが，ソ連軍の介入によって鎮圧された。ソ連は社会主義陣営を維持するために個々の国の自由は制限されるというブレジネフ・ドクトリンを発表したが，中国はそれに強く反発したため，中ソ対立は激化していく。1969年3月に珍宝島（ダマンスキー島）で中ソ間の武力衝突が発生すると，毛沢東と周恩来は，四元帥に国際状況の分析を命じ，中国の主敵は米国ではなくソ連という認識に変化した[7]。

## 1　ニクソン政権の外交課題

　米国ではベトナムからの「名誉ある撤退」を訴えた共和党のリチャード・ニクソンが大統領に当選し，1969年1月政権が発足する。ニクソンがベトナムからの撤退を実現するために注目したのが，中国との和解であった。ニクソンはカリフォルニア州出身で，太平洋戦争への従軍経験があり，アイゼンハワー政権の副大統領として米国の冷戦政策をよく知る立場にあったが，ベトナム戦争の行き詰まりと共に，冷戦の封じ込め政策に懐疑的になった。1967年には『フォーリンアフェアーズ』誌の論文の中で，中国封じ込めをやめて中国を国際社会に招き入れるべきだと論じていた。政権発足直後に，ニクソンは中国との関係改善の可能性を探るようヘンリー・キッシンジャー国家安全保障担当補佐官に命じた[8]。

　同時に，ニクソンは対ソ関係の改善が必要なことを認識していた。核兵器保有数でソ連は米国に匹敵するレベルになっており，戦略兵器を制限するこ

（6）　ジョージ・C・ヘリング著（秋谷昌平訳）『アメリカの最も長い戦争　下』（講談社，1985年）72頁。
（7）　岡部達味『中国の対外戦略』（東京大学出版会，2002年）164頁。
（8）　同上，158頁。

とで米ソ間の緊張を緩和する必要があった。米国はベトナム戦争による軍事支出増大によって経済が停滞し，ソ連との間に無制限の軍拡競争が出来るような状況ではなかった[9]。

ニクソンが試みたもう一つのことは，同盟内での役割分担を再検討することだった。1969年7月にグアムで，ニクソンは同盟国との役割分担についてドクトリンを発表した。米国は核兵器による脅威に対しては同盟国を守ることを保証したが，自衛に関しては各同盟国が自分の責任で行うことを求めた。後に「ニクソン・ドクトリン」と呼ばれることになる[10]。

日本に関しては，政権発足直後に対日政策の再検討を始めるが，沖縄返還について迅速に結論を出す必要性に迫られていたためである。それは，沖縄に貯蔵されていた核兵器をどうするかという問題と，極東の安全のために自由に使用できた基地の扱いをどうするのかという問題を伴った。これらは，1969年11月のニクソン・佐藤会談の際に，核兵器については密約で処理され，基地使用の問題は「韓国条項」と「台湾条項」という形で処理された。中国は，この「台湾条項」に強く反発した[11]。また，ニクソン・ドクトリンを受けて日本国内では自主防衛論が起るが，中国はそれを脅威と認識し「日本軍国主義」が復活したとの批判を繰り広げた[12]。

## 2　米中和解の模索

ドクトリン発表後に，ニクソンはパキスタンとルーマニアへ歴訪を続けた。ヤヒア・カーン大統領とチャウシェスク国家評議会議長に米中和解の可能性について聞くためであった。1969年12月，ポーランド・ワルシャワでストーセル米国大使は中国大使館員に接触し，ワルシャワ会談の再開を打診した。周恩来は米国の申し出を高く評価し，1970年に2回の大使級会談が開かれた。しかし米国のカンボジア侵攻によって中国との対話は途絶える[13]。

---

（9）　大嶽秀夫『ニクソンとキッシンジャー　現実主義外交とは何か』（中公新書，2013年）第2章。
（10）　石井修『覇権の翳り　米国のアジア政策とは何だったのか』（柏書房，2015年）36-39頁。
（11）　中島琢磨『沖縄返還と日米安保体制』（有斐閣，2012年）第5章。
（12）　中島琢磨「戦後日本の『自主防衛』論─中曽根康弘の防衛論を中心として」九州大学『法政研究』第71巻第4号，2005年。

　1970年秋，中国をめぐる国際関係が再び動き出す。10月13日の中国とカナ
ダの国交樹立を皮切りに，11月にはイタリアが続いた。中国は国交樹立の条
件として，国連中国代表権問題で中華人民共和国の立場を支持することを求
めており，11月の国連での票決の際には，中華人民共和国を招き入れ国民政
府を追放するアルバニア決議案の賛成票が，反対票を初めて上回った[14]。

　10月下旬に国連総会参加のために米国を訪れたヤヒア・カーンとチャウシ
ェスクに対し，ニクソンは中国との関係改善の仲介を依頼した。その後，訪
中したヤヒア・カーンは周恩来にニクソンのメッセージを伝え，12月には周
からの返事をニクソンに伝えた。ちなみに，訪米していた佐藤首相に対し，
ニクソンは中国政策に関し協議することを約束していた[15]。

　1970年夏以降，中国は米国との関係改善に本腰を入れたといわれる。周恩
来は文化大革命の影響を脱しつつある中国の姿を世界に示すために，1971年
の世界卓球選手権に参加することを望んだ[16]。3月に名古屋市での大会に
参加するために来日した代表団の中には，副団長として中日友好協会副秘書
長の王曉雲がいた。王は精力的に日本の政財界人と接触したが，その中に
は，自民党宏池会を引き継いだ大平正芳や公明党委員長の竹入義勝が含まれ
ていた。公明党は，この接触をきっかけとして，6月の第一次訪中を実現さ
せる。この時，中国側と公明党の話し合いの結果コミュニケが出されたが，
後に中国側の「復交三原則」として日本側に提示されることになる。その内
容は，中華人民共和国政府は中国の唯一合法政府である，台湾は中華人民共
和国の不可分の領土の一部である，日台条約は不法であり破棄しなければな
らない，というものであった[17]。

　世界卓球選手権の終了後，米国代表選手と報道関係者が中国に招待される
事態が起きるが，それは毛沢東の決断によるものだった。ニクソンは，ピン

(13)　岡部達味『中国の対外戦略』168-169頁。
(14)　張紹鐸『国連中国代表権問題をめぐる国際関係（1961-1971）』（国際書院，2007年）185-191
　　　頁。
(15)　石井修『覇権の翳り　米国のアジア政策とは何だったのか』142頁。
(16)　銭江著，神崎勇夫訳『米中外交秘録：ピンポン外交始末記』（東方書店，1988年）。
(17)　大野潔『今だからいえる　激動局の記録』（亜紀書房，1982年）46頁。田中明彦『日中関
　　　係　1945-1990』70頁。

ポン外交の進展を喜んだ。そして、6月2日には周からキッシンジャー補佐官の訪中歓迎というメッセージが届いた[18]。

# Ⅲ　ニクソン・ショックとその波紋

7月9日から11日にかけて、キッシンジャー補佐官は秘密裏にパキスタンから北京へ飛んだ。周恩来総理との会談では、台湾問題を中心に米中間の懸案について話し合われた。15日夜、ニクソン大統領はテレビ演説を行い、自身が翌72年5月までに訪中すると宣言し、世界中に衝撃を与えた。この政策決定は、大統領府の一部の人間によって秘密裏に行われ、国務省にさえ直前まで明かされず、諸外国には当日に事前通告された[19]。

## 1　国連中国代表権問題をめぐる闘争

ニクソン・ショックは日本国民の対米不信を高め、対米協調路線をとる佐藤政権への支持を低下させた。それまで対中国政策は佐藤総理の専権事項と認識されていたが、ニクソン・ショック以降は政策の行き詰まりが指摘されるようになる。特に自民党内での親中国派と親台湾派との対立が激化し、国連中国代表権問題をめぐる政策決定過程では前者の影響力が無視できなくなる。そして、三木武夫、大平正芳、中曽根康弘ら派閥の領袖は対中政策の転換を求めはじめる[20]。

8月2日、米国政府は国連中国代表権問題に関する政策を発表し、日本政府に「二重代表制案」（中華人民共和国政府と国民政府双方に国連総会議席を与える案）と「逆重要事項指定案」（国民政府の国連追放には議決の3分の2を必要とする案）の共同提案国になるよう求めた[21]。

佐藤首相は米国との協調の必要性を認識していたが、他方で蔣介石が安保

---

(18)　石井修『覇権の翳り　米国のアジア政策とは何だったのか』144頁。

(19)　同上、151-156頁。

(20)　服部龍二『日中国交正常化─田中角栄、大平正芳、官僚たちの挑戦』（中公新書、2011年）38頁。井上正也『日中国交正常化の政治史』451-452頁。

(21)　井上正也『日中国交正常化の政治史』450頁。張紹鐸『国連中国代表権問題をめぐる国際関係（1961-1971）』227頁。

理議席の北京政府への付与を受け入れるか否かがカギになると考え，側近の松野頼三議員を台湾に派遣し，蔣介石の意向を探らせた。松野は，蔣が「複合二重代表制案」（中華人民共和国政府と国民政府双方に国連総会議席を与え，前者に安保理常任理事国の議席を与える案）への態度を明らかにしなかったと報告するが，佐藤は逆重要事項指定案に米国と共に共同提案国になる意向を固める。しかし，三木，大平，中曽根らが共同提案に反対したため，自民党内の中国問題をめぐる亀裂が深まると懸念した保利茂自民党幹事長はその決定を先延ばしさせた。9月21日の国連総会開幕が近づき，日本は米国などと共に，国民政府を国連に残すための働きかけを行うと，国民政府内では周書楷外相の説得を受けて蔣介石が複合二重代表制案を黙認するに至る。保利は，最終的には総理一任の手はずを整えるが，佐藤は9月22日に米国が提出する2つの決議案の共同提案国になる決断を下す。それは，国民政府との国際信義を貫いたといえる半面，中華人民共和国政府との交渉可能性を無にする決定であった[22]。

　その後，日米を中心とした2決議案への支持を求める運動は劣勢を覆すところまで行ったが，ベルギーと北京政府との国交樹立やアイルランドなどの態度変化によって北京支持派が優位となり，10月25日，先に票決が行われた逆重要事項指定案が否決されて，大勢が決した。アルバニア決議案の可決が避けられない状況となると，国民政府の周外相は自ら議場を退出し，その後アルバニア決議案が可決され，中華人民共和国政府の国連参加が実現した。この後，外務省内ではこれを契機として，「一つの中国」原則を前提として国交正常化交渉を進める機運が高まっていく[23]。1972年1月，佐藤首相はサンクレメンテでの日米首脳会談に臨み，沖縄返還の期日を5月15日にすることで合意した。それと共に，中国の国連参加によって，日本政府は日中国交正常化に前向きであることを明らかにした[24]。

　沖縄復帰日が決定したことは，その後の佐藤首相の退陣を意味し，自民党

(22)　井上正也『日中国交正常化の政治史』448頁。牛場駐米大使「中国代表権問題」71. 9. 19，情報公開 2013-00423。

(23)　小川平四郎駐デンマーク大使「中国問題（意見）」71. 10. 28，情報公開 2013-00314。

(24)　「佐藤総理とニクソン大統領との会談要旨」47. 1. 6，情報公開 2014-00422。

総裁選挙をめぐる動きは加速する。佐藤自身は，後継に福田赳夫外相を考え
ていたが，福田への対抗馬として田中角栄通産相が急浮上する。田中自身
は，前年10月に日米繊維紛争を解決に導き株を上げていたが，72年年明けか
ら次期総裁の椅子をとる意欲を鮮明にしていく[25]。

　他方，外務省内で日中国交正常化の必要性を説いていた橋本恕中国課長
が，1971年半ばから田中に対し秘密裏にブリーフィングするようになる。72
年１月には，「橋本レポート」なる対中関係打開策を田中に提出し，２月に
は愛知揆一らと検討会を行ったという[26]。中国側は佐藤の後継は福田にな
ると予想しつつ，71年12月頃から田中角栄に注目し始める[27]。

## 2　多極世界における各国の思惑

　1971年７月のニクソン訪中宣言を受けて，世界は多極化の様相を呈してい
く。ソ連は８月にインドとの間に平和友好協力条約を締結し中国を牽制し
た。その後，インド・パキスタン戦争では，ソ連の援助を受けるインドが力
で圧倒し，インド洋でのソ連の影響力が拡大していく。

　72年１月，グロムイコ・ソ連外相が訪日し，日本との関係改善を求める
と，対ソ関係を重視する福田外相は前向きな態度を示し，年内に平和条約交
渉を再開することで合意した[28]。

　２月下旬，ニクソン米国大統領は訪中し，毛沢東主席と周恩来総理と会談
するが，台湾問題などについては上海コミュニケの中に両国の主張を併記す
る形がとられ，急速な関係改善とはならなかった。その後，ニクソンは５月
にソ連を訪問し，SALT　1（米ソ戦略兵器制限条約）を調印したりして，ソ連と
のデタント政策も追求していく。米ソデタントは，米中和解がソ連側の柔軟
化を引き出した結果だった。しかし，米国の誤算は，中国から北ベトナムの
和平交渉への影響力行使を断られたことと，日本が中国との関係改善を求め
はじめたことだった[29]。

(25)　中野士朗『田中政権・886日』（行政問題研究所，1982年）64-68頁。
(26)　早坂茂三『政治家田中角栄』（中央公論社，1987年）。井上正也『日中国交正常化の政治史』
　　　491-492頁。
(27)　田川誠一『日中交渉秘録：田川日記—14年の証言』（毎日新聞社，1973年）310頁。
(28)　神田豊隆『冷戦構造の変容と日本の対中外交　二つの秩序観 1960-1972』335頁。

中国では，1971年9月の林彪事件の影響で，周恩来が率いる実務家が政府内で力を回復し，1972年3月には英国と，5月にはオランダと関係正常化を行う。周は6月下旬に訪中したキッシンジャーに対し，日中関係改善に動くことを告げた[30]。

## 3　日中関係改善の下準備

1972年3月，田中角栄は衆議院予算委員会分科会で川崎秀二自民党議員からの質問に答える形で，「中国にはご迷惑をおかけした」と中国に対する思いを吐露した。この頃から，藤山愛一郎元外相，春日一幸民社党委員長，三木武夫元外相，二宮文造公明党議員，古井喜実自民党議員らが相次いで訪中し，中国側が日本との関係改善に前向きであるという情報を伝えた。また，中曽根康弘も5月に中国の駐日記者である王泰平らと会談している[31]。

重要だったのは，5月の二宮文造を団長とする公明党訪中団と，古井喜実自民党議員の訪中だった。二宮は竹入義勝委員長の意を受けて訪中するが，竹入は田中角栄と親しかった。二宮らは佐藤首相の後継は福田ではなく田中が優位にあると周恩来に伝えると，周は田中が首相になれば訪中を歓迎すると伝えるよう依頼したという[32]。

他方，古井は訪中前の4月21日に大平と田中と会談し，田中の日中国交正常化に対する意気込みを尋ねると，田中は自分が政権を獲れば外相に大平を指名し，国交正常化をやると述べたという。古井が訪中した際，その内容を周恩来に伝えた。そして，古井は帰国後，周が台湾への日本企業の投資に配慮すると述べたこと，新政権が発足したら国交正常化に対する態度を明確に

(29)　大嶽秀夫『ニクソンとキッシンジャー　現実主義外交とは何か』第2-3章。牛場駐米大使「ニクソン訪中（キッシンジャー補さ官との会談）」72.3.6，外務省移管ファイル「A'.2.4.2.U1-5-3ニクソン大統領中華人民共和国訪問　日本の態度及び新聞論調」外交史料館。

(30)　Memorandum of Conversation between Chou and Kissinger, June 19, 1972, National Security Council Files [NSCF], H. A. Kissinger Office Files, Box 97, Nixon Presidential Library [NPL], Yorba Linda, California, US.

(31)　王泰平著，福岡愛子監訳『「日中国交回復」日記　外交部の「特派員」が見た日本』（勉誠出版，2012年）435-448頁。服部龍二『日中国交正常化—田中角栄，大平正芳，官僚たちの挑戦』46-47頁。

(32)　大野潔『今だからいえる　激動政局の記録』275-281頁。

するよう求めていること，中国側が日本との関係改善を急いでいることを盟友である大平に伝えている[33]。

# Ⅳ　田中政権による日中国交正常化の実現

1972年7月5日の自民党総裁選挙は，三木武夫，大平正芳，田中角栄，福田赳夫の4人が立候補したが，実質的には田中と福田の戦いであった。そして，次期総裁には日中国交正常化の実現が期待されたが，総裁選直前に田中・大平・三木が中国問題での連携を決めており，田中角栄が勝利した[34]。

総裁選に勝った後に，田中は大平と日中国交正常化に取り組むことで合意したという[35]。大平は派閥メンバーに幹事長や蔵相への就任を勧められるが，田中との約束を守り外相就任を受諾する。7日の田中内閣成立後に，田中は日中国交正常化を急ぐとの談話を発表すると，その2日後に周恩来は田中談話に歓迎の意を表した。これは，毛沢東の意向を反映したものだったという[36]。中国側が反応を示すのに3か月ぐらいかかるだろうと予想していた橋本中国課長にとっては，驚くべき早い反応であった[37]。

7月15日に，大平外相と中国問題に関連する外務省幹部が集まって会議が開催される[38]。会議の内容は明らかになっていないが，会議後に，大平の指令を受けた法眼晋作外務事務次官がインガソール駐日米国大使と秘密裏に会談した。法眼はニクソン訪中を受けて日中国交正常化を求める世論が高まり，これを打開しない限り田中政権の存続さえ危ういとの危機感を表しつつも，日米安保体制を損ねない形で日中国交正常化に着手すると述べた[39]。

他方で，ニクソン大統領は，5日に田中が総裁選に勝利した直後に側近に電話し，田中との会談を9月初旬ごろに開くことを打診するよう命じた。田

---

(33)　大平正芳「手帳1972年」6月11日〜17日の右の頁。「大平正芳関係文書」No. 4005，国会図書館憲政資料室。

(34)　服部龍二『日中国交正常化―田中角栄，大平正芳，官僚たちの挑戦』49-52頁。

(35)　橋本恕「橋本恕氏に聞く―日中国交正常化交渉」石井明他編『記録と考証　日中国交正常化・日中平和友好条約締結交渉』（岩波書店，2003年）213頁。

(36)　新潟日報社『日中国交正常化　いま明かされる舞台裏』（新潟日報事業社，2012年）50頁。

(37)　「田中政権成立に対する中共側の反応」（72年）7月10日，情報公開 2012-00187。

(38)　『読売新聞』1972年7月15日夕刊。

中は未知数な部分が多かったため，改めて日米通商問題と共に中国問題について意思疎通を行う必要があったからである。早速インガソール大使は，秘密裏に田中と接触し，18日に田中は9月の首脳会談開催に同意した[40]。そして，田中と大平は訪米前に対中政策方針を固めることで一致したという。

## 1 中国側の積極姿勢

7月3日に，中国側は日中交渉を見越して，東京の中日備忘録貿易弁事処の首席代表（事実上の大使）に中日友好協会常務理事の蕭向前を送り込んだ。7月10日には，孫平化を団長とする上海バレエ団を訪日させる。その後，周恩来から孫と蕭に対し，田中首相の訪中を実現させることが二人の使命であるとの指令が伝えられた[41]。7月24日，毛沢東は周恩来，姫鵬飛外相，ドイツ駐在の新華社代表の王殊らを招集し，中国の国際政策について論じた。中国は米ソの2超大国間の矛盾を利用する必要がある。中国は米ソとの二正面作戦はとれず，一方の国に対抗するためにもう一方の国と協力すべきであると論じた[42]。すなわち，ソ連に対抗するために米国と協力し，日・西独との関係改善にも乗り出すべきということだろう。その指令に基づいて，王殊は西独との国交樹立交渉を始める。中国は西独と日本との国交樹立交渉を並行して進めるのだが，すでにこの頃にソ連を包囲する「一条線」構想が芽生えていたといえる[43]。

7月20日に藤山愛一郎元外相が，孫平化と蕭向前を歓迎するレセプションを開くと，大平外相も参加した。同日，孫は田川誠一に対し，日本外務省は

(39)　条約局条約課　有馬「法眼次官・インガソール駐日米大使会談録」昭47. 7. 15, 外務省移管ファイル「2013-3315 日米要人会談」外交史料館。

(40)　Telephone Conversation between President Nixon and Kissinger, Jul. 5, 1972, Kissinger Telephone Conversation, Digital National Security Archive [DNSA]; Telegram from Ingersoll to Kissinger, Jul. 18, 1972, NSCF, Box 926, NPL.

(41)　王泰平（青木麗子訳）『大河奔流』（奈良日日新聞社，2002年）。王泰平（福岡愛子訳）『「日中国交回復」日記：外交部の「特派員」が見た日本』492頁。

(42)　中共中央文献研究室編『毛沢東年譜（1949-1976）』（中央文献出版社，2013年）441頁。Xin Zhan, "Prelude to the Transformation: China's Nuclear Arms Control Policy during the U.S.-China Rapprochement, 1969-1976", *Diplomatic History*, Vol. 41, No. 2, 2017, p 295.

(43)　石井明「日本と西独を競わせる」岩波書店『世界』2012年10月号，215-219頁。益尾知佐子・青山瑠妙・三船恵美・趙宏偉『中国外交史』（東京大学出版会，2017年）96頁。

中国を歪めて見ていると不信感を吐露している[44]。22日の大平と孫平化・蕭向前との会談はホテルで秘密裏に行われたが，孫らは周恩来からの田中首相の無条件での訪中を歓迎するとのメッセージを伝えると，大平は中国側が日中国交正常化を何とか妥結させるだろうとの感触を得たという[45]。

　外務省は，22日の大平と孫らとの会談を第1回目の政府間交渉として位置づけ，会談を重ねることを期待したが，それは周恩来にとっては望まない展開であった。外務省と交渉すれば内容が外部に漏れるおそれがあるからだ。事実，22日の会談内容は27日の法眼次官とインガソール大使の会談の際に米国側に伝えられた[46]。交渉を妨害されるのを恐れた周は，孫と蕭に対して二人は連絡員にすぎないので，交渉しないよう命じたため，東京での接触はストップした[47]。田中角栄が政権樹立後は国交正常化に消極的だったという証言があるが，田中はむしろ政権発足後の力が強いうちに交渉に乗り出すべきと考えていたという[48]。しかし，十分な情報がない状況では，田中が政治生命をかけた訪中の決断をするのは無理だった。

## 2　竹入義勝が果たした役割

　7月13日に公明党の竹入義勝は，野党の立場であっても日中国交正常化実現のために協力を惜しまないと表明する。この頃には社会党の佐々木更三元委員長が訪中していたが，社会党内には田中政権は「佐藤亜流」であるとの批判もあり，中国側は公明党に注目する[49]。

　大平正芳の1972年の手帳には，7月15日9時にホテルオークラで竹入委員長と会う予定が記されている。翌16日夜，大平は目白の田中邸を訪れ，訪中

(44)　田川誠一『日中交渉秘録：田川日記—14年の証言』342頁。
(45)　調査室「日中関係に関する大平大臣の内話（メモ）（於国際問題研究所）昭48. 2. 1」外務省移管ファイル「2011-0720 日中国交正常化（重要資料）」外交史料館。
(46)　法条局条約課　有馬「法眼外務事務次官・インガソール駐日米大使会談記録（日中国交正常化Ⅱ）昭47. 7. 27」情報公開 2012-00308。
(47)　張香山「張香山回想録㊦日中の懸け橋がついに築かれた」朝日新聞社『論座』1997年12月号，210-223頁。
(48)　"China Policy" July 27, 1972, DNSA, Japan and United States [JU] 01577.
(49)　中国課「日中国交正常化に寄せる中共側の熱意」47. 7. 13，外務省移管ファイル「2018-0886 日中関係／日中国交正常化関連資料」外交史料館。

について竹入と古井を交渉ルートとすることで一致したようだ。18日には，田中首相が竹入と党首会談で会っている。22日朝には大平が竹入とホテルで会談している[50]。翌23日には，中国側から竹入ら公明党宛に北京への招請状が届いた。その夜，竹入が田中邸を訪れると，田中は情報が不足しているとこぼし，竹入に情報提供を依頼したという[51]。そして，大平自身も中国側の情報が入手できたら教えてほしいと竹入に依頼していた[52]。竹入は田中と大平が情報を提供しなかったので，正木良明に「竹入私案」を作らせ，訪中前に2人に見せてから訪中したという[53]。

　公明党の竹入義勝委員長，大久保直彦副書記長，正木良明政審会長の3人は25日朝に羽田空港を発ち，香港経由で中国国内に入り，広州から特別機でその日の内に北京に入るという国賓級の扱いを受けた。竹入は26日には廖承志に対し「竹入私案」をもとに日本側の懸念事項を伝えている。具体的には，日本が日米安保を堅持することを理解してほしい，「台湾条項」には触れないでほしい，日台条約（日華平和条約）は本来，不法で不当であるので破棄するとなると大混乱が起きるので理解が欲しい，などと竹入は話したようだ[54]。同日，毛沢東は周恩来，姫鵬飛，廖承志らを集めて日中国交正常化問題について話し合っている。この際，竹入のもたらした情報に基づいて議論が行われたと推測される。27日から29日まで3日間，竹入らは周恩来と会談した。27日の会談後，周は政治局会議を開き，外交部に共同声明案を起草させる。28日会談後，毛沢東を訪れ草案の承認を得た。29日会談時に，周は毛沢東の批准を得た共同声明草案を読み上げ，竹入らは筆記した[55]。

　帰国の途中に竹入らは，周との会談を記録にまとめ，8月3日に帰国した

(50)　大平正芳「手帳1972年」予定欄。

(51)　別枝行夫「戦後日中関係と公明党」島根県立大学北東アジア地域研究センター『北東アジア研究』第29号，2018年，22頁。

(52)　調査室「日中関係に関する大平大臣の内話（メモ）（於国際問題研究所）昭48. 2. 1」外務省移管ファイル「2011-0720 日中国交正常化（重要資料）」外交史料館。

(53)　大野潔『今だからいえる　激動政局の記録』283頁。

(54)　「田中首相は，同じ東洋人として，信義を守る人物であることを保証する。」という文章で始まる文書，表題なし，日付なし，外務省移管ファイル「2017-0494 大平総理中国訪問」外交史料館。大平正芳「手帳1972年」末尾のメモ。

(55)　中共中央文献研究室編『毛沢東年譜（1949-1976）』442-443頁。

後，田中首相と大平外相に詳細に説明した。田中はこの会談録を入念に読ん
だ後，「周恩来っていうのは，たいした男だな」と漏らし，訪中を決断した
という<sup>(56)</sup>。そして，大平外相が「竹入メモ」を極秘事項としたうえで，外
務省が詳細に分析し，日本側の共同声明案をまとめた。当時の条約課長だっ
た栗山尚一は，竹入メモしか信頼できる情報はなかったと回想する<sup>(57)</sup>。

　その後，キッシンジャーが8月末のハワイ会談準備のため来日するが，8
月19日に会談した田中と大平は，日中国交正常化を急ぐべきでないというキ
ッシンジャーの議論に応じなかった。ハワイ会談ではニクソンは日本の対中
方針を黙認するしかなかった。

　9月には，古井喜実が大平の依頼を受けて，日本側共同声明案を持って訪
中し，周恩来と詰めの作業を行った。9月25日に訪中した田中と大平は，4
日間の周恩来らとの会談に臨み，度々行き詰りに直面したが，29日の日中共
同声明署名に漕ぎつけた。

## おわりに

　日中国交正常化とは何だったのか。日華平和条約の締結は，日本の対中政
策の選択の幅を狭めた。中華人民共和国と平和条約を結べない状況の下で，
日本政府は国交正常化の際に実質的な戦後処理をやらなければならなかっ
た。中国側は復交三原則を主張していたが，主に中ソ対立の高まりによっ
て，対日関係を改善する必要に迫られた。毛沢東の後押しを受けて周恩来は
日本との国交正常化に柔軟な姿勢で臨んだ。その最たる例が，周・竹入会談
だったといえる。田中角栄は，竹入メモを読んで周恩来を信頼できる人物だ
と理解し，即座に訪中を決断した。

　日中共同声明には，日中双方が原則的立場を維持できる文言が含まれてい
た。その意味では，確かに日中国交正常化には「暫定協定」（不同意の同意）
という側面があるし，講和のない法的にあいまいで脆弱なものになったとい

(56)　毎日新聞社政治部編『転換期の「安保」』（毎日新聞社，1979年）198頁。
(57)　栗山尚一著・中島琢磨・服部龍二・江藤名保子編『外交証言録　沖縄返還・日中国交正常
化・日米「密約」』（岩波書店，2010年）120頁。

う側面もある。しかし，日中国交正常化は，田中と大平が「日華条約―無理はあった」という認識を持ちつつも，政治的妥協によって日中間の「大同小異」を求めた結果であるといえよう[58]。

　その結果，日中関係においては，法的関係ではなく，人と人とのつながりに基づく関係に期待するしかなかったし，今後もそれは変わらないだろう。よって，日中双方はこれからも相互利益を尊重しながら「政治的妥協点」を探る必要がある。「暫定協定」を根拠に自らの主張を一方的に行えば，日中関係は脆くも崩れ去るだろう。ともあれ，日中国交正常化は日中関係の原点であり，我々はその全容を知るための努力を絶えず続けなければならない。

--- **さらに勉強を進めるために** ---

　井上正也『日中国交正常化の政治史』（名古屋大学出版会，2010年）。

　神田豊隆『冷戦構造の変容と日本の対中外交　二つの秩序観 1960-1972』（岩波書店，2012年）。

　木村隆和『日中国交正常化と日米関係　対米「自主」外交の裏面史』（三恵社，2017年）。

　服部龍二『日中国交正常化―田中角栄，大平正芳，官僚たちの挑戦』（中公新書，2011年）。

　毛里和子『日中関係　戦後から新時代へ』（岩波新書，2006年）。

---

(58)　井上正也『日中国交正常化の政治史』538-544頁。殷燕軍『日中講和の研究　戦後日中関係の原点』（柏書房、2007年）。大平正芳「手張1972年」8月6日〜12日の右の頁。

## 第19章

# 日米同盟と米韓同盟
## ──北東アジアにおける米国との同盟とその問題点──

高　　賢来

# はじめに

　日本は1952年の独立と同時に日米安全保障条約（以下，日米安保条約）で米国の実質的な同盟国となり，今日に至っている。そして，日本は安全保障や外交の在り方から，経済政策，国内に暮らす人間の生活や尊厳に至るまで様々な側面において米国との同盟関係に大きな影響を受けている。本章では，このような日米同盟の問題点について考察する。

　北東アジアには日本と類似した対米関係をもっている国がある。韓国である。以下の２つの理由で，本章は日米同盟と米韓同盟のあり方を並列して描き出すことを目的としている。すなわち，①似た事例の比較を通じて米国との同盟とその問題点についてより広い視野から考察し，その観点からもう一度日米同盟を見つめ直すこと，②沖縄基地問題のように日米同盟と米韓同盟が複雑にからむことで生じている問題をより深く理解することである。そして，日米同盟と米韓同盟を考察するにあたって，本章は，戦争と平和の問題と人権の問題に重点を置く。

　まず，第１節では，日米同盟と米韓同盟の成立過程について考察する。第２節では，戦争と平和という観点から，米国の同盟国が米国の戦争に巻き込まれていく過程を，冷戦期におけるその顕著な例となったベトナム戦争に着目することで考察する。第３節では，日米同盟と米韓同盟に共通の人権問題を引き起こしている米軍の地位協定について考察する。第４節では，戦争と平和の問題と人権問題，そして日米同盟と米韓同盟がそれぞれ交差する沖縄基地問題について，特に1972年の沖縄返還に焦点を当てて考察する[1]。

# I　同盟の起源

## 1　日米安保体制の成立から安保改定まで

　1945年8月の敗戦により日本は米軍に占領された。占領初期，米国の目的は，新日本国憲法に見られるような武装解除や民主化により日本が二度と軍国主義化しないようにすることであった[2]。しかし，ハリー・トルーマン (Harry S. Truman, 米国大統領, 1945～53) 政権は東欧を勢力圏におさめつつあったソ連に膨張主義的傾向を見てとり，1947年3月12日にトルーマン・ドクトリンによってギリシャとトルコを共産化から守る決意を明確にした[3]。ヨーロッパで冷戦が本格化し，1949年には中国大陸も共産化していく中で，米国は日本を東アジア冷戦戦略の中心として強化する方向へと方針を転換させていく[4]。

　1949年9月13日には，アチソン米国務長官とベビン英外相が協議して対日講和の推進を確認した。しかし，米国政府内でも国防省や軍部は占領によって使用している日本の基地を手放したがらなかった。また，講和による独立にあたり日本の安全も保障されなければならなかった。さらに，1950年6月25日に朝鮮戦争が勃発すると，より一層在日米軍基地の重要性は増すこととなる[5]。

　1951年9月にサンフランシスコにおいてソ連陣営抜きの米国他全48カ国と日本の間で講和条約が署名された。また同日，日米間で日米安保条約も署名された。同条約には日本防衛だけでなく，朝鮮戦争への対処を含む「極東における国際の平和と安全の維持」のためにも在日米軍を使用できる旨規定す

---

（1）　確認できる限り，日本の首相が日米関係を「同盟」という言葉で表現した最も早い例は，1977年の訪米の際のナショナルプレスクラブにおける福田赳夫のスピーチであるとされる。ただ，本章では便宜上1950年代から日米間の安保条約を通じた関係性を日米同盟と呼ぶ。吉次公介『日米安保体制史』（岩波書店，2018年）102頁。
（2）　マイケル・シャラー（五味俊樹監訳）『アジアにおける冷戦の起源』（木鐸社，1996年）49-52頁。
（3）　ロバート・マクマン（青野利彦監訳・平井和也訳）『冷戦史』（勁草書房，2018年）29-45頁。
（4）　シャラー『アジアにおける冷戦の起源』195-222頁，174-97頁。
（5）　細谷千博『サンフランシスコ講和への道』（中央公論社，1984年）55-58頁；坂元和哉『日米同盟の絆』（有斐閣，2000年）16-17頁，23頁。

る「極東条項」が盛り込まれた[6]。こうして，日本は米国と密接な軍事的関係をもつ西側の一員として独立することとなった。

　しかし，日米安保条約で米国に対等に扱われていないと，日本国内で左右から不満が噴出した[7]。特に問題となったのは，在日米軍の日本の防衛義務が曖昧であったことや，在日米軍を日本の内乱制圧のためにも使用できるという内乱条項であった。旧安保条約は相互防衛条約というよりも米軍の日本駐留協定の性格が強かった[8]。しかし，米国の対日防衛義務明記のためには，日本にもそれと同等の義務として，米国の領土が攻撃された際に日本が海外派兵によってその防衛を助けることが必要であり，それは憲法9条により不可能であった[9]。

　同条約により，米ソの核戦争に日本が巻き込まれかねないことも問題となった。日本国内での懸念の声が高まるなか，岸信介（日本首相，1957～60）首相は米国との核兵器持ち込みに関する事前協議制の整備が必要だと考えるようになる[10]。

　また，在日米軍の特権等は，安保条約の規定によって日米政府間の協議で定めることになっており，国会の批准の必要がない行政協定へと白紙委任された。できあがった行政協定では，占領期の米軍使用設備・区域の継続使用の事実上の承認（別途の交換公文による），米軍関係者に対する米国の優先的な裁判権，日本政府による米軍駐留費の一部分担（防衛分担金）といった，日本国民側の負担を前提とした米軍への便宜が図られていた。刑事裁判権については，1953年9月にはNATOと同水準の待遇へと変更され，多少改善されたが，一次裁判権や被疑者の身柄引き渡し等については変わらず深刻な問題が残っていた（後述）[11]。

　岸信介政権下で米国との安保改定交渉が進められ，1960年1月19日には新

（6）　細谷，前掲書，245；明田川融『日米行政協定の政治史：日米地位協定研究序説』（法政大学出版局，1999年）123-32頁；坂元，前掲書，56頁。
（7）　原彬久『日米関係の構図：安保改定を検証する』（日本放送出版協会，1991年）37-38頁；高賢来「1950年代の日本の知識人と国際政治」『アジア地域文化研究』第6号，2009年，11頁。
（8）　原，前掲書，19頁；坂元，前掲書，51-53頁，58頁，62頁。
（9）　原，前掲書，22-24頁，43頁；坂元，前掲書，145頁。
（10）　山本章子『米国と安保条約改定：沖縄・基地・同盟』（吉田書店，2017年）142-43頁。
（11）　明田川『日米行政協定の政治史』159-60頁，179-215頁。

日米安保条約が調印された。主な変更としては，①同条約が国連憲章の集団
的自衛権に基づく取極めであることの明記，②米国の日本防衛義務の明確
化，③事前協議制度，④内乱条項の削除，⑤行政協定の改定等が挙げられ
る[12]。

　同条約は集団的自衛権に言及しつつ，日米がいずれか一方への武力攻撃に
ともに対処すべき旨規定しているが，実際にはそれは「日本の施政の下にあ
る領域（5条）」においてのみであった。つまり，米国は日本領土を守る必要
があるが日本が米国本土を守る必要はなかった。また，どちらか一方への武
力攻撃への対処は「自国の憲法上の規定及び手続に従って（5条）」行うもの
とされたため，日本が憲法9条の制限を超えた措置をとらなくてよい一方
で，米国の自動介入も保証されなかった[13]。

　結局，新条約は旧条約と同様，その本質は飽くまで「物（基地）と人（米
軍）との協力」という観点からの，交換条件によるある種の対等さを目指し
たものだった。米国の日本における基地使用の権利と極東条項は旧条約から
持ち越された。この「極東」という言葉は，極東の「平和及び安全の維持」
に関係する限りで，極東に限られない全世界に対して米軍を展開するために
在日米軍基地が使用されることを認める論理を含んでいた[14]。

　ただ，新条約とともに署名された日米交換公文においては，在日米軍基地
の使用には日本が米国との事前協議を求めることができるとされた。この事
前協議制度は，主に日本への核持ち込みと戦闘作戦行動のための在日米軍基
地の使用を対象としていた[15]。同公文には日本が拒否権を持つとは書かれ
ていなかったが，表向きは主権国家としての体裁を整えた形となった[16]。
しかし，日米間の密約によって，朝鮮有事や核搭載艦の寄港等，事前協議の
適用除外となるケースも多く存在した[17]。

---

(12)　原，前掲書，86-90頁，127-30頁；坂元，前掲書，195-201頁，213-14頁。

(13)　原，前掲書，158-59頁；坂元，前掲書，237頁，240頁。

(14)　同上，i 頁，248頁。

(15)　信夫隆司『日米安保条約と事前協議制度』（弘文堂，2014年）68-72頁。

(16)　原，前掲書，1991，152-53頁；坂元，前掲書，252-53頁。

(17)　我部政明『沖縄返還とは何だったのか：日米戦後交渉史の中で』（日本放送出版協会，2000
　　　年）34-35頁；楠綾子「日米同盟の成立から沖縄返還まで」竹内俊隆編著『日米同盟論：歴史・
　　　機能・周辺諸国の視点』（ミネルヴァ書房，2011年）82-85頁；信夫，前掲書，122-69頁；豊田祐

　安保条約改定とともに行政協定も改訂され地位協定となったが，刑事裁判権についてはすでに NATO 並みの「世界水準」だとされ，改善はされなかった。他方で，防衛分担金は廃止された[18]。

　以上，後に日米同盟と呼ばれるようになる日米安保体制の成立過程を見てきたが，この体制は沖縄の犠牲を前提としていた。沖縄戦により本土より一足先に米軍に占領された沖縄は，本土が占領されている間も切り離されたまま占領され続けた。そして，1940年代後半の冷戦本格化の中で，沖縄は米国の戦争計画における不可欠な基地として位置付けられていった。トルーマン政権としては，日本の独立は在日米軍基地使用の制限を伴う恐れがあったため，米軍部が納得する形でそれを行うには，安保条約と米軍による沖縄占領継続が必要だった[19]。また，密約による適用除外があるとはいえ，事前協議制のような取り決めが可能になったのは，朝鮮戦争停戦以降，海兵隊が沖縄に移駐するなど，米国の軍事戦略のなかで在沖縄基地の重要性が増す一方で，在日米軍基地が後方支援基地的性格を明確にしていき，その戦略的役割が相対的に低下したためであった[20]。

## 2　米韓同盟の成立

　日本の敗戦後，朝鮮半島は38度線を境に北をソ連，南を米国に分割占領された。冷戦の激化もあり，米ソ間の朝鮮半島再統一のための協議が決裂すると，最終的に1948年には南に大韓民国，北に朝鮮民主主義人民共和国が成立した。その後，金日成率いる北朝鮮軍が1950年6月25日に韓国に攻め込み，朝鮮戦争が勃発する。しかし，朝鮮戦争が米中の介入で膠着状態に陥ると，トルーマン政権は1951年5月にこの戦争を軍事的方法ではない「政治的解決」で収束させることを決定した。米軍の介入を利用して逆に韓国による朝鮮半島統一を模索していた李承晩（イ・スンマン，韓国大統領，1948〜60）はこれ

　　基子『日米安保と事前協議制度』（吉川弘文館，2015年）6-10頁。
(18)　明田川『日米行政協定の政治史』311頁。
(19)　宮里政玄『日米関係と沖縄 1945-1972』（岩波書店，2000年）44頁，49頁：ロバート・D・エルドリッヂ『沖縄問題の起源：戦後日米関係における沖縄 1945-1952』（名古屋大学出版会，2004年）188-90頁，195-96頁。
(20)　山本章子『米国と安保条約改定』71頁，188-89頁。

に反対する。しかし，米国の推進する停戦を不可避と見た李は，停戦への強力な反対をカードにして，停戦を黙認する見返りに相互防衛条約締結を米国から引き出そうとした。日本の膨張主義の復活を憂慮していた李にとって，米国との相互防衛条約は，北朝鮮だけでなく日本に対する韓国の安全を確保するためのものでもあった[21]。ドワイト・アイゼンハワー（Dwight D. Eisenhower，米国大統領，1953～61）は李の度を越した抵抗に憤慨したが，相互防衛条約締結に同意するしかなかった[22]。こうして，7月27日の停戦協定締結を李は妨害せず，事実上それと引き換えにする形で10月1日に米韓相互防衛条約が調印された[23]。ただ，実際には共産主義陣営への抑止と再侵略の際の報復については，以前から検討されており7月27日の停戦の日に国連軍として参戦した16カ国が署名した共同政策宣言（拡大制裁宣言）と国連軍の駐留によって保証された。相互防衛条約は飽くまで李を納得させるためのものであり，韓国が攻撃を受けた際の米国の自動介入は規定されていない[24]。

　以上に日米同盟の基礎となる日米安保体制と米韓同盟の成立過程を見てきた。

　まずここで注目すべきは，米国の日本と韓国の防衛に関する約束である。新日米安保条約（5条）も米韓相互防衛条約（3条）も「武力攻撃が自国の平和及び安全を危うくするものであることを認め」，「自国の憲法上」の手続きに従って「共通の危険に対処する」と，ほぼ同じ表現が使用されている。北大西洋条約（NATO）である締約国が攻撃された時に他の締約国が自動的に集団的自衛権を行使することが義務とされていることに比べると表現が緩い。これは北大西洋条約の規定が米議会の宣戦布告権との関連で米上院で問

---

(21)　車サンチョル（차상철）『米韓同盟50年（한미동맹 50년）』（センガゲナム，2004年）35-68頁。

(22)　米国側が相互防衛条約締結のための交渉開始を認めた後も李承晩は停戦への激しい抵抗を見せるが，これは同条約において有事の際に米軍が自動介入するように規定し，さらに停戦前に同条約を締結することを米国に承諾させるためであったとされる。ただ，これらの要求は実現しなかった。朴テギュン（박태균）『朴テギュンのイシュー韓国史（박태균의 이슈 한국사）』（チャンビ，2015年）135-36頁。

(23)　中逵啓示「朝鮮停戦と米韓関係：冷戦に隠れた別なる闘争」『思想』no.791，1990年，60頁，64頁；車，前掲書，59頁。

(24)　中逵，前掲論文，60頁；李鍾元『東アジア冷戦と韓米日関係』（東京大学出版局，1996年）41-45頁。

題視されたため，1952年の米比相互防衛条約や ANZUS 条約以降，モンロー・ドクトリンの一部を相互防衛の規定に直接引用するようになったことを踏襲したものであった[25]。米国の当初の意図がどうであれ，この方式は日韓に米国が本当に自国を守るのかという不安を醸成し，対米交渉力や米国の要求を拒絶する力を弱める契機を含んでいた。

　また，米軍の駐留に関しては，先述のとおり日米安保条約は駐軍条約的側面があり，米韓相互防衛条約もその駐軍条項を参考にして取り入れた[26]。ただ，米国が戦略的に重要と考えていた在日基地（そして在沖縄基地）と違い，在韓米軍は米国が韓国の有事に半ば強制的に巻き込まれる状況に置かれることでコミットメントを保証する（引継鉄線，trip wire と表現される）性格が強い[27]。

## Ⅱ　ベトナム戦争
### ——日韓の米国の戦争への「巻き込まれ」を考える

　本節では，米国との同盟に付きまとう米国の戦争への巻き込まれについて考察するための事例として，冷戦期のベトナム戦争への日韓の関わり方を見ていく。

　冷戦を戦うことに夢中だった米国にとって，新興地域の民族による自主決定権は二の次であり，ベトナム戦争は米国の戦後歴代政権が各々ベトナムにおいてとってきた政策の帰結であった[28]。そして，リンドン・ジョンソン（Lyndon B. Johnson，米国大統領，1963〜69）政権の1965年に米国はベトナムに本

---

(25)　坂田恭代「米国のアジア太平洋集団安全保障構想と米韓同盟：『地域同盟』としての米韓同盟の起源，1953-54年」鐸木昌之・平岩俊司・倉田秀也編『朝鮮半島と国際政治：冷戦の展開と変容』（慶応義塾大学出版会，2005年）317頁。

(26)　同上，306頁。

(27)　金ゲドン（김계동）「現代米韓関係の起源：分断，戦争と米韓同盟（현대 한미관계의 기원：분단, 전쟁과 한미동맹）」金ゲドン他『現代韓米関係の理解（현대 한미관계의 이해）』（ミョンインムンファ社，2019年）32頁。

(28)　シャラー『アジアにおける冷戦の起源』236-38頁；松岡完『ダレス外交とインドシナ』（同文舘出版，1988年）258-60頁，291頁；同『1961 ケネディの戦争：冷戦・ベトナム・東南アジア』（朝日新聞社，1999年）540頁；マクマン，前掲書，131頁。

格的な軍事介入を行うに至る。

ジョンソンは1964年4月から5月にかけて，介入への他国の支持を国際社会に向けて可視化するためにも，同盟国にベトナム派兵を求めた[29]。1965年5月，朴正煕（パク・チョンヒ，韓国大統領，1963~79）大統領は訪米してジョンソン大統領と会談した際，派兵要請を承諾した。

朴正煕大統領がベトナムへの派兵を承諾した理由としては，まずは，韓国経済への大きな負担となっていた韓国軍の兵力規模に対する米国の削減要求や，在韓米軍の撤退を止めさせようとしたことが挙げられる。元軍人の朴にとって強力な権力基盤の一つである韓国軍の削減は難しかった。また，1965年5月の訪米の際に，朴は米軍の韓国駐屯の保証に関してジョンソンから言質を取り付けている[30]。次に，派兵に伴う経済的利益への期待が挙げられる。韓国は戦後日本経済が朝鮮戦争に伴う朝鮮特需によって大きく復興したことを念頭において，ベトナム特需を韓国経済飛躍の踏み台にしようという明確な自覚を持っていた。ベトナム派兵によって得られたベトナム特需と対米輸出の増大は韓国の経済発展の本格化を大きく後押しした[31]。

日本はと言えば，憲法9条と国内の反戦感情によって韓国のような派兵は望むべくもなく，南ベトナムへの経済支援すら困難であった。1965年1月，佐藤栄作（日本首相，1964~72）首相とジョンソン大統領の会談後の共同声明には，ベトナムに対するアメリカの政策を日本に支持してほしいというジョンソンの希望と，関与は避けるという佐藤の決意の両方が表明された。ジョンソンの協力要請と国内の反戦世論の板挟みとなった佐藤はベトナム和平の仲介を模索するようになる[32]。しかし，米国の同盟国で国内に米軍基地ま

(29) Robert M. Blackburn. *Mercenaries and Lyndon Johnson's "More Flags"* (Jefferson, North Carolina, and London: MacFarland & Combany, Inc., 1994), 11-12.

(30) 木宮正史（기미야다시）『朴正煕政権の選択：1960年代輸出志向型工業化と冷戦体制（박정희 정부의 선택: 1960년대 수출지향형 공업화와 냉전체제）』（フマニタス，2008年）305頁；朴テギュン（박태균）『ベトナム戦争：忘れられた戦争，片方の記憶（베트남전쟁: 잊혀진 전쟁, 반쪽의 기억）』（ハンギョレ出版，2015年）26-27頁。

(31) 木宮正史「ベトナム戦争とベトナム特需」服部民夫・佐藤幸人編『韓国・台湾の発展メカニズム』（アジア経済研究所，1996年）246-47頁，255頁。

(32) マイケル・シャラー（市川洋一訳）『「日米関係」とは何だったのか：占領期から冷戦終結後まで』（草思社，2004年）329-33頁；佐藤晋「佐藤政権期のアジア政策」波多野澄雄編『池田・佐藤政権期の日本外交』（ミネルヴァ書房，2004年）149-50頁。

で置いている日本は北ベトナムに全く相手にされなかった。仲介が行き詰まると，佐藤は1967年11月の訪米の準備過程で，沖縄返還問題の対米交渉のためにも米国のベトナム戦争への支持を公然化させていくこととなる[33]。

　在日米軍基地に関しては，ベトナム戦争の直接戦闘に使用しないという建前だったが，その歯止めは緩かった。さらには，米軍占領下の沖縄は，米軍による北ベトナム爆撃のためのB-52の発進基地となった[34]。

　韓国のベトナム派兵において注目すべきは，在韓米軍撤退の可能性という安全保障上の懸念に，米国に貸しを作るという形で対処したことである。これに対し，2003年のイラク戦争への韓国軍の派兵決定には，一方ではそうしたベトナム戦争と同様の，そしてもう一方では全く異なる力学が働いていた。まず，北朝鮮の核開発が明るみに出て朝鮮半島の緊張が高まる中で，米国が在韓米軍の削減や，その一部のイラク，アフガンへの移動を検討していることを明らかにしたことで，盧武鉉（ノ・ムヒョン，韓国大統領，2003〜08）政権はそれを撤回させるために交渉する必要があった。他方で，当時，盧政権にとって，北朝鮮核問題を平和的に解決するには，対北朝鮮強硬路線をとり武力衝突の懸念すら引き起こしているジョージ・ブッシュ（George W. Bush，米国大統領，2001〜09）政権を自らの平和路線に協力させる必要があった。これらの目的のために，盧は米国のイラクへの派兵要請を受け入れる必要があり，リベラル政権が米国の侵略に加担するという皮肉な結果となった[35]。

　それに対し，日本は時を経て米国の戦争への協力に積極的になっていった。ベトナム戦争の一時期，佐藤栄作政権は反戦世論もあって米国の戦争とは不十分ながらも距離を置き，憲法9条の制約から派兵もできなかった。しかし，2003年のイラク戦争においては小泉純一郎（日本首相，2001〜06）首相は安全保障で頼る同盟国である米国に「貸し」を作るために，即座に戦争に支

(33)　菅英輝「ベトナム戦争における日本政府の和平努力と日米関係：1965年〜68年」『国際政治』第130号，2002年，99-101頁；中島琢磨『沖縄返還と日米安保体制』（有斐閣，2012年）91-92頁。
(34)　吉次公介，前掲書，61頁；シャラー『「日米関係」とは何だったのか』335-37頁。
(35)　朴ドンスン（박동순）『韓国の戦闘部隊派兵政策：金大中・盧武鉉・李明博政権の派兵政策決定の比較（한국의 전투부대 파병정책: 김대중・노무현・이명박 정부의 파병정책결정 비교）』（ソニン，2016年）109頁，173頁，199-200頁；徐ボヒョク（서보혁）『裏切られた平和：韓国のベトナム・イラク派兵とその後（배반당한 평화: 한국의 베트남・이라크 파병과 그 이후）』（チニジン，2017年）88-89頁，108-13頁。

持を表明した<sup>(36)</sup>。また，小泉政権はイラクの復興のために，史上初めて自
衛隊を戦闘に巻き込まれる可能性のある地域へと派遣した。2015年には安倍
晋三（日本首相，2006〜07，2012〜）政権の解釈改憲を経て集団的自衛権による
海外派兵を容認する安保法制が成立した。こうして，ベトナム戦争の時代に
はまだ存在していた，米国の戦争への巻き込まれに対する躊躇や歯止めが
徐々に消滅しながら今日に至っている。また，日本が米国の戦争に巻き込ま
れる際に「基地の島」である沖縄が最も負担を背負うということもベトナム
戦争の教訓であろう。

## Ⅲ　米軍地位協定
### —— 日米地位協定17条と米韓地位協定22条

　日韓がそれぞれ米国と結んでいる米軍地位協定には，訓練による事故・騒
音，環境汚染，地位協定の運用について協議するための機関である合同委員
会の手続きの不透明性等，様々な問題がある。ここでは特に米軍関係者の犯
罪を裁くための刑事裁判権について考察する。
　1995年に沖縄で米兵3人が12歳の小学生の少女一人を拉致・強姦した。3
人の身柄を確保した米軍は，日米地位協定を根拠に，当初沖縄県警への起訴
前の身柄引き渡しを拒み，取り調べにも非協力的であった<sup>(37)</sup>。2002年には
韓国で女子中学生2人が訓練中の米軍装甲車に轢き殺された。結局，この事
件は公務中の事故ということで韓国司法は犯人を裁くことができず，米軍の
軍事法廷で無罪判決に終わった。
　日本でも韓国でも米軍が駐屯している地域では米兵の犯罪が大きな問題と
なっている。しかし，それぞれ米国と結んでいる地位協定の刑事裁判権に関
する規定によって，米兵の犯罪を現地の司法が通常どおりに裁くことには困
難が付きまとい，米軍側が裁く場合には処分が軽くなる（もしくは裁かれない）
傾向が顕著である。また，このことがさらなる米軍関係者の犯罪への誘因と

(36)　宮城大蔵『現代日本外交史：冷戦後の模索，首相たちの決断』（中央公論社，2016年）137-
41頁。
(37)　山本章子『日米地位協定：在日米軍と「同盟」の70年』（中央公論社，2019年）161頁。

なっているようにすら思われる。

　日米地位協定で刑事裁判権を規定するのは17条である。日本では米軍に関する刑事裁判権は，1952年 2 月28日の行政協定調印時の規定により，1953年 8 月23日に発行することとなる NATO 軍地位協定の相当する条項と同水準の取決めへと変更されることとなった。 9 月29日に日米間で交わされた議定書によって，米軍が優先して裁く権利をもつのは米兵・軍属による米国の財産や米軍関係者（米兵，軍属，その家族）への犯罪と，公務執行中の罪に限られることになった（17条 3 項）。しかし，同時に日本は「日本にとって著しく重要と考えられる事例以外については第一次裁判権を行使するつもりがない」と密約によって約束させられていた[38]。

　また，「公務」の範囲もゆるく設定されたため，交通事故を引き起こす原因となる飲酒後の運転すら場合によっては公務とされてしまうこととなった[39]。さらに，日本が一次裁判権を持っている米兵・軍属の被疑者についても，その身柄が米側の手中にある場合は公訴までは日本に引き渡さなくてよいものとされ，この条件下で十分な捜査ができるはずもなかった（17条 5 項c）。ただ，沖縄で起きた1995年の少女暴行事件を受けて，被疑者の身柄が米国当局の手中にあっても，殺人，強姦については起訴前に日本政府が米軍に身柄引き渡しを要請できるよう運用改善がなされた[40]。

　米韓地位協定（SOFA）において刑事裁判権を定めたのは22条である。米韓地位協定が1966年に締結されるまでは，米兵，米軍属とその家族の「専属的裁判権」を米軍に与える1950年の「駐韓米軍の刑事裁判管轄権に関する協定」が効力を持っていた[41]。ただ，1966年に結ばれた地位協定の内容も日米地位協定と比べてもはるかに韓国に不利なものとなっていた。その後，2001年の改定では，多少条件が改善されることとなった。なお，米韓地位協

(38)　明田川融『日米地位協定：その歴史と現在』（みすず書房，2017年）129-47頁。
(39)　同上，149-59頁。
(40)　李チャンヒ（이장희）「米韓 SOFA と他国 SOFA の比較：刑事管轄権と施設・区域の不平等性を中心に（한-미 SOFA와 타국SOFA와의 비교: 형사관할권과 시설, 구역의 불평등성을 중심으로）」『外法論集（외법논집）』第13集，2002年，99-100頁。
(41)　南基正「韓米地位協定締結の政治過程：駐屯軍地位協定をめぐる東アジア国際政治の一事例」『法学』第67巻 3 号，2003年， 4 - 5 頁。

定は協定本文，その解釈等を規定した合意議事録，合意議事録に関する了解
事項からなる。

　米韓地位協定では，米軍が一次裁判権をもつのは，米兵，軍属，その家族
による，①米国の財産に対する犯罪，②米軍関係者に対する犯罪，③公務中
の犯罪と規定された（22条3項a）。この点，日本と似ているが，異なるのは，
米兵や軍属の家族の犯罪もそのまま対象にされてしまっているということで
ある。米国は日本に対しても1953年の刑事裁判権条項改訂の際に，米兵や軍
属の家族の犯罪を米軍の一次裁判権の対象にしようとしたが，日本の反対に
よって取り下げた[42]。

　さらに，米軍による公務かどうかの判断は一義的には米軍側の判断とされ
ており，韓国側も異議申し立ての手段を与えられているが，合意できなけれ
ば最終的には米軍側が裁判権を行使できるものとされた（22条3項aの合意議
事録に関する了解事項）[43]。

　韓国が一次裁判権を持っている米軍関係者の犯罪についても，合意議事録
において，米軍の要請があれば韓国は「裁判権を行使することが特に重要だ
と決定する場合を除いては」その権利を「放棄する」と明記されている（22
条3項bに関する合意議事録）。この条項は，先述した日米間の1953年の密約に
相当する。

　韓国が一次裁判権をもつ米軍関係者を韓国側が逮捕した場合も，犯罪の内
容が殺人や強姦等の凶悪犯罪であり，証拠隠滅や逃走，潜在的証人への加害
をする可能性がない等のいくつかの条件を満たさない限り，要請に従って起
訴までは米国に身柄を引き渡さなければならないとされた（22条5項cとその
合意議事録）。この点，先述したように日本においては当局が犯人を取り押さ
えた場合（米国当局の手中にない場合）には日本側が身柄を拘束し続けることが
できることと比べると，2001年改定の時点では韓国側に大幅に不利な条件が

---

(42)　明田川『日米地位協定』133-35頁。ただし，先述した日米間の密約において，米兵と軍属以
　　外にもその家族に対する一次裁判権も「日本にとっていちじるしく重要と考えられる事例以外」
　　については行使しないとされている。
(43)　朴ソンミン（박성민）「韓米駐屯軍地位協定（SOFA）第22条の刑事裁判権の刑事法的問題
　　と改善方法（한미주둔군지위협정（SOFA）제22조 형사재판권의 형사법적 문제와 개선방안）」
　　『刑事政策研究（형사정책연구）』第22巻第4号，2011年，196-97頁。

設定されていた。

　また，2001年の改定により，米国の手中にある被疑者に対し，起訴時かそれ以降に韓国側が身柄引き渡しを要求できるようになったが，これは殺人や強姦，放火等12の犯罪に限られた（同上）[44]。なお，米韓の合同委員会における合意によって，起訴前にも，12の犯罪だけでなく一般犯罪でも韓国は被疑者の身柄引き渡しを要求できることとされたが，24時間以内に起訴できなければ釈放しなければならず，全く実効性がなかった。しかし，2012年5月に米韓間でこの規定を削除することが決定され，12の犯罪に限らず一般犯罪でも韓国側が起訴前に不当な時間制限のない身柄引き渡しを要求できるようになったと報道された[45]。被疑者の身柄引き渡しの問題では韓国の地位協定の方が日本のそれよりも有利と言えるかもしれない。

　他にも，一審で無罪判決が出た際には，韓国検察側からは控訴できず一審判決が確定する等の，かなり韓国の司法権を侵害する条項も含まれている（22条第9項に関する合意議事録）[46]。

　このように見ると，韓国に不利な点も多いものの，日本と韓国のどちらの協定の方が有利とは一概には言えない。問題は，どちらが有利であっても，地位協定は基本的に米軍関係者への日韓の司法権の行使を大幅に制限するものであるということである。また，1966年に締結された最初の米韓地位協定の交渉の際，韓国側の当局者たちは日本やNATOが米国と結んでいる地位協定をひとつの到達目標とした。他方で，日本では日米地位協定が韓国を含む他国が米国と結んでいる協定よりも好条件であるという主張が，同協定を改定しない口実として利用されている[47]。さらには，米国が韓国の地位協定改定要求に対し，日独と結んでいる協定と同内容なので改定できないと答えたことすらある[48]。つまり，低い水準同士でお互いに参照・比較し合い，結果，全体として低い水準に甘んじるという事態に陥ってしまっている。

---

(44)　同上，204-05頁。

(45)　『東亜日報』2012年5月23日1面。

(46)　朴ソンミン，前掲論文，207頁。

(47)　南，前掲論文，501頁；明田川『日米地位協定』252-54頁。

(48)　洪ワンシク（홍완식）「SOFA：刑事裁判管轄権の問題点と改定方案（SOFA: 형사재판관할권의 문제점과 개정방안）」『立法情報（입법정보）』第79号，2002年，3頁。

　日本を見ると，2011年に日本国内で発生した米兵や軍属とその家族による「一般刑法犯」の起訴率は13％で，2010年の日本人も含めた全国の起訴率42％に比べてはるかに低い値を示した。また，「公務中」の米軍人が起こす死亡・傷害事件・事故も，大半が懲戒処分か「処分なし」で済まされ，軍組織での裁判に当たる軍法会議にかけられていない[49]。さらに，日米地位協定のもたらす帰結の特徴として，日本の米軍基地は沖縄に集中しているため，それがもたらす被害も沖縄に集中している。歴代の沖縄県知事が地位協定改定要求を出し続けている理由はここにある[50]。

　米国が裁判管轄権にこだわるのは，米兵・軍属が外国の裁判によって人権が守られなければ米国世論の支持を得て海外に軍を展開できなくなる可能性があることを懸念しているからである[51]。しかし，米軍の犯罪を減らし基地周辺の住民の人権を守るためには，最低限，まずは公正な裁きが必要であり，その抜け穴となるような刑事裁判権に関する地位協定の規定は見直されなければならないだろう。

# Ⅳ　沖縄基地問題と北東アジアの同盟関係

　本節では，日米同盟と米韓同盟の結節点であり，また，核戦争への巻き込まれと沖縄住民の人権のどちらも問題となっている沖縄基地問題について，特に沖縄返還をめぐる政治過程に焦点を当てて扱う。

　1972年，沖縄は「核抜き本土並み」で日本へと返還された。これは核の持ち込みを許さず，米軍基地の使用も日米安保条約に則った本土と同じ条件でなされるという意味である。しかし，日米安保条約が沖縄に適用されれば，事前協議によって米軍の在沖縄基地使用の自由度は著しく損なわれると考えられた。そのため，交渉過程で米国は沖縄返還によって沖縄の米軍基地の戦略的有用性が損なわれることを避けようとした[52]。1969年11月21日の佐藤

(49)　明田川『日米地位協定』147-48頁。
(50)　山本『日米地位協定』174-197頁。
(51)　同上，205頁。
(52)　宮里，前掲書，306頁；豊田，前掲書，152-53頁。

栄作首相の訪米の際に発表された沖縄施政権返還に関する合意を示したリチャード・ニクソン（Richard M. Nixon, 米国大統領, 1969～74）大統領との共同声明は，こうした点について示唆的であった。同声明第4項は「韓国の安全は日本自身の安全にとつて緊要（韓国条項）」と認めた。その背景には，沖縄返還により韓国の安全保障を大きく左右する在沖縄米軍基地の機能が低下することを懸念する韓国政府の日米両政府への働き掛けがあった。すでにこの前日，韓国は米国務省や日本の愛知揆一外相らと接触し，日米間で「韓国への発進に対する事前協議において，日本が反対したり，拒否することはあり得ないとの結論にいたった」ことをつかんでいた[53]。同声明は，台湾やベトナムについても在沖縄基地の使用に関して日本が便宜を図ることを示唆するような表現を含んでいるが，これは，密約が交わされていた韓国に関するものと違い従来の日米間の合意にはなく，この沖縄返還に関する声明に特有のものであった[54]。これらの表現は表面上は沖縄のみを名指ししたわけではないが，当然在沖縄基地の使用を念頭に置いたものであった。

　また，佐藤栄作首相はニクソンとの間に緊急時には沖縄への核持ち込みを容認するという密約を結んでいた。この点も米国だけでなく，韓国にとっても重要な関心事項であった。声明発表から数日後，日本から韓国に，「非常事態の際には核兵器の搬入が可能なものと解釈されます」と伝えられた[55]。

　地位協定についても，日本本土と同じものが沖縄に適用されるとされた。しかし，沖縄返還当日未明に開かれた日米間の協議において地位協定による制限が緩和され，基地自由使用ができる限り保障されるための多くの取り決めがなされている[56]。

　沖縄で形式上の日米安保の適用だけでなく基地の密度や機能の「本土並み」も強く望まれるなか，愛知揆一外相は屋良朝苗琉球政府行政主席に対し

(53)　小林聡明「沖縄返還をめぐる韓国外交の展開と北朝鮮の反応」竹内俊隆編『日米同盟論：歴史・機能・周辺諸国の視点』（ミネルヴァ書房，2011年）333-46頁。他に韓国条項をめぐる交渉過程を扱った研究としては以下を参照。崔慶原『冷戦期日韓安全保障関係の形成』（慶応義塾大学出版会，2014年）65-98頁。
(54)　河野康子『沖縄返還をめぐる政治と外交』（東京大学出版会，1994年）268-69頁；信夫，前掲書，210-13頁；豊田，前掲書，176-79頁；中島，前掲書，269-71頁。
(55)　小林，前掲論文，344頁。
(56)　明田川『日米行政協定の政治史』362-79頁。

て，沖縄の米軍基地を密度，機能ともに本土並みにすると説明したが，返還
後も密度が本土並みになることはなかった[57]。また，先述したように課せ
られた「機能」に関しても核持ち込みや極東有事への対処等本土と異なるも
のであった[58]。そして，米軍占領下で米軍基地が沖縄に集中してきたこと
を考えれば，規模が縮小しない以上，使用条件を「本土並み」にしても，軍
用地問題，米軍機の事故・騒音，米兵の犯罪等の基地に伴う負担が沖縄に集
中するのは当然であった。

　以上のように，沖縄返還においては，東アジアにおける米国やその同盟国
の戦略的便宜が最大限図られることとなった。表向きは日米安保における沖
縄の扱いを本土のそれと同等にし，返還時には核がないという意味で核抜き
の形式を整えたが，実際には「核抜き」でも「本土並み」でもなかった。そ
して，返還の際に棚上げにした「米軍基地の密度の本土並み化」は辺野古へ
の新基地建設という形で今日の日本の人権，民主主義，安全保障に重大な問
いを突き付けている。

## おわりに

　以上に見てきたように，特に米韓同盟と比較し，また国際関係という形で
日米同盟と米韓同盟の連関を見ることで，日米同盟が生み出す問題について
一部ではあるが，より広い観点からの検討を試みた。

　まず，米国の戦争への巻き込まれであるが，米国との同盟はベトナム戦争
にみられるように，同盟国に対して米国による安全保障上のコミットメント
を確保するために自国と関係のない場所での米国の戦争に巻き込まれる可能
性を孕む。韓国はベトナム戦争とイラク戦争に派兵し，日本もイラクには自
衛隊を派遣した。また，今日の日本ではベトナム戦争時に見られたような米
国の戦争に巻き込まれることへの躊躇や歯止めは徐々に消滅しつつある。

(57)　小松寛『日本復帰と反復帰：戦後沖縄ナショナリズムの展開』（早稲田大学出版部，2015年）
　　　94-97頁。
(58)　ただ，佐藤栄作は核持ち込み密約を後任の首相に引き継ぐことはなかった。中島，前掲書，
　　　274頁。

　米軍地位協定には様々な問題があるが，特に刑事裁判権によって米軍関係者の犯罪を現地の司法がまともに裁けないことは深刻な問題となっている。基地周辺の住民の人権を保障するためには，地位協定の見直しは不可欠であろう。

　また，沖縄に押しつけられた広大な基地の問題は，一義的には日本国民全体の安保や人権への意識と日米同盟の問題ではあるが，在沖縄米軍に頼る韓国を含めた日米韓三カ国関係の問題でもあった。このような状況下で，沖縄は実質的には核抜きでも本土並みでもない復帰を迎えることととなる。特に，復帰の際の「基地の密度の本土並み化」の棚上げは，集中したままの基地と米軍機による騒音や事故，米兵の犯罪，辺野古における新基地建設という形で今日に多くの問題を残している。

　このように，日韓の米国との同盟は平和という観点からも人権という観点からも深刻な問題をいくつも突きつけている。平和や人権の尊重のためには，この米国との同盟の在り方については絶えず考え続けなければならない。

──**さらに勉強を進めるために**───────────────────────

　吉次公介『日米安保体制史』（岩波書店，2018年）。

　木宮正史『国際政治のなかの韓国現代史』（山川出版社，2012年）。

　桜澤誠『沖縄現代史：米国統治，本土復帰から「オール沖縄」まで』（中央公論社，2015年）。

## 第20章

# 戦後日米関係における沖縄と平和

小 松　寛

## はじめに

　日本の平和はどのように守られているのだろうか？　答えは人それぞれで
あろうが，「日米安保」と答える人も多いであろう。内閣府の世論調査によ
れば，日米安全保障条約が日本の平和と安全に役立っているとの回答は
77.5％にのぼる[1]。日米安保条約によって日本に米軍が駐留しており，それ
が日本の平和と安全に貢献しているという考えである。一方で，その米軍基
地のおよそ7割が沖縄に集中している。常に沖縄では米軍基地が重大な政治
課題でありつづけ，今でも新たな米軍基地の建設をめぐって沖縄県と日本政
府は対立している。いわゆる「沖縄問題」である。

　それではなぜ，日本は米軍に安全保障を委ねることになったのだろうか。
日本全体の平和と安全を守るはずの米軍は，なぜ沖縄に集積しているのだろ
うか。そして，沖縄の人々はなぜ米軍基地に反対しているのであろうか。

　その答えを探るため，本章では戦後日米関係における「沖縄問題」の変遷
を追う。沖縄は冷戦の始まりとともに軍事安全保障上の重要拠点として位置
づけられ，アメリカの施政権下におかれた。その処遇については日米間で交
渉が重ねられ，1972年に沖縄は日本に返還された。しかし冷戦が終結した
1990年代を経ても，沖縄の米軍基地はアメリカの世界戦略の要衝として残さ
れている。冷戦構造およびポスト冷戦の日米による安全保障政策が，沖縄に

---

（1）　内閣府「平成29年度　自衛隊・防衛問題に関する世論調査」https://survey.gov-online.
　　go.jp/h29/h29-bouei/index.html（2019年11月10日閲覧）

どのような影響を与え，そして沖縄側はどのように反応したのか。それを理解することで，日本そして東アジアにおける平和のあり方を考察する。

　本論に入る前に，このテーマを取り上げる上で重要となる「冷戦」について，本章の理解を助ける範囲で説明しておこう。

　第2次世界大戦後，世界はアメリカ・西欧を中心とする自由主義陣営と，ソビエト連邦（ソ連）・中国・東欧を中心とする社会主義陣営と大きく2つに別れた。自由主義諸国は原則として政治体制では多党制を採用し，選挙によって政権交代がなされた。経済制度では政府の関与は比較的小さく，資本は個人が所有し，市場の競争原理によって経済成長が図られた。これに対して社会主義国では一党制を採用し，共産党が人民を代表する前衛党として位置づけられた。権力の交代は政党内の権力闘争によってなされる。経済では生産手段を国家が所有し，計画的な経済政策を実施することによって効率的な経済成長が実現すると考えらた。そして自由主義国と社会主義国はどちらも，敵対勢力の拡大は自国の安全への驚異と認識していた。それゆえに，アジアなどの他国においてアメリカは親米政権，ソ連は親ソ政権の樹立と維持に支援を惜しまなかった。このように20世紀の後半はどちらの国家モデルが優れているのかが世界規模で争われてきた。これをここでは国際冷戦とする。

　一方，国内においてもどちらの政治体制を選択するかが問われてきた。これは国内冷戦といえる。日本では自由民主党が自由主義市場経済を支持し，親米の立場を取り続けた。安全保障政策はアメリカとの軍事同盟である日米安保条約を主軸とする。憲法9条による戦力の不保持については党内でも評価は分かれるが，憲法改正による軍事力の保持は常に議論の対象であった。国内の主要な支持基盤は企業（経営者）である。また伝統および既存の体制を尊重することから，保守（右派）とも呼ばれる。ここでいう日本の伝統とは天皇制が中核となる。

　これに対し社会党と共産党は，アメリカとは距離を取り，ソ連や中国との接近を図った。それゆえに日米安保へは批判的な態度をとる。憲法9条による平和主義は太平洋戦争による戦禍の反省から，国民に受け入れられてきたと高く評価する。主な支持基盤は労働組合（労働者）である。既存の政治経済体制の変革を求めることから革新（左派）と呼ばれる。ここには天皇制の

表1 冷戦の構図

| 国際冷戦 | 社会主義<br>　ソ連・中国・東欧<br>　政治：一党制<br>　経済：計画経済 | 自由主義<br>　アメリカ・西欧<br>　政治：多党制<br>　経済：市場経済 |
|---|---|---|
| 国内冷戦 | 革新（左派） | 保守（右派） |
| （日本） | 社会党，共産党<br>日米安保反対<br>護憲<br>労働組合（労働者） | 自由民主党<br>日米安保堅持<br>改憲<br>企業（経営者） |
| （沖縄） | 反基地・平和重視 | 経済重視 |

（出所）筆者作成

変更も含まれる[2]。

　さらに沖縄においては，上記の保守革新の主張に加えて，米軍基地へのスタンスが加味される。保守勢力は対米協調を基本とし，基地から得られる経済的利得を重視した。これに対し革新勢力は反米を基本姿勢とし，基地から派生する被害の解決にはその撤去しかないと主張してきた。

　戦後日米関係における沖縄を考察するためには，このグローバル／ナショナル／ローカルの三層構造で展開される政治を捉えなくてはならない。以下，本論では沖縄をめぐるこの政治力学がいかに作用し，さらには構造自体がどのように変化していったのかを考える。

# I　沖縄の米軍占領と日米安保体制の成立

## 1　沖縄の軍事要塞化と日本の主権回復

　沖縄戦における米軍の犠牲者は約12,000人に上り，第二次世界大戦における日本との戦闘で最大の被害であった。これは沖縄が米軍にとって血を流して獲得した土地であったことを意味する。1945年10月，米軍は沖縄を「最重要基地」に指定し，日本を含むいかなる国の関与も許さず，独占的に利用す

---

（2）　国際冷戦と国内冷戦の構造については，坂本義和「日本における国際冷戦と国内冷戦」『坂本義和集3　戦後外交の原点』（岩波書店，2004年）53-96頁を参照。

ることを方針とした。沖縄を占領する目的は一義的には対日戦であったが，すでにこの頃から冷戦の予兆はあり，対ソ連のための基地としての性格も有していた[3]。

　沖縄の軍事要塞化は，憲法9条による日本の非軍事化と合わせて考慮しなくてはならない。戦後日本の安全保障政策を規定してきた9条の制定には，ダグラス・マッカーサー（Douglas MacArthur）連合国最高司令官の意向が強く反映された。その理由は昭和天皇の戦争責任の回避である。マッカーサーは，極東国際軍事裁判（東京裁判）で天皇が起訴された場合の政治的混乱を恐れていた。そこで天皇を不起訴とし，天皇制継続を正当化することを目指したが，そのためには天皇自身が平和と人権を尊重した憲法を制定する意思を示す必要があった。それを内外に発信するために発表されたのが，GHQの強い意向を受けて作成された「憲法改正草案要綱」と勅語であった[4]。

　また，軍事戦略の変化も沖縄の軍事要塞化と日本の非軍事化に影響を及ぼしている。第二次世界大戦を経験したマッカーサーは，陸海軍よりも空軍の展開力が重要だと認識していた。さらには核兵器の登場も大きく影響している。すなわち，日本本土を防衛するためにそこへ大規模な軍隊を配備する必要はなく，沖縄を要塞化すれば事足りると判断したのである。マッカーサーは沖縄を「自然の国境」と言い表していた[5]。

　以上からは，天皇制の維持と憲法の戦争放棄（9条），そして沖縄の軍事要塞化は三位一体であったことがわかる。なお，新憲法が審議された第90回帝国議会（1946年）に沖縄代表の議員は選出されていない。沖縄への基地集中を担保とする平和憲法は，沖縄代表の声が届かないところで制定されたのである[6]。

　1940年後半になると，韓国および北朝鮮の成立による朝鮮半島の分裂，(1948年8月，9月)，ソ連の原爆保有（49年9月），中華人民共和国の成立（49年10月），中ソ友好同盟援助条約の締結（50年2月），朝鮮戦争の勃発（50年6月）

---

（3）　明田川融『沖縄基地問題の歴史—非武の島，戦の島』（みすず書房，2008年）102-107頁。
（4）　中村政則『戦後史』（岩波書店，2005年）18-20頁；古関彰一『「平和国家」日本の再検討』（岩波書店，2013年）10-19頁。
（5）　明田川，前掲，107-114頁。
（6）　古関，前掲，19-24頁。

と，冷戦の激化が明らかになる。共産主義勢力の拡大が日本にまで及ぶこと
をアメリカは恐れていたが，連合国による日本の占領が長期化すればするほ
ど，日本国内での反米感情は高まる。そのためには早期の講和が必要であっ
た。しかし，講和が成立すれば占領軍である米軍は日本から撤退しなくては
ならない。アジアにおける反共産主義の拠点として，アメリカは日本への軍
隊駐留の継続も必要としていた。

　講和を成立させながら占領軍は駐留し続けるというのは無理難題かと思わ
れたが，吉田茂首相は早々に，アメリカへ米軍の駐留を希望した。それはい
わゆる「吉田ドクトリン」，すなわち①日本は米軍駐留を受けいれ，アメリ
カは日本の安全保障にコミットする②日本の自衛力は軽武装に留める，③日
本は政治的安定と経済復興を優先する，という戦略に基づいていた[7]。講
和の成立と米軍の駐留は，本来ならば相反する要件である。しかし，その両
立を可能としたのが日米安保条約であった[8]。

　こうしてサンフランシスコ講和条約と日米安保条約は成立した。これによ
り日本の主権は回復し，国際社会において再び独立国として認められた。朝
鮮については独立が承認され，台湾，太平洋諸島などへの権利は放棄され
た。沖縄については小笠原とともに講和条約第3条によってアメリカによる
占領継続が決定した。しかし，ジョン・フォスター・ダレス（John Foster
Dulles）国務長官顧問は沖縄・小笠原について日本は潜在主権を有すると説
明した。潜在主権とは，実際の施政権は及ばないものの，潜在的にはその地
域への主権を有しているという概念である。条約自体に潜在主権という文言
はない。しかし，その放棄が明記された朝鮮や台湾と異なり，沖縄と小笠原
は主権の放棄が明示されなかった。それゆえに，潜在的に主権があると解釈
されたのである[9]。

　潜在主権という解釈が生まれた要因として，アメリカにとっては軍事要塞
化とした沖縄を確保することがその眼目であった。日本にとっては現実的に

---

（7）　中西寛「日本の国家安全保障―歴史的条件から考える」遠藤誠治・遠藤乾編『安全保障とは
　　　何か』（岩波書店，2014年）109頁。
（8）　豊下楢彦『安保条約の成立』（岩波書店，1996年）39-46頁。
（9）　明田川，前掲，151-158頁。

アメリカによる占領の継続であっても，名目上の主権を主張することができた。これらはどちらも，沖縄に暮らす住民への配慮ではない。しかし，この潜在主権という考え方は沖縄の復帰運動にとって大きな支えとなった。

## 2　日本と沖縄の基地闘争

　1950年代に入り，冷戦の激化を契機として，米軍は日本本土で基地の拡大を進めていた。日米安保条約の発効により，米軍は引き続き日本に残ることになったが，同時に強制的に土地を提供する特別措置法も制定された。これに対し全国各地で基地反対運動が展開される。その口火となったのは内灘村（石川県）における反対運動であった。

　米軍は朝鮮戦争で使用する砲弾の試射のため，内灘村に試射場設置を計画する。52年9月，日本政府は用地接収交渉に着手し，内灘村は4ヶ月間限定での使用に合意した。しかし53年6月，政府は継続使用を閣議決定する。これに反対派は「金は一年，土地は万年」を掲げ，デモやストライキ，座り込みなどで抵抗した。結果として，内灘村は漁業補償や農地造成といった条件と引き換えに試射場の継続使用を受け入れる。56年に試射は終了し，その翌年，米軍は撤収した。内灘闘争は生活と風紀の擁護を目的として始まり，平和や独立，民主主義といった価値理念も体現する可能性を示していた[10]。

　1953年，浅間山での演習場設置計画が明らかになった。朝鮮戦争の山岳戦に苦戦していた米軍は冬季訓練場を必要としていた。しかし軽井沢町（長野県）は風紀の乱れ（売春の横行）や観光客離れを憂慮した。町民大会も開催され「演習場反対全町協議会」を結成，後に労組なども加わり全県的運動へと展開していく。東大地震研究所が地震観測への影響を懸念したこともあり，結果，浅間山使用は取り消され，演習場は設置されなかった[11]。

　1955年には立川飛行場拡張計画を受け，砂川町（東京都）の予定地関係者は「基地拡張反対同盟」を組織した。そこでは滑走路の延長は町を分断し，

---

(10)　森脇孝広「軍事基地反対闘争と村の変容―内灘闘争とその前後をめぐって」『年報・日本現代史』11号（2006年）263-289頁。
(11)　松田圭介「1950年代の反基地闘争とナショナリズム」『年報・日本現代史』12号（2007年）97-102頁。

爆音被害は生活を脅かすと主張された。7月に開催された町民大会では生活権擁護の理論的根拠として，憲法が保障する生活権，財産権，生存権が明示された。さらに翌月の総決起集会では「日本の平和と独立」を守ることも訴えられた。そして56年10月，拡張予定地の強制土地測量を中止に追い込み，最終的に立川飛行場の拡張計画は頓挫した[12]。

　以上のように，日本本土の基地闘争は基本的に成功，勝利を収めた。また，日本の基地闘争は憲法の理念を体得し，戦後民主主義の浸透をもたらした。さらに，日常生活が脅かされる懸念から出発しながら，在日米軍の駐留継続に反対し，日本の独立そして平和へと射程を広げた点も特筆されよう。

　同時期，沖縄でも米軍用地の接収が問題となっていた。沖縄戦後に接収された土地への賃貸料は非常に低く，「一年一坪あたりタバコ一本分にもならない」と言われていた。これに対し住民は軍用地賃貸料の引き上げを求めた。サンフランシスコ講和条約によって正式に沖縄の分離統治が行われるようになった53年には，琉球列島米国民政府（アメリカによる統治機構）によって強制土地収用手続きを定めた「土地収用令」が公布された。

　沖縄での米軍による軍用地接収は「銃剣とブルドーザー」と表現される。例えば宜野湾村伊佐浜では，55年3月に武装兵がブルドーザーの前に座り込む住民を銃床で殴るなどし，32名が重軽傷を負う。そして7月，米軍は深夜に付近の交通を遮断し，農地を強制接収した[13]。

　54年3月には，軍用地料の一括払い（事実上の買い上げ）計画が報道された。これを受け住民側は①一括払い反対，②適正補償，③損害賠償，④新規接収反対の「軍用地四原則」を主張する。55年5月，比嘉秀平琉球政府行政主席（現在の県知事に相当。ただし任命制）を代表とする沖縄代表団は渡米，アメリカ議会下院軍事委員会でこの四原則を訴えた。軍事委員会は調査団を沖縄に派遣するものの，調査団は一括払いと新規土地接収を容認する報告書を提出した。これに当然ながら沖縄住民は強く反発，これは保守・革新を越えた「島ぐるみ闘争」となる[14]。

---

(12)　明田川融「1955年の基地問題―基地問題の序論的考察」『年報・日本現代史』6号（2000年）81-88頁。
(13)　沖縄県『沖縄の米軍基地』（2018年）2頁。

　この反基地闘争を弱体化させたのが，56年8月に米軍より発せられた「オフ・リミッツ」であった。これは軍人・軍属の民間地域への立ち入り禁止を命じるものである。名目上は沖縄住民との衝突防止とされたが，真の目的は基地周辺の米兵を相手とする商店街や風俗営業地への経済的締め付けであった。農地を失った人々と商業を脅かされた人々は運動継続をめぐり対立，沖縄社会は分断した[15]。

　軍用地の補償については沖縄，日本，アメリカの間で交渉が重ねられた結果，一括払いは撤回され，賃貸料は53年時の6倍を支払うことで決着した。しかし，新規土地接収は阻止できなかった。沖縄の基地闘争はアメ（適正補償）とムチ（財産権，生活権の侵害）により瓦解した。

　このように拡張された沖縄の米軍基地に移転したのは，皮肉なことに日本本土から撤退した海兵隊であった。朝鮮戦争休戦により，日本に駐留していた第三海兵師団は当初，アメリカ本国へ撤退する計画もあったが，最終的には沖縄へ移転した。54年まで沖縄に海兵隊は存在していなかったが，茅ヶ崎，北富士，岐阜などから約6000名が沖縄に移駐した。合わせて名護市辺野古では基地建設計画が明らかになり，58年には辺野古のキャンプ・シュワブが作られた。結果として，日本と沖縄の米軍基地比率は9：1から5：5となった。このように海兵隊が沖縄に移駐した背景には，日本本土における基地闘争の勝利があった[16]。

## 3　日米安保改定と沖縄

　日米安保条約については，講和成立後も米軍の駐留を認めたため，野党が不平等性を主張するのみならず，日米安保協力に肯定的な人々も不満を持っていた。アメリカに基地を提供する代わりに安全保障を委ねるという吉田の判断は，一定の合理性はあるものの，国民からは反発を招いていた。特に日本政府の要請さえあれば米軍は内乱鎮圧に出動できること，米軍基地の使用

(14)　平良好利『戦後沖縄と米軍基地—「受容」と「拒絶」のはざまで 1945〜1972年』（法政大学出版局，2012年）111-122頁。
(15)　鳥山淳『沖縄／基地社会の起源と相克 1945-1956』（勁草書房，2013年）251-255頁。
(16)　小松寛「戦後沖縄と平和憲法」島袋純・阿部浩己編『沖縄が問う日本の安全保障』（岩波書店，2015年 a）60頁。

や核兵器の持込に制限がなく，日本がアメリカの戦争に巻き込まれる危険性
があること，日本にはアメリカへ基地を提供する義務があるが，アメリカに
よる日本防衛の義務はないことが問題とされていた。

　1955年8月，重光葵外相（鳩山一郎内閣）は，ダレス国務長官へ日米安保改
定を提案した。日本の状況を「半独立」と認識していた重光は，日米安保を
相互的なものとし，アメリカと対等なパートナーとなることを目指してい
た。しかしダレスはこれを却下した。まず日本は憲法により海外派兵ができ
ない。これは仮にグアムなどアメリカ領が攻撃を受けた際に，日本が共同で
防衛できないことを意味する。そしてなにより日本の防衛力はいまだ脆弱で
あった。重光案では12年以内に米軍の完全撤退を求めていたが，アメリカに
とって了承できるものではなかった[17]。

　しかし重光の提案から3年後，アメリカ政府は安保改定へと動き出す。日
本経済は堅調に回復している一方で，ソ連との国交回復（56年10月），国連加
盟（56年12月），ソ連のスプートニク打ち上げ成功（57年10月）など国際環境の
変化は，日本のアメリカへの依存度が低下していることを示した。ここで評
判の悪い日米安保条約に固執すれば，日本がアメリカから離れ，中立政策を
とりかねないとの懸念があった。また，沖縄の基地問題もアメリカの懸念を
引き起こした。そこでダレスと国務省は沖縄に対する施政権の部分的な返還
を検討する。これは沖縄の米軍基地を集積しそれを半永久的に所有する代わ
りに，残りの土地については日本に返還するというものであった。しかし，
広範囲におよぶ基地を集積することは現実的でなく，計画は頓挫する。その
代わりに浮上したのが，安保改定であった。

　その際に問題となったのは「相互性」の内容である。これについては，ア
メリカが日本の防衛義務を負う代わりに，日本はアメリカに基地を提供する
ことで相互的とする，ということになった。日米安保体制が「ヒトとモノの
交換」と言われるゆえんである。これにより，憲法9条の改正も不要となっ
た。

　1958年，岸首相は安保改定を決断する。しかし，これに野党は猛烈に反対

---

(17)　坂元一哉「独立国の条件」五百旗頭真編『戦後日本外交史』（有斐閣，2010年）82-85頁。

した。野党にとって安保条約は実質的な占領体制の継続を意味した。またソ
連，中国を敵視することで，アメリカの戦争に日本が巻き込まれるとの危惧
があった。こうして一般市民や学生，文化人を巻き込んだ安保闘争が展開さ
れた[18]。

　しかし安保闘争において，沖縄は主題とはならなかった。例えば，60年5
月にアメリカ下院議会が沖縄へのメースB（核ミサイル）基地建設を承認する
が，安保闘争内では問題にされなかった。また，安保改定においては適用地
域（共同防衛地域）に沖縄を含めるか否かが問題となった。沖縄を適用地域に
含めるということは，仮に沖縄が攻撃された場合，日本も共同で防衛に当た
るということである。岸自身は将来の返還を見越して沖縄・小笠原への適用
を希望していた。しかし，適用地域の拡大は，野党はもとより自民党内部か
らも批判を受ける。なぜならば，日本本土が戦争に巻き込まれることを危惧
したからである。安保闘争の原動力である「日本の平和を守る」願望と，沖
縄問題は根本的に対立していた。このような態度に沖縄側は落胆した。琉球
新報は社説（1960年1月18日）で「もし戦争になった場合は沖縄人だけ戦禍に
さらして，日本国民は傍観しよう」というものと批判した。

　このように，安保闘争においては〈安保改定阻止・安保廃棄の論理〉と
〈沖縄返還要求＝沖縄の復帰運動への応答の論理〉は分離していた。言い換
えれば〈米軍の占領地として戦争に直結する沖縄〉と〈民主主義と平和の対
象となるべき日本本土〉という二分法の図式に陥っていたのである[19]。
1960年1月，新日米安保条約はワシントンで調印された。国内では批准審
議，強行採決をめぐり，巨大デモとストライキが頻発した。条約自体は6月
に成立したものの，岸内閣は退陣せざるを得なかった。

　新安保条約は日米関係の改善という観点から見た場合，日本防衛義務の明
文化，内乱条項削除，日米経済協力関係の標榜，事前協議[20]の導入など，
旧安保条約の不備を是正したと評価される。しかし軍事的実態としては，沖

---

(18)　坂元，前掲，94-98頁。

(19)　大野光明『沖縄闘争の時代1960／70—分断を乗り越える思想と実践』（人文書院，2014年）
　　　39-41頁。

(20)　米軍が核兵器の持込や戦闘行動を行う際，あらかじめ日米両国で協議することを求める制
　　　度。

縄・韓国・台湾などに駐留する軍事的境界線を維持するものであった。そして事前協議の曖昧さや，同時に締結された基地の管理や逮捕・裁判について米軍へ特権的な便宜を認める日米地位協定は今日の政治的争点として残されている[21]。

　そして安保闘争は沖縄の日本復帰運動へも影響を与えた。1960年4月，沖縄教職員会などが中心となって沖縄県祖国復帰協議会（復帰協）が結成される。結成の背景には，安保改定をめぐる日本本土政局において，沖縄が「棄てられる」ことへの危機感があった[22]。政党としては革新系の沖縄社会大衆党，沖縄社会党，沖縄人民党が参加した。革新三党の政治理念の違いは決して小さくないが，平和主義を掲げる憲法を持つ日本国への復帰を共通の目的として連携した。なお，沖縄の保守勢力は復帰協へ参加はしなかったものの，対米協調を基本としながら日本復帰を目指す点では同様であった。

# II　沖縄返還をめぐる日米関係

## 1　高度経済成長と沖縄返還交渉

　1960年7月，岸の後を継いで，池田勇人内閣が発足する。池田が直面した課題は国論の分裂であった。日本の進路は，資本主義か社会主義か，親米路線か中立かの選択を迫られていた。しかし池田は「寛容と忍耐」の政治姿勢をとり，政策運営の重点を「所得倍増計画」においた。池田路線は吉田が採用した道の延長線上にあった。すなわち，50年代の政治外交の基本路線の対立を，経済成長と調整の政治によって折衷したのである。これは岸がこだわった「憲法改正による真の独立国」路線を排除するものであった。

　また，「アメリカ帝国主義は日中共同の敵」といった親ソ親中社会主義路線も，社会主義国の実態が漏れ伝わり，高度経済成長で国民生活が向上するにしたがい支持を得られずにいた。当時の国民感情は「非武装中立や社会主義を支持するわけではないが，さりとて戦前の暗い時代を思わせるような再軍備に取り組むため，無理に憲法を改正することもない。それよりまず経済

---

(21)　中西，前掲，107-110頁。
(22)　櫻澤誠『沖縄現代史』（中央公論新社，2015年）86-88頁。

だ」と表現される。こうして1960年代は戦後日本外交の原型が定着した。すなわち憲法体制が確立し，政治安保ではアメリカの要請に受動的に対応，そして経済的国益推進には積極的に取り組むという姿勢である[23]。池田内閣は経済を梃子に国際社会での地位向上を目指し，年平均で10％以上の経済成長を収めた。そして日本は自由主義陣営においてGNP（国民総生産）２位となり，先進国の仲間入りを果たした。その象徴が64年に開催された東京オリンピックである。これは敗戦によって傷ついた「ナショナル・プライド（国家／国民／民族の自尊心）」の癒しとなった。

　1964年，池田に代わって首相となったのが佐藤栄作である。佐藤は経済復興後の日本の「ナショナル・プライド」のさらなる充足材料を模索した。北方領土返還や日中関係の打開，核兵器の保有や憲法改正などが候補にあがったが，最終的に沖縄返還に焦点を定める。ソ連や中国との交渉は冷戦下で難しく，核兵器や憲法改正は国民世論の賛同を得られないと判断したためである[24]。65年，佐藤は首相として初めて沖縄を訪問する。那覇空港で「私は沖縄の祖国復帰が実現しない限り，わが国にとって戦後が終っていないことをよく承知しております。これはまた日本国民すべての気持ちでもあります」と演説し，沖縄返還への意欲を示した。

　1967年11月，佐藤はリンドン・ジョンソン（Lyndon Johnson）大統領との会談に臨んだ。その共同声明で佐藤は「両三年の内（within a few years）」に沖縄返還の目処をつけるという文言を入れることにこだわった。この「両三年の内」に固執した理由は70年安保である。60年に改定された新安保条約の期限は10年であり，その後は一方の通告で廃棄できると定められている。佐藤政権は延長を目指していたが，社会党など革新勢力は反対していた。そこで69年中に沖縄返還を決定しその勢いで70年安保へ，というのが佐藤政権のシナリオであった[25]。

　1968年11月，沖縄では行政主席選挙が初めて実施された。革新陣営は「即

---

(23)　田所昌幸「経済大国の外交の原型」五百旗頭真編『戦後日本外交史』（有斐閣，2010年）104-108頁。

(24)　中島琢磨『高度成長と沖縄返還』（吉川弘文館，2012年）113-116，130頁。

(25)　中島，前掲，135-151，180頁。

時無条件全面返還」を掲げる屋良朝苗を，保守陣営は「本土並み」復帰を公約とする西銘順治を擁立した。この沖縄の政治情勢と復帰への道筋を決定づける選挙で，革新の屋良朝苗が当選する。沖縄住民は革新主導の復帰路線である「即時無条件全面返還」を選択した。革新主席の誕生は日米両政府へ衝撃を与え，沖縄返還へ拍車をかけることになった。

　1968年12月，行政主席に就任した屋良は上京，佐藤首相らと会談を行う。以後，日米で沖縄返還が決定する1969年11月の日米首脳会談に至るまで，屋良は日本政府へ「即時無条件全面返還」を訴え続けた。それに対し佐藤政権は「本土並み」という回答に終始した。そこで日本政府と琉球政府の間では，「本土並み」の意味するところが問題となった。日本政府は日米安保の制度や運用方法を沖縄の米軍基地にも適用する「形式的本土並み」であると公には説明していた。しかし実際の交渉では，基地を大幅に削減し密度も本土と同等となる「実質的本土並み」の可能性が何度も示されていた[26]。

　一方，日米間交渉でも在沖米軍基地の様態が課題となっていた。当時，ベトナム戦争を抱えていたアメリカは，ベトナムそして韓国・台湾に対する基地の自由使用と，核兵器を含めた機能維持を求めていた。つまりアメリカ側としては，基地さえ確保できていれば，日本および沖縄から要求されていた沖縄返還に応えることもやぶさかではなかった[27]。そして69年11月，佐藤とリチャード・ニクソン（Richard Nixon）大統領は日米共同声明で沖縄の「72年・核抜き・本土並み」返還を表明する。しかし，その裏側で有事の際には沖縄への核兵器持込みを認める密約が結ばれていたことが今日では明らかになっている。すなわち沖縄返還の実態は「実質的本土並み」どころか「形式的本土並み」さえも反故にされたのである。

　佐藤はワシントンからの帰国後すぐに衆議院を解散した。総選挙で自民党は沖縄返還を成果として訴え，最終的に300議席を獲得した。これに対し社会党は90議席のみであった。当初のもくろみ通り，70年安保に向けて政局安定に成功した[28]。

---

(26)　小松寛『日本復帰と反復帰―戦後沖縄ナショナリズムの展開』（早稲田大学出版部，2015年b）83-106頁。
(27)　中島，前掲，187-192頁。

## 2　沖縄返還に対する沖縄側の反応

　返還合意後，日米は沖縄返還協定の作成へと着手する。沖縄の分離および
アメリカによる統治はサンフランシスコ講和条約によってなされたため，そ
の返還にも同等の手続きが必要となった[29]。しかし復帰運動を主導してき
た復帰協は1971年5月と11月に，沖縄返還に反対するためゼネラル・ストラ
イキ（ゼネスト）を実施した。いずれも参加者は10万人を超え，多くの学校
は休校し，バスもほぼ全路線がストップした。なぜ沖縄では求めていた日本
復帰が実現するにも関わらず，大規模な反対運動が展開されたのであろう
か。その理由は当時の世論調査から伺える。1971年7月に琉球新報が実施し
た世論調査で，沖縄返還協定に対する印象については「どちらかというと満
足」が9.4％なのに対し，「どちらかというと不満」が47.6％に上った。その
理由としては①「核抜き本土並みになると思えない」34.9％，②「基地の縮
小，撤去の見通しがない」23.5％，③「秘密交渉で進められ，裏があるに違
いない」17.2％と並ぶ[30]。沖縄住民は日米両政府の「核抜き・本土並み」が
まやかしであることを見抜いていたのである。

　しかし沖縄返還は日米両政府によって着々と進められ，1972年5月15日，
ついに沖縄は日本に復帰した。東京（日本武道館）と沖縄（那覇市民会館）で同
時に復帰記念式典が開催されたが，那覇では復帰協が抗議集会「自衛隊配備
反対，軍用地契約拒否，基地撤去，安保廃棄，「沖縄処分」抗議，佐藤内閣
打倒5・15県民総決起大会」を実施した。その大会名から，日本復帰運動を
主導してきた復帰協がなぜ現実の沖縄返還に反対したかがわかる。沖縄の日
本復帰を推し進めてきた屋良主席もその式典のスピーチで「復帰の内容をみ
ますと，必ずしも私どもの切なる願望がいれられたとはいえないことも事実
であります」と述べたのであった[31]。

　沖縄の人々は沖縄返還によって米軍基地が整理縮小されることを望んでい
た。しかし，それが実際に進んだのは，皮肉なことに日本本土であった。72

(28)　中島，前掲，229，233-234頁。
(29)　中島，前掲，241-242頁。
(30)　中島，前掲，271-272頁。
(31)　櫻澤，前掲，164-166頁。

年1月，日米は首都圏の米軍基地を集約・削減する「関東計画」に合意した。佐藤は70年に米軍について「外国の兵隊が首府のそばにたくさんいるという，そういうような状態は好ましい状態ではない」と国会で答弁している。

　他方で，過度に集中した在沖米軍基地の整理縮小についても日米は協議を行ってはいた。しかし，沖縄からの米軍撤退は日本の安全保障上不利益になると日本政府は考え，基地を維持するようアメリカに要請した[32]。

　結果，本土の米軍基地は約19,580 ha（1971年）から約7,800 ha（2019年）へと約60％縮小した。これに対して沖縄では約35,300 ha（71年）から約18,500 ha（2019年）と，約34％の縮小に留まっている[33]。沖縄対本土の軍用地比率は59：41から70：30となり，沖縄への基地の集中はさらに進んだのである。さらに円高による駐留費用増加や対日貿易赤字への不満が高まっていたアメリカは，日本へさらなる駐留経費の負担要求を行う。これが今日の「在日米軍駐留経費負担」，いわゆる「思いやり予算」へと繋がっていく[34]。

## Ⅲ　冷戦終結後の日米関係における沖縄

### 1　冷戦の終結と日米安保の変容

　1985年3月，ソ連ではミハイル・ゴルバチョフが共産党書記長に就任した。ソ連の政治経済を立て直すため，ペレストロイカ（立て直し），グラスノスチ（情報公開）というスローガンに基づいて国内改革を進めた。またゴルバチョフは軍事費削減のため「新思考外交」を導入した。これは東西が相互の安全と利益を尊重することでソ連の安全は確保できるという「共通安全保障」という考え方に基づいていた。1989年にはポーランドとハンガリーで民主化が進んだ。多くの東ドイツ国民がポーランドやハンガリーの西ドイツ大使館に亡命，東ドイツ政府は11月に国境の開放を宣言した。こうした動きに

(32)　野添文彬『沖縄返還後の日米安保—米軍基地をめぐる相克』（吉川弘文館，2016年）97-133頁。
(33)　沖縄タイムス社『50年目の激動』1996年，13頁および防衛省「在日米軍施設・区域の状況」https://www.mod.go.jp/j/approach/zaibeigun/us_sisetsu/（2019年10月19日閲覧）。
(34)　野添，前掲，181-191頁。

ソ連は介入せず，さらに民主化はチェコスロバキア，ルーマニア，ブルガリアへと広がった。そして1990年9月，東西ドイツは統一条約に調印した[35]。一方ソ連ではペレストロイカに反対する勢力が91年8月にクーデタを起こすものの失敗，ソ連は91年12月に崩壊した。

　同時期に湾岸戦争が勃発する。90年8月，イラク軍によるクウェート制圧に対し，アメリカはサウジアラビア防衛のため派兵を決定する。翌年1月，国連安保理決議に基づき米軍を主とする多国籍軍は「砂漠の嵐」作戦を開始した。湾岸戦争の勃発は，冷戦後の日本の国際貢献のあり方が試される出来事となった。日本は憲法9条により自衛隊の派遣はできない。そこで日本政府は資金協力を実施し，その額は130億ドルに及んだ。しかしクウェートが掲載した感謝広告で日本に言及されなかった。これは「湾岸のトラウマ」として知られている。そもそもこの広告は多国籍軍を対象としていたが，それにも関わらず日本政府は軍事における人的貢献が必要との主張に囚われる。「湾岸のトラウマ」はアメリカが求める自衛隊の海外派遣を実現するための口実として使われた側面もある[36]。

　ジョージ・H・W・ブッシュ（George H. W. Bush）米大統領は，湾岸戦争に勝利した直後の1991年3月に「新世界秩序」の可能性に言及した。これはアメリカの特別なリーダーシップと責任，そして新しい秩序への挑戦には軍事力をもって対処することを示した。新世界秩序構想の基盤には，冷戦終結と湾岸戦争を経て，唯一の超大国としてのアメリカの存在がある。これは国際政治の構造が冷戦期の米ソ二極構造から米の一極構造へと変化することを意味する。また，東アジアにおいては，アメリカの軍事的プレゼンスを維持する必要性も強調した。冷戦終結により，日米同盟は共産主義の防波堤からアジア・太平洋地域の平和と安定という新たな役割を担うこととなる。これは「後方支援」など自衛隊の海外での軍事行動，とくに米軍との共同行動の余地を拡大するなど，日米同盟のあり方に変化をもたらした[37]。

---

(35)　青野利彦「冷戦終結への道」小川浩之・板橋拓己・青野利彦『国際政治史—主権国家体系のあゆみ』（有斐閣，2018年）194-199頁。

(36)　吉次公介『日米安保体制史』（岩波書店，2018年）134-138頁。

(37)　青野，前掲，212-214頁。

## 2　沖縄における反基地運動の再興隆

　国際社会が大きな変動を迎えていた1990年，沖縄では大田昌秀が県知事となった。沖縄戦経験者であり，琉球大学の教員として沖縄の政治や社会について多数の書籍を著していた大田は，県知事選において「反戦平和」と「公正公平」を公約としていた。大田は沖縄へも，冷戦終結による「平和の配当」がなされることを日米両政府に求めた[38]。

　しかし，1995年9月，沖縄島北部で女子小学生が米兵3人によって暴行される事件が発生する。その事件の痛ましさのみならず，日米地位協定により，身柄を米軍当局が拘束していたことも世論の反発を招いた。これを受けて大田知事は軍用地強制使用のための手続き拒否を表明した。10月には「少女暴行事件を糾弾し，地位協定見直しを要求する県民総決起大会」が開催され，8万5千人に参加した。12月，村山富市首相は大田知事に対して軍用地強制使用の職務執行命令訴訟を提起する。県側弁護団はこれを憲法問題として裁判にのぞみ，平和行政への取り組みと米軍基地の歴史的経緯，社会的状況を説明した。しかし96年8月，最高裁は国側勝訴の判決を下す。沖縄県の主張した憲法による平和的生存権は認められなかった[39]。9月，沖縄県は基地整理縮小に関する県民の意思を明確にするため，「日米地位協定の見直しと基地の整理・縮小を求める県民投票」実施する。結果，有権者の過半数が地位協定見直しと基地整理縮小に賛成を示した。

　96年4月，日米両政府は沖縄の負担軽減を図るため，普天間飛行場を返還することで合意した。普天間飛行場は沖縄県中部の宜野湾市の市街地にあり，沖縄側からその返還を強く求めていた基地のひとつであった。しかし，返還には県内での代替施設建設が条件とされた。その候補地として沖縄県北部の名護市辺野古が浮上する。名護市でも新基地受け入れをめぐり住民投票が実施され，反対が過半数を占めた。しかし名護市長は基地受け入れを表明し辞任，後任の市長には基地容認派が支援する候補者が当選した。98年11月の県知事選では「県外移設」を掲げた大田をやぶり，「本島北部の陸上に15年限定で軍民共用空港を建設」を公約とした保守の稲嶺惠一が当選する。そ

---

(38)　櫻澤，前掲，233-234頁。
(39)　小松，前掲（2015年 a）67-69頁。

して99年11月，沖縄県と名護市は普天間飛行場の移設先として「辺野古の沿岸部」をあげ，条件付きで受け入れを表明した。同年，国会は軍用地が強制使用できるよう軍用地特措法を改正した。

　このように1995年に発生した米兵による少女暴行事件を契機として渦巻いた反基地運動は，憲法の平和主義による米軍基地の撤去および平和の実現への試金石となった。しかし，その可能性は内閣総理大臣による提訴によって司法の場で審議され，不可との結論が下された。そして国会も，強制使用が可能となるよう法制度を整備した。日本政府の行政・司法・立法の三権ともに憲法の平和主義による在沖米軍基地の整理縮小を認めなかったのである。

## 3　21世紀の日米関係と沖縄政治の変容

　ジョージ・W. ブッシュ（George W. Bush）が大統領となった2001年の9月11日，同時多発テロ事件が発生し，ニューヨークの世界貿易センタービルやワシントン近郊の国防総省といったアメリカの政治経済の中枢が標的となった。G. W. ブッシュ大統領はこれをアル＝カイーダの犯行と断定，アフガニスタンへ空爆を行う。この「不朽の自由作戦」は民主主義者とテロリストという善悪二元論に基づく「テロとの戦争」の始まりであった。さらに2002年1月，G. W. ブッシュ大統領はイラン・イラク・北朝鮮を悪の枢軸国と呼び，核兵器などの大量破壊兵器の保有を目指し世界平和を脅かしていると激しく非難した。2003年3月，米軍はイラク攻撃を開始し，4月にはバグダットが陥落，フセイン政権は崩壊した。米軍が中心となりイラクを占領するものの，戦争の大義であった大量破壊兵器は見つからなかった。

　2001年4月に発足した小泉純一郎政権は外交・安全保障政策の面で大きな転換を行った。9.11後，日本はアメリカの軍事行動支援のため，テロ特措法を制定し，自衛隊をインド洋に派遣した。アメリカによる「ショー・ザ・フラッグ」の応答であった。イラク戦争についても独仏反対，中露不支持の中，小泉政権は2004年2月に自衛隊をイラクに派遣した。この時はアメリカの「ブーツ・オン・ザ・グラウンド」という要望に応え，アメリカとの軍事的緊密化を加速した[40]。

　一方，沖縄に基地問題について日本政府は，辺野古新基地受入れの見返り

として10年で1,000億円の北部振興事業を拠出する。翌年には主要国首脳会議（G8サミット）を沖縄で開催するなど，基地建設へ向けての環境整備を行った。2002年，辺野古沖埋め立てによる基地建設に国と沖縄県は合意する。しかし，世論調査では県外移設を求める声が多数であった。2004年4月，海上基地建設のためのボーリング調査が実施されるが，建設反対派のカヌーによる阻止活動により中止に追い込まれた[41]。

　2009年，民主党が総選挙で勝利し，政権交代が実現する。戦後日本で初めての選挙による明確な政権交代であった[42]。民主党は普天間飛行場移設については「最低でも県外」と公言しており，沖縄政治にも大きな影響を与えた。2010年の名護市長選では，辺野古への移設反対を公約に掲げた候補が当選する。沖縄県議会でも県外国外への移設を求める決議が全会一致で採択された。「米軍普天間飛行場の早期閉鎖・返還と，県内移設に反対し，国外・県外移設を求める県民大会」が超党派で開催され，9万人余りが参加した。しかし，鳩山由紀夫内閣は普天間飛行場の辺野古移設に回帰し，日米両政府は辺野古移設の推進を共同声明にて発表した。こうして民主党政権は方針を転換するが，県民世論は変わらない。2010年の県知事選では，保守でありながら県内移設反対を公約とした仲井眞弘多が再選する。県内移設反対を公約とさせたのは選対本部長を務めた翁長雄志那覇市長（当時）であった[43]。鳩山内閣による一連の経緯は日米関係に混乱をもたらしたと見る向きもあるが，少なくとも沖縄において県内移設は軍事上の要請ではなく政治的問題であること，それゆえに政治によって解決されうるという気づきをもたらした。

　2012年，民主党から政権を奪還した自民党安倍晋三政権は安全保障について大きな変革を実行した。まず，歴代内閣が行使できないとしてきた集団的自衛権（同盟国への攻撃を自国への攻撃とみなし，反撃できる権利）を閣議決定で行使可能とした。2015年には日本が直接攻撃を受けなくとも，日本と密接な関

(40)　石川真澄・山口二郎『戦後政治史』（岩波書店，2010年）206-207頁。
(41)　櫻澤，前掲，278-287頁。
(42)　石川ほか，前掲，228頁。
(43)　『沖縄タイムス』2010年11月30日。

係にある他国が攻撃され，「存続危機事態」であると政府が判断すれば，集団的自衛権に基づき海外で武力行使が可能となる安全保障法制を制定した。これは戦後日本が維持してきた専守防衛からなる安全保障政策の転換であった。世論調査は反対多数を示し，野党と市民は激しく反発した。しかし戦後70年目にして日本は，他国での武力不使用という平和国家としてのあり方を大きく変えたのである。

　2012年9月，安全性にかねてから疑念があった新型輸送機オスプレイが普天間飛行場に配備された。そこでオスプレイ配備撤回と普天間飛行場の県内移設拒否を訴える「建白書」に県議会，全市町村長，全市町村議会が署名を行う。この中心にいたのが翁長であった。このような政治情勢の中，2013年12月，仲井眞知事は方針を変え，辺野古新基地建設のための埋め立てを承認する。これを受けて安倍首相は3,000億円台の沖縄振興予算を2021年度まで毎年度確保すると約束した。これは基地と振興策の露骨な「リンク論」であった。これには県政野党から「傲慢すぎる」「説明責任を果たしていない」と批判を受け，県政与党からも「せめて神妙な表情で「苦渋の決断」をにじませられないものか」と苦言が出た[44]。

　2014年，「建白書」の実現を目指す保守・革新を超えた"建白書勢力"による翁長県政が誕生した。これは「オール沖縄」と呼ばれ，その特徴は革新政党，那覇市議会保守派，経済界有志によって構成されている点にある。これまで沖縄政治で選択を迫られてきた「平和か経済か」から「平和も経済も」へと変わり，「イデオロギーよりアイデンティティ」を訴えることで従来の保革対立を克服するところに画期性があった。翁長は安全保障政策について，日米安保に基づく米軍基地は日本全体で平等に負担すべきと訴えた。そして仲井眞前知事による埋め立て承認を撤回し，日本政府と対峙する。しかし2018年8月，膵臓がんのため，現職のまま死去した。10月の県知事選では「オール沖縄」の後継者，玉城デニーが当選した。辺野古新基地建設をめぐり，いまだ沖縄県と日本政府は対立を続けている。

---

(44)　『沖縄タイムス』2014年1月6日。

## おわりに

　以上，戦後日米関係における沖縄のあり方を追った。ここまでの議論をまとめよう。まず，今日の沖縄への米軍基地の集中は，戦後70年の日米関係の結果としてなされたということである。1950年代の反基地闘争，70年前後の関東計画を経て，敗戦の記憶を色濃く残す米軍基地は本土ではその存在感を薄めていく。そしてアメリカにとっての在沖米軍基地は比較的割安で維持できる海外基地であり，日本防衛よりむしろグローバルな軍事戦略の要所となっている。他方で日本政府は，戦後を通して日米安保条約を安全保障政策の根幹としてきた。アメリカによる日本の防衛を確保するため，米軍を沖縄に引き留め続ける必要があると考えてきた。このような戦後日米関係の中で，政治的思惑から軍事基地が集積した場所が沖縄であった。

　これに対し沖縄からは，戦後一貫して米軍基地に対する異議申し立てが行われてきた。50年代の「島ぐるみ」闘争から，復帰運動，そして90年代の反基地運動とつながり，現在の「オール沖縄」へと至る。翁長知事は日米安保自体は肯定しながらも，基地を全国で平等に負担することを求めた。これは戦後日米関係によって形作られてきた安全保障政策そのものへの問い直しでもある。このような状況に対して，沖縄の負担を軽減するためにもう一度全国で米軍基地を受け入れるのか，それとも日米安保とは異なる，東アジアの安全保障体制を構築するのか，さもなければ沖縄への基地集中を看過しつづけるのか。沖縄は戦後日米関係と平和を問う原点であり続ける。

### ── さらに勉強を進めるために ──

　櫻澤誠『沖縄現代史』（中央公論新社，2015年）。

　島袋純・阿部浩己編『沖縄が問う日本の安全保障』（岩波書店，2015年）。

　吉次公介『日米安保体制史』（岩波書店，2018年）。

# おわりに

　早稲田大学平和学研究所は2003年に設立された。その設立目的は次のとおりである。

　「グローバル化の時代に戦争や民族紛争，テロリズムの不安はかえって増大している。こうした時代に若い世代に戦争や暴力と平和の問題を，理論的かつ政策的に考えてもらうために，かつ日本の平和憲法及び被爆体験を踏まえて，早稲田大学から平和のメッセージを世界に発信することを目的として，本研究所を設置する。本研究所では，政治学，経済学，法学，生物学，情報通信科学等の多面的な視点から，今日の世界の軍事経済，南北問題，市民社会，ジェンダー，平和文化，環境問題，科学技術などを学際的に検討し，現代世界の平和と戦争，暴力の問題を総合的に考えると同時に，アカデミックな場と実践の場を結び，平和研究の発展自体に寄与する」。

　この設立目的のもと，平和学研究所では，毎年「21世紀世界における戦争と平和」という講義を行ってきた。2006年からは，本書の編者である多賀秀敏先生が所長に就任された。多賀先生は，新たに紀要『早稲田平和学研究』を創刊するなど，早稲田大学における平和学の発展に貢献されてきた。

　その多賀秀敏先生も2019年度で古稀をお迎えになり，早稲田大学を退職されることになった。本書が多賀先生の古稀記念に花を添えることができれば，望外の喜びである。


多賀秀敏先生の古稀を記念して記す

# 索　引

## 執筆者紹介 (掲載順)

**多賀秀敏**（たが　ひでとし）…………………………………………………… はじめに

　※　編著者紹介参照


**奥迫　元**（おくさこ　はじめ）………………………………………………… 第1章

早稲田大学社会科学総合学術院准教授

主著　（共編著）『経済制裁の研究──経済制裁の政治経済学的位置づけ』（志學社，2017年）

　　　（共著）『福祉社会へのアプローチ［上巻］』（成文堂，2019年）

　　　（共著）『国際関係論のニュー・フロンティア』（成文堂，2010年）


**峯田史郎**（みねた　しろう）………………………………………………… 第2章

早稲田大学地域・地域間研究機構（アジア・ヒューマン・コミュニティ（AHC）研究所）招聘研究員

主著　「東南アジア境界地域における武力闘争へのマルチスケールと人間の領域性からの接近──ミャンマー・シャン州南部少数民族組織の生存戦略」『境界研究』第10号（2020年予定）

　　　（Co-authored）*Complex Emergencies and Humanitarian Response*, Osaka, Union Press, 2018

　　　「地域形成の多層性とスケールにおける権力関係──中国・雲南省の地域政策を事例に」『北東アジア地域研究』第21号（2015年）


**小泉　悠**（こいずみ　ゆう）………………………………………………… 第3章

東京大学先端科学技術研究センター特任助教

主著　『「帝国」ロシアの地政学──「勢力圏」で読むユーラシア戦略』（東京堂出版，2019年）

　　　『軍事大国ロシア──新たな世界戦略と行動原理』（作品社，2016年）


**竹村　卓**（たけむら　たく）………………………………………………… 第4章

富山大学人文学部教授

主著　『非武装平和憲法と国際政治──コスタリカの場合』（三省堂，2001年）

　　　（共著）『〈周縁〉からの平和学──アジアを見る新たな視座』（昭和堂，2019年）

　　　（共著）『コスタリカを知るための55章』（明石書店，2004年）


**福田忠弘**（ふくだ　ただひろ）……………………………………………… 第5章

鹿児島県立短期大学商経学科教授

主著　『海耕記──原耕が鰹群に翔けた夢』（筑波書房，2019年）

　　　『ベトナム北緯17度線の断層──南北分断と南ベトナムにおける革命運動（1954-60）』（成文堂，2006年）

　　　（共編著）『地方発国際NGOの挑戦──グローバルな市民社会に向けて』（明石書店，2008年）

中村香代子（なかむら　かよこ）………………………………………… 第6章
　國學院大學栃木短期大学非常勤講師
　主著　「戦争記念とツーリズムの遭遇──戦争記憶の風化をふせぐための課題と可能性」『國學院
　　　　大學栃木短期大學　日本文化研究』第4号（2019年）
　　　　「記憶を巡る政治──グローバル時代における日中韓ナショナリズム再構成」『國學院大學
　　　　栃木短期大学紀要』第49号（2015年）
　　　　（共著）『神道と生命倫理』（弘文堂，2008年）

山田　満（やまだ　みつる）……………………………………………… 第7章
　早稲田大学社会科学総合学術院教授
　主著　（編著）『新しい国際協力論［改訂版］』（明石書店，2018年）
　　　　（共編著）『一帯一路時代の ASEAN』（明石書店，2020年）
　　　　(Co-edited) *Complex Emergencies and Humanitarian Response*, Osaka, Union Press, 2018

谷山博史（たにやま　ひろし）…………………………………………… 第8章
　日本国際ボランティアセンター理事・聖心女子大学客員研究員
　主著　（共編著）「非戦・対話・NGO ──国境を超え，世代を受け継ぐ私たちの歩み」（新評論，
　　　　2017年）
　　　　（共編著）「『積極的平和主義』は，紛争地になにをもたらすか?! ── NGO からの警鐘」
　　　　（合同出版，2015年）
　　　　「南スーダン PKO の本質と自衛隊新任務──連環する自然資源と紛争」『世界』2016年12
　　　　月号

阿部和美（あべ　かずみ）………………………………………………… 第9章
　早稲田大学社会科学総合学術院助手
　主著　「インドネシア・パプア問題におけるメラネシア地域の役割──メラネシア・スピアヘッ
　　　　ド・グループのメンバーシップ問題をめぐって」『グローバルガバナンス』第5号（2019年）
　　　　「民主化時代インドネシアの開発──パプア地域開発における『人間中心の開発アプロー
　　　　チ』の欠落」『ソシオサイエンス』第25号（2019年）
　　　　(Co-authored) *Complex Emergencies and Humanitarian Response*, Osaka, Union Press,
　　　　2018

川嶋淳司（かわしま　じゅんじ）………………………………………… 第10章
　国際協力機構（JICA）パレスチナ事務所員
　主著　（共著）『ハンドブック 日本の国際協力』（ミネルヴァ書房，近刊）
　　　　（共著）『アラブ民衆革命を考える』（国書刊行会，2011年）
　　　　（共著）『一瞬でわかる日本と世界の領土問題』（日本文芸社，2011年）

勝間　靖（かつま　やすし）……………………………………………………………… 第11章

　早稲田大学大学院アジア太平洋研究科教授

　主著　（編著）『テキスト国際開発論──貧困をなくすミレニアム開発目標へのアプローチ』（ミネルヴァ書房，2012年）

　　　　（編著）『アジアの人権ガバナンス』（勁草書房，2011年）

　　　　（共編著）『改訂版　国際社会を学ぶ』（晃洋書房，2019年）

山本　剛（やまもと　つよし）……………………………………………………………… 第12章

　国際協力機構（JICA）企画部国際援助協調企画室主任調査役

　主著　"Linkage of Municipal Solid Waste Management and Peacebuilding: A Case Study in Northern Jordan affected by Syrian Refugee Influx", *International Journal of Environmental Science and Development*, Vol. 10, No. 1, January 2019

　　　　（共著）『難民を知るための基礎知識──政治と人権の葛藤を越えて』（明石書店，2017年）

秋葉忠利（あきば　ただとし）……………………………………………………………… 第13章

　原水爆禁止広島県協議会代表委員・前広島市長・元衆議院議員

　主著　『数学書として憲法を読む──前広島市長の憲法・天皇論』（法政大学出版局，2019年）

　　　　『新版　報復ではなく和解を』（岩波現代文庫，2015年）

　　　　『ヒロシマ市長』（朝日新聞出版，2012年）

鄭　美香（ちょん　みひゃん）……………………………………………………………… 第14章

　早稲田大学大学院社会科学研究科博士後期課程単位取得後満期退学

　主著　「忘れられた被爆者──在韓被爆者の歴史と先行研究」『社学研論集』第30号（2017年）

川口　徹（かわぐち　とおる）……………………………………………………………… 第15章

　公益財団法人名古屋国際センター職員

　主著　「1990年代の非核化を巡る中央地方関係──高知県の港湾非核化条例案の審議過程の政治分析」『ソシオサイエンス』第18号（2012年）

　　　　「地方自治体の非核宣言──1980年代を中心に」『社学研論集』第17号（2011年）

　　　　「1975年の非核神戸方式を巡る中央地方関係」『社学研論集』第16号（2010年）

李　起豪（い　きほ）……………………………………………………………………… 第16章

　韓信大学校社会革新経営大学院教授

　主著　(Co-edited) *Complexity, Security and Civil Society in East Asia. Foreign Policies and the Korean Peninsula*. Cambridge, UK: Open Book Publishers, 2015

　　　　「東アジア市民社会地域構想に関する考察」『動向と展望』2010年春号

　　　　（共著）『国際移動と社会変容』（岩波書店，2007年）

曺　明玉（ちょう　みょんお）‥‥‥‥‥‥‥‥‥‥‥‥‥‥‥‥‥‥‥‥‥‥‥‥‥‥‥‥‥ 第17章
　　早稲田大学平和学研究所招聘研究員
　　主著　「ナショナリズムを包摂する『文明』と超克する『文明』──天道教の民衆的功利主義，
　　　　　申采浩の道徳的自由と，近代東アジア」（早稲田大学，2016年，博士論文）
　　　　　「申采浩の「我」言説研究──アイデンティティの政治という視座から」『ソシオサイエン
　　　　　ス』第18号（2012年）
　　　　　「近代中国の政教関係」『ソシオサイエンス』第17号（2011年）

大竹德典（おおたけ　とくのり）‥‥‥‥‥‥‥‥‥‥‥‥‥‥‥‥‥‥‥‥‥‥‥‥‥‥ 第18章
　　早稲田大学大学院社会科学研究科博士後期課程単位取得後満期退学
　　主著　「田中政権による日中国交正常化の交渉過程の再検討」2018年度日本国際政治学会日本外
　　　　　交史分科会報告論文（未公刊）
　　　　　「ニクソン・ショックと日本の対中政策の転換」2015年度日本国際政治学会日本外交史分
　　　　　科会報告論文（未公刊）

高　賢来（こう　けんらい）‥‥‥‥‥‥‥‥‥‥‥‥‥‥‥‥‥‥‥‥‥‥‥‥‥‥‥‥‥ 第19章
　　東京大学総合文化研究科学術研究員
　　主著　『冷戦と開発──自立経済建設をめぐる1950年代米韓関係』（法政大学出版局，2018年）
　　　　　「韓国輸出指向工業化の初期条件の形成──アイゼンハワー政権期米韓の為替改革をめぐ
　　　　　る協議過程を中心に」『国際政治』第184号（2016年）
　　　　　「李承晩・張勉政権期の対東アジア経済外交──フィリピン，中華民国との貿易協定締結
　　　　　過程を中心に」『歴史評論』第781号（2015年）

小松　寛（こまつ　ひろし）‥‥‥‥‥‥‥‥‥‥‥‥‥‥‥‥‥‥‥‥‥‥‥‥‥‥‥‥‥ 第20章
　　茨城大学人文社会科学部研究員
　　主著　『日本復帰と反復帰──戦後沖縄ナショナリズムの展開』（早稲田大学出版部，2015年）
　　　　　（共著）『〈周縁〉からの平和学──アジアを見る新たな視座』（昭和堂，2019年）
　　　　　（共著）『沖縄が問う日本の安全保障』（岩波書店，2015年）

## 編著者紹介

### 多賀秀敏（たが ひでとし）

早稲田大学社会科学総合学術院教授

1973年早稲田大学法学部卒業，1975年同大学法学研究科公法学専攻修士課程修了，1981年同専攻博士後期課程単位取得退学。1981年新潟大学法学部助教授，1987年教授。1996年より現職。2008年から2012年まで2期にわたって早稲田大学社会科学総合学術院長を務める。1978年から1981年まで日本平和学会事務局長，2002年から2005年まで北東アジア学会長。専門は，国際関係論および平和学。

共編著に，*The New International Relations of Sub-regionalism: Asia and Europe*（Routledge, 2019），『地方発国際 NGO の挑戦——グローカルな市民社会に向けて』（明石書店，2008年），『サブリージョンから読み解く EU・東アジア共同体：欧州北海地域と北東アジアの越境広域グランドデザイン比較』（弘前大学出版会，2006年），『国際社会の変容と行為体』（成文堂，1999年）など多数。共著に『〈周縁〉からの平和学——アジアを見る新たな視座』（昭和堂，2019年），『国際関係論のニューフロンティア』（成文堂，2010年）など多数ある。

## 平和学から世界を見る

2020年3月30日　初版第1刷発行

| 編 著 者 | 多 賀 秀 敏 |
|---|---|
| 発 行 者 | 阿 部 成 一 |

〒162-0041　東京都新宿区早稲田鶴巻町514

発 行 所　　株式会社 成 文 堂

電話 03(3203)9201(代)　　Fax 03(3203)9206
http://www.seibundoh.co.jp

印刷・製本　シナノ印刷
©2020 H. Taga　　　　　　　　　　Printed in Japan
☆落丁・乱丁本はおとりかえいたします☆　検印省略
ISBN978-4-7923-3396-6　C3031

### 定価(本体2500円)